Claudia Sykora

Die Kondiktionssperre des § 817 Satz 2 BGB

Claudia Sykora

Die Kondiktionssperre des § 817 Satz 2 BGB

Eine Untersuchung zur Rückabwicklung gesetzes- und sittenwidriger Geschäfte im Lichte der jüngeren Rechtsprechung

Tectum Verlag

Claudia Sykora
Die Kondiktionssperre des § 817 Satz 2 BGB
Eine Untersuchung zur Rückabwicklung gesetzes- und sittenwidriger Geschäfte im Lichte der jüngeren Rechtsprechung

Zugl. Univ. Diss., Georg-August-Universität Göttingen 2011
ISBN: 978-3-8288-2790-5

Druck und Bindung: CPI buchbücher.de, Birkach
Printed in Germany

Bibliografische Informationen der Deutschen Nationalbibliothek
Die Deutsche Nationalbibliothek verzeichnet diese Publikation in der Deutschen Nationalbibliografie; detaillierte bibliografische Angaben sind im Internet über http://dnb.ddb.de abrufbar.

Vorwort

Die vorliegende Arbeit entstand im Wesentlichen während meiner Zeit als Wissenschaftliche Mitarbeiterin und Akademische Rätin am Lehrstuhl für Bürgerliches Recht, Internationales Privatrecht und Rechtsvergleichung sowie Zivilprozessrecht von Prof. Dr. Andreas Spickhoff an der Universität Regensburg. Die Arbeit wurde im Wintersemester 2010/2011 von der Juristischen Fakultät der Georg-August-Universität Göttingen zur Dissertation angenommen und berücksichtigt Rechtsprechung und Literatur bis Oktober 2010.

An dieser Stelle möchte ich mich bei den Personen bedanken, die mich bei der Entstehung der Arbeit unterstützt haben. In erster Linie gilt mein herzlicher Dank meinem Doktorvater Prof. Dr. Andreas Spickhoff. Ihm verdanke ich neben der Anregung zum Dissertationsthema und der engagierten und zügigen Betreuung auch eine äußerst wertvolle und erfahrungsreiche Zeit als Mitarbeiterin an seinem Lehrstuhl in Regensburg. Für die sehr rasche Erstellung des Zweitgutachtens habe ich Prof. Dr. Barbara Veit zu danken.

Elisabeth Gleixner, Claudia Zimmermann und mein Bruder Helmut Schröger haben jeweils einen Teil der Arbeit des Korrekturlesens übernommen. Für die Bereitschaft, diese mühevolle Aufgabe zu übernehmen, bin ich ihnen sehr dankbar. Elisabeth Gleixner stand mir zudem als Freundin und Bürokollegin von Anfang an stets beratend zur Seite. Meinem Bruder Helmut Schröger danke ich außerdem für seine bereitwillige Hilfe in technischen Fragen und für die fortwährende persönliche Unterstützung während meiner Ausbildung. Besonderen Dank schulde ich schließlich meinem damaligen Freund und jetzigem Mann, Christoph Sykora, für seine Geduld und sein Verständnis bei der Erstellung der Arbeit.

Zu guter Letzt möchte ich meinen Eltern, Agnes und Helmut Schröger, von ganzem Herzen danken. Ohne ihre Unterstützung während meiner Ausbildung wäre die Entstehung dieser Arbeit nicht möglich gewesen. Ihnen ist die Arbeit gewidmet.

München, im Sommer 2011

Claudia Sykora

Inhaltsverzeichnis

ABKÜRZUNGSVERZEICHNIS

a.A.	anderer Ansicht
ABGB	Allgemeines Bürgerliches Gesetzbuch (Österreich)
Abs.	Absatz
AcP	Archiv für die civilistische Praxis
a.E.	am Ende
AEUV	Vertrag über die Arbeitsweise der Europäischen Union
AG	Amtsgericht/Die Aktiengesellschaft (Zeitschrift)
ALR	Allgemeines Landrecht für die Preußischen Staaten
Alt.	Alternative
Anm.	Anmerkung
ArchBürgR	Archiv für Bürgerliches Recht (Zeitschrift)
AÜG	Arbeitnehmerüberlassungsgesetz
Az.	Aktenzeichen
BÄO	Bundesärzteordnung
BAG	Bundesarbeitsgericht
BAGE	Entscheidungen des Bundesarbeitsgerichts
BauR	Zeitschrift für das gesamte öffentliche und zivile Baurecht
BauRG	Baurechtsgesetz (Österreich)
BB	Der Betriebs-Berater (Zeitschrift)
BBiG	Berufsbildungsgesetz
BGB	Bürgerliches Gesetzbuch
BGH	Bundesgerichtshof
BGHZ	Entscheidungen des Bundesgerichtshofs in Zivilsachen
BtMG	Gesetz über den Verkehr mit Betäubungsmitteln
bzw.	beziehungsweise
C.c.	Codice Civile
CLJ	Cambridge Law Journal (Zeitschrift)
D.	Digesten
DB	Der Betrieb (Zeitschrift)
d.h.	das heißt
DJZ	Deutsche Juristen-Zeitung
DCFR	Draft Common Frame of Reference

ders.	derselbe
Diss.	Dissertation
DNotZ	Deutsche Notar-Zeitschrift
DRiZ	Deutsche Richterzeitung
DStR	Deutsches Steuerrecht (Zeitschrift)
et al.	und andere
EuZW	Europäische Zeitschrift für Wirtschaftsrecht
EvBl	Evidenzblatt der Rechtsmittelentscheidungen (Österreich)
EWiR	Entscheidungen zum Wirtschaftsrecht
f./ff.	folgend/e
Fn.	Fußnote
FS	Festschrift/ Festgabe
gem.	gemäß
GmbHG	Gesetz betreffend die Gesellschaften mit beschränkter Haftung
GewArch	Gewerbe-Archiv (Zeitschrift)
GoA	Geschäftsführung ohne Auftrag
HGB	Handelsgesetzbuch
h.M.	herrschende Meinung
Hrsg.	Herausgeber
IBR	Immobilien- und Baurecht (Zeitschrift)
i.d.R.	in der Regel
insbes.	insbesondere
i.R.d.	im Rahmen der/des
i.S.d.	im Sinne der/des
i.S.e.	im Sinne einer/s
i.V.m.	in Verbindung mit
i.Ü.	im Übrigen
JA	Juristische Arbeitsblätter (Zeitschrift)
JBl	Juristische Blätter (Zeitschrift/Österreich)
Jh.	Jahrhundert
JherJb	Jherings Jahrbücher für die Dogmatik des Bürgerlichen Rechts
JR	Juristische Rundschau (Zeitschrift)
JuS	Juristische Schulung (Zeitschrift)
JZ	Juristenzeitung

KJ	Kritische Justiz (Zeitschrift)
krit.	kritisch
KTS	Zeitschrift für Insolvenzrecht: Konkurs - Treuhand - Sanierung
LG	Landgericht
Lit.	Literatur
LMK	Kommentierte BGH-Rechtsprechung Lindenmaier-Möhring
LQR	Law Quarterly Review (Zeitschrift/England)
MaBV	Makler- und Bauträgerverordnung
MBO	Musterberufsordnung der deutschen Ärzte
MDR	Monatsschrift für Deutsches Recht (Zeitschrift)
m.E.	meines Erachtens
MietRVerbG	Gesetz zur Verbesserung des Mietrechts und zur Begrenzung des Mietanstiegs sowie zur Regelung von Ingenieur- und Architektenleistungen
Mot.	Motive
m.w.N.	mit weiteren Nachweisen
NdsRpfl.	Niedersächsische Rechtspflege (Zeitschrift)
NJ	Neue Justiz. Zeitschrift für Rechtsentwicklung und Rechtsprechung
NJOZ	Neue juristische Online Zeitschrift
NJW	Neue Juristische Wochenschrift (Zeitschrift)
NJW-RR	NJW-Rechtsprechungsreport Zivilrecht
Nr.	Nummer
NZ	Österreichische Notariatszeitung
NZA	Neue Zeitschrift für Arbeitsrecht
NZBau	Neue Zeitschrift für Baurecht und Vergaberecht
NZM	Neue Zeitschrift für Miet- und Wohnungsrecht
NZV	Neue Zeitschrift für Verkehrsrecht
ÖJZ	Österreichische Juristen-Zeitung
OLG	Oberlandesgericht
OR	Obligationenrecht (Schweiz)
OwiG	Gesetz über Ordnungswidrigkeiten
RabelsZ	Rabels Zeitschrift für ausländisches und internationales Privatrecht
RBerG	Rechtsberatungsgesetz

RdA	Recht der Arbeit (Zeitschrift)
RGZ	Entscheidungen des Reichsgerichts in Zivilsachen
Rn.	Randnummer
Rspr.	Rechtsprechung
S.	Satz/ Seite
s.	siehe
SchwarzArbG	Gesetz zur Bekämpfung der Schwarzarbeit
SJZ	Schweizerische Juristenzeitung
SLS	Legal Studies – The journal of the Society of Legal Scholars (Zeitschrift/ England)
s.o.	siehe oben
sog.	sogenannte/r/s
Sp.	Spalte
st.	ständige
StBerG	Steuerberatungsgesetz
StGB	Strafgesetzbuch
str.	streitig/ strittig
StVO	Straßenverkehrsordnung
s.u.	siehe unten
Süddt. JZ	Süddeutsche Juristenzeitung
SZ	Entscheidungen des österreichischen Obersten Gerichtshofes in Zivilsachen
TIL	Theoretical Inquiries in Law (Zeitschrift/ England)
TVG	Tarifvertragsgesetz
u.a.	unter anderem/ unter anderen/ und andere
u.U.	unter Umständen
Urt.	Urteil
v.	vom
v.a.	vor allem
VersR	Zeitschrift für Versicherungsrecht, Haftungs- und Schadensrecht
vgl.	vergleiche
Vorbem.	Vorbemerkung
VuR	Verbraucher und Recht (Zeitschrift)
WiB	Wirtschaftsrechtliche Beratung (Zeitschrift)
WM	Zeitschrift für Wirtschafts- und Bankrecht

WRP	Wettbewerb in Recht und Praxis (Zeitschrift)
WiStG	Wirtschaftsstrafgesetz
WuB	Kommentierende Entscheidungssammlung zum Wirtschafts- und Bankrecht
z.B.	zum Beispiel
ZBJV	Zeitschrift des Bernischen Juristenvereins
ZfBR	Zeitschrift für Baurecht
ZfIR	Zeitschrift für Immobilienrecht
ZGS	Zeitschrift für das gesamte Schuldrecht
ZHR	Zeitschrift für das gesamte Handelsrecht und Wirtschaftsrecht
ZIP	Zeitschrift für Wirtschaftsrecht
ZJS	Zeitschrift für das juristische Studium
ZMR	Zeitschrift für Miet- und Raumrecht
zust.	zustimmend
ZSR	Zeitschrift für schweizerisches Recht
z.T.	zum Teil
zutr.	zutreffend

PROBLEMAUFRISS

§ 1 Bedeutung der Thematik

Die Kondiktionssperre des § 817 Satz 2[1] - dieser Titel klingt zunächst wenig spektakulär. Handelt es sich bei § 817 Satz 2 doch um eine Vorschrift, die - so scheint es - mittlerweile hinlänglich diskutiert wurde. Die Ursprünge der Norm, die im Rahmen des Bereicherungsrechts unscheinbar und exotisch anmutet, gehen auf das römische Recht zurück[2]; § 817 Satz 2 selbst besteht seit Inkrafttreten des BGB in unveränderter Form. Unzählige Wissenschaftler haben sich seitdem mit Sinn (und Unsinn) des § 817 Satz 2 beschäftigt[3], immer wieder - schon zu Zeiten des Reichsgerichts[4] - wurde die Vorschrift Gegenstand kontrovers diskutierter höchstrichterlicher Entscheidungen. Der Verdacht, dass mit einer Abhandlung über § 817 Satz 2 zwangsläufig mehr oder minder ausgetretene Pfade beschritten werden, drängt sich daher geradezu auf.

Eine nähere Befassung mit der Thematik zeigt jedoch bald, dass der erste Eindruck täuscht. Der Umfang und die Vielfalt der über die Jahre, gerade auch in jüngerer Vergangenheit[5], ergangenen höchstrichter-

---

1 §§ ohne Gesetzesangabe sind solche des BGB.

2 Zur Entstehungsgeschichte des § 817 Satz 2 siehe unten *Erster Teil, § 1.*

3 Aus der umfangreichen Literatur seien an dieser Stelle lediglich beispielhaft genannt: *Heck*, AcP 124 (1925), 1 ff.; *von Caemmerer*, Süddt. JZ 1950, 646 ff.; *Obernolte*, NJW 1957, 1427 f.; *Bufe*, AcP 157 (1958/59), 215 ff.; *Fabricius*, JZ 1963, 85 ff.; *Vogel*, Auslegung und Anwendung des § 817 Satz 2 BGB unter dem Prinzip des Leistungsgleichgewichts; *Seiler*, in: FS Felgentraeger, S. 379 ff.; *Rost*, Probleme der Kondiktion wegen mißbilligter Leistungsannahme; *Medicus*, in: FS Dietz, S. 61 ff.; *Honsell*, Die Rückabwicklung sittenwidriger oder verbotener Geschäfte; *ders.*, in: FS Seiler, 473 ff.; *Westermann*, in: FS Seiler, S. 485 ff.; *Dauner*, JZ 1980, 495 ff.; *Weyer*, WM 2002, 627 ff.; *Wambach*, Die bereicherungsrechtliche Rückabwicklung gesetzes- oder sittenwidriger Verträge; *Wazlawik*, ZGS 2007, 336 ff.

4 Vgl. aus der Rechtsprechung des Reichsgerichts z.B. die zahlreichen Entscheidungen zu Bordellkauf- und Pachtverträgen: RGZ 63, 179; RGZ 68, 97 ff.; RGZ 71, 432; RGZ 86, 191. Ferner zu wucherischen Darlehensverträgen: RGZ 151, 70; RGZ 161, 52.

5 Z.B. BGHZ 111, 308 = NJW 1990, 2542 (Schwarzarbeit); BGHZ 118, 142 = NJW 1992, 2021 (Abschlussprüfer); BGH NJW 2005, 1490 (Radarwarngerät); BGH NJW 2006, 45; BGH NJW 2008, 1942 (Schenkkreise). Ausführlich zu diesen (und anderen) Entscheidungen s.u. *Dritter Teil.*

lichen Entscheidungen lässt erahnen, wie groß die Bedeutung des § 817 Satz 2 für die Praxis auch heute noch ist. Die Kondiktionssperre bei Gesetzes- oder Sittenverstoß des Leistenden steht in engem Zusammenhang mit den allgemeinen Nichtigkeitsnormen der §§ 134, 138. Daher wird der Problemgehalt des § 817 Satz 2 maßgeblich von der aktuellen Normsituation im Rahmen der §§ 134, 138 bestimmt. Diese wiederum zeichnet sich angesichts des rapiden Anwachsens von Verbotsnormen und der Verschärfung des Sittenwidrigkeitsmaßstabes[6] vor allem durch eine quantitative Steigerung an Problemlagen aus[7]. Die im Fokus der Kondiktionssperre stehenden gesetzes- oder sittenwidrigen Geschäfte berühren alle Bereiche des Alltags- und vor allem auch des Wirtschaftslebens und nehmen im Rahmen der Rückabwicklung gescheiterter Rechtsgeschäfte in der Praxis den wichtigsten Platz ein[8]. Auf der bunten Palette an Fallgestaltungen, für die § 817 Satz 2 relevant wird, finden sich Bordellkäufe, Wuchergeschäfte und Verträge mit Schwarzarbeitern oder Winkeladvokaten ebenso wie Titelkäufe und sittenwidrige Schneeballsysteme.

Trotz der großen Bedeutung des § 817 Satz 2 sowie seiner langen Historie handelt es sich noch immer um eine in vielerlei Hinsicht heftig umstrittene Vorschrift[9]. Sinn und Zweck sowie Anwendungsbereich der Norm sind mitnichten geklärt. Auch in jüngster Vergangenheit wird die Systemgerechtheit des § 817 Satz 2 in Zweifel gezogen[10]. Die Rechtsprechung befindet sich immer noch auf „schwankendem Boden"[11] und ist geprägt von einer unüberschaubaren Zahl an Einzelent-

6 Mit Ausnahme der umgekehrten Tendenz im Sexualbereich, vgl. hierzu auch *König*, Ungerechtfertigte Bereicherung, S. 125.

7 So auch *Joerges*, in: Alternativkommentar, § 817, Rn. 7; *König*, Ungerechtfertigte Bereicherung, S. 125; *Damm*, JZ 1986, 913, 914.

8 Vgl. *König*, Ungerechtfertigte Bereicherung, S. 125.

9 *Honsell* konstatiert zu Beginn seiner Monographie über § 817 Satz 2: „Kaum eine Bestimmung des Bürgerlichen Gesetzbuches ist so umstritten wie § 817 Satz 2", vgl. *Honsell*, Die Rückabwicklung sittenwidriger oder verbotener Geschäfte, S. 1. An diesem Befund hat sich bis heute nichts geändert, vgl. nur *Lorenz*, in: Staudinger, § 817, Rn. 4; *Armgardt*, NJW 2006, 2070.

10 *Wazlawik*, ZGS 2007, 336. In der Literatur besteht weitgehend Einigkeit darüber, dass die Vorschrift in ihrem Regelungsanliegen missglückt ist, vgl. etwa *Westermann/Buck-Heeb*, in: Erman, § 817, Rn. 2; *Joerges*, in: Alternativkommentar, § 817, Rn. 1; *Heimann-Trosien*, in: RGRK, § 817, Rn. 11; *Reuter/Martinek*, Ungerechtfertigte Bereicherung, S. 200, § 6 V; *Honsell*, JA 1986, 573, 440.

11 *Lorenz*, in: Staudinger, § 817, Rn. 10.

scheidungen, deren Stimmigkeit nicht immer auf den ersten Blick einleuchtet[12]. Hinter den unzähligen Streitfragen, die sich um § 817 Satz 2 ranken, verbirgt sich eine Grundfrage der Gesetzesanwendung, die das Spannungsfeld zwischen Rechtssicherheit und Einzelfallgerechtigkeit berührt. Denn § 817 Satz 2 ist eine Ausnahme von der Rückabwicklung rechtsgrundlos erbrachter Leistungen, deren Anwendung in der Praxis unbestritten nicht immer zu gerecht erscheinenden Ergebnissen führt[13]. Kann man nun eine solche Norm im Wege der richterlichen Rechtsfortbildung in einigen Fällen entgegen ihres ausdrücklichen Wortlauts unangewendet lassen, um Einzelfallgerechtigkeit zu erreichen, und wenn ja, wie ist dies rechtsdogmatisch zu bewerkstelligen, ohne das hohe Gut der Rechtssicherheit zu opfern?

Bei den von § 817 Satz 2 aufgeworfenen Fragen handelt es sich nicht um eine Besonderheit des deutschen Rechts. Vielmehr hat ein dem § 817 Satz 2 vergleichbares Rückforderungsverbot über die Rezeption des römischen Rechts Eingang in die meisten europäischen Rechtsordnungen gefunden[14]. Obwohl die entsprechenden Vorschriften in allen Ländern gleichermaßen umstritten und problembehaftet sind, verzichtet auch der *Draft Common Frame of Reference*, der im Zuge der Vorarbeiten zu einem gemeinsamen Europäischen Zivilgesetzbuch entstanden ist, nicht auf die Kodifizierung eines entsprechenden Grundsatzes[15]. Der Gedanke, der § 817 Satz 2 zugrunde liegt, dürfte also trotz seiner rechtspolitischen Brisanz auch zukünftig in der juristischen Diskussion Bedeutung behalten.

Die Vorschrift des § 817 Satz 2 entpuppt sich somit als eine unverändert aktuelle Norm. Sie wirft viele ungeklärte Streitfragen auf, anhand derer mit Hilfe der Rechtsdogmatik Antworten auf die Vielgestaltigkeit des Lebens gesucht werden müssen, um sowohl dem Bordellverkäufer als auch dem Wucherer, dem Schwarzarbeiter und dem Win-

---

12 Zur Handhabung des § 817 Satz 2 in der Praxis s.u. *Dritter Teil.*

13 Das Bedürfnis nach einer Beschränkung des § 817 Satz 2 ist daher allgemein anerkannt, vgl. nur *Martinek*, in: jurisPK-BGB, § 817, Rn. 34; *von Sachsen Gessaphe*, in: Anwaltkommentar, § 817, Rn. 1. Näher zu den Einschränkungsversuchen, die Rechtsprechung und Schrifttum unternommen haben, s.u. *Zweiter* und *Dritter Teil.*

14 Ein Überblick zur Bedeutung der Rückforderungssperre in anderen europäischen Ländern findet sich bei *Schlechtriem,* Restitution und Bereicherungsausgleich in Europa, S. 217 ff., 637 ff. Näher zu der Thematik aus rechtsvergleichender Sicht s.u. *Vierter Teil.*

15 Vgl. Chapter 6, VII. - 6: 103. Näher hierzu s.u. *Erster Teil, § 1 III. 3.*

keladvokaten ebenso wie dem Titelkäufer und dem Schenkkreisinitiator gerecht zu werden.

§ 2 Fragestellung und Zielsetzung

Aus der Vielzahl an Einzelproblemen, die § 817 Satz 2 aufwirft, lassen sich zwei Kernprobleme herausschälen, auf denen wiederum viele Streitfragen aufbauen.

Zum einen wurde bis heute keine Einigkeit über die Ratio der Vorschrift erzielt. Teilweise wird der Norm jeder eigene Sinngehalt abgesprochen und für eine Abschaffung des § 817 Satz 2 plädiert[16]. Die Rechtsprechung hält die Bestimmung zumindest für „rechtspolitisch zweifelhaft"[17], für Andere ist der Sinn der Vorschrift „dunkel"[18]. Die „Rätselnorm" [19] des § 817 Satz 2 scheint sich auf keinen allgemein anerkannten rechtspolitischen Grundgedanken zurückführen zu lassen. Aus dieser Unklarheit resultieren folgenschwere Probleme, da Sinn und Zweck einer Norm Grundlage jeder Auslegung sind.

Zum anderen stellt sich das Problem, dass bei manchen Gesetzes- oder Sittenverstößen der strikte Kondiktionsausschluss, unter anderem wegen der damit einhergehenden einseitigen Begünstigung des Leistungsempfängers in Vorleistungsfällen, dem Gerechtigkeitsempfinden zu widersprechen scheint. Angesichts der mittlerweile unüberschaubaren Vielzahl an Verbotsnormen, vor allem aus dem wirtschaftsrechtlichen Bereich, sowie der Vielfalt möglicher Fallkonstellationen scheint eine unreflektierte Gleichbehandlung eines jeden Falls problematisch. Es offenbart sich ein Spannungsverhältnis zwischen der pauschalen Anordnung eines Rückforderungsausschlusses durch das Gesetz auf der einen und der Mannigfaltigkeit relevanter Fallgestaltungen, die mit unterschiedlichen Bedürfnissen der Betroffenen einhergehen, auf der anderen Seite. Hieraus resultiert in gewissen Fällen die Notwendigkeit einer Einschränkung des § 817 Satz 2. Die Rechtsprechung reagiert auf die Problematik mit einer restriktiven

---

16 *Obernolte,* NJW 1957, 1427, 1428; *Reeb,* Grundprobleme des Bereicherungsrechts, S. 67.

17 Vgl. etwa BGHZ 111, 308, 312 = NJW 1990, 2542, 2543; BGHZ 118, 182, 193 = NJW 1992, 2557, 2560; OLG Köln NJW-RR 2002, 1630, 1631; ähnlich schon RGZ 151, 70, 72; BGHZ 75, 299, 305 = NJW 1980, 452, 453.

18 *Schwab,* in: MünchKomm, § 817, Rn. 9.

19 *Reuter/Martinek,* Ungerechtfertigte Bereicherung, S. 199, § 6 V.

Handhabung der Norm[20] und umgeht ihre Anwendung mit den verschiedensten „dialektischen Kniffen"[21]. Die Konsequenz ist eine kaum mehr überschaubare Kasuistik, die mit dem Vorwurf konfrontiert wird, sich zu einer nicht mehr nachvollziehbaren, von Imponderabilien des persönlichen Eindrucks geleiteten Billigkeitsjudikatur entwickelt zu haben[22]. Sinnvolle, allgemeingültige Kriterien, die eine vorhersehbare und nachvollziehbare Lösung eines jeden Falles ermöglichen und die dennoch Raum für eine flexible Berücksichtigung einzelfallbezogener Umstände lassen, wurden bislang weder von der Rechtsprechung noch vom Schrifttum, wo jeweils verschiedenste Lösungsansätze für eine Handhabung des § 817 Satz 2 vorgeschlagen wurden, gefunden.

An diese Kernprobleme in Zusammenhang mit der Kondiktionssperre des § 817 Satz 2 knüpfen die beiden wesentlichen Ziele der vorliegenden Untersuchung an:

Wegen der zentralen Bedeutung der Frage nach der Ratio des § 817 Satz 2 soll sich ein wichtiger Teil der Arbeit diesem Aspekt widmen, um eine Grundlage für die Behandlung der weiteren, hierauf aufbauenden Fragen zu schaffen. Der aktuelle Meinungsstand wird dargestellt und kritisch gewürdigt, um entscheiden zu können, ob die Vorschrift tatsächlich rechtspolitisch verfehlt ist oder ob nicht im Gegenteil in ihr ein „berechtigter Kern"[23] steckt.

Neben der Untersuchung der ratio legis, die die Erörterung der weiteren Problemstellungen vorbereiten soll, stehen die Bemühungen von Literatur und auch Rechtsprechung, den strikten Rückforderungsausschluss einzuschränken sowie die jeweiligen Begründungsmodelle im Zentrum der Darstellung. Anhand ausgewählter Beispielsfälle soll die Entwicklung der Rechtsprechung zu § 817 Satz 2 nachgezeichnet wer-

---

20 Zu den Einschränkungsversuchen der Rechtsprechung ausführlich *Dritter Teil, § 1.*

21 *Wilburg,* Entwicklung eines beweglichen Systems im bürgerlichen Recht, S. 11.

22 *Larenz/Canaris,* Lehrbuch des Schuldrechts II/2, S. 167, § 69; ähnlich auch *Wazlawik,* ZGS 2007, 336, 340; *Schmidt-Recla,* JZ 2008, 60, 65.

23 *König,* in: Gutachten und Vorschläge zur Überarbeitung des Schuldrechts, S. 1542; ähnlich *ders.,* Ungerechtfertigte Bereicherung, S. 129; *von Caemmerer,* Süddt. JZ 1950, 646, 649; *Tiedtke,* DB 1990, 2307, 2310; *Flume,* Allgemeiner Teil des Bürgerlichen Rechts II, S. 390, § 18; *Wieling,* Bereicherungsrecht, S. 40, § 3 III; *Canaris,* in: FS Steindorff, S. 524; *Prölss,* ZHR 132 (1969), 35; *Niederländer,* in: FS Gutzwiller, S. 622 f.; *Mühl/Hadding,* in: Soergel, § 817, Rn. 2, 11.

den. In diesem Rahmen ist es das wichtigste Anliegen, die Fülle an vorhandenen Einzelentscheidungen zu systematisieren. Auf Basis der Bildung von Fallgruppen wird versucht, die rechtsdogmatischen und normativen Grundlagen der Rechtsprechung und die jeweils maßgeblichen Interessenbewertungen - insbesondere im Hinblick auf eine Restriktion der Norm - herauszuarbeiten. Da der § 817 Satz 2 gerade auch in der jüngeren Rechtsprechung eine Rolle spielt[24], umfangreiche und ausführliche Untersuchungen der Thematik aber größtenteils längere Zeit zurückliegen[25], wird ein besonderes Augenmerk auf die aktuellen Tendenzen in der Rechtsprechung gerichtet. In diesem Zusammenhang soll geklärt werden, ob sich die Rechtsprechung tatsächlich den Vorwurf einer konturlosen Billigkeitsjudikatur gefallen lassen muss oder ob sich nicht trotz der unterschiedlichen Behandlung von Einzelfällen eine verlässliche Linie herausarbeiten lässt.

Wesentliches Anliegen der Untersuchung ist es daher nicht, den zahlreichen vorhandenen Lösungskonzepten ein völlig neues Modell zur Seite zu stellen. Vielmehr soll versucht werden, Klarheit in die Fülle der Kasuistik und Lehrmeinungen zu bringen. Auf diese Weise sollen Gesichtspunkte herausgearbeitet werden, die eine berechtigte Anwendung aber auch eine notwendige Einschränkung des § 817 Satz 2 rechtfertigen können und mit Hilfe derer Rechtssicherheit und Vorhersehbarkeit gewonnen werden können, ohne Flexibilität im Einzelfall einzubüßen.

§ 3 Gang der Darstellung

Die Arbeit beginnt mit einem Grundlagenteil, der einen Überblick über die rechtshistorischen Wurzeln des Kondiktionsausschlusstatbestandes sowie die Bedeutung des § 817 Satz 2 im heutigen BGB geben soll. Im Rahmen der Ausführungen zur geltenden Rechtslage stehen Fragen des Anwendungsbereichs der Vorschrift und der ratio legis im Zentrum der Aufmerksamkeit.

Der folgende *Zweite Teil* befasst sich mit den Lösungsansätzen, die im Schrifttum entwickelt wurden, um die Vorschrift des § 817 Satz 2 sachgerecht zu begrenzen. Besonderes Augenmerk wird dabei auf einen - in der Literatur mittlerweile weit verbreiteten und in jüngerer Vergangenheit auch von der Rechtsprechung aufgegriffenen - Ansatz

---

24 S.o. Fn. 5.

25 Eine Ausnahme bildet *Wambach*, Die bereicherungsrechtliche Rückabwicklung gesetzes- oder sittenwidriger Verträge.

gelegt, der dem Normzweck der verletzten Verbots- oder Sittennorm Vorrang vor § 817 Satz 2 einräumt.

Im Anschluss wird in einem *Dritten Teil* die Rechtsprechung, die zu § 817 Satz 2 ergangen ist, einer umfassenden Analyse unterzogen. Ausgehend von ausgewählten Fallgruppen aus der judikativen Praxis soll herausgearbeitet werden, in welchen Konstellationen und mit welcher Begründung eine Einschränkung der Kondiktionssperre vorgenommen und in welchen Fällen sie demgegenüber zur Anwendung gebracht wird.

Ein rechtsvergleichender *Vierter Teil* wird die Untersuchung abrunden. Es soll versucht werden, aus einem Blick auf die Rechtslage in der Schweiz, in Österreich sowie in England gewinnbringende Schlüsse für die Handhabung des § 817 Satz 2 im innerstaatlichen Recht zu ziehen.

Die Arbeit endet mit einer Schlussbetrachtung, in der die wesentlichen Ergebnisse zusammenfassend gewürdigt werden.

Erster Teil: Grundlagen

Der folgende Teil soll eine Grundlage für die weitere Darstellung bilden und einen Überblick über die Ursprünge, den Regelungsgehalt sowie den Anwendungsbereich des § 817 Satz 2 geben. Nach einem einleitenden Blick auf die rechtshistorischen Wurzeln des Kondiktionsausschlusstatbestandes[26] wird die Bedeutung des § 817 Satz 2 im heutigen BGB im Fokus der Aufmerksamkeit stehen[27]. Hier geht es vor allem darum, den Anwendungsbereich des § 817 Satz 2 zu umreißen, der - nach heute einhelliger Ansicht - weit über das hinausgeht, was Wortlaut und systematische Stellung der Norm vermuten lassen[28]. Außerdem wird die wichtige und umstrittene Frage nach Sinn und Zweck des Rückforderungsausschlusses einer eingehenden Erörterung zugeführt[29]. Ausgenommen von der Darstellung bleiben an dieser Stelle die Einschränkungsversuche im Hinblick auf die Kondiktionssperre, die Rechtsprechung und Literatur unternommen haben, um rechtspolitisch unerwünschte Ergebnisse zu vermeiden. Dieser Thematik wird vielmehr jeweils ein eigener Teil gewidmet[30].

§ 1 Rechtshistorischer Überblick

Das Bereicherungsrecht im Allgemeinen und § 817 im Besonderen ist historisch gewachsenes Recht, das auf einen jahrhundertealten dogmengeschichtlichen Entwicklungsprozess zurückblickt und eng mit dem römischen Recht verbunden ist[31]. Das römische Bereicherungsrecht erlebte durch die Rezeption und die Pandektenwissenschaft des 19. Jahrhunderts eine Renaissance und wurde zur Grundlage für die

---

26 *Erster Teil, § 1.*

27 *Erster Teil, § 2.*

28 *Erster Teil, § 2 I., III.*

29 *Erster Teil, § 2 II.*

30 S.u. *Zweiter und Dritter Teil.*

31 *Mühl/Hadding,* in: Soergel, § 817, Rn. 1; *Reuter/Martinek,* Ungerechtfertigte Bereicherung, S. 4, § 1 I; S. 175, § 5 V; *Jörs/Kunkel/Wenger/Honsell,* Römisches Recht, S. 350 ff. Allgemein zur Geschichte des Bereicherungsrechts vgl. *von Lübtow,* Studien zum römischen und bürgerlichen Recht; *König,* Ungerechtfertigte Bereicherung, S. 81 ff; *Flume,* in: FS Niedermeyer, S. 103 ff.; *Heine,* Condictio sine datione, S. 156 ff. Ausführlich zu den römisch-rechtlichen Grundlagen der §§ 812 ff.: *Zimmermann,* The law of Obligations, S. 834 ff.

Schaffung des BGB[32]. Nicht wenige aktuelle dogmatische Ansätze zu § 817 Satz 2 nehmen Bezug auf das Kondiktionensystem des römischen Rechts und sind bemüht, aus der Behandlung der römischrechtlichen Vorbilder in der Vergangenheit Lösungen für die Probleme, die die Handhabung des § 817 Satz 2 in der Gegenwart mit sich bringt, zu finden[33]. Ohne Kenntnis der rechtsgeschichtlichen Zusammenhänge ist eine zutreffende Einordnung dieser Ansätze, die sich auf eine historische Auslegung der Vorschrift konzentrieren, nicht möglich. Hieraus erschließt sich die Bedeutung der geschichtlichen Grundlagen für das Verständnis des heutigen § 817. Gleichzeitig stößt man bei einer rechtsgeschichtlichen Untersuchung der Norm aber auch auf Schwierigkeiten, die die Bedeutung der historischen Zusammenhänge wiederum in gewissem Maße relativieren. Insbesondere die Befassung mit den zugrunde liegenden römischen Quellen liefert oftmals keine eindeutigen Erkenntnisse zu § 817 Satz 2, sondern hinterlässt vielmehr ein uneinheitliches, keineswegs geschlossenes Bild[34]. Dies liegt zum einen daran, dass Bedeutung und Einzelheiten des römischen Bereicherungsrechts bis heute nicht vollständig geklärt sind, zum anderen aber auch daran, dass die vorhandenen lateinischen Digestenzitate vielfältig interpretierbar sind und im Interesse der jeweiligen dogmatischen Ansätzen auch sehr unterschiedlich interpretiert werden[35]. Die Bedeutung der rechtshistorischen Zusam-

---

32 Wegweisend für die Entwicklung des Bereicherungsrechts im BGB waren insbes. die Konzepte *Friedrich Carl von Savignys*: vgl. hierzu auch *Wieacker,* Privatrechtsgeschichte der Neuzeit, S. 97 ff.; *Loewenheim,* Bereicherungsrecht, S. 3 ff.

33 Historisch orientierte Ansätze verfolgen insbes. *Heck,* AcP 124 (1925), 1 ff.; *Honsell,* Die Rückabwicklung sittenwidriger oder verbotener Geschäfte, S. 136 ff; *Bufe,* AcP 157 (1958/59), 215 ff.; *Seiler,* in: FS Felgentraeger, S. 379 ff. Ausführlich hierzu s.u. *Zweiter Teil, § 3, § 5 II., III.*

34 *Seiler,* in: FS Felgentraeger, S. 381; *Reuter/Martinek,* Ungerechtfertigte Bereicherung, S. 5, § 1 I.

35 *Reuter/Martinek,* Ungerechtfertigte Bereicherung, S. 6, § 1 I. Ein anschauliches Beispiel für die unterschiedlichen Interpretationsmöglichkeiten lateinischer Digestenzitate bildet die sog. „Meretrixglosse", *Ulpian* D. 12, 5, 4. In diesem lateinischen Zitat wird die Rückforderung einer Vorleistung an eine *„meretrix"* (lat.: Dirne, Freudenmädchen) mit dem Ziel, diese zur Gewährung ihrer Gunst zu bewegen, abgelehnt. Während diese Stelle u.a. von *Neubecker* für ein Zitat *Ulpians* gehalten wird und ihm als Nachweis für eine Ausdehnung des Anwendungsbereichs des Kondiktionsausschlusses auf Fälle des einseitigen Geberverstoßes dient, hält *Heck* das Zitat für „törichte Bemerkungen eines späteren Glossators, denen keinerlei Erkenntniswert zukommt", vgl. einerseits *Neubecker,* DJZ 1902, 568, 569 f.,

menhänge für die Auslegung des § 817 und das Verständnis vieler gegenwärtiger Lösungsansätze darf daher nicht vergessen lassen, dass man sich bei dogmengeschichtlichen Rückgriffen stets auf „schwankendem Boden“[36] bewegt.

Ziel der folgenden Ausführungen soll es daher sein, eine Zusammenfassung des heute weitgehend anerkannten Kenntnistandes zum rechtshistorischen Hintergrund von § 817 zu geben. Die Darstellung soll auf einen Überblick beschränkt werden und sich nicht in Einzelheiten dogmatischer Schlussfolgerungen[37] verlieren. Die Erörterung der rechtsgeschichtlichen Hintergründe gliedert sich in eine Darstellung der *condictio ob turpem causam* im römischen Recht, einen kurzen Blick auf die Regelungen der Naturgesetzbücher des 18. Jahrhunderts sowie einen Überblick über die Entstehungsgeschichte des § 817 im heutigen BGB.

I. Der Kondiktionsausschluss im römischen Bereicherungsrecht

Bereits das römische Recht kannte eine *condictio ob turpem causam,* die die Rückforderung einer Leistung ermöglichte, wenn der Leistungsempfänger sittenwidrig gehandelt hat (*turpitudo accipientis*) sowie einen Kondiktionsausschluss bei beiderseitiger Sittenwidrigkeit (*turpitudo utriusque* bzw. *par turpitudo*)[38].

1. Die condictio ob turpem causam als Unterfall der condictio ob rem

Eine nähere Beschäftigung mit dem römischen Bereicherungsrecht[39] mit Blick auf die hier interessierende Rückabwicklung verbotener

---

andererseits *Heck,* AcP 124 (1925), 1, 42 sowie *Honsell,* Die Rückabwicklung sittenwidriger oder verbotener Geschäfte, S. 93.

36 *Reuter/Martinek,* Ungerechtfertigte Bereicherung, S. 5, § 1 I.

37 Hierauf wird im Rahmen der jeweiligen historisch orientierten Ansätze näher eingegangen, vgl. *Zweiter Teil, § 3, § 5 II., III.*

38 Zur Rückabwicklung verbotener Geschäfte im röm. Recht vgl. auch *Lorenz,* in: Staudinger, § 817, Rn. 1 ff.; *Heck,* AcP 124 (1925), 1 ff.; *Seiler,* in: FS Felgentraeger, S. 379; *Honsell,* Die Rückabwicklung sittenwidriger oder verbotener Geschäfte, S. 65 ff., 96 ff.; *Jörs/Kunkel/Wenger/Honsell,* Römisches Recht, S. 354; *König,* Ungerechtfertigte Bereicherung, S. 126; *von Büren,* SJZ 58 (1962), 225, 227 f.; *Zimmermann,* The law of Obligations, S. 844 ff., 863 ff.

39 Das römische Kondiktionensystem war durch viele Einzeltatbestände gekennzeichnet. Ein Grundtatbestand, insbesondere eine allgemeine Kondiktion wegen mangelnden Rechtsgrundes (*condictio sine causa*) war

Rechtsgeschäfte bringt die grundlegende und auf den ersten Blick überraschende Erkenntnis, dass die *condictio ob turpem causam* im römischen Recht überhaupt keine selbständige Bedeutung hatte. Vielmehr war sie nur ein Unterfall der *condictio ob rem*[40], die unterschiedlichen Regeln folgte, je nachdem, ob der mit der Leistung erstrebte Zweck ein sittenwidriger (*res turpis*) war oder nicht (*res honesta*)[41].

Die Anwendung der *condictio ob rem* unterlag im römischen Recht zwei wichtigen Einschränkungen: Zum einen galt sie lediglich für Fälle, in denen nicht zum Zwecke der Erfüllung oder Schuldtilgung geleistet wurde, sondern beschränkte sich auf außervertragliche Leistungen[42]. Zum anderen umfasste sie lediglich Leistungen, die zur Veranlassung einer *künftigen* Handlung erfolgt waren[43].

Um die Bedeutung der *condictio ob rem* im römischen Recht zu verstehen, muss man sich vor Augen halten, dass sich das römische Kontraktsystem grundlegend vom heutigen Vertragsrecht unterschied. Das römische Recht war von einem *numerus clausus* der Vertragstypen geprägt, es waren also nur bestimmte Vertragstypen zulässig[44]. Im

---

dem römischen Recht unbekannt. In der Hauptsache gab es drei Kondiktionstypen, nämlich 1. die *condictio indebiti* (sie ist heute in der allgemeinen Leistungskondiktion aufgegangen, diente im römischen Recht v.a. der Rückforderung einer in entschuldbarem Irrtum gezahlten Nichtschuld und stellte primär auf das Verfehlen des Leistungszwecks ab), 2. die *condictio ob causam finitam* (sie kam bei späterem Wegfall des Rechtsgrundes zum Zug) und 3. die *condictio ob rem*. Zu weiteren Einzelheiten des römischen Kondiktionensystems vgl. z.B. *von Lübtow*, Studien zum römischen und bürgerlichen Recht; *Jörs/Kunkel/Wenger/Honsell,* Römisches Recht, S. 350 ff.; *Zimmermann,* The law of Obligations, S. 834 ff.

40 Die condictio ob rem wurde z.T. auch *condictio ob causam datorum* oder im Vulgärlatein *condictio causa data causa non secuta* genannt.

41 Ausführlich *Honsell,* Die Rückabwicklung sittenwidriger oder verbotener Geschäfte, S. 65; *Jörs/Kunkel/Wenger/Honsell,* Römisches Recht, S. 354. Ferner s. auch *König,* Ungerechtfertigte Bereicherung, S. 126; *Lorenz,* in: Staudinger, § 817, Rn. 1; *Schwab,* in: MünchKomm, § 817, Rn. 6; *Westermann/Buck-Heeb,* in: Erman, § 817, Rn. 1.

42 Vgl. *Liebs,* JZ 1978, 697, 698; *Loewenheim,* Bereicherungsrecht, S. 60; *Lorenz,* in: Staudinger, § 812, Rn. 80.

43 Vgl. *Honsell,* Die Rückabwicklung sittenwidriger oder verbotener Geschäfte, S. 70, 73 f.

44 Allgemein zum römischen Obligationenrecht: *Jörs/Kunkel/Wenger/Honsell,* Römisches Recht, S. 294 ff.; *Zimmermann,* Richterliches Moderationsrecht oder Totalnichtigkeit, S. 1 ff.

Bereich der zugelassenen Kontrakte kam nur die *condictio indebiti* zur Anwendung, während die *condictio ob rem* auf Leistungen zur Erreichung jedes beliebigen Erfolgs außerhalb der zugelassenen Kontrakte beschränkt war (sog. *datio ob rem*)[45]. In diesen Fällen war nach römischem Recht bis zum Eintritt des mit der Leistung erstrebten Erfolgs eine Kondiktion, nämlich die *condictio ob rem*, möglich. Sobald der Erfolg aber eingetreten war (*re secuta*), war eine Kondiktion ausgeschlossen[46]. Als Beispiele für die *condictio ob rem* im römischen Recht gelten die Zahlung für die Freilassung eines Sklaven, die Zahlung für den Rückzug einer Klage oder Zahlungen als Mitgift für die Ehe[47]. Die Leistung konnte zurückgefordert werden, falls bzw. solange der erstrebte Erfolg noch nicht eingetreten war (*re non secuta*). Für den Fall der Mitgiftzahlung bedeutet dies, dass die Leistung rückforderbar war, falls bzw. solange die Ehe nicht zustande gekommen war. Wurde die Ehe jedoch geschlossen und ist damit der mit der Leistung verfolgte Zweck eingetreten, schied eine *condictio ob rem* aus.

---

45 *Esser/Weyers/Schmidt,* Schuldrecht II/2, S. 66, § 49 II; *Reuter/Martinek,* Ungerechtfertigte Bereicherung, S. 147, § 5 III. Die meisten sittenwidrigen Abreden waren im römischen Recht schon deshalb ungültig, weil sie unter keinen der anerkannten Verträge fielen, es handelte sich also i.d.R. um Fälle der *datio ob rem*. Die Nichtigkeit sittenwidriger gegenseitiger Verträge spielte im römischen Recht dagegen nur eine sehr geringe Rolle. Die heute bedeutsamen „Wucherfälle" führten im römischen Recht nicht zur Nichtigkeit, da man davon ausging, dass es erlaubt sei, einander zu übervorteilen. Erst in nachklassischer Zeit wurde dem Verkäufer, der weniger als die Hälfte des wahren Werts einer Sache erlöste, die Auflösung des Kaufvertrags gestattet. Der Käufer konnte dies jedoch durch Nachzahlung der Differenz zum wahren Wert verhindern, sog. *laesio enormis,* vgl. *Honsell,* Die Rückabwicklung sittenwidriger oder verbotener Geschäfte, S. 77 ff; *Jörs/Kunkel/Wenger/Honsell,* Römisches Recht, S. 307 f.; *Wieling,* Bereicherungsrecht, S. 36, § 3 III 6.

46 *Ulpian* D. 12, 4, 1: „Si ob rem […] data sit pecunia, […] causa secuta repetitio cessat". Vgl. auch *Reuter/Martinek,* Ungerechtfertigte Bereicherung, S. 147, § 5 III. Ob vor Erfolgseintritt eine Rückforderung aus beliebigen Gründen, also auch bei bloßem Gesinnungswandel, möglich war, wird nicht einheitlich beurteilt. Dafür *Honsell,* Die Rückabwicklung sittenwidriger oder verbotener Geschäfte, S. 74; dagegen *Schwarz,* Die Grundlage der condictio im klassischen Römischen Recht, S. 266 f.

47 Diese Beispiele sind bei *Ulpian* D. 12, 4, 1 bzw. 6 genannt. Vgl. ferner *Lorenz,* in: Staudinger, § 812, Rn. 80; *von Büren,* SJZ 58 (1962), 225, 227. Näher zu den Anwendungsfällen der *condictio ob rem* im römischen Recht: *Liebs,* JZ 1978, 697, 698 f.

Die *condictio ob rem* verlor ihre eigentliche Bedeutung mit der endgültigen Beseitigung des Typenzwangs im 17. Jahrhundert, die auf naturrechtliche Einflüsse zurückging[48]. Der damit einhergehenden Funktionswandel der *condictio ob rem* führte dazu, dass der im heutigen § 812 Abs. 1 Satz 2, 2. Alt. normierten Kondiktion wegen Zweckverfehlung als „historisches Überbleibsel"[49] nur noch ein geringer Anwendungsbereich verbleibt[50].

2. Anwendungsbereich der condictio ob turpem causam

Als bloßer Unterfall der *condictio ob rem* unterlag die *condictio ob turpem causam* im römischen Recht denselben Einschränkungen wie die *condictio ob rem* selbst. Das bedeutet zum einen, dass die *condictio ob turpem causam* nur für Leistungen außerhalb der anerkannten Kontrakte und damit nicht für Leistungen auf ein sittenwidriges Verpflichtungsgeschäft zum Zweck der Tilgung einer vermeintlichen schuldrechtlichen Verbindlichkeit (*causa solvendi*) galt[51]. Bei Verträgen über Sach,- Dienst- und Werkleistungen kam sie also gar nicht zur Anwendung. Zum anderen umfasste auch die *condictio ob turpem causam* nur Leistungen zur Erreichung eines *zukünftigen* Zwecks[52].

Die Bedeutung der *condictio ob turpem causam* zeigte sich nur in Fällen, in denen der mit der Leistung erstrebte Erfolg eingetreten war und eine *condictio ob rem* daher ausschied[53]. War der mit der Leistung erstrebte Erfolg dagegen nicht eingetreten, wurde allein die *condictio ob rem* gewährt, auch wenn der Zweck der Leistung eine *res turpis* war. Im römischen Recht waren mithin von der *condictio ob turpem causam*

---

48 *Zimmermann,* The law of Obligations, S. 844, Fn. 69; *Schwarz,* Die Grundlage der condictio im klassischen Römischen Recht, S. 137 f.

49 *von Caemmerer,* in: FS Rabel, S. 348; zustimmend: *Honsell,* Die Rückabwicklung sittenwidriger oder verbotener Geschäfte, S. 76.

50 *Larenz/Canaris,* Lehrbuch des Schuldrechts II/2, S. 150, § 68 I; *König,* in: Gutachten und Vorschläge zur Überarbeitung des Schuldrechts, S. 1533; *Schwab,* in: MünchKomm, § 812, Rn. 196.

51 Näher *Honsell,* Die Rückabwicklung sittenwidriger oder verbotener Geschäfte, S. 83; *Reuter/Martinek,* Ungerechtfertigte Bereicherung, S. 176, § 5 V; *Joerges,* in: Alternativkommentar, § 817, Rn. 1.

52 *Reuter/Martinek,* Ungerechtfertigte Bereicherung, S. 176, § 5 V; *Lorenz,* in: Staudinger, § 817, Rn. 1 f.; *Mühl/Hadding,* in: Soergel, § 817, Rn. 1.

53 *Paulus* D. 12, 5, 1, 2: „Quod si turpis causa accipientis fuerit, *etiamsi res secuta sit,* repeti potest". Vgl. auch *Joerges,* in: Alternativkommentar, § 817, Rn.1; *Schwab,* in: MünchKomm, § 817, Rn. 5; *Jörs/Kunkel/Wenger/Honsell,* Römisches Recht, S. 354; *Zimmermann,* The law of Obligations, S. 845.

im Wesentlichen zwei Fälle erfasst, nämlich die Leistung für die Unterlassung eines Delikts[54] sowie die Erbringung einer ohnehin geschuldeten Leistung[55]. Hier war eine Rückforderung des Geleisteten aufgrund des Spezialfalls der *condictio ob turpem causam* möglich, auch wenn der Empfänger beispielsweise das Verbrechen tatsächlich unterlassen hatte, der mit der Leistung erstrebte Erfolg demnach eingetreten war und eine *condictio ob rem* an sich ausschied. Der Grund für die ausnahmsweise Zulassung der Kondiktion trotz Erfolgseintritts lag in dem Schutz des Leistenden, der sich häufig in einer erpressungsähnlichen Lage befand[56]. Die *condictio ob turpem causam* normierte mithin eine Ausnahme von der *condictio ob rem*: Verstieß der Empfänger einer Leistung durch Annahme derselben gegen die guten Sitten, war eine Rückforderung - in Ausnahme zur *condictio ob rem* - möglich, auch wenn der mit der Leistung erstrebte Erfolg eingetreten war. Dieses Regel-Ausnahme-Verhältnis wurde bereits von Justinian verwischt, der die *condictio ob turpem causam* in den Digesten in einem eigenen Titel verselbständigte[57], wobei hier allerdings zumindest der systematische Zusammenhang mit der *condictio ob rem* noch gewahrt wurde[58].

3. Der Kondiktionsausschluss bei beiderseitiger Sittenwidrigkeit

Auch der Kondiktionsausschluss bei beidseitiger Sittenwidrigkeit (*par turpitudo*) wurde in den Digesten durch Justinian kodifiziert[59]. Der Rückforderungsausschluss hatte im römischen Recht ebenso wie die *condictio ob rem* und die *condictio ob turpem causam* aufgrund der ge-

---

54 *Ulpian* D. 12, 5, 2: „[…] dedi tibi ne sacrilegium facias, ne furtum, ne hominem occides".

55 *Ulpian* D. 12, 5, 2, 1: „[…] si tibi dedero, ut rem mihi reddas depositam apud te". Näher *Honsell,* Die Rückabwicklung sittenwidriger oder verbotener Geschäfte, S. 83; *Bufe,* AcP 157 (1958/59), 215, 245; *Reuter/Martinek,* Ungerechtfertigte Bereicherung, S. 181, § 5 V; *Zimmermann,* The law of Obligations, S. 845.

56 *Joerges,* in: Alternativkommentar, § 817, Rn. 1; *Honsell,* Die Rückabwicklung sittenwidriger oder verbotener Geschäfte, S. 83.

57 Vgl. die Überschrift zu D. 12, 5. Justinian hat der Kondiktion den noch heute gebräuchlichen Namen *condictio ob turpem vel iniustam causam* gegeben.

58 Näher *Honsell,* Die Rückabwicklung sittenwidriger oder verbotener Geschäfte, S. 80; *Reuter/Martinek,* Ungerechtfertigte Bereicherung, S. 176, § 5 V.

59 Vgl. *Paulus* D. 12, 5, 3: „Ubi autem et dantis, et accipientis turpitudi versatur, non posse repeti dicimus".

nannten Einschränkungen einen begrenzten Anwendungsbereich[60]. Beispiele für seine Anwendung im römischen Recht sind Fälle der Vorausvergütung von Unzucht, die Zahlung von Schweigegeldern, die Richterbestechung oder die Anstiftung zum schikanösen Prozessieren[61]. Der Empfänger sollte in diesen Fällen gerade zur Deliktsbegehung angestiftet werden, so dass ein auf Seiten des Leistenden stehender Schutzgrund, der die Rückforderung bei der *condictio ob turpem causam* rechtfertigte, nicht bestand[62]. Eine Analyse der Anwendungsfälle des Kondiktionsausschlusses im römischen Recht zeigt darüber hinaus, dass der Ausschlussgrund durchaus flexibel gehandhabt wurde. In einigen Fallbeispielen des römischen Rechts wird insbesondere der Versuch einer Abwägung des sittenwidrigen Verhaltens nach Schwere des Verstoßes deutlich[63].

Nicht einheitlich beurteilt wird die Frage, ob der Kondiktionsausschluss nur dann zur Anwendung gelangte, wenn der mit der Leistung erfolgte Zweck tatsächlich eingetreten ist. Namentlich *Bufe* interpretiert die römischen Quellen dahingehend, dass der Kondiktionsausschluss nur dann angewendet wurde, wenn der Leistungsempfänger die begehrte Handlung vorgenommen hatte und somit der mit der Leistung erstrebte Erfolg eingetreten war, so dass Fälle einseitiger Vorleistungen nicht erfasst gewesen sein sollen[64]. Überwiegend

---

60 Anwendung nur außerhalb zugelassener Kontrakte und nur zur Erreichung eines künftigen Erfolges, vgl. *Reuter/Martinek,* Ungerechtfertigte Bereicherung, S. 200, § 6 V; *Seiler,* in: FS Felgentraeger, S. 380.

61 Zu diesen Beispielen *Ulpian* D. 12, 5, 4: „si ob stuprum datum sit […] cessat enim repetitio"; *Ulpian* D. 12, 5, 4, 1: „si dederit fur, ne proderetur"; *Paulus* D. 12, 5, 3: „si pecunia detur, ut male iudicetur"; *Ulpian* D. 12, 5, 2, 2: „si dedi, ut secundum me in bona causa iudex pronuntiaret". Zu weiteren Anwendungsfällen im römischen Recht: *Seiler,* in: FS Felgentraeger, S. 381 ff.; *von Büren,* SJZ 58 (1962), 225, 227 f.; *König,* Ungerechtfertigte Bereicherung, S. 126.

62 *Honsell,* Die Rückabwicklung sittenwidriger oder verbotener Geschäfte, S. 85; *Seiler,* in: FS Felgentraeger, S. 384.

63 *Papinian* D. 12, 7, 5 nennt den Fall der Zahlung einer Mitgift durch eine Frau für die Eingehung einer Ehe mit ihrem Onkel, die als inzestuös angesehen wurde. Trotz der Sittenwidrigkeit durch die Zahlung sollte eine Rückforderung möglich sein, da die Zahlung einer Mitgift für eine Ehe als weniger verwerflich angesehen wurde als sonstige Fälle der Vergütung von Unzucht. Ausführlich hierzu: *Seiler,* in: FS Felgentraeger, S. 386.

64 *Bufe,* AcP 157 (1958/59), 215 ff. Näher zu dem Versuch *Bufes,* § 817 Satz 2 dahingehend einzuschränken, dass er auf einseitige Vorleistungen keine Anwendung findet, s.u. *Zweiter Teil, § 5 II.*

wird dagegen der eigentliche Anwendungsbereich des Kondiktionsausschlusses gerade umgekehrt in dem Fall gesehen, dass der mit der Leistung verfolgte Zweck *nicht* eingetreten war[65]. Dies überzeugt, da andernfalls - sprich im Falle des Erfolgseintritts - im römischen Recht schon gar kein Kondiktionstatbestand eröffnet war und es eines Kondiktionsausschlusses somit gar nicht bedurft hätte: Die *condictio ob rem* schied ja bei Erfolgseintritt ohnehin aus, der Unterfall der *condictio ob turpem causam* kam nur bei einem einseitigen Empfängerverstoß zur Anwendung. Würde man also annehmen, der Kondiktionsausschluss des römischen Rechts hätte nur Fälle der *re secuta* erfasst, würde er jeden eigenen Regelungsgehalt entbehren und sich in seiner Bedeutung auf eine bloß klarstellende Funktion reduzieren[66]. Zudem wird - wie *Bufe* selbst einräumt[67] - in der Kasuistik des römischen Rechts nirgends ausdrücklich konstatiert, dass der Kondiktionsausschluss in Fällen der *re non secuta* nicht greifen sollte[68].

Auch die Frage, ob das römische Recht den Kondiktionsausschluss bei einseitigen Geberverstößen (*turpitudo dantis*) zur Anwendung brachte, wird unterschiedlich beantwortet. In den Digesten wird der Dirnenlohn, der in Vorleistung erbracht wurde, um die Dirne zur Gewährung ihrer Gunst zu bewegen, als Beispiel für einen Rückforderungsausschluss bei einseitigem Geberverstoß genannt[69]. Die Konsequenzen, die aus diesem Digestenzitat gezogen werden, differieren

65 *Honsell,* Die Rückabwicklung sittenwidriger oder verbotener Geschäfte, S. 87; *Niederländer,* in: FS Gutzwiller, S. 623 (Fn. 9); *Reuter/Martinek,* Ungerechtfertigte Bereicherung, S. 200, § 6 V; *Zimmermann,* The law of Obligations, S. 845 f.

66 Überzeugend *Honsell,* Die Rückabwicklung sittenwidriger oder verbotener Geschäfte, S. 87.

67 *Bufe,* AcP 157 (1958/59), 215, 247.

68 *Honsell,* Die Rückabwicklung sittenwidriger oder verbotener Geschäfte, S. 87; *Niederländer,* in: FS Gutzwiller, S. 623 (Fn. 9).

69 *Ulpian* D. 12, 5 ,4, 3: „Sed quod meretrici datur, repeti non potest, ut Labeo et Marcellus scribunt". Zu der sog. Meretrix-Glosse vgl. ausführlich: *Heck,* AcP 124 (1925), 1, 42 ff.; *Zimmermann,* The law of Obligations, S. 847 (Fn. 91). S. auch bereits oben Fn. 35. Ob es sich bei der Zahlung von „Dirnenlohn" tatsächlich um einen einseitigen Verstoß handelt, wird unterschiedlich beantwortet. Dagegen: *von Büren,* SJZ 58 (1962), 225, 228. Dafür: *Seiler,* in: FS Felgentraeger, S. 383 ff. (*Seiler* begründet dies insbesondere damit, dass Prostituierte nach römischem Recht seit der Herrschaft Caligulas steuerpflichtig waren, so dass es nicht sachgerecht gewesen wäre, gleichzeitig von einem Sittenverstoß durch die Prostituierte auszugehen).

jedoch erheblich: Teilweise wird die Stelle als Argument für die Ausdehnung des § 817 Satz 2 auf bloße Geberverstöße herangezogen[70]. Andere messen ihr überhaupt keine besondere Bedeutung bei und gehen davon aus, dass es einen einseitigen Sittenverstoß des Gebers bei der *datio ob rem* gar nicht geben könne[71]. Dies wird damit begründet, dass bei der *datio ob rem* der Empfänger der Leistung die Zwecksetzung zwangsläufig kennen muss und bei Kenntnis regelmäßig beiderseitige Sittenwidrigkeit vorliegen wird[72]. Weitere Quellen zu Fällen des einseitigen Geberverstoßes existieren - soweit ersichtlich - nicht. Unabhängig von dem Streit um die Interpretation des genannten Digestenzitats kann man daraus schließen, dass Fälle des einseitigen Geberverstoßes im römischen Recht aller Wahrscheinlichkeit nach keine große Rolle spielten.

Als Begründung des Kondiktionsausschlusses findet sich im römischen Recht der Satz: *in pari turpitudine melior est causa possidentis*[73]. Er beinhaltet den Gedanken, dass bei gleichermaßen mangelnder Besitzberechtigung der Besitzer begünstigt wird. In einer Situation, in der an sich keiner zum Besitz berechtigt ist, verweigert die Rechtsordnung mithin den Rechtsschutz und belässt es beim status quo[74].

Außerdem taucht als Begründung des Rückforderungsausschlusses verschiedentlich der lateinische Satz: *nemo auditur turpitudinem suam allegans* auf. Diese Parömie stammt allerdings erwiesenermaßen nicht aus dem römischen Recht; umstritten ist lediglich, ob sie auf die Glos-

---

70 *Neubecker*, DJZ 1902, 568, 569.

71 *Honsell*, Die Rückabwicklung sittenwidriger oder verbotener Geschäfte, S. 90 ff. *Heck* nimmt sogar an, dass das Zitat gar nicht von *Ulpian* stamme, es sich vielmehr um eine nachträglich eingefügte Glosse handele, *Heck*, AcP 124 (1925), 1, 42, vgl. schon oben Fn. 35.

72 *Honsell*, Die Rückabwicklung sittenwidriger oder verbotener Geschäfte, S. 90. Die sog. „Wucherfälle", die heute unter die Fallgruppe des einseitigen Geberverstoßes fallen, waren im römischen Recht i.d.R. nicht von der *datio ob rem* erfasst, da diese nur außerhalb der anerkannten Kontrakte zum Zuge kam, vgl. hierzu auch Fn. 45.

73 Diese Formulierung wurde vor allem in späterer Zeit gebraucht. Im röm. Recht heißt es ursprünglich: „[...] si et dantis et accipientis turpis causa [est], possessorem potiorem esse", vgl. *Paulus* D. 12, 5, 8, *Ulpian* D. 3, 6, 5, 1.

74 *Honsell*, Die Rückabwicklung sittenwidriger oder verbotener Geschäfte, S. 90; *Seiler*, in: FS Felgentraeger, S. 385. In der juristischen Lehre wird versucht, aus dieser „Gleichgewichtsidee" Erklärungen zur Ratio des § 817 Satz 2 sowie zu dessen Anwendungsbereich abzuleiten, vgl. insbes. *Heck*, AcP 124 (1925), 1, 39 ff.; *Bufe*, AcP 157 (1958/59), 215, 240 ff. Näheres hierzu s.u. *Erster Teil, § 2 II. 4 a.*

satoren[75] oder die Kanonisten[76] zurückzuführen ist. Auch die Bedeutung der Regel ist nicht klar. Zum Teil wird angenommen, dass der Satz für einen Rückforderungsausschluss im Bereicherungsrecht ohne Belang sei und lediglich die Berufung auf selbst begangenes Unrecht zur Erlangung eines Gewinns verbiete[77]. Andere sehen in ihr ein übergeordnetes Prinzip, dass als allgemeiner Rechtsgedanke einen Kondiktionsausschluss rechtfertigen soll[78].

4. Zusammenfassung

Der Zusammenhang zwischen der *condictio ob rem*, der *condictio ob turpem causam* sowie dem Kondiktionsausschluss bei beiderseitiger Sittenwidrigkeit im römischen Recht kann daher zusammenfassend und vereinfacht wie folgt dargestellt werden[79]: Im Grundsatz war die *condictio ob rem* die richtige Kondiktion bei Leistungen zur Erreichung eines künftigen Erfolges außerhalb der anerkannten Vertragstypen. Sie entfiel allerdings, sobald der erstrebte Erfolg eingetreten war. Eine Ausnahme von diesem Grundsatz wurde im Falle des einseitigen Verstoßes gegen die guten Sitten durch den Empfänger (*turpitudo accipientis*) gemacht. Hier war eine Kondiktion aus Gründen des Schutzes des Leistenden ausnahmsweise auch dann möglich, wenn der Erfolg eingetreten war. Schlagwortartig lassen sich diese Fälle mit dem Stichwort der „Deliktsvermeidung" umschreiben. Der Leistende zahlte, um den Empfänger von einem Verbrechen abzuhalten und befand sich daher in einer erpressungsähnlichen Lage. Der Kondiktionsausschluss bei beidseitiger Sittenwidrigkeit (*turpitudo utriusque*) stellte sozusagen eine Ausnahme von der Ausnahme dar. Die Kondiktion war demnach bei beiderseitiger Sittenwidrigkeit auch dann ausgeschlossen, wenn der erstrebte Erfolg nicht eingetreten ist. Wesentlicher Anwendungsbereich des Kondiktionsausschlusses waren folglich Fälle des fehlenden Erfolgseintritts. Hier umschreibt das Schlagwort

---

75 So etwa *Honsell,* Die Rückabwicklung sittenwidriger oder verbotener Geschäfte, S. 93; *Zimmermann,* The law of Obligations, S. 865, Fn. 196.

76 So etwa *König,* Ungerechtfertigte Bereicherung, S. 127.

77 *Honsell,* Die Rückabwicklung sittenwidriger oder verbotener Geschäfte, S. 94; *Wilburg,* Entwicklung eines beweglichen Systems im bürgerlichen Recht, S. 9.

78 *Neubecker,* DJZ 1902, 568, 569; *Flume,* Allgemeiner Teil des Bürgerlichen Rechts II, S. 390, § 18; in diese Richtung bezogen auf die französische Judikatur: *König,* Ungerechtfertigte Bereicherung, S. 127, 147.

79 Vgl. hierzu auch *von Büren,* SJZ 58 (1962), 225, 227; *Honsell,* Die Rückabwicklung sittenwidriger oder verbotener Geschäfte, S. 88.

der „Deliktsanstiftung" die Situation: Wollte der Leistende den Empfänger mit der Zahlung zur Begehung eines Verbrechens anstiften, war die Rückforderung auch dann ausgeschlossen, wenn das Verbrechen nicht begangen worden ist.

II. Die Kondiktion wegen verwerflichen Empfangs in den Naturrechtsgesetzen

Zwar treten die Naturrechtsgesetzbücher des 18. Jahrhunderts in ihrer Bedeutung für die Entstehung des BGB hinter dem römischen Recht zurück. Dennoch soll hier kurz darauf eingegangen werden, in welcher Form diese Gesetzbücher die Rückabwicklung verbotener Rechtsgeschäfte handhabten. Auffällig ist, dass sowohl das Allgemeine Landrecht für die preußischen Staaten (ALR) als auch der Codex Maximilianeus Bavaricus Civilis (CMBC) weitreichende Rückforderungsausschlüsse bei verbotenen Geschäften kannten.

Das Allgemeine Preußische Landrecht enthält in den §§ 172, 173 sowie den §§ 205 ff. ALR[80] Vorschriften über die Rückforderung von Leistungen, die aus unsittlichen oder verbotenen Geschäften erlangt wurden. §§ 172, 173 ALR normieren einen umfassenden Rückforderungsausschluss für den Fall des Verstoßes gegen ein Verbotsgesetz sowie ein Einziehungsrecht des Fiskus im Hinblick auf den geleisteten Gegenstand. Die §§ 205 ff. ALR befassen sich dagegen allgemein mit Leistungen zu einem unerlaubten Zweck. Sie erfassen mithin nicht nur Fälle, in denen das Grundgeschäft gegen eine Verbotsnorm verstößt, sondern auch alle sonstigen Leistungen, die zu einem von der Rechtsordnung nicht gebilligtem Zweck hingegeben werden. An der Spitze steht wiederum ein Rückforderungsausschluss und ein Einziehungsrecht des Fiskus bei Leistungen zu einem unerlaubten Zweck. Bei Leistungen zu einem „wider die Ehrbarkeit laufenden Zweck" gilt der Ausschluss allerdings erst, wenn dem Empfänger der Zweck bekannt ist. Speziell geregelt sind in § 210 ALR Fälle der Beamtenbestechung, in denen ebenfalls eine Rückforderung ausgeschlossen sein soll. Eine Rückforderung wird vielmehr in den §§ 207, 212 ALR nur dann zugelassen, wenn dem Geber die Leistung abgenötigt wurde oder der Leistende durch ein Verhalten des Empfängers zur Leistung verleitet wurde. Hier scheint der Gedanke vom Schutz des Leistenden in erpressungsähnlichen Fällen durch, die auch im römischen Recht von der *condictio ob turpem causam* erfasst waren.

---

80 Vgl. *Annex I.*

Der CMBC differenziert in § 8, Capitel 13, Teil IV CMBC[81] nach den Fallgruppen des beiderseitigen Verstoßes sowie des einseitigen Verstoßes auf der Empfänger- bzw. Geberseite. Auch hier wird der Rückforderungsausschluss bei beiderseitiger Sittenwidrigkeit an die Spitze gestellt und wie im ALR ein Einziehungsrecht des Fiskus normiert. Exemplarisch wird der Dirnenlohn genannt, der hier also als ein Fall des beiderseitigen Verstoßes angesehen wird. Im Anschluss wird die *condictio ob turpem causam* bei einseitigem Empfängerverstoß normiert und auf die klassischen - schon aus dem römischen Recht bekannten - Beispiele, nämlich die Leistung zur Deliktsvermeidung bzw. die Vornahme einer ohnehin geschuldeten Handlung, referiert. Zuletzt betont der § 8, Capitel 13, Teil IV CMBC mit Nachdruck („umso weniger"), dass auch bei einem einseitigen Geberverstoß die Rückforderung ausgeschlossen ist. Die Wortwahl („als der Kläger seine Schande hierunter allegiren muss") deutet auf eine Anlehnung an die Parömie *„nemo auditur turpitudinem suam allegans"* hin. Hinter dem Rückforderungsausschluss scheint also der Gedanke zu stehen, dass sich der Leistende mit einer Klage auf eigenes Unrecht berufen müsste, was nicht als zulässig erachtet wird.

Auffällig ist mithin, dass sich sowohl das ALR als auch der CMBC bei der Zulassung einer Rückforderung an die römisch-rechtliche Tradition halten. Dem Rückforderungsausschluss kommt dagegen eine viel größere Bedeutung zu als im römischen Recht[82]. Die Bedeutung des Rückforderungsausschlusses zeigt schon die systematische Stellung jeweils zu Beginn der Vorschriften. Zudem scheint der Ausschluss umfassend gewesen zu sein, Einschränkungen des Verbots werden nicht gemacht. Mit dem Konfiskationsrecht des Fiskus kommt zudem ein pönales Element des Rückforderungsverbots zum Ausdruck. Außerdem wird mit dieser Vorgehensweise eine einseitige Empfängerbegünstigung durch den Rückforderungsausschluss, wie sie heute oft kritisiert wird, vermieden. Auch in jüngerer Vergangenheit wird deshalb ein Einziehungsrecht des Fiskus nach dem Vorbild der Naturgesetzbücher zur Vermeidung der mit § 817 Satz 2 einhergehenden Unbilligkeiten gefordert[83].

---

81 Vgl. *Annex II.*

82 *Honsell,* Die Rückabwicklung sittenwidriger oder verbotener Geschäfte, S. 96; *Wambach,* Die bereicherungsrechtliche Rückabwicklung gesetzes- oder sittenwidriger Verträge, S. 12.

83 Vgl. insbes. *Amend-Traut,* KJ 2008, 408, 423.

III. *Die Entstehungsgeschichte des § 817 Satz 2 im heutigen BGB*

1. Der Dresdner Entwurf und der Entwurf der Ersten Kommission

Die Arbeiten für eine Kodifikation des Zivilrechts begannen im Jahre 1874, ein Jahr nachdem im Herbst 1873 das deutsche Reich die Gesetzgebungskompetenz für das gesamte Bürgerliche Recht erhalten hatte[84]. Noch im gleichen Jahr wurde vom Bundesrat eine aus elf Mitgliedern bestehende, sogenannte Erste Kommission einberufen, deren Aufgabe die Ausarbeitung eines Entwurfs für ein Bürgerliches Gesetzbuch war. Für das Obligationenrecht wurde das Kommissionsmitglied *Franz von Kübel*[85] mit der Abfassung eines Entwurfs als Redaktor betraut. Den Entwurf konnte *von Kübel* allerdings wegen Krankheit nicht vollenden, so dass er um Teile des Dresdner Entwurfs[86], an dem *von Kübel* ebenfalls bereits beteilit war, ergänzt wurde. Aus diesem Grund bildet der Dresdner Entwurf eine wichtige Grundlage für den hierauf aufbauenden Entwurf der Ersten Kommission[87].

Im Dresdner Entwurf war die *condictio ob turpem causam,* sprich die Rückforderung wegen verwerflichen Empfangs, in den Art. 993 ff. geregelt[88]: Der Dresdner Entwurf orientierte sich noch sehr stark am römisch-rechtlichen Vorbild der *condictio ob turpem causam.* Die Kondiktion wegen verwerflichen Empfangs bildete zwar einen eigenen Kondiktionstatbestand, allerdings war der enge Zusammenhang mit

---

84 Zum äußeren Gang der Gesetzgebung vgl. *Schubert,* Materialien zur Entstehungsgeschichte des BGB, S. 27 ff.; *Wieacker,* Privatrechtsgeschichte der Neuzeit, S. 458 ff.; 468 ff.

85 1819-1884, Dr. jur., er war seit 1841 im württembergischen Justizdienst beschäftigt, seit 1879 als Senatspräsident am Württembergischen Oberlandesgericht, zu den Einzelheiten seines Werdegangs vgl. *Schubert,* Materialien zur Entstehungsgeschichte des BGB, S. 75.

86 Der „Dresdner Entwurf" stammt aus dem Jahre 1866 und war ein Entwurf für ein gemeinsames Gesetz über Schuldverhältnisse für die deutschen Bundesstaaten. Er entstand in Folge eines Antrags von zehn deutschen Bundesregierungen am 17.12.1859, der auf die Schaffung einer gemeinschaftlichen Gesetzgebungskompetenz in Zivilsachen des deutschen Reichs für alle deutschen Bundesstaaten gerichtet war, vgl. Vorwort von *Bernhard Francke,* in: *Schubert,* Materialien zur Entstehungsgeschichte des BGB.

87 *Honsell,* Die Rückabwicklung sittenwidriger oder verbotener Geschäfte, S. 98; *Heine,* Condictio sine datione, S. 158; *Wambach,* Die bereicherungsrechtliche Rückabwicklung gesetzes- oder sittenwidriger Verträge, S. 14.

88 Abdruck der Vorschriften in *Annex III.*

der *condictio ob rem* noch gewahrt, was sich insbesondere aus ihrer systematischen Stellung gleich im Anschluss an die Kondiktion wegen Nichteintritts der Voraussetzung (Art. 988-992 des Dresdner Entwurfs) ergibt. Insbesondere reduzierte der Dresdner Entwurf den Anwendungsbereich der *condictio ob turpem causam* noch auf Leistungen, die zur Erreichung eines künftigen Erfolgs erbracht wurden. Wegen des engen Zusammenhangs mit der *condictio ob rem* war auch die *condictio ob turpem causam* auf Leistungen außerhalb vertraglicher Verpflichtungen beschränkt[89]. Der Dresdner Entwurf benennt in Art. 994, 995 exemplarische Anwendungsfälle für eine „unsittliche oder unehrenhafte Ursache" auf Seiten des Empfängers bzw. des Leistenden. Auch diese Beispielsfälle liegen noch ganz auf der Linie des römischen Kondiktionensystems: Der Art. 994 des Dresdner Entwurfs, der auf Fälle des einseitigen Empfängerverstoßes eingeht, bezieht sich, wie die *condictio ob turpem causam* im römischen Recht, auf erpressungsähnliche Fälle, in denen eine Leistung gemacht wurde, um jemand zur Unterlassung eines Delikts oder zur Vornahme einer Handlung, zu der ohnehin eine Verpflichtung besteht, zu bewegen. Art. 995 des Dresdner Entwurfs, der unsittliches Handeln auf Seiten des Leistenden behandelt, nennt dagegen beispielhaft Fälle der Deliktsanstiftung.

Der Teilentwurf der Ersten Kommission[90], der auf dem Entwurf *von Kübels* beruht, lehnte sich aus den oben genannten Gründen stark an den Dresdner Entwurf und somit das nachklassische System römischer Kondiktionstatbestände an. Allerdings erfolgte in Bezug auf den hier interessierenden heutigen § 817 eine wesentliche, folgenreiche Änderung. Die Kondiktion wegen verwerflichen Empfangs war in § 747 des ersten Teilentwurfs geregelt und beschränkte sich im Gegensatz zum ursprünglichen Entwurf *von Kübels* nicht mehr auf Leistungen zur Bewirkung eines künftigen Erfolgs. Vielmehr wurde die *condictio ob turpem causam* nach dem ausdrücklichen Willen des Gesetzgebers auf Leistungen zur Erreichung eines in der Vergangenheit

89 *Lorenz,* in: Staudinger, § 817, Rn. 1; *Honsell,* Die Rückabwicklung sittenwidriger oder verbotener Geschäfte, S. 99.

90 Der Teilentwurf der Ersten Kommission wurde am 31.01.1888 zusammen mit den Motiven der Öffentlichkeit vorgelegt. Er stieß auf vielfältige Kritik; die zahlreichen Stellungnahmen wurden im Reichsjustizamt gesammelt und gesichtet. Auf dem Gebiet des Bereicherungsrechts entstand ein vollständiger Gegenentwurf, der die Grundlage der Arbeiten der Zweiten Kommission bildete, vgl. hierzu: *Heine,* Condictio sine datione, S. 174 ff.; *Wieacker,* Privatrechtsgeschichte der Neuzeit, S. 468 ff.

liegenden Zwecks ausgedehnt. Die Motive enthalten hierzu folgende Ausführungen[91]:

> „Diese Kondiktion [Anm.: Die Kondiktion wegen verwerflichen Empfangs] darf jedoch nicht auf den Fall beschränkt werden, wenn der bezeichnete Verstoß darin liegt, daß die Leistung in Rücksicht auf einen künftigen Erfolg oder ein späteres Verhalten des Empfängers, also auf eine causa futura angenommen ist. Als Grund der Restitutionspflicht scheint einzig und allein der auf Seiten des Empfängers in der Annahme liegende Verstoß und die darin sich offenbarende Auflehnung gegen die guten Sitten oder die Öffentliche Ordnung. Dem widerspräche die erwähnte Beschränkung. [...] Vielmehr soll die in der Annahme der Leistung sich kundgebende verwerfliche Gesinnung des Empfängers getroffen werden. Um im Volksleben den Sinn für gute Sitten und für das Interesse der öffentlichen Ordnung zu stärken, ist daher überall, wo der Empfänger durch die Annahme der Leistung mit den guten Sitten und der öffentlichen Ordnung sich in Widerspruch setzt, die Pflicht zur Herausgabe des Empfangenen vorzuschreiben."

Mit dieser Ausweitung des Anwendungsbereichs der *condictio ob turpem causam* entfernte sich der Gesetzgeber von der römischrechtlichen Tradition. Zugleich wurde der Zusammenhang mit der *condictio ob rem,* die weiterhin auf Leistungen zur Herbeiführung künftiger Erfolge beschränkt blieb, zerstört und das der *condictio ob turpem causam* bis dahin zugrunde liegende Prinzip aufgegeben[92]. Aus den Ausführungen in den Motiven wird ferner deutlich, dass der hinter der *condictio ob turpem causam* stehende Gedanke nicht mehr - wie im römischen Recht - im Schutz des Leistenden gesehen wurde, sondern vielmehr in pönalen und generalpräventiven Motiven. Hiermit war ein erster, wichtiger Schritt zur Ausweitung der *condictio ob turpem causam* und des mit ihr zusammenhängenden Kondiktionsausschlusses getan.

91 Mot., S. 849.

92 *Reuter/Martinek,* Ungerechtfertigte Bereicherung, S. 176, § 5 V; *Mühl/Hadding,* in: Soergel, § 817, Rn. 1; *Joerges,* in: Alternativkommentar, § 817, Rn. 1.

2. Die Änderungen durch die Zweite Kommission

Wegen der teils massiven Kritik an dem Entwurf der Ersten Kommission wurde 1890 eine Zweite Kommission[93] einberufen, die eine erneute Überarbeitung vornahm und einen zweiten Entwurf ausarbeitete, der in geringfügig revidierter Form dem Gesetzgebungsorgan zugeleitet wurde. Die Zweite Kommission nahm eine weitere, für den heutigen § 817 bedeutsame Änderung im Bereicherungsrecht vor. Während die Schaffung eines allgemeinen bereicherungsrechtlichen Grundtatbestands von der Ersten Kommission noch ausdrücklich abgelehnt wurde, schuf die Zweite Kommission nun mit dem heutigen § 812 Abs. 1 Satz 1, 1. Alt. eine solche Generalklausel und platzierte sie als „allgemeines, die ganze Lehre beherrschendes Prinzip"[94] am Anfang des Rechts der ungerechtfertigten Bereicherung[95]. Diese Änderung ging zurück auf einen Entwurf *Otto von Gierkes*[96], der die zunächst als Auffangtatbestand vorgesehene *condictio sine causa* an die Spitze stellte[97]. Die *condictio indebiti* ging später in diesem allgemeinen

---

93 Die erneut aus elf Mitgliedern bestehende Zweite Kommission bestand im Gegensatz zur Ersten Kommission, deren Mitglieder v.a. aus der Richterschaft rekrutiert wurden, vermehrt aus Vertretern der Ministerialbürokratie, woraus man sich eine spätere Akzeptanz in Bundesrat und Reichstag erhoffte, vgl. zu den Arbeiten der Zweiten Kommission: *Schubert,* Materialien zur Entstehungsgeschichte des BGB, S. 318 ff.

94 Protokolle II, S. 684.

95 *Honsell,* Die Rückabwicklung sittenwidriger oder verbotener Geschäfte, S. 105; *Heine,* Condictio sine datione, S. 182; *Lorenz,* in: Staudinger, § 817, Rn. 2.

96 Vgl. *Gierke,* Der Entwurf eines bürgerlichen Gesetzbuchs.

97 Die Bedeutung der *condictio sine causa,* die im römischen Recht nur eine untergeordnete Rolle spielte, resultiert aus der Einführung des Abstraktionsprinzips im 19. Jh., auf die *Savigny* großen Einfluss hatte. Bereits *Savigny* erfasste die ungerechtfertigte Bereicherung als einheitlichen Grundtatbestand, aus dem er die einzelnen Bereicherungsansprüche ableitete. Trotz seines methodisch zweifelhaften Vorgehens (vgl. *Reuter/Martinek,* Ungerechtfertigte Bereicherung, S. 12, § 1 I) waren seine Ausführungen in ihrer inhaltlichen Substanz wegweisend und fanden über die Pandektenwissenschaft letztlich Eingang ins BGB. Nach Inkrafttreten des BGB entbrannte gerade um diesen Punkt ein langer Streit. Die heute herrschende Trennungslehre baut auf der Distinktion zwischen Leistungskondiktion und Eingriffskondiktion auf, während die traditionelle sog. Einheitslehre versucht, das Bereicherungsrecht auf eine einheitliche Grundlage zu stellen. Vgl. hierzu: *Loewenheim,* Bereicherungsrecht, S. 10 ff.; *Reuter/Martinek,* Ungerechtfertigte Bereicherung, S. 22 ff.; wegweisend für die Trennungslehre: *von Caemmerer,*

Tatbestand auf. Die Folge ist eine Konkurrenz der *condictio ob turpem causam* mit der allgemeinen Leistungskondiktion, die nunmehr bei sittenwidrigen oder verbotswidrigen Geschäften wegen der Nichtigkeit der zugrunde liegenden causa im Regelfall neben die *condictio ob turpem causam* tritt[98]. Zudem blieb die Änderung auch im Hinblick auf den Rückforderungsausschluss nicht ohne Konsequenzen. Vielmehr war mit ihr die Grundlage für die spätere Ausweitung des § 817 Satz 2 auf die allgemeine Leistungskondiktion geschaffen[99].

An der *condictio ob turpem causam* selbst nahm die Zweite Kommission dagegen nur noch marginale Änderungen vor[100]. Sie wurde in einem eigenen Tatbestand verselbständigt. Ihre Einbeziehung in den allgemeinen Tatbestand der Leistungskondiktion wurde einvernehmlich abgelehnt und ihre eigene Bedeutung betont. Der Tatbestand des Kondiktionsausschlusses wurde aus den gemeinsamen Bestimmungen herausgenommen und mit dem einseitigen Empfängerverstoß in Verbindung gebracht. Zudem wurde eine kürzere und prägnantere Formulierung gewählt sowie auf beispielhafte Aufzählungen verzichtet.

Die von der Zweiten Kommission ausgearbeitete Vorschrift des § 741 des Zweiten Entwurfs wurde unverändert für die Bundesratsvorlage übernommen. Im folgenden Teil des Gesetzgebungsverfahrens erfolgten nur noch kleinere stilistische Änderungen. § 801 der Reichstagsvorlage entsprach bereits exakt der Fassung des § 817 im geltenden Recht. Seit dem Inkrafttreten des BGB am 01.01.1900 hat sich die Vorschrift weder sprachlich noch inhaltlich verändert.

3. Reformbestrebungen

Obgleich die Materie des Bereicherungsrechts im Allgemeinen und der Problemkreis der Rückabwicklung verbotener und sittenwidriger Geschäfte im Besonderen in Praxis und Wissenschaft zu vielen Ungereimtheiten und Streitfragen geführt hat, sind Reformbemühungen in

in: FS Rabel, S. 333 ff. Umfassend zu diesem Themenkomplex, auch aus rechtshistorischer und rechtsvergleichender Sicht: *Schäfer,* Das Bereicherungsrecht in Europa.

98 Zu der geringen Bedeutung, der § 817 Satz 1 neben der *condictio indebiti* noch zukommt, s.u. *Erster Teil, § 2 I. 1.*

99 Zur Anwendung des § 817 Satz 2 auch auf die allgemeine Leistungskondiktion s.u. *Erster Teil, § 2 I.*

100 Vgl. hierzu ausführlich: *Honsell,* Die Rückabwicklung sittenwidriger oder verbotener Geschäfte, S. 104 ff.

diesem Bereich bislang vereinzelt geblieben[101]. Das Bundesministerium der Justiz hatte Ende des 20. Jahrhunderts ursprünglich auch das Bereicherungsrecht in seine Überlegungen zur Überarbeitung des Schuldrechts einbezogen. In diesem Rahmen erarbeitete *Detlef König*[102], ausgehend von einer Analyse der höchstrichterlichen Rechtsprechung auf dem Gebiet der ungerechtfertigten Bereicherung, ein umfassendes Gutachten zur Reform dieses Rechtsgebiets samt einem Gesetzesvorschlag. Im Bereich der hier interessierenden *condictio ob turpem vel iniustam causam* sah der Gesetzesvorschlag *Königs* wesentliche Änderungen vor: § 817 Satz 1 sollte völlig gestrichen werden. Der Vorschlag normierte einen dem § 817 Satz 2 entsprechenden Rückforderungsausschluss, der allerdings systematisch zusammen mit den anderen Ausschlusstatbeständen in den Kontext der allgemeinen Leistungskondiktion gestellt und inhaltlich modifiziert werden sollte. Die Kondiktionssperre sollte nur eingreifen „soweit die Rückforderung des in Erfüllung eines nichtigen Schuldvertrags Geleisteten dem Schutzzweck der Nichtigkeitsnorm zuwiderliefe."[103]

Die Schuldrechtskommission und im Anschluss daran der Gesetzgeber verzichteten in der Folgezeit darauf, das Bereicherungsrecht in ihr Reformprogramm aufzunehmen. Der Vorschlag *Königs* wurde also nicht in die Praxis umgesetzt; er bleibt aber dennoch von aktuellem wissenschaftlichen Wert, da er auf einer umfassenden Analyse der bislang gefundenen wissenschaftlichen Erkenntnisse und der reichen gerichtlichen Praxis beruht[104].

Im Zuge der Europäischen Rechtsentwicklung wurde in jüngster Vergangenheit auch das Bereicherungsrecht in die Vorarbeiten zu einem Europäischen Zivilgesetzbuch einbezogen. Der gemeinsame Referenzrahmen[105], der von der sog. *„Study Group on a European Civil Code"* un-

---

101 *Lorenz,* in: Staudinger, Vorbem. zu §§ 812 ff., Rn. 5.

102 *König,* in: Gutachten und Vorschläge zur Überarbeitung des Schuldrechts, S. 1517 ff.

103 Vgl. *König,* in: Gutachten und Vorschläge zur Überarbeitung des Schuldrechts, S. 1522, § 1.1 (2) d) des Gesetzesvorschlags. Zu dem Vorschlag, den Rückforderungsausschluss unter einen solchen Normzweckvorbehalt zu stellen, vgl. auch unten *Zweiter Teil, § 6.*

104 *Lorenz,* in: Staudinger, Vorbem. zu §§ 812 ff., Rn. 5.

105 Sog. DCFR (The Draft Common Frame of Reference). Dieser Entwurf wurde Anfang 2008 der Europäischen Kommission vorgelegt. Eingehend zum DCFR vgl. *Ernst,* AcP 208 (2008), 248 ff. Allgemein zum Vorhaben eines europäischen Bereicherungsrechts auch *Kupisch,* in: FS Wiegand,

ter der Leitung von *Christian von Bar* ausgearbeitet und im Jahre 2008 veröffentlicht wurde, normiert in Chapter 6, VII. - 6: 103 einen Rückforderungsausschluss bei verbotenen oder sittenwidrigen Verträgen:

> „Where a contract or other juridical act under which an enrichment is obtained is void or avoided because of an infringement of a fundamental principle [...] or mandatory rule of law, the enriched person is not liable to reserve the enrichment to the extent that the reversal would contravene the policy underlying the principle or rule."[106]

Ganz ähnlich dem Entwurf *Königs* sieht demnach auch der gemeinsame Referenzrahmen vor, dass im Falle der Leistung auf ein verbotenes Rechtsgeschäft die Rückforderung ausgeschlossen ist, soweit die Rückforderung dem Sinn und Zweck der nichtigkeitsbegründenden Norm zuwiderlaufen würde.

4. Zusammenfassung

Obwohl der historische Gesetzgeber des BGB ursprünglich das römisch-rechtliche Kondiktionensystem übernehmen wollte, erfolgte im Laufe des Gesetzgebungsverfahrens ein Bruch mit dem historischen Zusammenhang, der für die weitere Entwicklung der Kondiktionssperre des § 817 Satz 2 wegweisend wurde. Die Schaffung der allgemeinen Leistungskondiktion in § 812 Abs. 1 Satz 1, 1. Alt. hatte erheblichen Einfluss auf die Bedeutung der *condictio ob rem,* mit der die Kondiktionssperre - zumindest nach römisch-rechtlichem Vorbild - in engem Zusammenhang stand. Durch diese Entwicklung sowie die Verselbständigung der *condictio ob turpem causam* und die Aufgabe der Beschränkung auf Leistungen zur Erreichung eines künftigen Erfolges wurde die Verbindung der *condictio ob turpem causam* zur *condictio ob rem* gelöst und die Grundlage für eine spätere Ausdehnung des Rückforderungsausschlusses auf die allgemeine Leistungskondiktion[107] geschaffen. Diese Entwicklungstendenz setzt sich in den jüngsten Reformversuchen fort: Namentlich der Gesetzesvorschlag *Königs* sowie der gemeinsame Referenzrahmen für ein Europäisches Zivilgesetzbuch, behalten den Rückforderungsausschluss bei Gesetzes- oder Sittenverstoß bei; ein Zusammenhang mit der *condictio ob rem* - wie er

---

469 ff.; zum Bereicherungsrechtskonzept der Study Group vgl. auch *von Bar/Swann,* in: FS Lorenz, S. 43 ff.

106 *von Bar/Clive/Schulte-Nölke,* Principles, Definitions and Model Rules of European Private Law, VII. - 6: 103 (Illegality).

107 S.u. *Erster Teil, § 2 I.*

für das römische Recht kennzeichnend war - ist jedoch nicht mehr erkennbar. Vielmehr reiht sich Kondiktionsausschluss in die sonstigen Ausschlussgründe im Rahmen der allgemeinen Leistungskondiktion ein und gewinnt damit Bedeutung bei der Rückabwicklung sämtlicher gesetzes- oder sittenwidriger Geschäfte.

§ 2 Die Vorschrift des § 817 Satz 2 im geltenden Recht

Welche Bedeutung kommt nun der Vorschrift des § 817 Satz 2 vor dem Hintergrund der nachgezeichneten Entwicklungen gegenwärtig zu? Die bisherigen Ausführungen haben bereits angedeutet, dass die Bedeutung der Kondiktionssperre im heutigen BGB weit größer ist als die ihres römisch-rechtlichen Vorbildes. Ziel des folgenden Abschnitts ist es, den Bedeutungsgehalt des § 817 Satz 2 zu erfassen, wobei sich die Darstellung auf die Frage nach dem Anwendungsbereich der Vorschrift sowie ihren Sinn und Zweck konzentrieren wird.

I. § 817 Satz 2 als Sperre der allgemeinen Leistungskondiktion

Von zentraler Bedeutung für das Verständnis der Kondiktionssperre im geltenden Recht ist die Erkenntnis, dass die Vorschrift des § 817 Satz 2 nach der absolut herrschenden Meinung in Rechtsprechung[108] und Schrifttum[109] im Rahmen sämtlicher Leistungskondiktionen und

---

[108] St. Rspr., erstmals RG v. 29.05.1906 = RGZ 63, 346 (hier wurde diese Auffassung noch damit begründet, dass der Bereicherungsanspruch als einheitlicher Anspruch aufzufassen sei. Diese Begründung dürfte allerdings nach der heute herrschenden Trennungslehre überholt sein, vgl. oben Fn. 97). Ferner RGZ 151, 70, 72 f.; 161, 52, 55; BGHZ 36, 394, 399; 50, 90, 91. Mittlerweile wenden die Gerichte § 817 Satz 2 ohne nähere Begründung auf alle Leistungskondiktionen an, vgl. z.B. BGH NJW 2005, 1490, 1491; NJW 2006, 45, 46.

[109] *Reuter/Martinek,* Ungerechtfertigte Bereicherung, S. 201, § 6 V; *Larenz/Canaris,* Lehrbuch des Schuldrechts II/2, S. 162, § 68 III; *Esser/Weyers/Schmidt,* Schuldrecht II/2, S. 70, § 49 IV; *Fikentscher/Heinemann,* Schuldrecht, S. 718, § 103; *Wieling,* Bereicherungsrecht, S. 37, § 3 III 6; *Loewenheim,* Bereicherungsrecht, S. 71; *Koppensteiner/Kramer,* Ungerechtfertigte Bereicherung, S. 62, § 7; *Medicus/Lorenz,* Schuldrecht II, S. 390; *Zimmermann,* The law of Obligations, S. 863; *Mühl/Hadding,* in: Soergel, § 817, Rn. 10, 13; *Wendehorst,* in: Bamberger/Roth, § 817, Rn. 11; *Schwab,* in: MünchKomm, § 817, Rn. 10; *Stadler,* in: Jauernig, § 817, Rn. 9; *Leupertz,* in: Prütting/Wegen/Weinreich, § 817, Rn. 7; *Westermann/Buck-Heeb,* in: Erman, § 817, Rn. 11; *Heimann-Trosien,* in: RGRK, § 817, Rn. 12; *von Sachsen Gessaphe,* in: Anwaltkommentar, § 817, Rn. 10; *Lorenz,* in:

damit namentlich auch im Rahmen der allgemeinen Leistungskondiktion des § 812 Abs. 1 Satz 1, 1. Alt. angewandt wird.

Bei unbefangener Gesetzeslektüre überrascht diese Feststellung insofern, als dass § 817 Satz 2 in systematischem Zusammenhang mit der *condictio ob turpem vel iniustam causam*[110] des § 817 Satz 1[111] normiert ist. Damit regelt die Vorschrift nach ihrem Wortlaut und der Gesetzessystematik an sich lediglich eine Ausnahme von der in § 817 Satz 1 angeordneten Kondiktion wegen verwerflichen Empfangs.

Dieser Befund erweist sich allerdings als problematisch, wenn man sich vergegenwärtigt, dass der Vorschrift des § 817 Satz 1 nach einhelliger Meinung kaum ein eigener Bedeutungsgehalt zukommt[112]. Die vermeintliche Bedeutungslosigkeit des § 817 Satz 1 ist schließlich auch der Grund für die weitgehend anerkannte Ausdehnung der Kondiktionssperre auf die allgemeine Leistungskondiktion[113]. Standardmäßig wird für die Erweiterung des Anwendungsbereichs der Kondiktionssperre das Argument der Gesetzesaushöhlung vorgebracht: Da der Leistungskondiktion des § 817 Satz 1 kaum eine eigenständige Bedeutung verbleibt, wäre § 817 Satz 2 weitgehend bedeutungslos, wenn man der Vorschrift keinen über § 817 Satz 1 hinausgehenden Anwendungsbereich zubilligen würde[114].

1. Exkurs: Der Anwendungsbereich des § 817 Satz 1

Die These von der Bedeutungslosigkeit des § 817 Satz 1 sowie die daraus resultierende Notwendigkeit einer Ausdehnung des § 817 Satz 2 auf sämtliche Leistungskondiktionen werden zumeist nicht mehr nä-

---

Staudinger, § 817, Rn. 10; *Hammes,* JR 1950, 11, 12; *Michalski,* Jura 1994, 113 ff.

110 Zur Einführung der Bezeichnung durch Justinian schon oben Fn. 57.

111 Allgemein zu § 817 Satz 1, seinen Voraussetzungen sowie der ratio legis vgl. *Reuter/Martinek,* Ungerechtfertigte Bereicherung, S. 175 ff., § 5 V.

112 Selbst der BGH bezweifelt das praktische Bedürfnis des § 817 Satz 1 neben der allgemeinen Leistungskondiktion: BGHZ 8, 348, 370. Aus dem Schrifttum: *Reuter/Martinek,* Ungerechtfertigte Bereicherung, S. 175, § 5 IV; *Koppensteiner/Kramer,* Ungerechtfertigte Bereicherung, S. 61; *Medicus/Lorenz,* Schuldrecht II, S. 385; *Lorenz,* in: Staudinger, § 817, Rn. 9; *Schwab,* in: MünchKomm, § 817, Rn. 4 (Fn. 5); *Westermann/Buck-Heeb,* in: Erman, § 817, Rn. 6; *Martinek,* in: jurisPK-BGB, § 817, Rn. 12.

113 S. auch unten *Erster Teil, § 2 I.*

114 Vgl. z.B. *Reuter/Martinek,* Ungerechtfertigte Bereicherung, S. 201, § 6 V; *Medicus/Lorenz,* Schuldrecht II, S. 390; *Lorenz,* in: Staudinger, § 817, Rn. 10; *Schwab,* in: MünchKomm, § 817, Rn. 10.

her begründet. Da die Interpretation des § 817 Satz 1 eine entscheidende Weichenstellung für die Frage nach dem Anwendungsbereich der Kondiktionssperre darstellt, soll an dieser Stelle gleichwohl ein Blick auf die Frage nach dem Anwendungsbereich des § 817 Satz 1 geworfen werden.

a) Mögliche eigenständige Anwendungsbereiche

Rechtsprechung und herrschende Lehre gehen trotz der unvermeidlich erscheinenden Überschneidung der *condictio ob turpem vel iniustam causam* mit der allgemeinen Leistungskondiktion davon aus, dass dem § 817 Satz 1 zumindest in einigen wenigen Fällen ein selbständiger Anwendungsbereich verbleibt[115]. Dieser Anwendungsbereich soll allerdings derart unbedeutend sein, dass eine Beschränkung des § 817 Satz 2 auf § 817 Satz 1 faktisch zu einer Gesetzesaushöhlung führen würde. Der exklusive Anwendungsbereich, den Rechtsprechung und herrschende Lehre anerkennen, soll insbesondere die folgenden drei Fallgruppen umfassen:

Zum einen werden Fälle genannt, in denen lediglich die Leistungsannahme dem Verdikt der Gesetzes- oder Sittenwidrigkeit unterfällt, während die zugrunde liegende *causa* wirksam und daher die allgemeine Leistungskondiktion nicht in Betracht zu ziehen ist[116].

Zum anderen sollen Fälle denkbar sein, in denen die *condictio indebiti* wegen § 814 ausgeschlossen ist und allein Raum für die Kondiktion

---

115 *Esser/Weyers/Schmidt*, Schuldrecht II/2, S. 69, § 49 IV; *Koppensteiner/Kramer*, Ungerechtfertigte Bereicherung, S. 61; *Loewenheim*, Bereicherungsrecht, S. 66; *Fikentscher/Heinemann*, Schuldrecht, S. 718, § 103 I 6; *Wieling*, Bereicherungsrecht, S. 36, § 3 III 6; *Mühl/Hadding*, in: Soergel, § 817, Rn. 3; *Heimann-Trosien*, in: RGRK, § 817, Rn. 5; *Stadler*, in: Jauernig, § 817, Rn. 2 ff.; *Martinek*, in: jurisPK-BGB, § 817, Rn. 5 ff.; *Sprau*, in: Palandt, § 817, Rn. 7; *a.A.* (keine eigenständige Bedeutung des § 817 Satz 1): *Honsell*, Die Rückabwicklung sittenwidriger oder verbotener Geschäfte, S. 34; *Zierer*, Die Probleme des § 817 BGB, S. 11 f., 101; *König*, in: Gutachten und Vorschläge zur Überarbeitung des Schuldrechts, S. 1537. *Joerges*, in: Alternativkommentar, § 817, Rn. 3.

116 *Mühl/Hadding*, in: Soergel, § 817, Rn. 3; *Martinek*, in: jurisPK-BGB, § 817, Rn. 5; *Stadler*, in: Jauernig, § 817, Rn. 4; *Reeb*, Grundprobleme des Bereicherungsrechts, S. 64.

gem. § 817 Satz 1 verbleibt, auf die § 814 nach einhelliger Meinung nicht anwendbar ist[117].

Der dritte und letzte Fall, in dem § 817 Satz 1 eine eigenständige Bedeutung zukommen soll, sind Fallgestaltungen, die bereits im römischen Recht von der *condictio ob turpem causam* erfasst waren: Namentlich handelt es sich um solche, in denen ein außerhalb eines Verpflichtungsgeschäfts liegender Zweck mit der Leistung verfolgt wird (*datio ob rem*) und die eigentlich einschlägige *condictio ob rem* wegen Zweckerreichung versagt[118]. Der Teil der Literatur, der eine historisch orientierte Auslegung befürwortet, sieht hierin sogar den einzigen eigenständigen Anwendungsbereich des § 817 Satz 1[119]. Nach dieser Ansicht soll § 817 Satz 1 auf seine historische Funktion zurückgeführt werden und bei voll ausgebildeten Verpflichtungsgeschäften gar nicht zur Anwendung kommen[120]. Eine Konkurrenzsituation würde nach dieser Ansicht allenfalls zu § 812 Abs. 1 Satz 2, 2. Alt. bestehen, wobei – was allerdings wiederum streitig ist – die Kondiktion gem. § 817 Satz 1 für den Fall einer gesetzes- oder sittenwidrigen Zwecksetzung als *lex specialis* vorgehen soll[121].

b) Kritische Würdigung

Im Folgenden sollen diese standardmäßig genannten Konstellationen einer vertiefteren Prüfung unterzogen werden, um entscheiden zu können, ob der Anwendungsbereich des § 817 Satz 1 tatsächlich so gering ist wie allgemein behauptet.

---

117 BAG NJW 1983, 783; *Westermann/Buck-Heeb*, in: Erman, § 817, Rn. 6; *Martinek*, in: jurisPK-BGB, § 817, Rn. 7; *Stadler*, in: Jauernig, § 817, Rn. 3; *Reeb*, Grundprobleme des Bereicherungsrechts, S. 64.

118 *Wieling*, Bereicherungsrecht, S. 35; *Looschelders*, Schuldrecht BT, S. 411; *Westermann/Buck-Heeb*, in: Erman, § 817, Rn. 6; *Martinek*, in: jurisPK-BGB, § 817, Rn. 7; *Schwab*, in: MünchKomm, § 817, Rn. 5; *Rost*, Probleme der Kondiktion wegen mißbilligter Leistungsannahme, S. 37.

119 *Reuter/Martinek*, Ungerechtfertigte Bereicherung, S. 181, § 5 V; *Schwab*, in: MünchKomm, § 817, Rn. 5; *Leupertz*, in: Prütting/Wegen/Weinreich, § 817, Rn. 5; *Westermann/Buck-Heeb*, in: Erman, § 817, Rn. 6; *Wendehorst*, in: Bamberger/Roth, § 817, Rn. 7; *von Sachsen Gessaphe*, in: Anwaltkommentar, § 817, Rn. 6.

120 *Reuter/Martinek*, Ungerechtfertigte Bereicherung, S. 181, § 5 V; *von Sachsen Gessaphe*, in: Anwaltkommentar, § 817, Rn. 3, 6.

121 *Wendehorst*, in: Bamberger/Roth, § 817, Rn. 3 (str.); *a.A.* (Anwendung des § 817 Satz 1 nur bei Zweckerreichung, ansonsten § 812 Abs. 1 Satz 2, 2. Alt.): *Reuter/Martinek*, Ungerechtfertigte Bereicherung, S. 181, § 5 V.

aa) Einseitiger Empfängerverstoß bei wirksamer causa

Der erste Fall, der sich auf die Wirksamkeit der zugrunde liegenden *causa* bei einseitigem Gesetzes- oder Sittenverstoß des Empfängers bezieht, bestätigt zunächst recht schnell die These von der Bedeutungslosigkeit dieser Fallgruppe. Es dürfte ohne Weiteres einleuchten, dass in den allermeisten Fällen, in denen der Empfänger durch die Annahme der Leistung gegen das Gesetz oder die guten Sitten verstößt, auch das Grundgeschäft nichtig sein wird[122]. Die Suche nach Beispielen aus der Rechtsprechung, in denen sich dieser vermeintliche Anwendungsfall des § 817 Satz 1 realisiert hat, erweist sich dementsprechend auch als wenig ergiebig. Die immer wieder zitierten Beispiele aus der judikativen Praxis lassen sogar Zweifel daran aufkommen, ob diese Fallgruppe überhaupt geeignet ist, § 817 Satz 1 einen – wenn auch nur kleinen – Anwendungsbereich neben der *condictio indebiti* zu verschaffen:

Als „Paradebeispiel" für eine Anwendung des § 817 Satz 1 wird immer wieder, auch in der jüngeren Literatur, die „einfache Beamtenbestechung" genannt[123]. In der Vergangenheit ging man hier davon aus, das Versprechen der Leistung sei wirksam und nur die Annahme des Vorteils durch den Beamten verbotswidrig. Diese Auffassung ist vor dem Hintergrund zu sehen, dass bis 1974 die Vorteilsgewährung an Amtsträger (sog. einfache Bestechung) für den Leistenden straflos und später lediglich die Vorteilsgewährung für eine künftige Diensthandlung strafbar war[124]. Daher wurde angenommen, es handele sich um ein einseitiges Verbotsgesetz, bei dem ein Verstoß die Wirksamkeit des zugrunde liegenden Verpflichtungsgeschäfts unberührt lässt. Mittlerweile ist mit den §§ 333 f. StGB jede Zuwendung an Beamte für

122 *Reuter/Martinek,* Ungerechtfertigte Bereicherung, S. 178, § 5 V; *Larenz/Canaris,* Lehrbuch des Schuldrechts II/2, S. 161, § 68 III; *Schwab,* in: MünchKomm, § 817, Rn. 4; *Joerges,* in: Alternativkommentar, § 817, Rn. 3; *Martinek,* in: jurisPK-BGB, § 817, Rn. 12; *Mühl/Hadding,* in: Soergel, § 817, Rn. 3.

123 So schon Mot., S. 849; ebenso *Martinek,* in: jurisPK-BGB, § 817, Rn. 19; *Reeb,* Grundprobleme des Bereicherungsrechts, S. 64; *Koppensteiner/Kramer,* Ungerechtfertigte Bereicherung, S. 61; *Loewenheim,* Bereicherungsrecht, S. 66; *Medicus,* Gesetzliche Schuldverhältnisse, S. 124; *ders.*, Schuldrecht II, S. 243; *Schwarz/Wandt,* Gesetzliche Schuldverhältnisse, S. 149; *Schlechtriem,* Schuldrecht BT, S. 306; *Esser/Weyers/Schmidt,* Schuldrecht II/2, S. 69, § 49 IV; *Schulze,* in: Schulze-HK, § 817, Rn. 1.

124 Zur Historie des § 333 StGB vgl. *Korte,* in: MünchKomm StGB, § 333, Rn. 1 ff.

die Dienstausübung - egal ob für eine vergangene oder künftige - auch für den Zuwendenden unter Strafe gestellt. Die Annahme, das der Vorteilsgewährung zugrunde liegende Versprechen sei wirksam, ist daher heute als überholt anzusehen[125]. Die „einfache Beamtenbestechung" ist nach alledem kein taugliches Beispiel mehr für die Begründung eines eigenständigen Anwendungsbereichs des § 817 Satz 1.

Als Beispiele für die Anwendung des § 817 Satz 1 werden schließlich gelegentlich Fälle des Titelhandels[126] sowie Fälle der Geldhingabe zur Nichtanzeige einer Straftat eines Angehörigen angeführt[127]. Auch hier erscheint fraglich, ob die These von der Wirksamkeit des Grundgeschäfts haltbar ist. Nach den allgemeinen Grundsätzen des § 138 ist bereits der unmittelbare Inhalt eines Rechtsgeschäfts als sittenwidrig und nichtig anzusehen, wenn sich das Geschäft auf die sachfremde Verknüpfung eines Verhaltens mit einem Vorteil richtet[128]. Sowohl in Fällen des Titelhandels als auch in Fällen der Vereinbarung eines Schweigegelds liegt eine derartige unzulässige Koppelung vor, da sowohl die Titelverschaffung als auch die Entscheidung, eine Anzeige zu erstatten, auf der Grundlage freier Willensentschließung getroffen werden sollen und einer Kommerzialisierung nicht zugänglich sein dürfen[129].

Bei der Untersuchung der seltenen Fallbeispiele, in denen tatsächlich einmal ein Gesetzes- oder Sittenverstoß des Leistungsempfängers anzunehmen ist, während das Grundgeschäft wirksam bleibt, kommen Zweifel daran auf, ob die Anwendung des § 817 Satz 1 in Fällen wirksamer *causa* überhaupt sinnvoll sein kann.

Exemplarisch für die fragliche Konstellation wird gelegentlich ein Fall aus der höchstrichterlichen Rechtsprechung genannt, nämlich der ein-

---

125 So auch *Looschelders*, Schuldrecht BT, S. 411.

126 *Martinek*, in: jurisPK-BGB, § 817, Rn. 19.

127 RG v. 30.05.1904 = RGZ 58, 204, 207.; *Heimann-Trosien*, in: RGRK, § 817, Rn. 5; *Martinek*, in: jurisPK-BGB, § 817, Rn. 19; *Schwab*, in: MünchKomm, § 817, Rn. 8 a.E.

128 *Flume*, Allgemeiner Teil des Bürgerlichen Rechts II, S. 369, § 18, 2; *Enneccerus/Nipperdey*, Allgemeiner Teil des Bürgerlichen Rechts I/2, S. 1173.

129 Vgl. hierzu auch BGH NJW 1994, 187, 188 (Honorarkonsul); OLG Stuttgart NJW 1996, 665, 666 (Doktortitel); *Armbrüster*, in: MünchKomm, § 138, Rn. 127; *Sack*, in: Staudinger, § 138, Rn. 476, 478; *Larenz/Wolf*, Allgemeiner Teil des Bürgerlichen Rechts, S. 745, § 41.

seitige Verstoß gegen das Schwarzarbeitsverbot[130]. Der BGH geht davon aus, dass ein Werkvertrag, durch den lediglich der Unternehmer gegen das Gesetz zur Bekämpfung von Schwarzarbeit verstößt, wirksam bleibt, wenn der Besteller den Gesetzesverstoß des Vertragspartners nicht kennt[131]. Die einschlägigen Entscheidungen behandeln allerdings allesamt Ansprüche des Bestellers gegen den Schwarzarbeiter aus vertraglicher Gewährleistung. Ansprüche aus § 817 Satz 1 werden nicht erwähnt. Die Anwendung des § 817 Satz 1 hätte hier zur Folge, dass der Auftraggeber gegen den gesetzeswidrig handelnden Schwarzarbeiter einen Anspruch aus § 817 Satz 1 auf Rückzahlung des geleisteten Lohnes hätte, während ihm seinerseits sämtliche Ansprüche aus einem wirksamen Vertrag zustünden. Allein aus Wertungsaspekten kann dieses Ergebnis nicht richtig sein. Für den Auftraggeber wäre es gleichsam ein „Geschenk des Himmels", unwissentlich an einen Schwarzarbeiter zu geraten: Er erhielte vollwertige vertragliche Ansprüche und könnte außerdem eine erbrachte Gegenleistung zurückfordern[132]. Eine solche Beurteilung würde in das widersprüchliche Ergebnis münden, dass der Schwarzarbeiter einerseits einen wirksamen vertraglichen Anspruch auf Lohnzahlung hätte, während andererseits der Auftraggeber den gezahlten Lohn mittels § 817 Satz 1 zurückfordern könnte, obgleich doch ein wirksamer Vertrag grundsätzlich einen Rechtsgrund für das Behaltendürfen einer Leistung darstellt[133].

---

130 *Leupertz*, in: Prütting/Wegen/Weinreich, § 817, Rn. 4; *von Sachsen Gessaphe*, in: Anwaltkommentar, § 817, Rn. 6.

131 BGH NJW 1984, 1175 ff.; BGH NJW 1985, 2403 ff.; zust. *Leipold*, BGB I, S. 294; *a.A.*: *Kern*, in: FS Gernhuber, S. 198 (Nichtigkeit) sowie *Canaris*, NJW 1985, 2403, 2404 (halbseitige Teilnichtigkeit: danach würden nur dem Auftraggeber vertragliche Ansprüche zustehen, während der Schwarzarbeiter auf bereicherungsrechtliche Ansprüche beschränkt wäre, zust. *Armbrüster*, in: MünchKomm, § 134, Rn. 77; im Anschluss an *Canaris* ebenso: LG Bonn NJW-RR 1991, 180); die Gegenansichten spielen hier allerdings keine Rolle, da man nur dann zu einer alleinigen Anwendung des § 817 Satz 1 gelangt, wenn man mit dem BGH von der Wirksamkeit des Vertrags ausgeht.

132 Vermeiden ließe sich dieses Ergebnis allenfalls, wenn man dem Anspruch des Auftraggebers die Arglisteinrede des § 242 entgegensetzt, wenn der Schwarzarbeiter seine Leistung bereits erbracht hat.

133 Generell gegen die Anwendung des § 817 Satz 1 bei wirksamer *causa* deshalb *Rost*, Probleme der Kondiktion wegen mißbilligter Leistungsannahme, S. 29 ff.; im Anschluss an *Rost* ähnlich *Helf*, Zivilrechtliche Folgen eines Verstoßes gegen das Schwarzarbeitergesetz, S. 116 f.

Schließlich vermögen auch Fälle aus der jüngeren Rechtsprechung, in denen ein Anspruch ausschließlich auf § 817 Satz 1 gestützt wurde, nicht zu der Überzeugung zu führen, dass der *condictio ob turpem vel iniustam causam* hier tatsächlich ein eigenständiger, berechtigter Anwendungsbereich zukommt. In diesen Entscheidungen ging es jeweils um einen gegen § 3 MaBV verstoßenden Einzug von Ratenzahlungen durch einen Bauträger[134]. Ein vom *OLG München*[135] entschiedener Fall betraf den Anspruch eines Käufers auf Rückerstattung von Zahlungen auf den Kaufpreis einer Eigentumswohnung, die der Käufer an den Bauträger geleistet hatte, bevor eine Auflassungsvormerkung in das Grundbuch eingetragen worden war. Die Entgegennahme des Geldes durch den Bauträger vor Eintragung der Vormerkung verstößt hier gegen § 3 Abs. 1 Nr. 2 MaBV. Nach herrschender Meinung lässt ein solcher Verstoß die Wirksamkeit des zugrunde liegenden Kaufvertrags unberührt, da sich nur die vorzeitige Leistungsannahme verbotswidrig gestaltet[136]. Das *OLG München* sprach dem Käufer einen Anspruch aus § 817 Satz 1 zu, der gem. § 818 Abs. 1 auf die Zinsen gerichtet war, die der Bauträger dadurch erspart hatte, dass er die vorzeitigen Zahlungen zur Kredittilgung verwendete[137]. Bei genauerer Betrachtung des Falls überrascht es allerdings, dass Ansprüche des Käufers in Fällen des verbotswidrigen Einzugs von Raten durch einen Bauträger ausschließlich auf § 817 Satz 1 gestützt werden, während vertragliche Ansprüche unerwähnt bleiben. Die Annahme von Zahlungen entgegen § 3 MaBV stellt eine vertragliche Nebenpflichtverletzung dar, durch die sich der Bauträger gegenüber dem Erwerber gem. §§ 280 Abs. 1, 241 Abs. 2 schadensersatzpflichtig macht[138]. Der Bauträ-

---

134 OLG München NJW-RR 2001, 13 f. (Verstoß gegen § 3 I Nr. 2 MaBV); jüngst in einem ähnlichen Fall BGH NJW 2007, 1947 ff. (Verstoß eines Zahlungsplans gegen § 3 II MaBV).

135 OLG München NJW-RR 2001, 13 f.

136 BGH NZBau 2001, 132, 134; *Basty*, Der Bauträgervertrag, S. 135.

137 Eine Rückforderung der Zahlung selbst war nicht möglich, da die Eintragung der Vormerkung nachgeholt wurde.

138 Die Regelungen in § 3 MaBV dienen dem Schutz des Käufers vor dem Verlust von Vorleistungen. Indem sich der Bauträger über diese Pflichten hinwegsetzt, verletzt er das Sicherungsinteresse des Käufers und damit seine vertraglichen Treuepflichten. Für einen vertraglichen Schadensersatzanspruch daher auch *Kniffka*, NZBau 2000, 552, 553; *Herrler*, DNotZ 2007, 895, 910; *Weise*, NJW-Spezial 2006, 309, 310; *Basty*, Der Bauträgervertrag, S. 46 f. Bedenken könnten allenfalls insofern entstehen, als dass der beim Käufer eingetretene Schaden in Form entstandener Finanzierungskosten oder entgangener Habenzinsen nicht vom

ger hat den Käufer gem. § 249 Abs. 1 so zu stellen, wie er stünde, wenn die Pflichtverletzung nicht begangen worden wäre; es sind also insbesondere entstandene Finanzierungskosten oder entgangene Habenzinsen zu ersetzen[139].

Ebenso wie im Falle des Verstoßes gegen § 3 MaBV wird ein einseitiges verbots- oder sittenwidriges Verhalten des Empfängers auch in anderen Fällen im Regelfall zugleich eine vertragliche Treuepflichtverletzung darstellen, die zu vertraglichen Schadensersatzansprüchen führt. Außerdem werden häufig auch deliktische Ansprüche in Betracht kommen, wenn die Norm, gegen die verstoßen wurde, ein Schutzgesetz i.S.d. § 823 Abs. 2 ist Jedenfalls scheint äußerst fraglich, ob darüber hinaus eine Rückforderung von Leistungen über § 817 Satz 1 sinnvoll ist, die im Rahmen eines wirksamen Verpflichtungsgeschäfts, also zur Erfüllung eines wirksamen vertraglichen Anspruchs und damit mit Rechtsgrund erfolgt sind.

Die vorstehenden Ausführungen haben mithin die Vermutung bestätigt, dass es sich bei der Konstellation „einseitiger Empfängerverstoß und wirksame causa" um den absoluten Ausnahmefall handeln wird. Weiter haben die erörterten Beispiele exemplarisch die bedenklichen Konsequenzen deutlich gemacht, die mit einer Anwendung des § 817 Satz 1 bei wirksamem Grundgeschäft verbunden sind. Nach alledem kann konstatiert werden, dass der eigenständige Anwendungsbereich des § 817 Satz 1 in dieser Konstellation verschwindend gering ist.

Schutzzweck des § 3 MaBV umfasst sein könnte, so andeutungsweise OLG München NJW-RR 2001, 13. Dies scheint allerdings wenig überzeugend, wenn man bedenkt, dass es sich bei der zwingenden Vorschrift des § 3 MaBV um die wichtigste Verbraucherschutzbestimmung des MaBV handelt. Mit der Vorschrift werden Steuerungs- und Präventionszwecke verfolgt, um Vorleistungen effizient zu verhindern, vgl. *Marcks*, in: MaBV, § 3, Rn. 1; *Herrler*, DNotZ 2007, 895, 907. Dieses Ziel wird nur dann wirkungsvoll erreicht, wenn den Bauträger im Falle eines Verstoßes einen umfassende Schadensersatzpflicht trifft, die verhindert, dass das Verbot des § 3 MaBV leer läuft.

139 Zuzugeben ist, dass ein vertraglicher Schadensersatzanspruch - anders als § 817 Satz 1 - nicht die Rückforderung von Zinsen ermöglicht, die der *Bauträger* erspart hat. Allerdings scheint dies im Hinblick darauf, dass der Leistungsaustausch an sich berechtigt und lediglich der Zeitpunkt der Zahlung verbotswidrig war, nicht unbillig. Eine Herausgabe der erzielten Zinsgewinne käme i.Ü. gem. §§ 987, 990 in Betracht, wenn man davon ausgeht, dass zumindest das dingliche Erfüllungsgeschäft wegen des Verstoßes gegen § 3 MaBV nichtig ist, so *Sprau*, in: Palandt, § 817, Rn. 7; *a.A.: Kniffka*, NZBau 2000, 552, 553.

bb) Ausschluss der condictio indebiti durch § 814

Der zweite Fall, in dem § 817 Satz 1 alleinige Bedeutung erlangen soll, ist ein solcher, in dem die *condictio indebiti* durch § 814 Alt. 1 ausgeschlossen ist. Jedoch wird in aller Regel die für § 814 Alt. 1 nötige Kenntnis des Leistenden vom Fehlen des Rechtsgrundes mit einem eigenen Gesetzes- oder Sittenverstoß des Leistenden einhergehen, so dass der Ausschlussgrund des § 817 Satz 2 einer Rückforderung im Weg stünde[140]. Auch hier wird also wieder schnell klar, dass eine Anwendung des § 817 Satz 1 nur im Ausnahmefall denkbar ist.

Im Übrigen tauchen in den wenigen verbleibenden Anwendungsfällen wieder Zweifel daran auf, ob es der Vorschrift des § 817 Satz 1 zur Lösung der fraglichen Fälle überhaupt bedarf. Liegt nämlich ein gesetzes- oder sittenwidriges Handeln des Leistungsempfängers vor, ist fraglich, ob § 814 Alt. 1 überhaupt zur Anwendung gelangen kann[141]. Es spricht vieles dafür, die Vorschrift in einem solchen Fall teleologisch zu reduzieren. Entscheidendes Argument ist dabei der Normzweck des § 814 Alt. 1: Nach herrschender Meinung stellt die Vorschrift eine Ausprägung des Verbots des widersprüchlichen Verhaltens dar und ist zumindest auch ein Schutzgesetz zugunsten des Leistungsempfängers[142]. Damit kann § 814 Alt. 1 nicht zur Anwendung gelangen, wenn der Empfänger der Leistung mit der Annahme derselben selbst gesetzes- oder verbotswidrig handelt und nicht schutzwürdig ist. Freilich ist die Interpretation des § 814 Alt. 1 als Schutzgrund zugunsten des Leistungsempfängers nicht unproblematisch, da nach überwiegender Auffassung gerade nicht nötig ist, dass der Empfänger auf das Behalten der Leistung vertrauen konnte[143].

---

140 So auch *Joerges*, in: Alternativkommentar, § 817, Rn. 3; *Reuter/Martinek*, Ungerechtfertigte Bereicherung, S. 178, § 5 V.

141 Ebenso *Schwab*, in: MünchKomm, § 817, Rn. 7; *Westermann/Buck-Heeb*, in: Erman, § 817, Rn. 6; *Wendehorst*, in: Bamberger/Roth, § 817, Rn. 6; *Looschelders*, Schuldrecht BT, S. 411.

142 Vgl. nur BGHZ 73, 202, 205 = NJW 1979, 763; *Lorenz*, in: Staudinger, § 814, Rn. 2, § 815, Rn. 1; *Sprau*, in: Palandt, § 814, Rn. 1; *Reuter/Martinek*, Ungerechtfertigte Bereicherung, S. 182, § 6 I; *Larenz/Canaris*, Lehrbuch des Schuldrechts II/2, S. 160, § 68 III; *Esser/Weyers/Schmidt*, Schuldrecht II/2, S. 65, § 49 I; *Kohte*, BB 1988, 633, 634 f.

143 *Lorenz*, in: Staudinger, § 814, Rn. 2 m.w.N. Anders aber z.T. die Rspr., z.B. BGHZ 73, 202, 206 = NJW 1979, 763 f. Daher gegen einen Rückgriff auf das Verbot des *venire contra factum proprium*: *Singer*, Das Verbot widersprüchlichen Verhaltens, S. 65 ff (*Singer* sieht in den Vorschriften stattdessen einen Ausdruck des Prinzips der Selbstverantwortung).

Deshalb wird die Kondiktionssperre des § 814 Alt. 1 häufig ergänzend mit der mangelnden Schutzwürdigkeit des Leistenden begründet, der eine Leistung erbringt, obwohl er in Kenntnis des fehlenden Rechtsgrundes die Leistung unschwer hätte verweigern können[144]. Auch auf der Grundlage dieser Deutung erscheint eine teleologische Reduktion des § 814 Alt. 1 problemlos möglich, wenn zusätzlich zur Kenntnis des Leistenden vom Fehlen des Rechtsgrundes ein Gesetzes- oder Sittenverstoß des Empfängers durch Annahme der Leistung tritt; dann nämlich scheint der Verstoß des Empfängers schwerer zu wiegen als die sonst eine Rückforderung ausschließende Kenntnis des Leistenden vom Fehlen seiner Verpflichtung[145].

cc) Fälle der datio ob rem

Auch eine Untersuchung der dritten und letzten Fallgruppe, in der dem § 817 Satz 1 eine selbständige Bedeutung beigemessen wird, untermauert in der Tat die These von der Bedeutungslosigkeit der *condictio ob turpem vel iniustam causam.* In den maßgeblichen Konstellationen handelt es sich um Fälle, in denen ein außerhalb eines Verpflichtungsgeschäfts liegender Zweck mit der Leistung verfolgt wird (*datio ob rem*) und die *condictio ob rem* wegen Zweckerreichung ausscheidet. Wie im römischen Recht geht es typischerweise um Fallgestaltungen, in denen jemand durch eine Leistung zur Unterlassung eines verbotenen Tuns oder zur Vornahme einer ohnehin geschuldeten Handlung veranlasst werden soll. Klarzustellen ist, dass ein Fall der sog. *datio ob rem* nicht vorliegt, wenn sich die Parteien in ihrer Abrede zu einem bestimmten Verhalten *verpflichten* wollen[146]. Eine solche verpflichtende Abrede, beispielsweise die Vereinbarung, gegen Zahlung ein Verbrechen zu unterlassen, ist unmittelbar gem. §§ 134, 138 nichtig; ausgetauschte Leistungen sind über § 812 Abs. 1 Satz 1, 1. Alt. rückabzuwickeln[147]. Problematisch sind allein die Fälle, in denen eine

144 *Lorenz,* in: Staudinger, § 814, Rn. 2; *Reuter/Martinek,* Ungerechtfertigte Bereicherung, S. 183, § 6 I.

145 So auch *Lorenz,* in: Staudinger, § 814, Rn. 10.

146 *Reuter/Martinek,* Ungerechtfertigte Bereicherung, S. 148 f., § 5 III; *Larenz/Canaris,* Lehrbuch des Schuldrechts II/2, S. 151 f., § 68 I.

147 Aus diesem Grunde ist m.E. etwa im Falle der Schwarzarbeit die *condictio indebiti* auch dann die richtige Kondiktionsart, wenn die Parteien die Gesetzeswidrigkeit ihrer vertraglichen Vereinbarung kannten. Bereits die Existenz des § 814 Alt. 1 zeigt, dass die Kenntnis allein kein Grund für die Ablehnung einer Leistung *solvendi causa* sein kann. Vgl. hierzu näher unten *Dritter Teil, § 1 I. 2. a. A.a.* (Einschlägigkeit der *condictio ob rem,* wenn auf

Abrede mit Verpflichtungscharakter nicht vorliegt und der Leistende den Empfänger gleichwohl mit der Leistung zu einem bestimmten Tun oder Unterlassen veranlassen will. Dass es sich hierbei wiederum um sehr seltene Konstellationen handeln dürfte, überrascht nicht.

Außerdem tauchen auch hier – für den Fall, dass eine sog. *datio ob rem* tatsächlich vorliegt – wieder Zweifel daran auf, ob die Konstellation überhaupt geeignet ist, dem § 817 Satz 1 einen eigenen Anwendungsbereich zu eröffnen. Man muss sich verdeutlichen, dass auch im Rahmen der *datio ob rem* eine (zumindest konkludente) Einigung über den Zweck der Leistung zu fordern ist[148]. Dem mit der Leistung bezweckten Erfolg darf zwar einerseits nicht der Charakter einer vertraglich erzwingbaren Gegenleistung zukommen, andererseits darf er sich auch nicht in einem bloß einseitigen Motiv des Leistenden erschöpfen[149]. Die zwingend notwendige Willenseinigung zwischen Leistendem und Leistungsempfänger wird bereicherungsrechtlich als Zweckvereinbarung oder Rechtsgrundabrede bezeichnet, die im Falle des Eintritts des bezweckten Erfolgs einen Rechtsgrund für das Behaltendürfen der Leistung darstellt[150].

Geht man nun davon aus, dass diese Rechtsgrundabrede ebenso von der Nichtigkeitssanktion der §§ 134, 138 betroffen sein kann wie ein schuldrechtliches Verpflichtungsgeschäft[151], wäre wiederum § 812 Abs. 1 Satz 1, 1. Alt. für eine Rückabwicklung heranzuziehen; auf § 817 Satz 1 käme es gar nicht an.

---

eine erkanntermaßen gesetzeswidrige Verbindlichkeit geleistet wird, da in diesem Fall von einer Leistung *solvendi causa* keine Rede sein könne): *Rost,* Probleme der Kondiktion wegen mißbilligter Leistungsannahme, S. 36 f. Insbes. für den Fall der Schwarzarbeit: *Fricke,* Zivilrechtliche Folgen von Verstößen gegen das SchwarzArbG, S. 140 f.; *Kern,* in: FS Gernhuber, S. 200 f.; *ders.,* JuS 1993, 193, 194.

148 Allg. Meinung, vgl. etwa *Larenz/Canaris,* Lehrbuch des Schuldrechts II/2, S. 151, § 68 I; *Esser/Weyers/Schmidt,* Schuldrecht II/2, S. 67, § 49 II; *Schwab,* in: MünchKomm, § 812, Rn. 201.

149 *Sack,* in: Staudinger, § 812, Rn. 105; *Schwab,* in: MünchKomm, § 812, Rn. 201; *Reuter/Martinek,* Ungerechtfertigte Bereicherung, S. 149, § 5 III.; *Wieling,* Bereicherungsrecht, S. 29, § 3 III 3b.

150 *Reuter/Martinek,* Ungerechtfertigte Bereicherung, S. 150, § 5 III; *Wendehorst,* in: Bamberger/Roth, § 812, Rn. 202.

151 Dafür: *Lorenz,* in: Staudinger, § 817, Rn. 7 a.E.; *Wendehorst,* in: Bamberger/Roth, § 812, Rn. 93 (Anwendung der allgemeinen Vorschriften über Rechtsgeschäfte); *Honsell,* Die Rückabwicklung sittenwidriger oder verbotener Geschäfte, S. 34.

Teilweise wird zwar die Ansicht vertreten, der Rechtsgeschäftsbegriff der §§ 134, 138 sei einschränkend zu verstehen und würde eine bloße Rechtsgrundabrede nicht erfassen[152]. Dann läge eine wirksame Zweckvereinbarung vor, mit der Konsequenz der grundsätzlichen Anwendbarkeit der *condictio ob rem*, die jedoch bekanntlich im Falle der Zweckerreichung ausscheidet und für diesen Fall dem § 817 Satz 1 einen eigenständigen Anwendungsbereich überlassen würde.

Gegen eine solche Sichtweise spricht, dass der Rechtsgeschäftsbegriff des BGB sehr weit zu verstehen ist. Er umfasst jeden Tatbestand, der mindestens eine Willenserklärung enthält und dessen Zweck es ist, eine privatrechtliche Rechtsfolge herbeizuführen[153]. Unter diese Definition lässt sich zwanglos auch eine Rechtsgrundabrede fassen. Selbst wenn man demgegenüber der Rechtsgrundabrede einen eigenen rechtsgeschäftlichen Charakter in Abrede stellen wollte, spräche ein *argumentum a maiore ad minus* zumindest für die entsprechende Anwendung der Vorschriften über Rechtsgeschäfte.

Somit kann man die Fälle der Nichtigkeit der Zweckvereinbarung über eine Anwendung der allgemeinen Leistungskondiktion gem. § 812 Abs. 1 Satz 1, 1. Alt. lösen, ohne dass es auch hier auf § 817 Satz 1 überhaupt ankommt[154].

c) Zwischenergebnis

Die Analyse der vermeintlichen Anwendungsbereiche des § 817 Satz 1 hat die These von der Bedeutungslosigkeit dieser Vorschrift bestätigt. Ob der *condictio ob turpem vel iniustam causam* im geltenden Recht ne-

---

152 *Schwab*, in: MünchKomm, § 817, Rn. 5; *Wambach*, Die bereicherungsrechtliche Rückabwicklung gesetzes- oder sittenwidriger Verträge, S. 29 a.E.

153 *Larenz/Wolf*, Allgemeiner Teil des Bürgerlichen Rechts, S. 394, § 22; *Leipold*, BGB I, S. 100.

154 Bedenken könnten sich allenfalls insofern ergeben, als dass die Leistung nicht *solvendi causa* zur Erfüllung einer vermeintlichen Verpflichtung erfolgt, da gar keine Verpflichtung begründet werden sollte. Allerdings bildet die Leistung *solvendi causa* zwar den Hauptanwendungsfall der allgemeinen Leistungskondiktion, sie ist aber nicht auf diesen Fall beschränkt. Die *condictio sine causa* des § 812 Abs. 1 Satz 1, 1. Alt., die als Spezialfall die *condictio indebiti* einschließt, ist vielmehr allgemein immer dann einschlägig, wenn der Leistungszweck verfehlt wird, weil die Güterbewegung nicht von einem wirksamen Schuldverhältnis gedeckt ist, vgl. *Reuter/Martinek*, Ungerechtfertigte Bereicherung, S. 126 ff., 129, § 5 I; *Esser/Weyers/Schmidt*, Schuldrecht II/2, S. 64, § 49 I.

ben der allgemeinen Leistungskondiktion überhaupt noch ein eigener Anwendungsbereich verbleibt, kann dahingestellt bleiben. Konstatiert werden kann jedenfalls, dass der Grund für die geringe Bedeutung der § 817 Satz 1 in seiner Historie zu suchen ist. Die früher klassischen Fälle der *condictio ob turpem causam* aus dem Kernbereich der Sittenwidrigkeit unterfallen heute den §§ 134, 138 und damit der allgemeinen Leistungskondiktion. Die Einführung der Typenfreiheit, die Schaffung der Generalklauseln der §§ 138, 134 sowie die Begründung der Rückforderung aus der Rechtsgrundlosigkeit über § 812 Abs. 1 Satz 1, 1. Alt. haben das aus dem römischen Recht übernommene Kondiktionensystem unstimmig werden lassen und den § 817 Satz 1 zu einer Vorschrift gemacht, die einer „überkommenen Stufe schuldrechtlichen Denkens“[155] angehört. Dieses Ergebnis spiegelt sich in der praktischen Bedeutung der Norm wieder: Beispiele aus der jüngeren Rechtsprechung zu § 817 Satz 1 gibt es kaum[156], die Relevanz der Vorschrift in der Praxis ist „gleich Null“[157].

2. Konsequenzen für § 817 Satz 2

Es wurde bereits eingangs erwähnt, dass die Bedeutungslosigkeit des § 817 Satz 1 nach allgemeiner Ansicht zum Anlass genommen wird, die Kondiktionssperre des § 817 Satz 2 entgegen seines Wortlauts und seiner systematischen Stellung auch im Rahmen anderer Arten der Leistungskondiktion anzuwenden[158]. Abgesehen von dem Standardargument der Gesetzesaushöhlung wird diese Schlussfolgerung in aller Regel nicht näher begründet. Die These wird aber ohne Weiteres auch dann bestätigt, wenn man sie an den Voraussetzungen einer analogen Gesetzesanwendung misst. Nach den allgemeinen Grundsätzen ist für eine analoge Anwendung des § 817 Satz 2 außerhalb der *condictio ob turpem vel iniustam causam* zu fordern, dass eine planwid-

---

155 *König*, Ungerechtfertigte Bereicherung, S. 126.

156 *Reuter/Martinek*, Ungerechtfertigte Bereicherung, S. 178, § 5 V; *von Sachsen Gessaphe*, in: Anwaltkommentar, § 817, Rn. 6.

157 *Larenz/Canaris*, Lehrbuch des Schuldrechts II/2, S. 157, § 68 I. Konsequenterweise verzichtet das schweizerische Bereicherungsrecht, das dem deutschen sehr ähnlich ist, auf eine besondere Normierung der *condictio ob turpem vel iniustam causam*, die vielmehr als von der allgemeine Leistungskondiktion erfasst angesehen wird, vgl. *Schwenzer*, Schweizerisches Obligationenrecht AT, S. 393; *Koller*, Schweizerisches Obligationenrecht AT, S. 512; *Engel*, Traité des obligations en droit suisse, S. 401.

158 S.o. *Erster Teil, § 2 I.*

rige Regelungslücke besteht und eine Vergleichbarkeit der Interessenlage zu bejahen ist[159]. Ersteres kann mit Blick auf die Historie der Vorschrift unschwer bejaht werden. Vor dem Hintergrund der Entstehungsgeschichte des § 817 im heutigen BGB[160] kann man davon ausgehen, dass der historische Gesetzgeber die Folgen der Einführung der allgemeinen Leistungskondiktion für den Anwendungsbereich der Kondiktion wegen verwerflichen Empfangs nicht vollständig vorhergesehen und aus diesem Grund darauf verzichtet hat, die Kondiktionssperre für die allgemeine Leistungskondiktion zu normieren. Der Gesetzgeber hatte bei der Schaffung des § 817 jedenfalls auch die Fälle im Auge, die bereits im römischen Recht unter die *condictio ob turpem causam* und den Kondiktionsausschluss fielen. Dabei handelt es sich aber gerade um Fälle aus dem Kernbereich der Sittenwidrigkeit, die heute zweifelsohne zur Nichtigkeit der zugrunde liegenden *causa* gem. §§ 134, 138 und damit zur Einschlägigkeit der allgemeinen Leistungskondiktion führen.

Auch die zweite Voraussetzung einer analogen Anwendung, nämlich die Vergleichbarkeit der Interessenlage, ist gegeben. Die allgemeine Leistungskondiktion des § 812 Abs. 1 Satz 1 umfasst heute gerade auch die Fälle, die ursprünglich unter die *condictio ob turpem vel iniustam causam* fallen sollten. Die Bedeutungslosigkeit des § 817 Satz 1 resultiert - wie gesehen - gerade daraus, dass sich sein Anwendungsbereich mit demjenigen der allgemeinen Leistungskondiktion überschneidet und die Kondiktion wegen verwerflichen Empfangs sozusagen in der allgemeinen Leistungskondiktion aufgegangen ist. Hier schließt sich der Kreis und es wird deutlich, wieso die Einführung der allgemeinen Leistungskondiktion und die Lösung der *condicito ob rem* sowie der *condictio ob turpem vel iniustam causam* aus ihrem historischen Kontext für das weitere Schicksal des § 817 Satz 2 von enormer Wichtigkeit waren.

Nur einige wenige Stimmen kritisieren die Erweiterung des Anwendungsbereichs der Kondiktionssperre: *Heck*[161] wandte sich als Erster gegen eine Anwendung des § 817 Satz 2 im Rahmen der allgemeinen Leistungskondiktion. Sein Lösungsansatz basiert auf einer Neudefinition des Konkurrenzverhältnisses zwischen § 812 Abs. 1 Satz 1, 1. Alt. auf der einen und § 817 Satz 1 auf der anderen Seite. § 817 Satz 1 soll nach seiner Ansicht immer dann als lex specialis der allgemeinen Leis-

159 *Canaris,* Die Feststellung von Lücken im Gesetz, S. 25.

160 Vgl. hierzu oben *Erster Teil, § 1 III.*

161 *Heck,* AcP 124 (1925), 1 ff.

tungskondiktion vorgehen, wenn es sich um Fälle handelt, in denen die Kausalabrede ausschließlich gem. §§ 134, 138 nichtig ist und zugleich die Voraussetzungen des § 817 Satz 1 gegeben sind (nach der Terminologie von *Heck* sog. Verstoßfälle oder konstruktive Konkurrenzfälle)[162]. Trete in diesen Fällen zu dem Empfängerverstoß ein Verstoß des Leistenden, sei die ratio legis für einen Rückforderungsausschluss gegeben, da sowohl Empfänger als auch Leistender gleichergleichermaßen schutzunwürdig seien[163]. Abzugrenzen hiervon sollen Fallkonstellationen sein, in denen sich die Nichtigkeit neben den §§ 134, 138 auch aus anderen Normen ergibt oder nur ein einseitiger Verstoß des Leistenden vorliegt; hierbei soll es sich um sog. materielle Konkurrenzfällen handeln, für die allein der Anwendungsbereich der allgemeinen Leistungskondiktion eröffnet und die Kondiktionssperre des § 817 Satz 2 nicht anwendbar sein soll[164]. Im Ergebnis dehnt also auch *Heck* die Kondiktionssperre auf einen bestimmten Bereich gesetzes- oder sittenwidriger Verträge aus, auch wenn er dies aufgrund seiner konkurrenzrechtlichen Sichtweise nicht offen ausspricht[165]. Seine Ansicht konnte sich in der Folgezeit nicht durchsetzen. Unbefriedigend an der Theorie erscheint insbesondere, dass sie einer näheren Erklärung für die Differenzierung zwischen den verschiedenen Konkurrenzfällen schuldig bleibt. Beispielsweise leuchtet nicht ein, wieso Fälle, in denen neben dem Nichtigkeitsgrund der §§ 134, 138 noch ein anderer Nichtigkeitsgrund hinzutritt, anders behandelt werden, als Fälle, in denen die Kausalabrede allein nach den §§ 134, 138 nichtig ist[166].

Jüngst stellte *Wazlawik*[167] die Ausdehnung des § 817 Satz 2 auf die allgemeine Leistungskondiktion in Frage. Er stellt primär auf Wortlaut und Systematik ab und führt die unbilligen und widersprüchlichen Konsequenzen ins Feld, die durch die Ausdehnung des § 817 Satz 2 entstünden. Wortlaut und Systematik der Vorschrift sind allerdings schwache Argumente, wenn es um die entsprechende Anwendung einer Norm geht. Insbesondere dem Argument, der Gesetzgeber hätte

---

162 *Heck*, AcP 124 (1925), 1, 27 f.

163 *Heck*, AcP 124 (1925), 1, 28. Zur Auffassung, die Ratio des § 817 Satz 2 sei in einer „Gleichgewichtsidee" zu finden, s.o. *Erster Teil*, *§ 3 II. 4 a.*

164 *Heck*, AcP 124 (1925), 1, 27, 29.

165 So auch *Michalski*, Jura 1994, 113, 114; *Honsell*, in: FS Seiler, S. 36.

166 Gegen die Ansicht *Hecks* mit weiteren Argumenten auch *Honsell*, Die Rückabwicklung sittenwidriger oder verbotener Geschäfte, S. 36 f.; *Bufe*, AcP 157 (1958/59), 215, 235 f.

167 *Wazlawik*, ZGS 2007, 336 ff., 344.

den Ausschluss für nichtige Verpflichtungsgeschäfte explizit geregelt, wenn er einen solchen gewollt hätte[168], kann angesichts der Entstehungsgeschichte der Vorschrift nicht gefolgt werden. Zuzugeben ist zwar, dass gerade die Erweiterung des Anwendungsbereichs der Kondiktionssperre wiederum unweigerlich zur Notwendigkeit von Einschränkungen führt und insoweit neue Probleme aufwirft. Dennoch erscheint eine Beschränkung der Kondiktionssperre auf § 817 Satz 1 mit der Konsequenz ihrer Bedeutungslosigkeit nicht sachgerecht. Eine Lösung der in Folge der Ausdehnung auftretenden Probleme über eine dogmatisch begründete Restriktion des § 817 Satz 2 erscheint überzeugender und dürfte allemal eher im Interesse des Gesetzgebers liegen als eine Degradierung der Norm zur völligen Bedeutungslosigkeit.

3. Zusammenfassung

Der herrschenden Meinung kann darin zugestimmt werden, dass die Vorschrift des § 817 Satz 2 nicht auf die bedeutungslose Kondiktion wegen verwerflichen Empfangs beschränkt bleiben kann, sondern auf sämtliche Leistungskondiktionen ausgedehnt werden muss. Relevant wird diese Ausdehnung vor allem im Rahmen der allgemeinen Leistungskondiktion des § 812 Abs. 1 Satz 1, 1. Alt. Eine Anwendung der Kondiktionssperre in diesem Bereich verleiht der Vorschrift des § 817 Satz 2 einen enormen Bedeutungszuwachs. Bei einem derart verstandenen Anwendungsbereich wird § 817 Satz 2 fast immer relevant, wenn es um die Rückabwicklung eines wegen Gesetzes- oder Sittenwidrigkeit nichtigen Geschäfts geht. Die Kondiktionssperre normiert damit eine Ausnahme von der grundsätzlich angeordneten Rückabwicklung von Geschäften, die nach den Vorschriften der §§ 134, 138 gesetzes- oder sittenwidrig und damit nichtig sind.

II. Die ratio legis

Viele der in Zusammenhang mit dem Kondiktionsausschluss auftretenden Probleme finden ihren Ursprung in der Unklarheit über die Ratio des § 817 Satz 2. Obwohl die Bandbreite der vorgeschlagenen Erklärungsversuche groß ist, wurde über das rechtspolitische Grundmotiv der Kondiktionssperre bis heute keine Einigkeit erzielt. Bisweilen wird sogar die Ansicht vertreten, die einzige Bedeutung der

---

168 *Wazlawik*, ZGS 2007, 336, 344.

Vorschrift bestehe darin, „Quelle zahlreicher Probleme zu sein, die es ohne [ihr] Vorhandensein nicht gäbe“[169].

1. Straftheorie

a) Aussagegehalt

Ausgehend von der in den Motiven enthaltenen Feststellung, der Kondiktionsausschluss des § 817 Satz 2 beruhe auf denselben Erwägungen wie die *condictio ob turpem vel iniustam causam*[170], mit der der historische Gesetzgeber die verwerfliche Gesinnung des Empfängers treffen und beim Volk den Sinn für gute Sitten und für das Interesse an der öffentlichen Ordnung stärken wollte[171], ging insbesondere die ältere Rechtsprechung davon aus, auch § 817 Satz 2 sei Ausdruck des pönalen Prinzips[172]. Der Ausschluss der Rückforderung soll sich demnach als Bestrafung des Leistenden für seinen Gesetzes- oder Sittenverstoß darstellen. Da Strafe nur unter dem Aspekt des Verschuldens zu rechtfertigen ist, setzt nach dieser Ansicht der Kondiktionsausschluss konsequenterweise Strafwürdigkeit voraus, was wiederum den Weg frei macht für eine Relativierung der strikten Rückforderungssperre über eine Abwägung des Gewichts der jeweiligen Verstöße[173]. Im Schrifttum wurde diese Auffassung nur vereinzelt vertreten[174] und galt dort lange als überholt[175]. In jüngerer Vergangenheit

---

169 *Zierer,* Die Probleme des § 817 BGB, S. 102.

170 Mot., S. 850.

171 Mot. S. 849, vgl. hierzu auch *Erster Teil, § 1 III. 1.*

172 RGZ 95, 347, 349: „ersichtlich als Strafe für eine an den Tag gelegte verwerfliche Gesinnung gedacht“; RGZ 99, 161, 167; RGZ 105, 270, 271 f. BGHZ 63, 365, 369; BGHZ 39, 87, 91 = NJW 1963, 950, 951; ebenso die ältere schweizerische Rspr., vgl. BGE 66 II, 256, 259; BGE 74 II, 23, 27; BGE 95 II, 37, 42; BGE 102 II, 401, 409.

173 *Seiler,* in: FS Felgentraeger, S. 380; *Westermann/Buck-Heeb,* in: Erman, § 817, Rn. 4.

174 Aus dem Schrifttum: *Seiler,* in: FS Felgentraeger, S. 380; aus dem schweizerischen Schrifttum: *von Thur/Peter,* Allgemeiner Teil des Schweizerischen Obligationenrechts, S. 491; *Keller/Schaufelberger,* Ungerechtfertigte Bereicherung, S. 83.

175 Z.B. *Canaris,* in: FS Steindorff, S. 523: „Daß sie [Anm.: die Vorschrift des § 817 Satz 2] Strafcharakter habe, lässt sich nicht im Ernst vertreten“; *Honsell,* in: FS Seiler, S. 487; *Ebert,* Pönale Elemente im deutschen Privatrecht, S. 370.

scheint der Ansatz allerdings in der Rechtslehre durchaus eine gewisse Renaissance zu erleben[176].

b) Kritik

In der Hauptsache werden gegen den Ansatz der Straftheorie standardmäßig drei - im Ergebnis überzeugende - Argumente vorgebracht:

Zum einen wird darauf hingewiesen, dass der Strafgedanke dem Zivilrecht im Allgemeinen und dem Bereicherungsrecht im Besonderen fremd sei[177]. Zum anderen wird vorgebracht, dass § 817 Satz 2 nicht zu einer schuldangemessenen Strafe führe, weil die Folgen des Kondiktionsausschlusses den Leistenden je nach Höhe der Leistung unterschiedlich hart träfen und damit jede Proportionalität zwischen Verschulden und Strafmaß fehle[178]. Dem kann richtigerweise auch nicht mit dem Einwand begegnet werden, dass zumindest eine abstrakte Proportionalität zwischen Verschulden und Strafe gewährleistet sei, weil die Verbots- oder Sittenwidrigkeit umso schwerer wiege, je größer die Leistung sei[179]. Unabhängig davon, dass diese These nicht näher bewiesen ist[180], differenziert § 817 Satz 2 jedenfalls mit seiner pauschalen Rechtsfolgenanordnung weder nach Art und Schwere des Verschuldens im Einzelfall, noch nach der Strafwürdigkeit des Leistenden, die je nachdem welche Gesetzes- oder Sittennorm konkret verletzt wurde, durchaus unterschiedlich zu beurteilen sein kann. Schließlich - und dieser Punkt ist meines Erachtens der entscheidende - kann die Straftheorie nicht erklären, wieso in Vorleistungsfällen nur der Leistende bestraft wird, indem eine Rückforderung ausgeschlossen ist, während der ebenfalls gesetzes- oder sittenwidrig handelnde

---

176 Vgl. insbesondere *Schäfer,* AcP 202 (2002), 397, 406 ff.: *Schäfer* bezeichnet § 817 Satz 2 als „den Klassiker zivilrechtlicher Strafbestimmungen".

177 *Flume,* Allgemeiner Teil des Bürgerlichen Rechts II, S. 390, § 18; *Reuter/Martinek,* Ungerechtfertigte Bereicherung, S. 204, § 6 V; *Honsell,* Die Rückabwicklung sittenwidriger oder verbotener Geschäfte, S. 58; *Heimann-Trosien,* in: RGRK, § 817, Rn. 10; *Lorenz,* in: Staudinger, § 817, Rn. 5.

178 *Zimmermann,* Richterliches Moderationsrecht oder Totalnichtigkeit, S. 163; *Honsell,* in: FS Seiler, S. 479; *Heck,* AcP 124 (1925), 1, 57; *Westermann/Buck-Heeb,* in: Erman, § 817, Rn. 4; *Klumpp,* Die Privatstrafe, S. 63; *Lorenz,* in: Staudinger, § 817, Rn. 12; *Larenz/Canaris,* Lehrbuch des Schuldrechts II/2, S. 163, § 68 III 3 a; *Ebert,* Pönale Elemente im deutschen Privatrecht, S. 370.

179 *Schäfer,* AcP 202 (2002), 397, 408.

180 So auch *Ebert,* Pönale Elemente im deutschen Privatrecht, S. 370.

Empfänger als *beatus possidens* die erhaltene Leistung behalten darf[181]: „Wenn schon ein Gauner bestraft werden soll, warum dann in die Tasche des anderen Gauners?“[182]. Auch wenn man die Vornahme der Leistung *per se* als strafwürdiger erachtet als deren Annahme[183], was in dieser Pauschalisierung nicht zutreffend sein dürfte, wird hierdurch noch keine Erklärung dafür geliefert, wieso der Empfänger trotz seines Gesetzes- oder Sittenverstoß sogar noch begünstigt wird. Dem kann schließlich auch nicht entgegengehalten werden, die Straffunktion komme gerade in den Fällen des einseitigen Gesetzes- oder Sittenverstoßes des Leistenden zum Tragen[184]. Zum einen erscheint es fragwürdig, das rechtspolitische Motiv einer Vorschrift in Fällen zu suchen, die erst über eine analoge Anwendung dem Anwendungsbereich der Norm zuzuordnen sind[185]. Des Weiteren bilden Fälle des einseitigen Verstoßes gerade nicht den Schwerpunkt des Anwendungsbereichs des § 817 Satz 2[186]. Die Analyse der praktischen Anwendungsfälle[187] zeigt, dass Fälle des gesetzlich normierten beiderseitigen Verstoßes den Hauptanwendungsbereich der Vorschrift darstellen. Gerade in diesem Bereich hängt es vom Zufall der Vorleistung ab, wer von beiden Vertragspartnern „bestraft“ wird.

2. Theorie der Rechtsschutzversagung

a) Aussagegehalt

Die heute in Rechtsprechung und Literatur herrschende Ansicht zieht für die Begründung der ratio legis den Gedanken der Rechtsschutz-

---

181 *von Caemmerer,* Süddt. JZ 1950, 646, 649; *Westermann,* in: FS Seiler, S. 487; *Medicus/Lorenz,* Schuldrecht II, S. 391; *Koppensteiner/Kramer,* Ungerechtfertigte Bereicherung, S. 63; *Flume,* Allgemeiner Teil des Bürgerlichen Rechts II, S. 390, § 18; *Reuter/Martinek,* Ungerechtfertigte Bereicherung, S. 204, § 6 V; *Larenz/Canaris,* Lehrbuch des Schuldrechts II/2, S. 162, § 68 III; *Reeb,* Grundprobleme des Bereicherungsrechts, S. 66: bezeichnet die Straftheorie als „absurde Deutung“; *Westermann/Buck-Heeb,* in: Erman, § 817, Rn. 4; *Heimann-Trosien,* in: RGRK, § 817, Rn. 10; *Lorenz,* in: Staudinger, § 817, Rn. 12.

182 *Medicus,* in: FS Dietz, S. 67.

183 *Schäfer,* AcP 202 (2002), 397, 408.

184 *Schäfer,* AcP 202 (2002), 397, 407

185 S.u. *Erster Teil § 2 III. 1.*

186 So aber *Schäfer,* AcP 202 (2002), 397, 407.

187 S.u. *Dritter Teil.*

versagung heran[188]. Nach dieser Auffassung soll staatlicher Rechtsschutz nicht für soziale Beziehungen zur Verfügung stehen, welche die Beteiligten selbst außerhalb des Rechts gestellt haben. Die Begründung dieses Ansatzes variiert im Detail sehr stark: Teilweise wird auf den Gedanken des Handelns auf eigene Gefahr[189] bzw. der freiwilligen Risikoübernahme[190] oder auf das Verbot des *„versari in re illicita"*[191] abgestellt. Vornehmlich wird allerdings der althergebrachte Grundsatz *„nemo turpitudinem suam allegans auditur"*[192], der die Beru-

188 St. Rspr. Vgl. z.B. BGHZ 28, 164 = NJW 1958, 2111: bezeichnet die Absicht der Rechtsschutzversagung als „unbezweifelbar"; BGHZ 36, 395, 399 = NJW 1962, 955. 958; BGHZ 41, 341, 350; BGHZ 44, 1, 6; BGH NJW-RR 1993, 1457, 1459. Aus der Lit.: *Hammes,* JR 1950, 11, 12: stellt auf Schutz der Rechtsordnung vor missbräuchlicher Inanspruchnahme ab; *von Caemmerer,* Süddt. JZ 1950, 646, 649; ebenso: *Strobl,* Beitrag zur Problematik des § 817 Satz 2 BGB, S. 22; *Koppensteiner/Kramer,* Ungerechtfertigte Bereicherung, S. 63; *Kern,* in: FS Gernhuber, S. 205; *Schlechtriem,* Schuldrecht BT, S. 307; *Schwarz/Wandt,* Gesetzliche Schuldverhältnisse, S. 129; *Flume,* Allgemeiner Teil des Bürgerlichen Rechts II, S. 390, 396, § 18; *Martinek,* in: jurisPK-BGB, § 817, Rn. 2; *Heimann-Trosien,* in: RGRK, § 817, Rn. 10; *Schulze,* in: Schulze-HK, § 817, Rn. 5; *Schwab,* in: MünchKomm, § 817, Rn. 9: schließt sich der Theorie zwar an, hält aber den Gedanken für zu vage, um daraus überzeugende Ergebnisse ableiten zu können; *Reuter/Martinek,* Ungerechtfertigte Bereicherung, S. 206, § 6 V: die Rechtsschutzverweigerung soll aber unter den Vorbehalt gestellt werden, dass sie im Interesse der Allgemeinheit erforderlich und angemessen ist; *Esser/Weyers/Schmidt,* Schuldrecht II/2, S. 70, § 49 IV; *Wieling,* Bereicherungsrecht, S. 38, § 3 III; *Wambach,* Die bereicherungsrechtliche Rückabwicklung gesetzes- oder sittenwidriger Verträge, S. 58: *Wambach* stellt primär auf das Interesse an einer funktionierenden Rechtsordnung ab.

189 BGHZ 41, 341, 344; *Raiser,* JZ 1951, 718, 719; *Fischer,* Der Betrug auf dem Schwarzen Markt, S. 5.

190 *Dauner,* JZ 1980, 495, 499.

191 *Raiser,* JZ 1951, 718, 719.

192 Vgl. z.B. *Neubecker,* ArchBürgR 22 (1903), 34, 70, 89; *Krückmann,* ArchBürgR 40 (1914), 41, 43 ff.: *Krückmann* stellt die Unwürdigkeit des Leistenden in den Vordergrund; *Riezler,* JherJb 89 (1941), 177, 204; *Medicus/Lorenz,* Schuldrecht II, S. 392; *Koppensteiner/Kramer,* Ungerechtfertigte Bereicherung, S. 63; *Flume,* Allgemeiner Teil des Bürgerlichen Rechts II, S. 390, § 18; *Feige,* Die condictio ob turpem causam, S. 34; *Wieacker,* Zur rechtstheoretischen Präzisierung des § 242, S. 33. Dogmatisch wird der Grundsatz mit dem Gedanken der Selbstbehauptung des Rechts sowie mit dem Gleichheitssatz (der Kläger, der trotz Rechtsverstoßes sein Recht fordert, will Ungleichbehandlung des Gegners zu seinen Gunsten) begründet, vgl. hierzu *Wieacker,* Zur rechtstheoretischen Präzisierung des

fung auf eigenes Unrecht verbietet, bzw. der inhaltsgleiche, aus dem angelsächsischen Rechtskreis bekannte Einwand der *„unclean hands"*[193] herangezogen.

Mit diesen Begründungsversuchen zumindest verwandt ist die Annahme, § 817 Satz 2 sei Ausdruck des allgemeinen Grundsatzes von Treu und Glauben und beruhe auf dem Gedanken der unzulässigen Rechtsausübung[194] oder dem Verbot des *venire contra factum proprium*[195]. Insbesondere *Wieacker*[196] und im Anschluss daran *Prölss*[197] sehen § 817 Satz 2 als Anwendungsfall des Einwands des unredlichen Rechtserwerbs, der eine Rechtsausübung ausschließt, wenn die behauptete Rechtsposition durch eigenes gesetzes- oder sittenwidriges Verhalten geschaffen wurde.

Trotz der unterschiedlichen Akzentuierungen laufen die verschiedenen Ansätze im Ergebnis alle darauf hinaus, dass demjenigen, der sich selbst nicht rechtstreu verhalten hat, der Schutz der Rechtsordnung versagt werden soll. Dieser Gedanke soll die unbilligen Ergebnisse rechtfertigen, die mit der Anwendung des § 817 Satz 2 einhergehen. Insbesondere die aus dem Rückforderungsausschluss resultierende faktische Empfängerbegünstigung wird als notwendige Kehrseite der Rechtsschutzverweigerung akzeptiert[198]: „Die Vorschrift verstopft

---

§ 242, S. 32; *Prölss,* ZHR 132 (1969), 35, 36 f.; *Singer,* Das Verbot widersprüchlichen Verhaltens, S. 74.

193 *Prölss,* ZHR 132 (1969), 35, 41 ff.; *Dette,* venira contra factum proprium, S. 34.

194 *Wieacker,* Zur rechtstheoretischen Präzisierung des § 242, S. 33; *Zierer,* Die Probleme des § 817 BGB, S. 102; *Prölss,* ZHR 132 (1969), 35, 41 ff.; aus der schweizerischen Literatur: *Merz,* in: Berner Kommentar, Art. 2 ZGB, Rn. 566.

195 *Riezler,* JherJb 89 (1941), 177, 176; *Kreße,* EuZW 2008, 394, 396.

196 *Wieacker,* Zur rechtstheoretischen Präzisierung des § 242; ähnlich *Dette,* venira contra factum proprium, S. 34.

197 *Prölss,* ZHR 132 (1960), 35, 41 ff.

198 *Dauner,* JZ 1980, 495, 499; *Michalski,* Jura 1994, 237 f.; *Wieling,* Bereicherungsrecht, S. 40, § 3 III; *Prölss,* ZHR 132 (1969), 35, 44: *Prölss* geht davon aus, dass der Gedanke der Rechtsschutzversagung nur den jeweils Rechtsuntreuen für sich betrachtet benachteiligen, nicht aber einen Interessenausgleich mehrerer Rechtsuntreuer herbeiführen will; *Flume,* Allgemeiner Teil des Bürgerlichen Rechts II, S. 396, § 18: die Nichtanerkennung eines Rückforderungsanspruchs ergibt sich nach Ansicht *Flumes* aus der Würde des Rechts, das Verhältnis zwischen den sitten- bzw. gesetzeswidrig Handelnden brauche die Rechtsordnung nicht zu berücksichtigen; jüngst: *Armgardt,* JR 2009, 177, 178 f.: „Die

ganz mit Absicht eine Quelle unerfreulicher Streitigkeiten [...]. Der Gesichtspunkt der Gerechtigkeit bleibt bewusst außer Acht"[199].

b) Kritik

Auch die Theorie der Rechtsschutzversagung blieb freilich nicht frei von Kritik. Nach der Auffassung *Wilburgs* entspringt sie „einem primitiven Denken, dem jegliche Abwägung, das ein fein entwickeltes Recht erfordert, fehlt"[200]. *Bufe* geht davon aus, die Theorie sei nur das Resultat vergeblicher Bemühungen um eine sinnvolle rechtspolitische Begründung des Kondiktionsausschlusses, und bezeichnet sie daher als „Resignationstheorie"[201]. Ob diese polemische Kritik gerechtfertigt ist, mag bezweifelt werden, allerdings sind einige Vorwürfe, denen sich die Theorie der Rechtsschutzversagung ausgesetzt sieht, in der Tat nicht von der Hand zu weisen. Von den vielen Gesichtspunkten, die Anlass zur Kritik an der Theorie der Rechtsschutzversagung gegeben haben, sind vor allem folgende Aspekte hervorzuheben:

Zum einen erscheint der Übergang vom Gedanken der Strafe zum Gedanken der Rechtsschutzverweigerung fließend. Letztlich ist auch eine Rechtsschutzversagung nichts anderes als eine Sanktion des gesetzes- oder sittenwidrig Handelnden für sein unrechtes Verhalten[202]. Zum anderen vermag der Gedanke der Rechtsschutzversagung ebenso wenig wie die Straftheorie zu erklären, wieso in Fällen der Vorleistung nur dem Leistenden der Rechtsschutz versagt wird, während dem Vertragspartner, der sich gleichfalls außerhalb der Rechtsordnung bewegt, der erlangte rechtswidrige Vorteil verbleibt[203]. Dem

Rechtsordnung darf sich nicht zum Handlanger von nicht rechtstreuen Anspruchsstellern machen lassen. [...] Es ist kein Raum für einen subtilen Interessensausgleich zwischen zwei rechtsuntreuen Bürgern. Dass der Anspruchsgegener davon profitiert, ist ein rein faktischer Reflex dieser Betrachtung".

199 So die Grundsatzentscheidung BGHZ 8, 348, 373 = NJW 1953, 740, 744; Vor allem der Passus von der fehlenden Berücksichtigung der Gerechtigkeit ist auf vielfältige Kritik gestoßen: „Die Verweigerung des Rechts und der Gerechtigkeit würden doch bedeuten, dass dem Unrecht freie Bahn gelassen wird. Das hat der Bundesgerichtshof natürlich selber nicht gewollt; denn hier würden die Grundfesten der Rechtsordnung überhaupt erschüttert werden", vgl. *Bufe,* AcP 157 (1958/59), 215.

200 *Wilburg,* in: Klang ABGB, § 1174, B.I.6.

201 *Bufe,* AcP 157 (1958/59), 215, 256.

202 So auch *Mühl/Hadding,* in: Soergel, § 817, Rn. 11 a.

203 *Mühl/Hadding,* in: Soergel, § 817, Rn. 11; *Honsell,* Die Rückabwicklung sittenwidriger oder verbotener Geschäfte, S. 61.

teilweise von Vertretern der Theorie vorgebrachten Argument, die Gerichte sollten sich nicht mit „schmutzigen" Geschäften beschäftigen müssen[204], wird richtigerweise entgegengehalten, dass die Gerichte ohnehin nicht vermeiden können, vor einer Klageabweisung die unsittlichen oder gesetzeswidrigen Vorgänge zu würdigen[205]. Gelegentlich wird in diesem Zusammenhang noch darauf hingewiesen, dass eine Vorschrift, die eine Rechtsschutzversagung bezweckt, systematisch eher im Prozessrecht als im materiellen Recht zu verorten wäre[206].

Darüber hinaus erscheint eine pauschale Rechtsschutzversagung bei jedem Gesetzes- oder Sittenverstoß besonders unangemessen, wenn man die aktuellen Tendenzen im Rahmen der §§ 134, 138 im Auge behält, die von einem enormen Zuwachs an Verbotsgesetzen und einer allgemeinen Verschärfung des Sittenwidrigkeitsmaßstabes geprägt werden[207]. Die Theorie der Rechtsschutzversagung ist nicht in der Lage, sinnvolle Kriterien für eine Begrenzung des Kondiktionsausschlusses zu liefern, sondern führt aufgrund der pauschalen Versagung häufig zu undifferenzierten Ergebnissen[208]. Diese unbefriedigende Konsequenz wird durch den Vorschlag, den Gedanken der Rechtsschutzversagung nur anzuwenden, wenn er im Interesse der

---

204 So etwa BGHZ 35, 103, 107 = NJW 1961, 1458, 1459: „mit […] Makeln behaftete Rechtsgeschäfte" sollen nicht vor staatliche Gerichte gebracht werden; BGHZ 36, 395, 399 f. = NJW 1962, 955. 958. Besonders eindrücklich: *Kohler,* ArchBürgR 5 (1891), 161, 241: Es ist besser, „wenn derartige Dinge im Dunkel verschwinden, als wenn der Staat solche Nachtseiten des menschlichen Treibens ans Licht zieht. […] Muß im Leben trübes Wasser sein, so soll man das trübe Wasser im Hintergrunde lassen und nicht in die Sonnenbeleuchtung stellen. […] Prozesse dieser Art sind Skandalprozesse und verursachen öffentliches Ärgernis, wodurch mehr Übel bereitet als geheilt wird." Dieses Argument wird auch im englischen Recht häufig zur Rechtfertigung eines Rückforderungsausschlusses herangezogen: Man geht davon aus, es widerspreche der „Würde des Gerichts", sich mit illegalen Geschäften zu beschäftigen, vgl. z.B. *Burrows,* The Law of Restitution, S. 574.

205 *Honsell,* in: FS Seiler, S. 481; *ders.,* Die Rückabwicklung sittenwidriger oder verbotener Geschäfte, S. 60; *Westermann,* in: FS Seiler, S. 488.

206 *Westermann/Buck-Heeb,* in: Erman, § 817, Rn. 5 a.E.; *Reuter/Martinek,* Ungerechtfertigte Bereicherung, S. 205, § 6 V; *Honsell,* Die Rückabwicklung sittenwidriger oder verbotener Geschäfte, S. 61.

207 Ähnlich *Honsell,* Die Rückabwicklung sittenwidriger oder verbotener Geschäfte, S. 61.

208 *Lorenz,* in: Staudinger, § 817, Rn. 5; *Honsell,* Die Rückabwicklung sittenwidriger oder verbotener Geschäfte, S. 61.

Allgemeinheit erforderlich und angemessen ist[209], nur zum Teil abgeschwächt. Auch mit ihm werden keine verlässlichen Kriterien für eine Beschränkung der Rechtsschutzversagung, die als allgemeiner Grundsatz zu starr und unflexibel erscheint, geliefert. Eine pauschale Rechtsschutzversagung bei Gesetzes- oder Sittenverstoß des Leistenden würde mangels sachgerechter Restriktionskriterien zu einer systemwidrigen Umkehrung des bereicherungsrechtlichen Regel-Ausnahme-Verhältnisses führen: Die Kondiktionssperre des § 817 Satz 2 stellt nach der bereicherungsrechtlichen Konzeption eine Ausnahme von der grundsätzlich angeordneten Rückforderung bei nichtigen Rechtsgeschäften gem. § 812 Abs. 1 Satz 1, 1. Alt. dar. Geht man davon aus, dass dem Leistenden schon allein aufgrund seines Gesetzes- oder Sittenverstoßes der Rechtsschutz zu verweigern sei, käme man so gut wie nie zu einer Rückabwicklung von Verträgen, deren Nichtigkeit auf den §§ 134, 138 beruht, da einseitige Empfängerverstöße, die zur Nichtigkeit des Grundgeschäfts führen, eine seltene Ausnahme sein dürften. Die Rückforderungssperre würde damit zum absoluten Regelfall erhoben.

Neben diesen Kritikpunkten wirkt sich meines Erachtens ein weiterer Gesichtspunkt negativ auf die Überzeugungskraft der Theorie der Rechtsschutzversagung aus. Der Ansatz lässt nämlich eine genauere Begründung dafür vermissen, aus welchen Gründen der Rechtsschutz versagt wird und weshalb gerade partiell im Bereicherungsrecht[210]. Die einzelnen Erklärungsversuche, die für die Theorie der Rechtsschutzversagung gegeben werden, vermögen allesamt nicht völlig zu überzeugen. Der Aspekt der freiwilligen Risikoübernahme sowie der ähnliche Ansatz vom Handeln auf eigene Gefahr beschreiben im Grunde lediglich die Rechtsfolge des § 817 Satz 2. Zudem knüpfen diese Erklärungsversuche an ein bewusstes Handeln des Leistenden an, obwohl § 817 Satz 2 seinem Wortlaut nach rein objektiv formuliert ist und gerade nicht voraussetzt, dass der Leistende bewusst gegen das Gesetz oder die guten Sitten verstößt[211]. Der vom überwiegenden

---

209 *Reuter/Martinek,* Ungerechtfertigte Bereicherung, S. 206, § 6 V (s. schon Fn. 188).

210 Vgl. auch *Vogel,* Auslegung und Anwendung des § 817 Satz 2 BGB unter dem Prinzip des Leistungsgleichgewichts, S. 11; *Honsell,* in: FS Seiler, S. 481; *Larenz/Canaris,* Lehrbuch des Schuldrechts II/2, S. 162, § 68 III; *Canaris,* in: FS Steindorff, S. 523: *Canaris* weist insbes. darauf hin, dass ein Verstoß gegen §§ 134, 138 nicht „vogelfrei" mache.

211 Zur Frage, ob subjektive Voraussetzungen als ungeschriebenes Tatbestandsmerkmal zu fordern sind, s.u. *Zweiter Teil, § 4.*

Teil der Literatur vorgenommene Versuch, die Rechtsschutzversagung mit dem Verbot der Berufung auf eigenes Unrecht zu erklären, krankt daran, dass der Aussagegehalt der zugrunde liegenden römischen Parömie *„nemo turpitudinem suam allegans auditur"* keineswegs klar ist. Teilweise wird angenommen, der Satz bringe lediglich zum Ausdruck, dass man aus gesetzes- oder sittenwidrigem Verhalten keinen Gewinn oder Vorteil ziehen darf[212]. Bislang wurde jedenfalls noch nicht nachgewiesen, dass die Parömie einen allgemeinen Grundsatz enthält, wonach derjenige, der sich außerhalb der Rechtsordnung bewegt, keinen Rechtsschutz mehr verdient[213]. Auch ein Abstellen auf den allgemeinen Grundsatz von Treu und Glauben scheint zur Begründung der Theorie der Rechtsschutzversagung wenig geeignet. Die im Rahmen des § 242 anerkannten Fallgruppen des Grundsatzes sind nicht mit Konstellationen vergleichbar, die § 817 Satz 2 zugrunde liegen. Als Fälle des Rechtsmissbrauchs sind im Rahmen des § 242 insbesondere Fallgestaltungen anerkannt, in denen Rechte geltend gemacht werden, die der Anspruchsinhaber selbst in treuwidriger, rechtsmissbräuchlicher Weise herbeigeführt hat, wie etwa die Berufung auf vertragliche Rechte, die durch unredliches Verhalten, zum Beispiel der Ausnutzung eines Irrtums, geschaffen wurden[214]. Dabei handelt es sich um Sachverhalte, die mit dem in § 162 Abs. 2 gesetzlich geregelten Sonderfall verwandt sind, in denen also jemand Vorteile aus seinem unerlaubten Tun zieht. Der Fall der Geltendmachung eines Bereicherungsanspruchs durch den gesetzes- oder sittenwidrig Leistenden passt gerade nicht hierher. Erbringt jemand im Rahmen eines gesetzes- oder sittenwidrigen Vertrags die vereinbarte Leistung in der Erwartung, der Empfänger werde ebenfalls wie vereinbart leisten, und fordert er seine Leistung über das Bereicherungsrecht zurück, wenn die Gegenleistung ausgeblieben ist, kann dem Leistenden

---

212 So insbes. *Honsell,* Die Rückabwicklung sittenwidriger oder verbotener Geschäfte, S. 94; *Strobl,* Beitrag zur Problematik des § 817 Satz 2 BGB, S. 25 ff.; *Singer,* Das Verbot widersprüchlichen Verhaltens, S. 73. Auch auf europäischer Ebene, wo der Grundsatz *nemo turpitudinem suam allegans auditur* als Grundsatz des Gemeinschaftsrechts anerkannt ist, scheint er in diesem Sinne verstanden zu werden, vgl. EuGH Slg. 1973, 101 (Rn. 10) – Italien; Kommission, Entsch. v. 14.10.1998, AblEG 1999 Nr. L 198, S.1, 9 – Frankreich; EuGH, Urt. v. 20.09.2001 = EuZW 2001, 715, 716 (Rn. 31).

213 Zur Unklarheit des Bedeutungsgehalts vgl. auch *Wilburg,* in: Klang ABGB, § 1174, B.I.

214 *Looschelders/Olzen,* in: Staudinger, § 242, Rn. 235 f.; *Sutschet,* in: Bamberger/Roth, § 242, Rn. 60; *Hohmann,* JA 1982, 112, 113; *Gernhuber,* JuS 1983, 764, 767.

zwar ein Gesetzes- oder Sittenverstoß angelastet werden; dagegen kann ihm ein weitergehender Vorwurf des treuwidrigen oder rechtsmissbräuchlichen Handelns durch Rückforderung der Leistung nicht gemacht werden. Es ist auch nicht überzeugend, § 817 Satz 2 als Unterfall des unredlichen Rechtserwerbs zu deuten. Zwar entsteht ein bereicherungsrechtlicher Anspruch mittelbar sicherlich aufgrund des gesetzes- oder sittenwidrigen Handelns des Leistenden, das erst zur Nichtigkeit des Vertrags und damit zur bereicherungsrechtlichen Rückabwicklung führt. Allerdings entsteht der Bereicherungsanspruch gerade als Folge der Nichtigkeit kraft Gesetzes, so dass es wenig überzeugend ist, dies als unredlichen Erwerb einer Rechtsposition zu bezeichnen[215]. Indem der gesetzes- oder sittenwidrig Handelnde einen Bereicherungsanspruch geltend macht, beruft er sich auf einen gesetzlichen Anspruch und allenfalls indirekt auf eigenes Unrecht. Auch eine Heranziehung des Grundsatzes des *venire contra factum proprium* ist nicht zielführend, da es in vielen von § 817 Satz 2 erfassten Konstellationen meist schon an der Voraussetzung eines selbstwidersprüchlichen Verhaltens fehlen wird. Wer eine Vorleistung im Rahmen eines gesetzes- oder sittenwidrigen Vertrags erbringt und für diese Leistung bereicherungsrechtlichen Wertersatz fordert, verhält sich nicht widersprüchlich, sondern vielmehr gerade konsequent[216]. Insgesamt leuchtet auch nicht ein, wieso gerade eine Regelung wie § 817 Satz 2, die in ihrer Rigidität keinen Raum für eine Abwägung lässt und häufig zu unbilligen Ergebnissen führt, als Ausdruck eines Grundsatzes gesehen wird, der seinen Ursprung in § 242 hat.

3. Theorie der Generalprävention

a) Aussagegehalt

In jüngerer Vergangenheit befindet sich die Auffassung im Vordringen, § 817 Satz 2 beruhe auf generalpräventiven Erwägungen[217]. Die

---

215 So auch *Honsell,* Die Rückabwicklung sittenwidriger oder verbotener Geschäfte, S. 62, Fn. 27.

216 Daher zutreffend gegen eine Rückführung des Verbots der Berufung auf eigenes Unrecht auf das Prinzip des *venire contra factum proprium: Singer,* Das Verbot widersprüchlichen Verhaltens, S. 73; *Gernhuber,* JuS 1983, 764, 767, Fn.25: „diese Norm [§ 817 Satz 2] sollte überhaupt nicht in die Nähe von § 242 gerückt werden".

217 *Wendehorst,* in: Bamberger/Roth, § 817, Rn. 2; *Mühl/Hadding,* in: Soergel, § 817, Rn. 11 a; *Lorenz,* in: Staudinger, § 817, Rn. 5 a.E.; *Larenz/Canaris,* Lehrbuch des Schuldrechts II/2, S. 162, § 68 III: die generalpräventiven Erwägungen sollen aber unter den Vorbehalt des Verhältnis-

Theorie der Generalprävention betont den Unterschied zwischen präventiven und pönalen Zielsetzungen und verweist darauf, dass präventive Gesichtspunkte auch dem Zivilrecht, insbesondere dem zivilen Schadensrecht, immanent seien[218]. Wie die Vertreter der Straftheorie ziehen auch die Befürworter des generalpräventiven Gedankens die Motive zur Untermauerung ihrer These heran. Insbesondere die in den Motiven enthaltene Sentenz, es solle „im Volksleben der Sinn für gute Sitten und das Interesse der öffentlichen Ordnung"[219] gestärkt werden, soll für die Theorie der Generalprävention sprechen[220]. Weiter wird als Argument angeführt, dass ohne die Versagung der Rückforderung einige Gesetzes- oder Sittenverstöße sanktionslos blieben[221], was den Ansatz wiederum in gewisser Weise in die Nähe der Straftheorie rückt.

b) Kritik

Letztgenannter Aspekt ist zugleich einer der Ansatzpunkte für die Kritik an der Theorie der Generalprävention[222]. Letztlich ist die Generalprävention nur einer von mehreren Strafzwecken, Strafe mithin eine Sanktion, die unter anderem generalpräventiven Zwecken dient[223]. Zwar wäre es verfehlt, Prävention mit Strafe gleichzusetzen[224],

---

mäßigkeitsprinzips gestellt werden; *Canaris,* in: FS Steindorff, S. 523 f.; *Eidenmüller,* JZ 1996, 889, 892; *Ebert,* Pönale Elemente im deutschen Privatrecht, S. 373: *Ebert* ergänzt den Aspekt der Generalprävention um das Ziel einer Risikoverteilung unter Billigkeitsgesichtspunkten; *Armgardt,* NJW 2006, 2070, 2073; auch die Rspr. spricht der Kondiktionssperre mitunter generalpräventive Wirkung zu, vgl. z.B. BGHZ 118, 182, 193 = NJW 1992, 2557, 2560: „Wer bewußt gegen ein Verbotsgesetz verstößt […] soll auch dadurch veranlaßt werden, von dem Abschluß des verbotenen Geschäfts abzusehen".

218 *Lorenz,* in: Staudinger, § 817, Rn. 5 a.E.

219 Mot., S. 849.

220 *Canaris,* in: FS Steindorff, S. 524.

221 *Larenz/Canaris,* Lehrbuch des Schuldrechts II/2, S. 163, § 68 III; *Canaris,* in: FS Steindorff, S. 524; *Ebert,* Pönale Elemente im deutschen Privatrecht, S. 373.

222 *Wambach,* Die bereicherungsrechtliche Rückabwicklung gesetzes- oder sittenwidriger Verträge, S. 55; *Honsell,* in: FS Seiler, S. 479 f.

223 Vgl. z.B. *Fischer,* in: Fischer, StGB, § 46, Rn. 2 f.; zum Begriff der zivilrechtlichen Strafe: *Schäfer,* AcP 202 (2002), 397, 399 ff.

224 *Klumpp,* Die Privatstrafe, S. 57: Prävention im Sinne einer Verhaltenssteuerung kann vielmehr auch durch das Schaffen von Anreizmechanismen erreicht werden.

allerdings wirkt sich im Fall des § 817 Satz 2 der Rechtsverlust in Form eines Anspruchsausschlusses praktisch jedenfalls als Sanktion aus. Die Theorie der Generalprävention stellt sich mithin als „Unterfall" der an sich überkommenen Straftheorie dar, indem sie einen Aspekt der Strafe zur Begründung des Rückforderungsausschlusses herausgreift. Was die auf die Gesetzesbegründung gestützte Argumentation angeht, muss die begrenzte Bedeutung der Erwägungen in den Motiven, die in keiner Weise im Gesetz zum Ausdruck gekommen sind, im Auge behalten werden. Zudem sprechen die Motive auch davon, dass die Bestimmung des § 817 gerade nicht darauf abzielt „für die Zukunft ein verwerfliches Verhalten zu verhindern"[225], was eher gegen einen auf generalpräventive Erwägungen gestützten Erklärungsansatz spricht. Zu bedenken ist ferner, dass mit den verschiedenen zur Nichtigkeit führenden Normen eine ganze Reihe unterschiedlicher spezial- und generalpräventiver Zwecke verfolgt werden. Angesichts der Vielfalt der zur Nichtigkeit führenden Vorschriften und der Unterschiedlichkeit der jeweiligen gesetzgeberischen Motive, erscheint die Annahme, der Rückforderungsausschluss diene stets der Generalprävention, zu pauschal. Nicht geleugnet werden kann freilich, dass der bereicherungsrechtliche Rückforderungsausschluss in vielen Fällen durchaus zur Verhaltenssteuerung im Sinn einer Generalprävention beitragen kann. Voll durchschlagen wird der generalpräventive Effekt der Kondiktionssperre aber vor allem bei einem einseitigen Verstoß des Leistenden, bei dem eine analoge Anwendung des § 817 Satz 2 befürwortet wird[226]. Beim beidseitigen Verstoß erweist sich dagegen das Argument der Generalprävention als „zweischneidige Klinge"[227]. Dann nämlich hängt das Vorliegen eines generalpräventiven Effekts ganz maßgeblich davon ab, aus welcher Warte man den Rückforderungsausschluss betrachtet: Während die Kondiktionssperre im Hinblick auf den jeweils Vorleistenden präventiv wirkt, ist im Hinblick auf den Empfänger das Gegenteil der Fall. Er erhält für den Gesetzes- oder Sittenverstoß noch einen Anreiz, weil er die erhaltene Leistung unentgeltlich behalten darf[228]. Die präventive Wirkung eines Rückforderungsausschlusses kann daher nicht überzeugend als deren eigentliches Motiv, sondern

---

225 Mot., S. 849

226 Zur Anwendung des § 817 Satz 2 beim einseitigen Verstoß des Leistenden s.u. *Erster Teil, § 2 III. 1.*

227 So auch *Schmidt-Recla,* JZ 2008, 60, 64.

228 Die Analyse der Beispielsfälle im *Dritten Teil* wird dies anschaulich zeigen.

lediglich als ein Reflex des Anspruchsausschlusses bezeichnet werden.

4. Sonstige Begründungsansätze

a) Gleichgewichtsidee

Verschiedentlich wurde für die Begründung der ratio legis auf die römisch-rechtliche Parömie *„in pari turpitudine melior est condicio possidentis“*[229] zurückgegriffen[230]. Demnach soll durch den beiderseitigen Gesetzesverstoß eine „Gleichgewichtslage“ eintreten, die ein Eingreifen des Gesetzes überflüssig machen soll[231]. Da beide Parteien gegen das Gesetz verstoßen haben, seien beide gleichermaßen schutzunwürdig und es soll bei der gegenwärtigen Besitzlage verbleiben: Der jeweilige Besitzer wird also bevorzugt. Es handelt sich nach dieser Ansicht bei dem Kondiktionsausschluss um eine „Neutralitätserklärung [der Rechtsordnung] in Verbindung mit dem Besitzvorzuge“[232].

Während *Heck* das Gleichgewichtsmoment als Schuldkompensation auffasst[233], lehnt sich *Honsell* noch enger an das römisch-rechtliche Kondiktionensystem an und stellt allein auf den fehlenden Schutzgrund auf Seiten des Leistungsempfängers ab[234]. Für *Heck* beinhaltet die Gleichgewichtsidee den Gedanken, dass bei identischer Strafwürdigkeit keiner der Parteien den Vorzug verdient: „Wer im Glashaus sitzt, sollte nicht mit Steinen werfen“[235] oder – anders ausgedrückt –

---

229 Vgl. zum Inhalt dieser Sentenz bereits oben *Erster Teil, § 1 I. 3.*

230 *Heck,* AcP 124 (1925), 1, 33 ff.; *Leonhard,* Schuldrecht 2, S. 498 f.; *Honsell,* Die Rückabwicklung sittenwidriger oder verbotener Geschäfte, S. 63 f.; *ders.,* in: FS Seiler, S. 481; *Fikentscher/Heinemann,* Schuldrecht, S. 718; *Reeb,* Grundprobleme des Bereicherungsrechts, S. 66. Auch in der Schweiz ist der Rückgriff auf diesen Grundsatz zur Begründung des Art. 66 OR; der dem deutschen § 817 Satz 2 entspricht, sehr beliebt, vgl. BGE 37 II, 65, 68; BGE 66 II, 256, 259; BGE 74 II, 23, 28; BGE 95 II, 37, 42; BGE 117 IV, 139, 149; *Kramer,* Grundkurs Obligationenrecht AT, S. 192; *Engel,* Traité des obligations en droit suisse, S. 401.

231 *Heck,* AcP 124 (1925), 1, 33; *Honsell,* Die Rückabwicklung sittenwidriger oder verbotener Geschäfte, S. 63.

232 *Heck,* AcP 124 (1925), 1, 33.

233 *Heck,* AcP 124 (1925), 1, 33.

234 *Honsell,* Die Rückabwicklung sittenwidriger oder verbotener Geschäfte, S. 64.

235 *Heck,* AcP 124 (1925), 1, 33.

„niemand [soll] fremdes Verschulden geltend machen, der sich in gleichem Verschulden befindet“[236]. Die „Wagschale mit der Strafwürdigkeit“[237] neigt sich in diesem Fall zu keiner Seite. Letztlich wird hier mit der Strafwürdigkeit wiederum der „moralischen Wert“[238] der Handlungen in den Mittelpunkt gestellt und damit der Unterscheid zur überkommenen Straftheorie verwischt. Somit ist dieser Ansatz im Ergebnis denselben Einwänden ausgesetzt wie die Straftheorie[239]. Nach der Auffassung *Honsells* ist dagegen das Fehlen eines Schutzgrundes zugunsten des Leistenden das entscheidende Motiv für den Kondiktionsausschluss; es soll sozusagen ein „rechtliches Patt“ bei beiderseitig verwerflichem Handeln entstehen, das ein Eingreifen des Staates obsolet mache[240]. Die Ansicht *Honsells* ist nur vor dem historischen Hintergrund des Kondiktionsausschlusses verständlich. Wie im Rahmen des rechtsgeschichtlichen Überblicks dargelegt wurde, ist der Rückforderungsausschluss im römischen Recht im Kontext der *condictio ob rem* zu sehen und erfasste von der damaligen Rechtsordnung perhorreszierte Geschäfte außerhalb zugelassener Kontrakte aus dem Kernbereich der Sittenwidrigkeit. In diesem engen Anwendungsbereich, der schlagwortartig mit dem Stichwort der „Deliktsanstiftung“ umrissen werden kann, macht es Sinn, auf einen fehlenden Schutzgrund seitens des Leistenden abzustellen. Dieser rechtfertigt eine Unterausnahme von der *condictio ob turpem causam,* die sich ihrerseits gerade mit der Schutzbedürftigkeit des Leistenden erklären lässt. Ob eine Rückführung auf die historische Bedeutung der Vorschrift sinnvoll wäre, soll an dieser Stelle noch offen bleiben[241]. Konstatiert werden kann allerdings bereits aufgrund der bisherigen Ausführungen, dass sich der Rückforderungsausschluss im heutigen BGB von seinen historischen Wurzeln gelöst hat. Die Einführung der allgemeinen Leistungskondiktion, auf die der Rückforderungsausschluss nunmehr ausgedehnt wird[242], bringt den Kondiktionsausschluss auch im Rahmen nichtiger Verpflichtungsgeschäfte zur An-

---

236 *Heck,* AcP 124 (1925), 1, 33.

237 *Heck,* AcP 124 (1925), 1, 34.

238 *Heck,* AcP 124 (1925), 1, 33.

239 So auch *Bufe,* AcP 157 (1958/59), 215, 235; *Wambach,* Die bereicherungsrechtliche Rückabwicklung gesetzes- oder sittenwidriger Verträge, S. 55.

240 *Honsell,* Die Rückabwicklung sittenwidriger oder verbotener Geschäfte, S. 64.

241 S.u. *Zweiter Teil, § 3.*

242 S.o. *Erster Teil, § 2 I.*

wendung. Die Schaffung der allgemeinen Nichtigkeitsnormen der §§ 134, 138 sowie die Vielzahl heute existierender Verbotsgesetze, die dem römischen Recht noch völlig unbekannt waren, haben dem Konditionsausschluss einen enormen Bedeutungszuwachs zuteil werden lassen. Angesichts der weitreichenden Veränderungen im Vergleich zum römisch-rechtlichen Kondiktionensystem greift daher eine Heranziehung der römisch-rechtlichen Begründung für die Ratio des § 817 Satz 2 zu kurz[243].

Neben diesen Kritikpunkten spricht entscheidend gegen die Anlehnung an die römisch-rechtlichen Sentenz *„in pari turpitudine melior est condicio possidentis"* zur Begründung eines bereicherungsrechtlichen Kondiktionsausschlusses, dass dieser Satz seine Wurzeln im Besitzrecht findet und dem Grunde nach nicht bereicherungsrechtlicher Natur ist[244]. Die römisch-rechtliche Sentenz brachte ursprünglich, wie heute § 1006, lediglich zum Ausdruck, dass der Besitz eine privilegierte Position im Prozess gewährt und die Beweislast zu Lasten des Nicht-Besitzenden verschiebt[245]. Ein unmittelbarer Aussagegehalt für die Frage, ob ein bereicherungsrechtlicher Rückforderungsanspruch bei beiderseitigem Gesetzes- oder Sittenverstoß möglich ist, kommt der Parömie dagegen nicht zu.

b) Bereicherungsrechtliche Begründungsansätze

Verschiedentlich wurde versucht, § 817 Satz 2 ausgehend von bereicherungsrechtlichen Grundgedanken zu erklären[246]. Es wird dabei eine Parallele zu den Kondiktionsausschlusstatbeständen der §§ 814 Alt. 1, 815 Alt. 1 gezogen: In den Fällen der §§ 814 Alt. 1, 815 Alt. 1 ist die Kondiktion ausgeschlossen ist, weil der Leistende weiß, dass er nicht zur Leistung verpflichtet ist oder der mit der Leistung bezweckte Erfolg nicht eintreten kann. Demgegenüber soll die Kondiktion im Falle des § 817 Satz 2 deswegen gesperrt sein, weil der Leistende seine Leistung erbringt, obwohl er weiß, dass der mit der Leistung bezweckte Erfolg aus rechtlichen Gründen nicht eintreten *darf*, weil er

243 Ebenso *Reuter/Martinek,* Ungerechtfertigte Bereicherung, S. 204, § 6 V.

244 *Reuter/Martinek,* Ungerechtfertigte Bereicherung, S. 203, § 6 V; *Wambach,* Die bereicherungsrechtliche Rückabwicklung gesetzes- oder sittenwidriger Verträge, S. 54.

245 *Honsell,* Die Rückabwicklung sittenwidriger oder verbotener Geschäfte, S. 89; *Reuter/Martinek,* Ungerechtfertigte Bereicherung, S. 203, § 6 V.

246 *Bufe,* AcP 157 (1958/59), 215, 256 f.; im Anschluss: *Reeb,* Grundprobleme des Bereicherungsrechts, S. 66 f.; *Rost,* Probleme der Kondiktion wegen mißbilligter Leistungsannahme, S. 56 ff.

von der Rechtsordnung verboten ist. Wie bei den Tatbeständen der §§ 814 Alt. 1, 815 Alt. 1 ist nach dieser Ansicht auch bei § 817 Satz 2 die ratio legis in der fehlenden Schutzbedürftigkeit des Leistenden zu suchen. Teilweise nehmen Vertreter dieses Ansatzes weitergehend an, § 817 Satz 2 wolle lediglich in Fällen des beiderseits erfüllten Vertrags ein „Reuerecht" verhindern, das dem gesetzes- oder sittenwidrig Handelnden die Möglichkeit der jederzeitigen Rückforderung des geleisteten Gegenstands geben würde, obwohl sich die Abreden der Parteien genauso verwirklicht haben wie von ihnen gewünscht[247]. Dieser Gedanke findet allerdings im Wortlaut des § 817 Satz 2 keine Grundlage und konnte sich in Rechtsprechung und Literatur nicht durchsetzen[248].

Die allgemeine Parallelziehung zu den Kondiktionsausschlusstatbeständen der §§ 814 Alt. 1, 815 Alt. 1 besticht allerdings durchaus, weil es hiermit gelingt, die Vorschrift des § 817 Satz 2 stringent in die bereicherungsrechtliche Systematik einzuordnen. Danach ist grundsätzlich die Rückforderung gem. §§ 814, 815 Alt. 1 bei Kenntnis des Leistenden von der Nichtschuld oder von der Unmöglichkeit des Erfolgseintritts ausgeschlossen. Eine Ausnahme gilt gem. § 817 Satz 1, wenn dem Empfänger bei Annahme der Leistung ein Gesetzes- oder Sittenverstoß zur Last fällt. In diesem Fall wiegt die mangelnde Schutzwürdigkeit des Empfängers durch den Gesetzes- oder Sittenverstoß schwerer als die Kenntnis des Leistenden. Bei einer Interpretation des § 817 Satz 2 in Anlehnung an die §§ 814 Alt. 1, 815 Alt. 1 würde die Vorschrift beim beiderseitigen Gesetzes- oder Sittenverstoß sozusagen den Grundsatz wiederherstellen, wonach die Kondiktion ausgeschlossen ist, wenn eine Leistung erbracht wird, obwohl der Leistende weiß, dass der mit der Leistung bezweckte Erfolg nicht eintreten kann oder darf. Eine solche Interpretation läge auch auf einer Linie mit einer im Vordringen befindlichen Auffassung zum Rechtsgrund des § 762 Abs. 1 Satz 2. Danach ist § 762 Abs. 1 Satz 2 im Kontext des § 814 zu sehen: demjenigen, der sich freiwillig über die Wertvorstellungen des Gesetzgebers hinwegsetzt und dem daher eine Schutzbedürftigkeit abzusprechen ist, soll kein Anspruch auf Rück-

---

247 *Bufe,* AcP 157 (1958/59), 215, 217, 257; zust. *Reeb,* Grundprobleme des Bereicherungsrechts, S. 66; *a.A.*: *Rost,* Probleme der Kondiktion wegen mißbilligter Leistungsannahme, S. 195.

248 Ausführlich zur These *Bufes,* § 817 Satz 2 sei in Fällen einseitiger Vorleistung nicht anwendbar s.u. *Zweiter Teil, § 5 II.*

forderung zustehen[249]. Der Ausschluss der Rückforderung einer rechtgrundlos erfolgten Leistung bei verbotenem Spiel gem. § 762 Abs. 1 Satz 2 führt zum Entstehen einer Naturalobligation und damit im Ergebnis zu einer Situation, die durchaus mit der Kondiktionssperre des § 817 Satz 2 zu vergleichen ist[250]. Aus diesem Grund könnte der Gedanke zur Ratio des § 762 Abs. Satz 2 durchaus übertragbar sein.

Allerdings spricht gegen die Übertragung der Wertungen der §§ 814 Alt. 1, 815 Alt. 1 auf § 817 Satz 2 bereits der unterschiedliche Gesetzeswortlaut der Vorschriften. Die §§ 814 Alt. 1, 815 Alt. 1 stellen im Gegensatz zu § 817 Satz 2 ausdrücklich auf die Kenntnis des Leistenden ab, während § 817 Satz 2 rein objektiv formuliert ist. Zwar wird vielfach über den Gesetzeswortlaut hinaus der Kondiktionsausschluss vom Vorliegen subjektiver Voraussetzungen abhängig gemacht[251], allerdings überzeugt ein Erklärungsansatz zur ratio legis, der auf gesetzlich nicht vorgesehenen Tatbestandsmerkmalen einer Norm aufbaut, nicht. Zudem sind die §§ 814 Alt. 1, 815 Alt. 1 nach der herrschenden Meinung Ausdruck des Verbots des *venire contra factum proprium* und dienen zumindest auch dem Schutz des Leistungsempfängers[252]. Dieser Gedanke kann dem § 817 Satz 2 aber keinesfalls zugrunde gelegt werden, da hier stets gerade auch der Empfänger verbots- bzw. sittenwidrig handelt. Das Verbot des *venire contra factum proprium* findet seine Legitimation vordergründig im Gedanken des Vertrauensschutzes. Bei einem ebenfalls verbots- oder sittenwidrig handelnden Empfänger kann aber von vornherein kein schutzwürdiger Vertrauenstatbestand entstehen, so dass eine Heranziehung dieses Gedankens im Fall des § 817 Satz 2 nicht überzeugt.

c) Mischtheorie

Angesichts der Schwächen der bisher genannten Begründungsansätze steht ein Teil der Literatur auf dem Standpunkt, dass eine monokausale Erklärung des § 817 Satz 2 unmöglich sei. Vielmehr soll zur Begründung der Kondiktionssperre auf sämtliche der bisher genannten

---

249 *Habersack,* in: MünchKomm, § 762, Rn. 3; *Engel,* in: Staudinger, § 762, Rn. 17; *Möller,* NJW 2010, 612, 437 ff.

250 So auch *Schlechtriem,* Restitution und Bereicherungsausgleich in Europa, S. 638.

251 S. hierzu unten *Zweiter Teil, § 4.*

252 S.o. *Erster Teil, § 2 I. b. bb.*

Denkansätze zurückgegriffen werden[253]. Die ratio legis ergibt sich hiernach aus einem Konglomerat der verschiedenen Erklärungsversuche. Diese Theorie vereint zwar die Vorzüge sämtlicher Theorien, naturgemäß aber auch deren Mängel. Ein echter Mehrwert geht daher meines Erachtens mit der Mischtheorie nicht einher. Hinzu kommt, dass die ratio legis maßgeblicher Ausgangspunkt für eine Vielzahl weitere Streitfragen im Rahmen des § 817 Satz 2 ist. Die verschiedenen von der Mischtheorie erfassten Begründungsansätze geben aber jeweils völlig unterschiedliche Antworten auf die Fragen, die von § 817 Satz 2 aufgeworfen werden. Daher wird die Mischtheorie der Aufgabe der ratio legis, den Anwendungsbereich der Norm sachgerecht zu begrenzen und eine Basis für ihre Auslegung zu bieten, nicht gerecht.

5. Stellungnahme

Die vorstehenden Ausführungen haben gezeigt, dass zwar jeder der Erklärungsversuche zur ratio legis seine Berechtigung hat, indes aber auch jeder Ansatz mit Schwächen behaftet ist. Angesichts der Tatsache, dass keine der genannten Theorien vollumfänglich zu überzeugen vermag, drängt sich die Frage auf, ob es nicht möglich wäre, sich von den tradierten Erklärungsversuchen zu lösen. Dabei ist eine völlige Neukonzeption sicherlich weder möglich noch wünschenswert. Vielmehr besitzen die bisherigen Erklärungsansätze - insbesondere die Theorie der Rechtsschutzversagung sowie die Theorie der Generalprävention - nach dem oben Gesagten jeweils durchaus einen „richtigen Kern"; sie bilden verschiedene Seiten einer Medaille und verhalten sich zueinander komplementär, ohne einander auszuschließen[254]. Gleichwohl sollte man meines Erachtens aus dieser Feststellung keinen Verzicht auf einen einheitlichen Normzweck folgern und eine Mischtheorie proklamieren. Daher wird an dieser Stelle versucht, die verschiedenen Facetten der bisherigen Erklärungsansätze auf einen einheitlichen Grundgedanken zurückzuführen. Dabei kann zunächst - im Einklang mit der Theorie der Rechtsschutzversagung - konstatiert werden, dass die Rechtsordnung mit § 817 Satz 2 dem gesetzes- oder sittenwidrig Leistenden nicht nur vertragliche Primär- und Sekundäransprüche, sondern auch bereicherungsrechtliche Rückforderungsansprüche versagt. Damit wird - untechnisch gesprochen - die

---

253 *Niederländer,* in: FS Gutzwiller, S. 622; *Medicus,* in: FS Dietz, S. 68 f.; *Zimmermann,* Richterliches Moderationsrecht oder Totalnichtigkeit, S. 168; jüngst: *Armgardt,* JR 2009, 177, 178 f.

254 So auch *Armgardt,* JR 2009, 177, 179.

von den §§ 134, 138 angeordnete Nichtigkeitssanktion auf bereicherungsrechtliche Rückforderungsansprüche übertragen[255]. Mit dieser Feststellung ist man freilich noch nicht zum eigentlichen Kern der ratio legis vorgedrungen, da noch keine Aussage dazu getroffen ist, *weshalb* die Nichtigkeitssanktion auch die Geltendmachung bereicherungsrechtlicher Rückforderungsansprüche erfasst.

Sieht man den Kondiktionsausschluss in seinem Zusammenhang mit den allgemeinen Vorschriften der §§ 134, 138, wird klar, dass der Rückforderungsausschluss keineswegs - wie zuweilen behauptet[256] - zwangsläufig zu einer Paralysierung dieser Normen führt, sondern deren Wertungen im Gegenteil präzisiert, konsequent fortführt und intensiviert. Zum einen wird nämlich durch den Ausschluss bereicherungsrechtlicher Rückforderungsansprüche eine Risikoverlagerung auf den Leistenden bewirkt, die in Einklang mit den Wertungen der §§ 134, 138 steht: Wer sich auf gesetzes- oder sittenwidrige Geschäfte einlässt, trägt gem. §§ 134, 138 das Risiko, keine gesicherte Rechtsposition zu erhalten. Diese Wertung wird über das Bereicherungsrecht intensiviert, indem derjenige, der eine gesetzes- oder sittenwidrige Leistung erbringt, zusätzlich mit dem Risiko belastet wird, eben jener Leistung dauerhaft verlustig zu gehen. Zum anderen steht der Rückforderungsausschluss insofern mit den §§ 134, 138 in Einklang, als er verhindert, dass einem nichtigen Vertrag über eine bereicherungsrechtliche Rückabwicklung faktisch zur Geltung oder Durchführung verholfen wird. Eine bereicherungsrechtliche Rückabwicklung könnte

---

255 Ob § 817 Satz 2 zur Nichtigkeit oder bloß zur Unklagbarkeit der Forderung führt, wird nicht einheitlich beurteilt. Die ganz h.M. in Lit. und Rspr. geht von einem noch vorhandenen Anspruch in Form einer unvollkommenen Verbindlichkeit (Naturalobligation) aus, der lediglich nicht einklagbar ist, so BGHZ 28, 164 = NJW 1958, 2111; BGHZ 36, 395, 399 = NJW 1962, 955, 958; BGHZ 106, 169, 175 = NJW 1989, 580; *Reuter/Martinek,* Ungerechtfertigte Bereicherung, S. 205, § 6 V; *Heimann-Trosien,* in: RGRK, § 817, Rn. 10. Der Wortlaut „Die Rückforderung ist ausgeschlossen" spricht m.E. aber eher dafür, dass ein Anspruch gar nicht entsteht. Die §§ 656, 762, die eine Naturalobligation beinhalten, sprechen - gerade anders als § 817 Satz 2 - davon, dass eine Verbindlichkeit nicht begründet wird. Außerdem setzt sich die Auffassung der h.M. in Widerspruch zu den §§ 814, 815, die als anspruchsvernichtende Tatbestände anerkannt sind; so auch *Mühl/Hadding,* in: Soergel, § 817, Rn. 14; *Honsell,* Die Rückabwicklung sittenwidriger oder verbotener Geschäfte, S. 49; BGHZ 19, 205, 209 (wobei es sich hierbei aber um eine Einzelentscheidung handelt). Wesentliche praktische Auswirkungen dürfte dieser theoretische Streit nicht haben.

256 Insbes. *Honsell,* Die Rückabwicklung sittenwidriger oder verbotener Geschäfte, S. 1 f., 139.

nämlich in vielen Fällen die Nichtigkeitssanktion zumindest relativieren, wenn nicht sogar konterkarieren. Diese Feststellung mag auf den ersten Blick überraschen, beruht doch eine vielfach geäußerte Kritik am Kondiktionsausschluss darauf, dass mit ihm ein von der Rechtsordnung missbilligter Zustand geradezu perpetuiert werde[257]. Wie die Analyse der praktischen Anwendungsfälle im *Dritten Teil* zeigen wird, ist dies jedoch nur bedingt zutreffend. Lediglich andeutungsweise soll hier darauf aufmerksam gemacht werden, dass es nicht wenige Fallkonstellationen gibt, in denen gerade die Kondiktionssperre der Nichtigkeitssanktion zur Geltung verhilft[258]. Man denke etwa an Fälle, in denen ein bereicherungsrechtlicher Wertersatzanspruch einen vertraglichen Anspruch gleichsam in „modifizierter Gestalt" substituieren und damit faktisch zur Aufrechterhaltung des vertraglichen Synallagmas führen würde. Beispielhaft sei hier der Steuerberater erwähnt, der unter Verstoß gegen das Rechtsberatungsgesetz tätig geworden ist[259], und der über § 818 Abs. 2 Wertersatz und damit faktisch „Lohn" für seine geleisteten Dienste verlangen könnte.

Meines Erachtens ist es möglich, gerade in der Fortführung und Intensivierung des Gesetzes- oder Sittenwidrigkeitsverdikts der §§ 134, 138 den Schlüssel zur Ratio des Rückforderungsausschlusses zu sehen. Abstrakt gesprochen liegt das dogmatische Fundament der ratio legis bei einer solchen Interpretation in der Widerspruchsfreiheit der Rechtsordnung sowie der inneren Folgerichtigkeit und Selbstbehauptung des Rechts. Die mit der Kondiktionssperre zwangsläufig einhergehende Rechtsschutzversagung sowie der im Hinblick auf den Leistenden eintretende generalpräventive Effekt sind lediglich als reflexartige Folgen des § 817 Satz 2, nicht aber als deren eigentliche Ratio zu deuten. Zur Annäherung an den Kern der Ratio wird viel-

---

[257] Dies ist ein Grund für die oftmals als rechtspolitisch fragwürdig empfundenen Ergebnisse, zu denen § 817 Satz 2 führen kann, vgl. etwa *Honsell,* Die Rückabwicklung sittenwidriger oder verbotener Geschäfte, S. 1 f.; *ders.*, in: FS Seiler, S. 473; *Joerges*, in: Alternativkommentar, § 817, Rn. 6; *Reuter/Martinek,* Ungerechtfertigte Bereicherung, S. 203; *Michalski,* Jura 1994, 113, 115.

[258] So auch *Medicus/Lorenz,* Schuldrecht II, S. 392; *Larenz/Canaris,* Lehrbuch des Schuldrechts II/2, S. 166, § 68 III; *König,* in: Gutachten und Vorschläge zur Überarbeitung des Schuldrechts, S. 1533; *Prölss,* ZHR 132 (1969), 35, 52; *Reifner,* JZ 1984, 637, 640; *Wambach,* Die bereicherungsrechtliche Rückabwicklung gesetzes- oder sittenwidriger Verträge, S. 8.

[259] Das Beispiel des Steuerberaters zieht auch *König* zur Rechtfertigung des § 817 Satz 2 heran, vgl. *König,* in: Gutachten und Vorschläge zur Überarbeitung des Schuldrechts, S. 1533.

mehr eine Stufe früher angesetzt, nämlich bei den die Nichtigkeit begründenden Vorschriften der §§ 134, 138, die überhaupt erst in den Anwendungsbereich des § 817 Satz 2 führen.

So wird eine Erklärung dafür geliefert, wieso dem Leistenden kein Rechtsschutz gewährt wird, nämlich weil die Wertungen der §§ 134, 138 in das Bereicherungsrecht fortgeführt werden, um die Widerspruchsfreiheit der Rechtsordnung zu gewährleisten. Im Vergleich zur Theorie der Generalprävention vermeidet der Erklärungsansatz den Nachteil undifferenzierter Ergebnisse, die mit dem pauschalen Abstellen auf generalpräventive Erwägungen verbunden sind, und ermöglicht die Berücksichtigung spezial- und generalpräventiver Zwecke der jeweils verletzten Verbots- oder Sittennorm. Es handelt sich mithin um einen wertungsoffenen Begründungsansatz, der die Berücksichtigung der Besonderheiten des Einzelfalls ermöglicht und in den sich der Gedanke des Normzweckvorbehalts, der in jüngster Zeit auch von der Rechtsprechung zur Restriktion des § 817 Satz 2 herangezogen wird[260], ohne Not integrieren lässt. Der Erklärungsversuch liefert durch seinen Bezug zu Sinn und Zweck der Nichtigkeitssanktion - und damit auch zum Normzweck der verletzten Vorschrift - objektive und flexible Kriterien für eine sachgerechte Restriktion des § 817 Satz 2, die zur Vermeidung unbilliger Ergebnisse unbestritten nötig ist.

Der Grund für den Rückforderungsausschluss liegt nach dieser Interpretation weder in der Verwerflichkeit des Verhaltens noch in der zu missbilligenden Gesinnung der Parteien. Damit kommt § 817 Satz 2 ebenso wenig wie den Vorschriften der §§ 134, 138[261] die Funktion zu, ein „moralisches" Urteil über die Person des rechtsgeschäftlich Handelnden zu fällen. Auch eine Nähe zu § 242 wird vermieden, da es nicht darum geht, ein rechtsmissbräuchliches Verhalten einer Partei zu verhindern. Damit entspricht der Erklärungsansatz der objektiven

---

260 Vgl. z.B. BGHZ 111, 308, 312 f. = NJW 1990, 2542, 2543 (Wertersatzanspruch eines Schwarzarbeiters); BGH WRP 2009, 322 (Rückforderung von Leistungen im Rahmen eines sittenwidrigen Schenkkreises). Siehe zu diesen Entscheidungen näher unten *Dritter Teil.* Allgemein zur Einschränkung des § 817 Satz 2 aufgrund des Normzwecks der zur Nichtigkeit führenden Vorschrift s. *Zweiter Teil, § 6.*

261 Den §§ 134, 138 kommt primär ein *Eliminationszweck* (Verhinderung der Geltung von Rechtsgeschäften, die für die Rechtsgemeinschaft unerträglich sind) sowie ein *Präventionszweck* (Abschreckung von der Vornahme derartiger Rechtsgeschäfte) zu. Vgl. hierzu *Armbrüster,* in: MünchKomm, § 138, Rn. 1 ff.; *Lindacher,* AcP 173 (1973), 124, 125.

Konzeption des § 817 Satz 2 sowie seinem Charakter als offener Tatbestand, der das Vorliegen der Voraussetzungen der §§ 134, 138, die erst den Weg in das Bereicherungsrecht ebnen, verlangt.

In die Konzeption des Bereicherungsrechts fügt sich die hier vorgeschlagene Deutung des Kondiktionsausschlusstatbestands zwanglos ein. Zwar ordnet das Bereicherungsrecht grundsätzlich die Rückabwicklung gesetzes- oder sittenwidriger Geschäfte an, da die Zwecksetzung der Leistung missbilligt wird und ein rechtsgrundloser Vermögensvorteil beim Empfänger abgeschöpft werden soll[262]. Dieser Gesichtspunkt wird nach der hier vertretenen Auffassung für den Fall des Gesetzes- oder Sittenverstoßes des Leistenden von den Wertungen der §§ 134, 138 überlagert. Eine konsequente Fortführung des Gesetzes- oder Sittenwidrigkeitsverdikts und damit das Gebot der Widerspruchsfreiheit der Rechtsordnung erlangen gegenüber der Abschöpfung eines Vermögensvorteils beim Empfänger größeres Gewicht. Eine Rückabwicklung würde zwar einen ungerechtfertigten Vermögensvorteil beim Empfänger eliminieren, aber zugleich die Wertungen der §§ 134, 138 relativeren, damit ebenfalls einen von der Rechtsordnung nicht gebilligten Zustand herbeiführen und den missbilligten Zustand letztlich verlagern. Deshalb wird die durch die Vorteilserlangung des Empfängers verursachte Störung des Äquivalenzverhältnisses akzeptiert. Die häufig geäußerte Kritik, § 817 Satz 2 führe zu einer „Suspendierung des elementaren Prinzips der Vertrags- und Austauschgerechtigkeit“[263] verliert damit seine Brisanz.

Der durch den Ausschluss der Rückforderung verursachten Äquivalenzstörung darf auch insofern keine überragende Bedeutung beigemessen werden, als es um Geschäfte geht, denen die Rechtsordnung ihre Geltung versagt, weil sie für die Rechtsgemeinschaft unerträglich erscheinen. Genau an diesem Punkt unterscheiden sich gesetzes- oder sittenwidrige Geschäfte von solchen, die mit anderen, „neutralen“ Nichtigkeitsgründen behaftet sind. Die §§ 134, 138 setzen als „Pendant und Korrigens rechtsgeschäftlicher Privatautonomie“[264] der vertraglichen Gestaltungsfreiheit sittlich-rechtliche Schranken. Ob

---

262 Ausführlich zur Funktion des Bereicherungsrechts vgl. z.B. *Reuter/Martinek*, Ungerechtfertigte Bereicherung, S. 75 ff., § 4 I; *Schwab*, in: MünchKomm, § 812, Rn. 1 ff.

263 *Honsell*, Die Rückabwicklung sittenwidriger oder verbotener Geschäfte, S. 3; ebenso *Wazlawik*, ZGS 2007, 336, 343.

264 *Lindacher*, AcP 173 (1973), 124, 125.

man so weit geht, hierin den Ausdruck einer gesetzgeberischen Grundentscheidung zu sehen, wonach der staatlichen Wirtschaftsordnung und Lenkung Vorrang vor der Privatautonomie gebührt[265], mag dahingestellt bleiben. Jedenfalls entsteht ein von der Rechtsordnung anerkanntes und gebilligtes Synallagma von vorneherein nicht, so dass einer „Vertragsgerechtigkeit" auch bei der Rückabwicklung keine maßgebliche Bedeutung beigemessen werden kann. Die synallagmatische Verknüpfung von Leistung und Gegenleistung ist schließlich im Gesetz in §§ 320, 322 nur für wirksame Verträge statuiert; dass es sich dabei um ein gegenüber der lex lata vorrangiges überpositives Gerechtigkeitsgebot handelt, ist nicht erwiesen[266].

Etwas anderes ergibt sich auch nicht etwa daraus, dass über die Saldotheorie für die Rückabwicklung nichtiger Austauschverträge grundsätzlich das vertragliche Synallagma auch im Bereicherungsrecht Berücksichtigung findet[267]. Anwendungsbereich der Saldotheorie sind Fälle des zufälligen Untergangs einer Sachleistung im Rahmen gegenseitiger Verträge, die auf Seiten einer Vertragspartei zu einer Entreicherung gem. § 818 Abs. 3 und damit nach dem Gesetzeswortlaut zu einer „halbseitigen" Rückabwicklung führt. Die Situation bei Eingreifen des § 817 Satz 2 ist zwar durchaus mit den Problemlagen vergleichbar, deren Lösung die Saldotheorie dient: An Stelle der Entreicherung gem. § 818 Abs. 3 tritt der Umstand, dass eine Vertragspartei wegen § 817 Satz 2 nicht zur Herausgabe des Erlangten verpflichtet ist. Bei einseitigen Vorleistungen bedeutet dies, dass der Empfänger der Leistung den erhaltenen Gegenstand „unentgeltlich" behalten darf. Bei beiderseits ausgetauschten Leistungen ist insbesondere der Fall des einseitigen Gesetzes- oder Sittenverstoßes[268] des Leistenden problematisch[269]: Hier hat nur eine Vertragspartei einen berei-

265 So *Canaris*, Gesetzliches Verbot und Rechtsgeschäft, S. 19 (bzgl. § 134).

266 *Canaris*, WM 1981, 978, 981.

267 Grundlegend RGZ 54, 137 ff. Zu diesem „leading case" s. *Flume*, JZ 2002, 321 ff. Allgemein zur Saldotheorie vgl. z.B. *Lorenz*, in: Staudinger, § 818, Rn. 41 ff. m.w.N.; *Medicus/Petersen*, Bürgerliches Recht, S. 109 ff.; *Larenz/Canaris*, Lehrbuch des Schuldrechts II/2, S. 321 ff., 73 III.; *Reuter/Martinek*, Ungerechtfertigte Bereicherung, S. 595 ff., § 17 III.

268 Zur analogen Anwendung des § 817 Satz 2 beim einseitigen Gesetzes- oder Sittenverstoß des Leistenden s.u. *Erster Teil, § 2 III. 1.*

269 Beim beiderseitigen Gesetzes- oder Sittenverstoß sind dagegen i.d.R. die Rückforderungsansprüche beider Parteien gem. § 817 Satz 2 ausgeschlossen, so dass sich das Problem einer Störung der „Austauschgerechtigkeit" nicht stellt.

cherungsrechtlichen Rückforderungsanspruch, die andere - nämlich die Partei, der ein Gesetzes- oder Sittenverstoß zur Last fällt - gerade nicht. Ebenso wie bei Fällen, die die Saldotheorie im Auge hat, ist das „Synallagma" der Rückabwicklung gestört. Hierüber soll die Saldotheorie hinweghelfen, indem - vereinfacht ausgedrückt - die gegenseitigen Ansprüche „saldiert" werden und ein etwaiger Bereicherungsanspruch auf den Überschuss beschränkt wird, der sich zugunsten des Empfängers ergibt[270]. Nach der neueren Rechtsprechung des BGH soll für die Rückabwicklung nichtiger Austauschverträge das vertraglich gewollte Synallagma in das Bereicherungsrecht fortwirken[271]. Insofern könnte man erwägen, aus dem Gedanken der Saldotheorie grundsätzliche Bedenken gegen einen umfassenden Kondiktionsausschluss bei gesetzes- oder sittenwidrigen Geschäften und die damit verbundene Störung des Äquivalenzverhältnisses in der Rückabwicklung herzuleiten. Indes darf nicht übersehen werden, dass die Saldotheorie von der ganz herrschenden Meinung in gewissen Fällen modifiziert wird. So gilt die Saldotheorie zum Beispiel anerkanntermaßen nicht zu Lasten arglistig Getäuschter[272] und auch nicht zu Lasten Bewucherter[273]. In letztgenanntem Fall

---

270 Vgl. z.B. aus jüngerer Zeit BGHZ 173, 145, 157 = NJW 2007, 3425, 3428; BGHZ 178, 16, 30 f. = NJW 2009, 1266, 1269; BGH NJW 2009, 2886, 2888: „Vielmehr besteht ein Bereicherungsanspruch der einen gegen die andere Partei nur insoweit als nach der ipso iure eintretenden Saldierung sämtlicher Be- und Entreicherungsposten ein Überschuss verbleibt." Wegen dieses Prinzips der „Gesamtabrechnung" versagt die Saldotheorie in Vorleistungsfällen. U.a. aus diesem Grund wird sie in der Rechtslehre überwiegend kritisiert, obwohl das Grundanliegen der Saldotheorie - nämlich die Einschränkung des Anwendungsgebiets von § 818 Abs. 3 - allgemein anerkannt ist. Vorschläge zur Überwindung der Saldotheorie gingen insbesondere von *Flume* (*Flume,* in: FS Niedermeyer, S. 163 ff.; *ders.,* Studien zur Lehre von der ungerechtfertigten Bereicherung, S. 115 ff.) und *Canaris* (*Larenz/Canaris,* Lehrbuch des Schuldrechts II/2, S. 321 ff., § 73 III) aus. Zum Vergleich der Vorschläge von *Flume* und *Canaris* siehe *Lorenz,* in: FS Canaris, S. 793 ff.

271 BGHZ 72, 252, 256 = NJW 1979, 160, 162: „Leistung und Gegenleistung bleiben durch das von den Parteien ursprünglich gewollte Austauschverhältnis (Synallagma) auch bei der bereicherungsrechtlichen Abwicklung miteinander verknüpft."; BGHZ 147, 152, 157 = NJW 2001, 1863, 1864. Diese Auffassung geht auf die in der Rechtslehre als Fortsetzung der Saldotheorie entwickelte Lehre vom faktischen Synallagma zurück. Hierzu vgl. insbes. *von Caemmerer,* in: FS Rabel, S. 386 f.; *Reuter/Martinek,* Ungerechtfertigte Bereicherung, S. 599 ff., § 17 III. Dagegen: *Flume,* JZ 2002, 321, 324; *Canaris,* JZ 1992, 1114, 1115.

272 St. Rspr., vgl. z.B. BGHZ 57, 137 = NJW 1972, 36; BGH NJW 1990, 2880;

wird das Prinzip der Fortgeltung des vertraglichen Austauschverhältnisses von den Wertungen des § 138 Abs. 1, 2 überlagert. Der Schutz der übervorteilten Partei, wie er von § 138 Abs. 1, 2 bezweckt wird, soll nicht durch die Anwendung der Saldotheorie geschwächt werden[274]. Dasselbe Ergebnis ergibt sich seit der Schuldrechtsreform auch aus § 346 Abs. 3 Nr. 3, dessen Wertung nach überwiegender Meinung im Rahmen der bereicherungsrechtlichen Rückabwicklung Berücksichtigung findet[275]. Nach der Wertung des § 346 Abs. 3 Satz 1 Nr. 3 trifft - gerade entgegengesetzt zur Saldotheorie - bei Nichtigkeitsgründen, die dem Gläubiger zurechenbar sind, das Risiko des zufälligen Untergangs (oder allgemein des Nichtherausgebenmüssens) den Gläubiger selbst. Bei dem Gläubiger zurechenbaren Nichtigkeitsgründen wird damit die Saldotheorie bis zur Grenze der eigenüblichen Sorgfalt durchbrochen. Der vertraglichen Austauschgerechtigkeit kommt geringeres Gewicht zu als der Wertung des § 346 Abs. 3 Satz 1 Nr. 3. Für den hier interessierenden Problemkomplex der Rückabwicklung gesetzes- oder sittenwidriger Geschäfte kann die in § 346 Abs. 3 Satz 1 Nr. 3 zum Ausdruck kommende Wertung insbesondere dann als Argument für einen Rückforderungsausschluss herangezogen werden, wenn die Gesetzes- oder Sittenwidrigkeit einer Vertragspartei zurechenbar ist. Dies wird beispielsweise in Wucherfällen - wegen der im Rahmen des § 138 Abs. 1, 2 zu fordernden subjektiven Voraussetzungen - häufig der Fall sein[276]. Aber auch außerhalb dieser Fallgruppe verdeutlichen die aufgezeigten Modifikationen der Saldotheorie Zweierlei: Zum einen wird klar, dass es sich bei dem Prinzip der Austauschgerechtigkeit nicht um ein zu verabsolutierendes Dogma handelt. Zum anderen wird deutlich, dass im Rahmen der

---

273 St. Rspr., aus jüngerer Zeit vgl. etwa BGHZ 146, 298 = NJW 2001, 1127; BGH NJW 2006, 3054.

274 BGHZ 146, 298, 308 f. = NJW 2001, 1127, 1130.

275 Vgl. *Lorenz,* in: Staudinger, § 818, Rn. 41. *Lorenz,* in: FS Canaris, S. 805 ff. Allgemein zur Harmonisierung von Bereicherungs- und Rücktrittsrecht, die von der überwiegenden Meinung für notwendig erachtet wird, vgl. z.B. *Esser/Weyers/Schmidt,* Schuldrecht II/2, S. 115 f., § 51 II; *Roth,* in: FS Canaris, S. 132 ff.; *Bockholdt,* AcP 206 (2006), 769 ff. jeweils m.w.N. Gegen die Notwendigkeit einer Abstimmung *Ernst,* in: FS Huber, S. 233 ff.

276 *Roth* führt daher diese Einschränkung der Saldotheorie als Argument für eine Anwendung des § 817 Satz 2 im Rahmen wucherischer Darlehensverträge an, vgl. *Roth,* ZHR 153 (1989), 423, 427. Zur Fallgruppe der Wucherdarlehen s. ausführlich unten *Dritter Teil, § 1 II.* Ausführlich zur Berücksichtigung der Wertung des § 346 Abs. 3 Satz 1 Nr. 3 im Bereicherungsrecht *Bockholdt,* AcP 206 (2006), 769, 785 ff.

bereicherungsrechtlichen Rückabwicklung die Gründe der Nichtigkeit durchaus gewürdigt werden und mitunter gegenüber der Fortgeltung des vertraglichen Synallagmas Vorrang finden. Insbesondere die Rechtsprechung zu den Wucherfällen zeigt, dass die Wertungen der §§ 134, 138 im Bereicherungsrecht fortwirken und größere Bedeutung gewinnen können als die strenge Beachtung vertraglicher Austauschgerechtigkeit. Insofern widersprechen die hinter den Entwicklungen im Rahmen der Saldotheorie stehenden Gedanken nicht etwa dem hier vorgeschlagenen Lösungsansatz zur ratio legis, sondern unterstützen ihn vielmehr.

Auf derselben Linie liegen neuere Auffassungen zur Funktion des Bereicherungsrechts, wonach die §§ 812 ff. nicht mehr primär der Abschöpfung einer tatsächlich noch vorhandenen Bereicherung im Empfängervermögen dienen, sondern vielmehr der angemessenen Rückabwicklung nichtiger Verträge. In diesem Sinne wird das Bereicherungsrecht mehr und mehr als Rechtsinstitut begriffen, das Wertungen vollzieht, die an anderer Stelle zu suchen sind[277]. Mit diesem Konzept harmonisiert ein Ansatz, der § 817 Satz 2 als Fortführung der §§ 134, 138 und damit als Ausdruck der Widerspruchsfreiheit der Rechtsordnung begreift.

Auf den Umstand, dass sich aus der Historie der Vorschrift nichts für diesen Erklärungsansatz gewinnen lässt, sollte es meines Erachtens nicht entscheidend ankommen. Insbesondere ist zu berücksichtigen, dass das römisch-rechtliche Kondiktionensystem, wie es vom Gesetzgeber an sich in das BGB integriert werden sollte, durch die Entwicklungen im Laufe des Gesetzgebungsverfahrens - namentlich die Einführung der allgemeinen Leistungskondiktion - unstimmig geworden ist. Eine objektivierende, nicht streng am Wortlaut haftende Beurteilung scheint daher geboten. Dabei ist auch zu berücksichtigen, dass der gesetzgeberische Sinn und Zweck wandelbar und anpassungsfähig und damit umfassender sein kann als vom historischen Gesetzgeber beabsichtigt[278]. Es ist daher stets danach zu fragen, welche vernünftige Funktion eine Norm im Zeitpunkt ihrer Anwendung haben kann[279]. In diesem Sinne stützt eine gegenwartsorientierte, objektivie-

---

277 *Dauner*, JZ 1980, 495, 505; *Medicus/Petersen*, Bürgerliches Recht, S. 324; *Roth*, ZHR 153 (1989), 423, 433; *Reuter/Martinek*, Ungerechtfertigte Bereicherung, S. 39 ff., § 3 I.

278 *Zippelius*, Juristische Methodenlehre, S. 26 f., 51; *Engisch*, Einführung in das juristische Denken, S. 114 ff.; *Zimmermann*, Richterliches Moderationsrecht und Totalnichtigkeit, S. 170.

279 BVerfGE 34, 269, 288 f. = NJW 1973, 1221, 1225.

rende Betrachtungsweise den vorgeschlagenen Erklärungsansatz durchaus. Die Kondiktionssperre erlangt ihre Bedeutung gegenwärtig überwiegend bei nichtigen Austauschverträgen, also einer Fallgruppe, die der historische Gesetzgeber bei der Schaffung der Vorschrift gerade nicht im Auge hatte. Hier hat die Entwicklung der Rechtsprechung gezeigt, dass die aus ihrem historischen Zusammenhang gerissene Kondiktionssperre dazu dient, einerseits das Risiko einer gesetzes- oder sittenwidrigen Leistung im Sinne einer Intensivierung der Nichtigkeitssanktion auf den Leistenden zu verlagern und andererseits eine als „Abwicklung" getarnte Durchführung bzw. Aufrechterhaltung des Vertrags über das Bereicherungsrecht zu verhindern[280].

III. Sonstige Erweiterungen des § 817 Satz 2 BGB

Es wurde bereits erörtert, dass die Vorschrift des § 817 Satz 2 - anders als es eine grammatikalische und eine systematische Auslegung vermuten ließen - nicht nur im Rahmen des § 817 Satz 1, sondern im Rahmen sämtlicher Leistungskondiktionen und insbesondere im Rahmen des § 812 Abs. 1 Satz 1, 1. Alt. auf den Plan gerufen wird. Dies ist der Hauptgrund für die außerordentliche praktische Bedeutung der Vorschrift. Die folgenden Ausführungen befassen sich mit weiteren Erweiterungen des § 817 Satz 2, die der Vorschrift einen nochmaligen Bedeutungszuwachs verleihen.

1. Anwendbarkeit bei einseitigem Verstoß des Leistenden

Der Wortlaut des § 817 Satz 2 („gleichfalls") lässt prima vista keinen Zweifel daran aufkommen, dass die Kondiktionssperre nur dann zur Anwendung gelangt, wenn sowohl der Leistende als auch der Empfänger gegen das Gesetz oder die guten Sitten verstoßen haben. Dennoch soll nach heute allgemeiner Ansicht § 817 Satz 2 entgegen seines vermeintlichen Wortlauts auch dann zur Anwendung gelangen, wenn nur dem Leistenden ein Gesetzes- oder Sittenverstoß zur Last gelegt werden kann[281].

---

[280] Deutlich zeigt dies die Analyse der praktischen Anwendungsfälle der Rechtsprechung, s.u. *Dritter Teil.*

[281] *Larenz/Canaris,* Lehrbuch des Schuldrechts II/2, S. 163, § 68 III; *Esser/Weyers/Schmidt,* Schuldrecht II/2, S. 70, § 49 IV; *Wieling,* Bereicherungsrecht, S. 38, § 3 III 6 b; *Fikentscher/Heinemann,* Schuldrecht, S. 720, § 103; *Medicus/Lorenz,* Schuldrecht II, S. 390; *Reeb,* Grundprobleme des Bereicherungsrechts, S. 68; *Koppensteiner/Kramer,* Ungerechtfertigte Bereicherung, S. 62; *Loewenheim,* Bereicherungsrecht, S. 71; *Westermann/ Buck-Heeb,* in: Erman, § 817, Rn. 11; *Wendehorst,* in: Bamberger/Roth, § 817,

a) Meinungsstand

Als Grund für die Anwendung des § 817 Satz 2 beim einseitigen Geberverstoß wird regelmäßig ein *argumentum a maiore ad minus* vorgebracht: Ohne diese Erweiterung würde der Ausschlusstatbestand wertungswidersprüchlich allein einem gesetzes- oder sittenwidrig handelnden Empfänger zugute kommen, nicht aber einem redlichen, der dem Rückforderungsanspruch ausgesetzt wäre[282]. Auf den Wortlaut, der an sich die Notwendigkeit eines beidseitigen Verstoßes vermuten ließe, soll es nicht ankommen, da die römische Parömie *„in pari turpitudine melior est condictio possidentis"* hier unreflektiert übersetzt worden[283] und das Wort „gleichfalls" erst durch die zweite Kommission im Zuge der Zusammenführung der Kondiktionssperre mit der allgemeinen Leistungskondiktion als satzverbindendes Element eingefügt worden sei[284]. Auch eine historische Auslegung stütze die Richtigkeit dieser Wortlautkorrektur, da bereits im römischen Recht die *turpitudo solius dantis* für einen Kondiktionsausschluss genügt haben soll[285].

Die vereinzelt vorgebrachten Gegenstimmen[286] fanden in Rechtsprechung und weiten Teilen der Literatur kein Gehör. Zugegeben werden muss allerdings, dass sich die herrschende Meinung in der Literatur in der Tat nur auf äußerst schwache Argumente stützen

---

Rn. 11; *Leupertz,* in: Prütting/Wegen/Weinreich, § 817, Rn. 7; *von Sachsen Gessaphe,* in: Anwaltkommentar, § 817, Rn. 10; *Mühl/Hadding,* in: Soergel, § 817, Rn. 13; *Hammes,* JR 1950, 11, 12.

282 *Reuter/Martinek,* Ungerechtfertigte Bereicherung, S. 202, § 6 V; *Giesen,* Jura 1995, 169, 181; *Fikentscher/Heinemann,* Schuldrecht, S. 720, § 103; *Koppensteiner/Kramer,* Ungerechtfertigte Bereicherung, S. 62; *Loewenheim,* Bereicherungsrecht, S. 71; *Reeb,* Grundprobleme des Bereicherungsrechts, S. 68; *Wendehorst,* in: Bamberger/Roth, § 817, Rn. 11.

283 *Reuter/Martinek,* Ungerechtfertigte Bereicherung, S. 202, § 6 V; *Wacke,* in: Beiträge zum deutschen und israelischen Privatrecht, S. 145.

284 *Wieling,* Bereicherungsrecht, S. 37, § 3 III 6; *Hammes,* JR 1950, 11, 12; *Neubecker,* DJZ 1902, 568, 569.

285 *Reuter/Martinek,* Ungerechtfertigte Bereicherung, S. 202, § 6 V; dieses Argument geht auf *Neubecker* zurück, der hierfür die sog. „Meretrixglosse" als Beleg anführt, vgl. *Neubecker,* DJZ 1902, 568, 569 f. Gerade die Echtheit und Bedeutung dieses angeblichen Digestenzitats ist aber heftig umstritten, vgl. hierzu oben Fn. 35.

286 *Heck,* AcP 124 (1925), 1, 27 f., 34, 36, 38; *Honsell,* Die Rückabwicklung sittenwidriger oder verbotener Geschäfte, S. 18 ff.; *Rost,* Probleme der Kondiktion wegen mißbilligter Leistungsannahme, S. 90, 105; jüngst *Wazlawik,* ZGS 2007, 336, 342.

kann. Insbesondere das Übergehen des eindeutigen Wortlauts mit dem lapidaren Hinweis, das Wort „gleichfalls" hätte nur satzverbindende Bedeutung, wirkt nicht überzeugend. Zwar ist richtig, dass erst die zweite Kommission den Kondiktionsausschluss mit der Kondiktion wegen verwerflichen Empfangs in einem Tatbestand vereinigt hat, allerdings setzten sowohl der Dresdner Entwurf als auch der Entwurf der ersten Kommission grundsätzlich einen beiderseitigen Verstoß für die Anwendung der Rückforderungssperre voraus[287]. Der im ersten Entwurf geregelte Kondiktionsausschluss bei einseitigem Verstoß des Leistenden bezog sich nach seiner systematischen Stellung lediglich auf die *condictio ob rem* und wurde im Laufe des Gesetzgebungsverfahrens wieder gestrichen[288]. Auch der Rückgriff auf das römische Recht verleiht der herrschenden Meinung keine größere Überzeugungskraft, da gerade in diesem Punkt die Interpretationen der römischen Digestenzitate sehr weit auseinander gehen[289]. Das Hauptargument einer wertungswidersprüchlichen Benachteiligung des redlichen Empfängers scheint zwar auf den ersten Blick einleuchtend, bei näherer Betrachtung erweist es sich aber ebenfalls nicht als stichhaltig. Denn durch Zulassung der Rückforderung steht der makellose Empfänger ja nicht schlechter als jeder andere Bereicherungsgläubiger; er ist bereits dadurch ausreichend geschützt, dass er seine hingegebene Leistung zurückfordern kann[290].

b) Stellungnahme

Trotz dieser Einwände gegen die Argumentation der herrschende Meinung verdient sie meines Erachtens im Ergebnis Zustimmung. Methodenehrlicher dürfte es allerdings sein, offen von einer planwidrigen Lücke im Gesetz zu sprechen, die es im Wege der teleologischen Extension[291] zu schließen gilt. Hierbei muss man sich erneut vor Augen halten, dass der Vorschrift des § 817 Satz 2 heute eine völlig andere Bedeutung zukommt als zur Zeit der Schaffung des BGB: Obwohl der Gesetzgeber ursprünglich die römisch-rechtliche *condictio ob turpem causam* samt des Kondiktionsausschlusses bei *par turpitudo* normieren wollte, wurde dieser historische Zusammenhang durch die

---

287 S.o. *Erster Teil, § 1 III. 1.*; hierauf stützt sich die Kritik von *Wazlawik,* ZGS 2007, 336, 342.

288 S.o. *Erster Teil, § 1 III. 1.*

289 S.o. Fn. 35 und Fn. 69.

290 So schon *Rost,* Probleme der Kondiktion wegen mißbilligter Leistungsannahme, S. 90.

291 Zu dem Begriff vgl. *Canaris,* Die Feststellung von Lücken im Gesetz, S. 90.

Änderungen an der Kondiktion wegen verwerflichen Empfangs im Laufe des Gesetzgebungsverfahrens, die Einführung der allgemeinen Leistungskondiktion und die Begründung der Rückforderung aus der Rechtsgrundlosigkeit sowie die Erweiterung des Anwendungsbereichs der Kondiktionssperre in der späteren juristischen Praxis völlig verwischt. Der Fall des einseitigen Geberverstoßes kann nur im Bereich der allgemeinen Leistungskondiktion vorkommen, da eine Kondiktion nach § 817 Satz 1 immer einen Empfängerverstoß voraussetzt. Gerade die analoge Anwendung des Rückforderungsausschlusses in diesem Rahmen konnte der historische Gesetzgeber aber nicht voraussehen, so dass man hier von einer Lücke im Gesetz ausgehen kann. Legt man die heute vertretenen Auffassungen zur ratio legis zugrunde, muss die Kondiktionssperre nicht nur für den Fall des beidseitigen, sondern vielmehr auch für den Fall des einseitigen Verstoßes zur Anwendung gelangen. Nach der hier vertretenen Auffassung zum rechtspolitischen Motiv des § 817 Satz 2 ergibt sich diese Folgerung daraus, dass auch in Fällen des einseitigen Gesetzes- oder Sittenverstoßes eine Rückabwicklung den Wertungen der §§ 134, 138 zuwiderlaufen kann. Das klassische Beispiel der wucherischen Kapitalüberlassung illustriert dies: Eine sofortige Rückforderung des Kapitals würde dem Schutz des Bewucherten, dem die Nichtigkeitssanktion dient, zuwiderlaufen. So fordert selbst *Honsell*, der die Anwendung des § 817 Satz 2 auf einseitige Verstöße des Leistenden ablehnt, dass dem sofortigen Rückforderungsanspruch des Wucherers der Einwand des § 242 entgegen gesetzt wird[292]. Auch die Fallgruppe einseitiger berufsrechtlicher Verstöße verdeutlicht, dass die ratio legis eine teleologische Extension verlangt: Verstößt etwa ein Steuerberater gegen das Rechtsberatungsgesetz, würde ein bereicherungsrechtlicher Rückforderungsanspruch letztlich zu einer „Entlohnung" seiner geleisteten Dienste führen und damit die Nichtigkeitssanktion leer laufen lassen. Zum gleichen Ergebnis gelangt man, wenn man der herrschenden Theorie der Rechtsschutzversagung folgt. Für die Rechtsschutzverweigerung gegenüber dem Leistenden kann es schwerlich einen Unterschied machen, ob nur er oder auch der Empfänger gegen das Gesetz oder die guten Sitten verstoßen haben. Noch eindeutiger tritt dieses Ergebnis zu Tage, wenn man in der Generalprävention den entscheidenden Grund für einen Rückforderungsausschluss erblickt.

292 *Honsell,* Die Rückabwicklung sittenwidriger oder verbotener Geschäfte, S. 20: für vorzugswürdig erachtet *Honsell* allerdings eine Lösung im Sinne einer *laesio enormis,* die die Wirksamkeit des Darlehensvertrags unberührt lässt.

Denn der generalpräventive Effekt des § 817 Satz 2 wird beim einseitigen Geberverstoß noch größerer Wirkung zeigen als beim beidseitigen Verstoß[293].

2. Anwendung des § 817 Satz 2 außerhalb des Bereichs der Leistungskondiktionen?

Nach seiner systematischen Stellung handelt es sich bei § 817 Satz 2 um eine Ausnahme von der Kondiktion wegen verwerflichen Empfangs, namentlich also um eine Ausnahme von einer besonderen Art der Leistungskondiktion. Dass die Vorschrift nicht auf diese Art der Leistungskondiktion beschränkt bleiben darf, ist bereits deutlich geworden. An diese Feststellung schließt sich allerdings die Frage an, ob der Kondiktionssperre des § 817 Satz 2 auch außerhalb dieses Bereichs eine Ausstrahlungswirkung zukommt[294].

a) Anwendung im Rahmen der Nichtleistungskondiktion

Meist wird die Anwendung des § 817 Satz 2 im Rahmen der Nichtleistungskondiktion nicht weiter problematisiert, sondern mit dem Argument abgelehnt, § 817 Satz 1 regle einen Fall der Leistungskondiktion; hieraus wird geschlossen, dass sich auch § 817 Satz 2 nur auf Leistungskondiktionen beziehen könne[295]. Gerade dieses Argument führt meines Erachtens aber nicht weiter, da man sich auf dem Boden der anlogen Rechtsanwendung bewegt und daher ohnehin nur eine Vergleichbarkeit der Interessenlage gegeben sein muss, wie sie auch außerhalb von Leistungskondiktionen denkbar ist. Das Problem der Anwendung des § 817 Satz 2 im Rahmen der Nichtleistungskondiktion taucht in der Praxis fast ausschließlich in Zusammenhang mit § 816 Abs. 1 Satz 1 auf. Die Rechtsprechung hat hier eine Anwendung des § 817 Satz 2 unter Berufung auf den im gesamten Bereicherungsrecht geltenden Grundsatz der Rechtsschutzverweigerung bejaht[296]. Da es sich bei § 816 Abs. 1 Satz 1 um einen Rechtsfortwirkungsanspruch zu § 985 handelt, sind richtigerweise für eine analoge Anwendung gegenüber einem Anspruch aus § 816 Abs. 1 Satz 1 dieselben Grundsät-

293 S.o. *Erster Teil, § 2 II. 3. b.*

294 Zur speziellen Frage, ob § 817 Satz 2 auch auf Rückabwicklungsansprüche auf Grund der Regelungen über das Widerrufs- und Rückgaberecht bei Fernabsatzverträgen anwendbar ist, vgl. unten *Dritter Teil, § 2 I. 5.*

295 *Heimann-Trosien*, in: RGRK, § 817, Rn. 12; *Schwab*, in: MünchKomm, § 817, Rn. 15.

296 Vgl. etwa BGH NJW 1956, 338; zust. *Michalski*, Jura 1994, 113, 118.

ze zu beachten wie bei der Anwendung des § 817 Satz 2 im Rahmen der Vindikation. Es kann letztlich keinen Unterschied machen, ob der Anspruchsgläubiger sein Eigentum an einer im Rahmen eines Austauschgeschäfts übergebenen Sache herausverlangt oder dafür Wertersatz gem. § 816 Abs. 1 Satz 1 fordert, nachdem der Gegenstand beispielsweise an einen gutgläubigen Dritten veräußert wurde. Insofern sei an dieser Stelle auf die folgenden Ausführungen zur Anwendung des § 817 Satz 2 im Rahmen der Vindikation verwiesen.

b) Anwendung im Rahmen des Eigentümer-Besitzer-Verhältnisses

Innerhalb von Leistungsbeziehungen spielen neben bereicherungsrechtlichen Ansprüchen nicht selten konkurrierende Ansprüche aus dem Eigentümer-Besitzerverhältnis gem. §§ 985 ff. eine Rolle. Die Frage nach einer analogen Anwendung des § 817 Satz 2 im Rahmen der Vindikation ist deshalb naheliegend.

Während die Rechtsprechung hier eine Analogie mit dem Hinweis auf den nicht- analogiefähigen Ausnahmecharakter der Norm ganz überwiegend ablehnt[297], finden sich in der Literatur verbreitet Stimmen, die eine Anwendung des § 817 Satz 2 im Rahmen des Eigentümer-Besitzer-Verhältnisses zumindest für möglich halten[298]. Die Uneinigkeit in Bezug auf die Ratio des Kondiktionsausschlusses spiegelt sich in der Frage nach dem Anwendungsbereich der Norm wieder: Während die Vertreter der Straftheorie der Meinung sind, dass der systemfremde Strafgedanke nicht auch noch über das Bereicherungsrecht ausgedehnt werden dürfe[299], sehen andere im Prinzip der Rechtsschutzverweigerung einen allgemeinen, die gesamte Rechts-

---

297 Vgl. z.B. BGH NJW 1951, 643; BGH NJW 1965, 1585, 1587; BGHZ 63, 365, 369.

298 *Larenz/Canaris,* Lehrbuch des Schuldrechts II/2, S. 165, § 68 III; *Esser/Weyers/Schmidt,* Schuldrecht II/2, S. 70, § 49 IV; *Medicus/Lorenz,* Schuldrecht II, S. 393; *Fikentscher/Heinemann,* Schuldrecht, S. 719, § 103; *Westermann/Buck-Heeb,* in: Erman, § 817, Rn. 11; *Leupertz,* in: Prütting/Wegen/Weinreich, § 817, Rn. 8; *Stadler,* in: Jauernig, § 817, Rn. 9; *Lorenz,* in: Staudinger, § 817, Rn. 14; *von Caemmerer,* MDR 1951, 161, 163; *Honsell,* JA 1986, 573, 441; *Canaris,* in: FS Steindorff, S. 528: *Canaris* bezeichnet die Ansicht des BGH, wonach § 817 Satz 2 nicht auf Ansprüche aus §§ 987 ff. angewendet werden könne, als „abwegig" und die aus dieser Ansicht folgenden Ergebnisse als „grob falsch".

299 BGH NJW 1951, 643; BGHZ 63, 365, 369; BGH NJW 1963, 950, 951.

ordnung durchdringenden Grundsatz[300]. Die in Zusammenhang mit der Anwendung des § 817 Satz 2 im Rahmen der Vindikation bereits hinlänglich diskutierten Pro und Contras sollen hier nicht in allen Einzelheiten noch einmal aufgerollt werden[301]. Ein zusammenfassender Überblick über den Streitstand erscheint allerdings durchaus von Bedeutung: Dies zum einen weil die Problemstellungen, die im Rahmen des § 817 Satz 2 auftauchen, teilweise erst mit Blick auf Stellung und Funktion bereicherungsrechtlicher Ansprüche innerhalb des zivilrechtlichen Anspruchssystems begriffen werden können, zum anderen weil einige der Unbilligkeiten in Zusammenhang mit der Anwendung des § 817 Satz 2 gerade aus der unterschiedlichen Behandlung bereicherungsrechtlicher und dinglicher Ansprüche resultieren.

aa) Meinungsstand

In der Diskussion um die Anwendung des § 817 Satz 2 im Rahmen der Vindikation wird häufig zwischen zwei Konstellationen differenziert, die sich dadurch unterscheiden, dass bei der ersten eine Eigentumsübertragung auf der Grundlage eines nichtigen Vertrags beabsichtigt ist, während bei der zweiten Konstellation lediglich eine Gebrauchsüberlassung gewollt ist[302].

(1) *Fälle gescheiterter Eigentumsübertragung*

Bei nichtigen Verträgen, im Rahmen derer eine Eigentumsübertragung gewollt, aber letztlich gescheitert ist, handelt es sich notwendigerweise um Fälle, in denen die Nichtigkeitssanktion der §§ 134, 138 auch das abstrakte Verfügungsgeschäft erfasst. Hier wird als Standardargument für eine analoge Anwendung des § 817 Satz 2 im Rahmen der Vindikation ein *argumentum a fortiori* vorgebracht: Danach sei es wertungswidersprüchlich, bei einem besonders schweren Gesetzes- oder Sittenverstoß, der auch die dingliche Übereignung erfasst, eine Rückforderung nach § 985 zuzulassen, eine solche nach Bereiche-

300 *Raiser,* JZ 1951, 718, 719; *Hammes,* JR 1950, 11, 12; *Michalski,* Jura 1994, 232, 236; *Mühl/Hadding,* in: Soergel, § 817, Rn. 29; *Wieling,* Bereicherungsrecht, S. 39, § 3 III 6 d; *Medicus/Lorenz,* Schuldrecht II, S. 394.

301 Hierzu ausführlich *Michalski,* Jura 1994, 232, 238 ff.

302 So z.B. *Gursky,* in: Staudinger, § 985, Rn. 122 ff.; *Rost,* Probleme der Kondiktion wegen mißbilligter Leistungsannahme, S. 124; *von Caemmerer,* MDR 1951, 161, 163.

rungsrecht aber zu versagen, wenn „nur" das Verpflichtungsgeschäft nichtig ist[303].

Gerade dieses Argument scheint in seiner Überzeugungskraft allerdings zweifelhaft, erweckt es doch den Eindruck, als sei die Schwere des Gesetzes- oder Sittenverstoßes ausschlaggebendes Kriterium für das Übergreifen der Nichtigkeitssanktion auf das dingliche Verfügungsgeschäft. Obgleich die Frage, ob und unter welchen Voraussetzungen die Nichtigkeit wegen Gesetzes- oder Sittenverstoßes auch das abstrakte Verfügungsgeschäft erfasst, im Einzelnen unterschiedlich beantwortet wird, ist die Schwere des Verstoßes für die Beantwortung dieser Frage allenfalls ein Kriterium unter vielen. Sowohl im Rahmen des § 134 als auch im Rahmen des § 138 ist vom Abstraktionsprinzip auszugehen, welches zur Folge hat, dass die Nichtigkeit des Verpflichtungsgeschäfts das abstrakte Verfügungsgeschäft grundsätzlich nicht berührt. Bei einem Verstoß gegen ein Verbotsgesetz gilt etwas anderes nur, wenn ein Fall der Fehleridentität vorliegt. Eine solche ist zu bejahen, wenn das Verbotsgesetz gerade die Güterbewegung als solche verhindern will und somit das Verfügungsgeschäft selbst unmittelbar von dem nichtigkeitsbegründenden Verbot erfasst wird[304]. Dass es hierbei auch auf die Schwere des Verstoßes ankommen soll, wird - soweit ersichtlich - nicht vertreten. Schwieriger gestaltet sich die Lage im Rahmen des § 138. Hier wird in der Literatur häufig darauf abgestellt, ob der von der Rechtsordnung missbilligte Erfolg nur durch Nichtigkeit des dinglichen Verfügungsgeschäfts vermieden werden kann, was namentlich in Fällen der sittenwidrigen Schädigung Dritter oder des anderen Vertragsteils zu bejahen sein

303 *Larenz/Canaris,* Lehrbuch des Schuldrechts II/2, S. 166, § 68 III; *Medicus/Petersen,* Bürgerliches Recht, S. 346; *Koppensteiner/Kramer,* Ungerechtfertigte Bereicherung, S. 63; *Lorenz,* in: Staudinger, § 817, Rn. 14; *Leupertz,* in: Prütting/Wegen/Weinreich, § 817, Rn. 8; *Stadler,* in: Jauernig, § 817, Rn. 9; *Westermann/Buck-Heeb,* in: Erman, § 817, Rn. 11; *Wendehorst,* in: Bamberger/Roth, § 817, Rn. 13 m.w.N.; *Zimmermann,* Richterliches Moderationsrecht oder Totalnichtigkeit, S.160; *Honsell,* Die Rückabwicklung sittenwidriger oder verbotener Geschäfte, S. 56; *ders.,* JA 1986, 573, 441; *von Caemmerer,* Süddt. JZ 1950, 646, 650; *Westermann,* in: FS Seiler, S. 495.

304 Statt vieler vgl. z.B. BGH NJW 1995, 516; aus der Lit.: *Larenz/Wolf,* Allgemeiner Teil des Bürgerlichen Rechts, S. 730 f., § 40; *Brox/Walker,* Allgemeiner Teil des BGB, S. 179; *Enneccerus/Nipperdey,* Allgemeiner Teil des Bürgerlichen Rechts I/2, S. 1160; *Armbrüster,* in: MünchKomm, § 134, Rn. 10; *Sack,* in: Staudinger, § 134, Rn. 116 f.; *Michalski,* Jura 1994, 232, 234; *Dauner,* JZ 1980, 495, 497 f.

soll[305]. Insbesondere in der Rechtsprechung wird dagegen für maßgeblich gehalten, ob gerade im Erfüllungsgeschäft ein Sittenverstoß liegt oder mit ihm sittenwidrige Zwecke verfolgt werden[306]. Auf die Schwere des Verstoßes kommt es also auch hier nicht entscheidend an; denkbar wäre allenfalls, diese im Rahmen der notwendigen Gesamtbetrachtung von Motiv und Zweck des Verfügungsgeschäfts zu berücksichtigen. Eine solche Vorgehensweise ist aber nicht unbedenklich. Zum einen ist zweifelhaft, ob ein normativer Begriff wie der der Sittenwidrigkeit überhaupt qualitativ steigerungsfähig ist[307]. Zum anderen spricht ein Gleichlauf mit der Behandlung des Problems im Rahmen des § 134 gegen eine Berücksichtigung der Schwere des Verstoßes[308]. Eine nähere Behandlung der Frage, in welchen Fällen die §§ 134, 138 auch das abstrakte Verfügungsgeschäft erfassen, würde den Rahmen dieser Untersuchung sprengen[309]. Konstatiert werden kann allerdings, dass die These, bei „schwerem" Verstoß sei automatisch das dingliche Geschäft nichtig, bei „leichtem" Verstoß nur das Verpflichtungsgeschäft, in dieser Allgemeinheit nicht haltbar ist.

Wenn es somit aber auf die Schwere des Gesetzes- oder Sittenverstoßes für die Frage der Nichtigkeit des abstrakten Verfügungsgeschäfts primär gar nicht ankommt, ist das Hauptargument der Befürworter einer Analogie in der Tat entkräftet.

Auf der anderen Seite machen die Ausführungen auch deutlich, dass die Trennlinie zwischen Fällen, in denen der Nichtigkeitsgrund das Verfügungsgeschäft erfasst und Fällen, in denen nur das Verpflichtungsgeschäft nichtig ist, jedenfalls nicht scharf zu ziehen ist. Aus diesem Grund bleibt zweifelhaft, ob die Unterscheidung zwischen Kon-

---

305 *Larenz/Wolf*, Allgemeiner Teil des Bürgerlichen Rechts, S. 751 f., § 41; *Brox/Walker*, Allgemeiner Teil des BGB, S. 182; *Flume*, Allgemeiner Teil des Bürgerlichen Rechts II, S. 384, § 18; *Sack*, in: Staudinger, § 138, Rn. 143; *Honsell*, Die Rückabwicklung sittenwidriger oder verbotener Geschäfte, S. 55; *Michalski*, Jura 1994, 232, 234; noch enger: *Dauner*, JZ 1980, 495, 498: *Dauner* geht davon aus, dass ein Fall der Fehleridentität bei § 138 nur vorliege, wenn gegenstandsbezogene Verbote verletzt wurden und die Sittennorm zwingend gegen die dingliche Rechtsänderung gerichtet ist.

306 Vgl. z.B. RGZ 145, 152, 154; BGH NJW 1997, 860.

307 Vgl. auch *Dauner*, JZ 1980, 495, 498; im Anschluss: *Michalski*, Jura 1994, 232, 235; *Schwab*, in: MünchKomm, § 817, Rn. 28.

308 *Michalski*, Jura 1994, 232, 235.

309 Hierzu sei auf die Literatur zu den §§ 134, 138 verwiesen, z.B. *Sack*, in: Staudinger, § 134, Rn. 114 ff.; § 138, Rn. 139 ff.; *Larenz/Wolf*, Allgemeiner Teil des Bürgerlichen Rechts, S. 730 f., 750 ff.

diktion und Vindikation ein sachgerechtes Kriterium für die Eingrenzung des Anwendungsbereichs der Kondiktionssperre ist[310].

(2) *Fälle der Gebrauchsüberlassung*

In der zweiten Fallkonstellation, in der lediglich eine Gebrauchsüberlassung gewollt ist, kann es auf das obige Argument ohnehin nicht ankommen. Hier gibt es gar kein Übereignungsgeschäft, das von der Nichtigkeitssanktion der §§ 134, 138 erfasst sein könnte. In diesen Fällen ist die Vindikation vielmehr schon mangels Übereignungsgeschäfts und der Unwirksamkeit des vereinbarten Besitzrechts eröffnet[311]. Anlass für die Bejahung einer analogen Anwendung des § 817 Satz 2 im Rahmen der Vindikation sind hier diverse Unbilligkeiten im Vergleich zur Sachlage bei der Kapitalüberlassung[312]. So leuch-

---

310 Für eine Analogie aus diesem Grund daher auch *Lorenz*, in: Staudinger, § 817, Rn. 14; *Honsell*, Die Rückabwicklung sittenwidriger oder verbotener Geschäfte, S. 57; *Becker*, NJW 1952, 53. Teilweise wird auch darauf abgestellt, dass es für das Verhältnis *inter partes* ohne Belang sei, ob Eigentum übergangen ist oder nicht, vgl. *von Caemmerer*, Süddt. JZ 1950, 646, 650 f. Außerdem wird damit argumentiert, dass vielfach allein die Leistungstechnik darüber entscheide, ob auch das dingliche Verfügungsgeschäft von der Nichtigkeit erfasst wird, vgl. *Reuter/Martinek*, Ungerechtfertigte Bereicherung, S. 682 f., § 20 I. Schließlich weisen die Befürworter einer Analogie - zutreffend - darauf hin, dass eine kategorische Ablehnung der Anwendung des § 817 Satz 2 im Rahmen der Vindikation mit der Praxis der Rechtsprechung, den Rückforderungsausschluss gegenüber der Surrogatskondiktion der §§ 951, 812 Abs. 1 zur Geltung zu bringen, in Widerspruch stehe, vgl. *Honsell*, Die Rückabwicklung sittenwidriger oder verbotener Geschäfte, S. 56, Fn. 26; *von Caemmerer*, Süddt. JZ 1950, 646, 650; *Heck*, AcP 124 (1925), 1, 6, Fn. 15.

311 Nach ganz h.M. wird die Vindikation hier auch nicht durch die konkurrierende Leistungskondiktion verdrängt. Eine Mindermeinung im Schrifttum geht dagegen - in unterschiedlichen Schattierungen - von einem Vorrang der Leistungskondiktion gegenüber dem Eigentümer-Besitzer-Verhältnis aus, vgl. hierzu z.B. *Kölbl*, Das Eigentümer-Besitzer-Verhältnis im Anspruchssystem des BGB, S. 250 ff.; *Raiser*, JZ 1951, 718, 127 ff.; dagegen insbes. *Gursky*, in: Staudinger, § 985, Rn. 34 f.; allgemein zum Konkurrenzsystem zwischen Eigentümer-Besitzer-Verhältnis und Bereicherungsrecht vgl. *Reuter/Martinek*, Ungerechtfertigte Bereicherung, S. 667 ff., § 20 I; *Larenz/Canaris*, Lehrbuch des Schuldrechts II/2, S. 339 ff., § 74 I.

312 *Bufe*, AcP 157 (1958/59), 215, 232; *Larenz/Canaris*, Lehrbuch des Schuldrechts II/2, S. 165, § 68 III; *Westermann/Buck-Heeb*, in: Erman, § 817, Rn. 11, *Westermann*, in: FS Seiler, S. 496; *Wazlawik*, ZGS 2007, 336, 340;

tet in der Tat nicht ein, wieso beispielsweise ein sittenwidrig handelnder Verpächter jederzeit vindizieren können soll, während einem Rückforderungsanspruch des sittenwidrig handelnden Darlehensgebers nach herrschender Meinung – zumindest vor Ende der geplanten Laufzeit des Darlehens – § 817 Satz 2 entgegenstehen soll[313]. Ebenso willkürlich erscheint es, wenn der sittenwidrig handelnde Verpächter gem. §§ 987, 990 Nutzungsersatz für die Überlassung der verpachteten Sache verlangen kann[314], während der Darlehensgeber mit seinem Anspruch auf Nutzungsvergütung gem. § 818 Abs. 1, 2 für das hingegebene Kapital an § 817 Satz 2 scheitert. Weil eine unterschiedliche Behandlung von Kapital- und Sachüberlassung nicht gerechtfertigt erscheint, wird hier in der Literatur ganz überwiegend schon wegen der ansonsten auftretenden Wertungswidersprüche eine vergleichbare Interessenlage und damit eine Analogie bejaht[315]. Die grundsätzlichen Argumente gegen eine Analogie stehen allerdings auch hier im Raum. Hingewiesen wird vor allem darauf, dass der Anspruchsausschluss zu der unbefriedigenden Konsequenz eines dauerhaften Auseinanderfallens von Eigentum und Besitz führe[316]. Außerdem wird häufig die besondere Situation des Vindikationsgläubigers betont, dem mit dem Eigentum ein von der Rechtsordnung besonders stark geschütztes Recht zur Seite stünde, das eine vom Bereicherungsrecht abweichende Behandlung rechtfertige[317].

Erwähnenswert ist an dieser Stelle noch, dass sich an der grundsätzlichen Problemstellung nichts ändert, wenn man für die Anwendung des § 817 Satz 2 statt auf die Grundsätze der Analogie auf die Regeln

---

Zimmermann, Richterliches Moderationsrecht oder Totalnichtigkeit, S. 160; *Westermann/Buck-Heeb,* in: Erman, § 817, Rn. 11.

313 Ausführlich hierzu unten *Dritter Teil, § 1 II.*

314 So etwa im Fall BGH NJW 1975, 638, 640 sowie in BGHZ 63, 365, 368.

315 Für diese Fälle bejaht die ganz h.M. in der Literatur eine Anwendung des § 817 Satz 2 i.R.d. Vindikation, vgl. z.B. *Schwab,* in: MünchKomm, § 817, Rn. 27; *Mühl/Hadding,* in: Soergel, § 817, Rn. 29; *von Sachsen Gessaphe,* in: Anwaltkommentar, § 817, Rn. 14; *Medicus/Lorenz,* Schuldrecht II, S. 393 f.; *Zimmermann,* Richterliches Moderationsrecht oder Totalnichtigkeit, S. 162.

316 Vgl. etwa *Gursky,* in: Staudinger, § 985, Rn. 133. Zwar erscheint diese Konsequenz in der Tat unbefriedigend, allerdings muss berücksichtigt werden, dass auch das BGB selbst – wegen der Verjährbarkeit des dinglichen Herausgabeanspruchs – diese Möglichkeit kennt, vgl. *Köbl,* Das Eigentümer-Besitzer-Verhältnis im Anspruchssystem des BGB, S. 216.

317 BGH NJW 1951, 643; *Rost,* Probleme der Kondiktion wegen mißbilligter Leistungsannahme, S. 128; krit. *Raiser,* JZ 1951, 718, 718 f.

der Institutskonkurrenz zurückgreift und annimmt, die Rückforderungssperre des § 817 Satz 2 könne in Fällen der Gebrauchsüberlassung als Recht zum Besitz im Rahmen des § 986 zur Geltung gebracht werden[318]. Im Ergebnis handelt es sich dabei nur um einen von der herrschenden Meinung in der Literatur abweichenden methodischen Ansatzpunkt. Für die Lösung des eigentlichen Problems, nämlich der Frage, welche Kriterien über die Anwendung des § 817 Satz 2 im Rahmen der *vindicatio* entscheiden sollen, ist damit noch nichts gewonnen[319].

bb) Stellungnahme

Die vorgehenden Ausführungen machen deutlich, dass sich überzeugende Argumente sowohl für als auch gegen eine Analogie vorbringen lassen, so dass eine pauschale Verneinung ebenso wie eine undifferenzierte Bejahung der Anwendung des Rückforderungsausschlusses im Rahmen des Eigentümer-Besitzer-Verhältnisses zu kurz greift. Besinnt man sich auf die allgemeinen Grundsätze, ist entscheidendes Kriterium für die Bejahung bzw. die Verneinung einer Analogie - neben dem Erfordernis einer planwidrigen Regelungslücke[320] - eine Vergleichbarkeit der Interessenlage. Diese kann jedoch nicht ohne Rückgriff auf die immer noch heillos umstrittene Ratio des Rückforderungsausschlusses beurteilt werden. Die Diskussion über die analoge Anwendung des § 817 Satz 2 hängt daher so lange „in der Luft", wie die Frage über den rechtspolitischen Grundgedanken der Norm ungeklärt ist.

Geht man mit der hier vertretenen Ansicht davon aus, dass § 817 Satz 2 in Fortsetzung der Wertungen der §§ 134, 138 einen Leerlauf der Nichtigkeitssanktion verhindern will, liegt es nahe, im Hinblick auf die Frage nach dem Anwendungsbereich des § 817 Satz 2 Sinn und Zweck der zur Nichtigkeit führenden Norm zu Rate zu ziehen[321]. Entscheidend sollte demnach sein, ob der Zweck der verletzten

---

318 *Reuter/Martinek*, Ungerechtfertigte Bereicherung, S. 671 f., § 20 I.

319 Es handelt sich hierbei letztlich um eine Variante der Lehre vom Vorrang der Leistungskondiktion, vgl. *Gursky*, in: Staudinger, § 986, Rn. 29.

320 Eine planwidrige Regelungslücke kann man relativ unproblematisch bejahen, da zur Zeit des historischen Gesetzgebers weder die extensive Anwendung der §§ 134, 138 auf das dingliche Verfügungsgeschäft noch die Anwendung des § 817 Satz 2 im Rahmen der allgemeinen Leistungskondiktion vorhergesehen wurde.

321 So auch *Lorenz*, in: Staudinger, § 817, Rn. 14; *Stadler*, in: Jauernig, § 817, Rn. 9; *Kötz*, RabelsZ 58 (1994), 209, 230; *Zweigert/Kötz*, Einführung in die

Vorschrift auch einen Ausschluss des dinglichen Anspruchs erfordert. Unter Zugrundelegung dieses Gedankens ergibt sich Folgendes:

Für die erste Fallgruppe, in der eine Eigentumsübertragung auf Grundlage eines nichtigen Vertrags gewollt und neben dem schuldrechtlichen Rechtsgeschäft auch das dingliche von der Nichtigkeit erfasst ist, wird man eine Analogie häufig verneinen müssen. Dann nämlich liegen in aller Regel Fallkonstellationen vor, in denen nach dem Zweck der verletzten Vorschrift gerade der Leistungsaustausch als solcher verhindert werden soll. Das wiederum würde bedeuten, dass ein Ausschluss des Herausgabeanspruchs gem. § 985 dem Zweck der Nichtigkeitsnorm gerade zuwiderlaufen und die Nichtigkeitssanktion „illusorisch"[322] machen würde. Klargestellt werden muss allerdings, dass diese Konsequenz nicht zwingend ist. Denkt man beispielsweise an Fälle des Drogenhandels, so kann die Nichtigkeit des dinglichen Rechtsgeschäfts bejaht werden, weil die gesetzlichen Verbote der §§ 29 ff. BtmG gerade auch die dingliche Rechtsänderung verhindern wollen. Allerdings würde die Rückübertragung des Rauschgifts auf der Grundlage des § 985 ebenfalls einen verbotenen Zustand herbeiführen, weil sich auch der Verkäufer nicht in Besitz des Rauschgifts befinden darf. Die Interessenlage ist hier mithin mit der des § 817 Satz 2 identisch. Die Geltendmachung eines Herausgabeanspruchs gem. § 985 würde dem Normzweck des Verbotsgesetzes zuwiderlaufen, weil erneut eine verbotene „Transaktion" vollzogen würde. In einem solchen Fall ist die analoge Anwendung des § 817 Satz 2 auf den dinglichen Herausgabeanspruch gerechtfertigt. In der Tat wäre hier nicht einzusehen, wieso der Rauschgifthändler die Drogen, nicht aber der Käufer sein Geld zurückfordern können sollte[323]. An dieser Stelle darf keinem der Beteiligten ein Rückforderungsanspruch zugebilligt werden. Vielmehr greifen hier die einschlägigen strafrechtlichen Vorschriften zum Verfall bzw. zur Einziehung, namentlich die §§ 73 ff. StGB.

In der zweiten Fallkonstellation, in der lediglich eine Gebrauchsüberlassung gewollt ist, wird man insbesondere bei wucherischen Pacht-

Rechtsvergleichung, S. 581, § 39 III; teilweise zeichnet sich auch in der Rspr. ein solches Vorgehen ab, vgl. z.B. BGH NJW-RR 1998, 803.

322 *Honsell,* Die Rückabwicklung sittenwidriger oder verbotener Geschäfte, S. 57; ähnlich: *Lorenz,* in: Staudinger, § 817, Rn. 1; *von Sachsen Gessaphe,* in: Anwaltkommentar, § 817, Rn. 13.

323 Im Hinblick auf den Rückforderungsanspruch bzgl. des Kaupreises wird eine Vindikation i.d.R. an der eingetretenen Vermischung gem. § 948 scheitern, so dass nur ein Bereicherungsanspruch in Betracht kommt.

verträgen[324] in der Tat eine dem § 817 Satz 2 vergleichbare Interessenlage bejahen können. Das Sittenwidrigkeitsverdikt in Wucherfällen soll primär den Pächter schützen. Eine sofortige Rückforderung gem. § 985 würde jedoch dieser Intention widersprechen. Deshalb scheint es hier gerechtfertigt, § 817 Satz 2 insofern analog anzuwenden und einen Herausgabeanspruch erst nach Ablauf der geplanten Überlassungszeit zuzubilligen. Dieses Ergebnis entspricht der herrschenden Meinung in der Literatur, die mit dem Hinweis auf die ansonsten bestehende Ungleichbehandlung zwischen Sach- und Kapitalüberlassung zu demselben Ergebnis gelangt[325]. Klargestellt werden soll allerdings wiederum, dass auch in Fällen der Gebrauchsüberlassung eine Analogie nicht in allen Konstellationen der richtige Weg ist. Wird etwa eine Apotheke entgegen des Fremdbesitzerverbots gem. § 9 ApoG verpachtet, kann dem Verpächter der Herausgabeanspruch des § 985 keinesfalls - auch nicht vor Ablauf der geplanten Laufzeit des Pachtvertrags - versagt werden. Ein solcher Anspruchsausschluss würde den verbotswidrigen Zustand legalisieren und damit Sinn und Zweck des § 9 ApoG zuwiderlaufen[326].

cc) Sonderfall: Verwendungsersatzansprüche

Zum Abschluss der Ausführungen über die Anwendung des § 817 Satz 2 im Rahmen der Vindikation soll noch ein kurzer Blick auf Verwendungsersatzansprüche gem. den §§ 994 ff. geworfen werden. Obgleich die analoge Anwendung des § 817 Satz 2 im Rahmen des Eigentümer-Besitzer-Verhältnisses in der Literatur vielfach befürwortet wird, gilt dies nicht für Ansprüche gem. §§ 994 ff. Gegenüber solchen Ansprüchen wird eine analoge Anwendung des Kondiktionsausschlusses regelmäßig mit dem Hinweis auf eine Beschränkung des § 817 Satz 2 auf den Bereich der Leistungskondiktionen abgelehnt;

---

324 Wucherische Mietverträge sind dagegen nach h.M. nicht insgesamt nichtig; Wucherische Mietzinsvereinbarungen sind geltungserhaltend auf den nach § 5 WiStG höchstzulässigen Mietzins zu reduzieren, vgl. hierzu *Sack*, in: Staudinger, § 134, Rn. 93 ff., 120 sowie unten *Dritter Teil, § 1 II. 3. b. cc.*

325 Voraussetzung ist selbstverständlich die Annahme einer Totalnichtigkeit des Pachtvertrags. Zur Annahme bloßer Teilnichtigkeit insbesondere beim wucherischen Darlehensvertrag s.u. *Dritter Teil, § 1 II. 3. b. cc.*

326 Vgl. hierzu auch BGH NJW-RR 1998, 803 ff.: In der Entscheidung ging es allerdings um Nutzungsersatzansprüche des Verpächters gem. §§ 989, 990. Der BGH lehnte diesbezüglich eine analoge Anwendung des § 817 Satz 2 ab, da Sinn und Zweck des § 9 ApoG den Anspruchsausschluss nicht zwingend fordern würden.

Verwendungen kein Äquivalent für die sittenwidrige Leistung des anderen Teils, der konkurrierende bereicherungsrechtliche Rechtsbehelf sei daher die Aufwendungskondiktion[327]. Hierbei handelt es sich aber um ein schwaches Argument, wenn man bedenkt, dass man sich im Bereich der analogen Rechtsanwendung befindet.

Michalski hält dagegen auch hier eine Analogie nicht für ausgeschlossen; er zieht eine Parallele zum Auftragsrecht, wo Aufwendungen zu einem gesetzes- oder sittenwidrigen Zweck ebenfalls nicht gem. § 670 erstattungsfähig sind[328].

Angesichts des breiten Spektrums möglicher Fallgestaltungen dürfte sich eine pauschale Lösung auch hier verbieten. Allerdings muss berücksichtigt werden, dass eine analoge Anwendung des § 817 Satz 2 naturgemäß überhaupt nur in Betracht gezogen werden kann, wenn die Voraussetzungen der Vorschrift gegeben sind. Bei einer direkten Anwendung der Kondiktionssperre ist zu fordern, dass der Leistende gerade durch die Hingabe der Leistung gegen das Gesetz oder die guten Sitten verstößt[329]. Bei einer entsprechenden Anwendung dieses Tatbestandsmerkmals im Rahmen von Verwendungsersatzansprüchen ist daher der Anwendungsbereich des § 817 Satz 2 ohnehin nur eröffnet, wenn gerade durch die Vornahme der Verwendungen gegen das Gesetz oder die guten Sitten verstoßen wird. Ein Ersatz für solche Verwendungen wird aber häufig Sinn und Zweck der verletzten Vorschrift widersprechen, so dass eine analoge Anwendung der Kondiktionssperre in der Tat sachgerecht erscheint. Wenn etwa ein Gebäude verpachtet wird, damit dort Waffen zum terroristischen Gebrauch hergestellt werden, und werden gerade zu diesem Zweck Verwendungen auf das Gebäude gemacht, scheint es angemessen, dem Pächter Verwendungsersatzansprüche in analoger Anwendung des § 817 Satz 2 zu versagen. Nach Sinn und Zweck der Nichtigkeitssanktion der §§ 134, 138 soll hier unter anderem die Herstellung von Waffen effektiv verhindert werden. Ein Ersatz für Verwendungen, die diesem Zweck dienen, würde dieser Intention widersprechen.

---

327 *von Sachsen Gessaphe*, in: Anwaltkommentar, § 817, Rn. 13; *Larenz/Canaris*, Lehrbuch des Schuldrechts II/2, S. 166, § 68 III; vgl. auch BGHZ 41, 341: dem Kläger wurden Verwendungsersatzansprüche gem. §§ 994 ff. im Rahmen eines sittenwidrigen Bordellpachtvertrags zugebilligt.

328 *Michalski*, Jura 1994, 232, 236.

329 *Esser/Weyers/Schmidt*, Schuldrecht II/2, S. 69, § 49 IV; *Sprau*, in: Palandt, § 817, Rn. 6.

dd) Zusammenfassung

Die vorstehenden Ausführungen haben gezeigt, dass die Frage nach einer analogen Anwendung des § 817 Satz 2 im Rahmen der Vindikation angesichts der Vielfalt möglicher Fallkonstellationen jeweils im Einzelfall unter Berücksichtigung von Sinn und Zweck der verletzten Vorschrift entschieden werden sollte. Dass mit einer solchen Vorgehensweise zwangsläufig eine gewisse Rechtsunsicherheit einhergeht, soll nicht geleugnet werden. Allerdings können nur durch eine einzelfallorientierte Sichtweise, die Sinn und Zweck der jeweiligen Verbotsnorm zum Ausgangspunkt nimmt, Unbilligkeiten und Widersprüche vermieden werden, die durch eine pauschale Anwendung bzw. Nichtanwendung der Kondiktionssperre im Rahmen der Vindikation entstehen würden.

c) Anwendung im Rahmen des Deliktsrechts

aa) Meinungsstand

Seltener als für das Eigentümer-Besitzer-Verhältnis wird die Anwendung des § 817 Satz 2 für den Bereich des Deliktsrechts diskutiert.

Die Rechtsprechung lehnt eine solche wiederum mit dem Hinweis auf den nicht-analogiefähigen Ausnahmecharakter der Norm ganz überwiegend ab[330]. Die abweichende Entscheidung des *LG Göttingen*[331], in der das Gericht die Anwendung der Kondiktionssperre gegenüber deliktischen Ansprüchen mit dem Argument bejahte, dass das Deliktsrecht nicht etwas gewähren könne, was das Bereicherungsrecht versage, ist eine Einzelentscheidung geblieben.

Eine umfassende Analogie zu § 817 Satz 2 im Rahmen deliktischer Ansprüche wird - soweit ersichtlich - nicht vertreten[332]. Es werden allerdings sehr wohl differenzierende Betrachtungsweisen vorgeschlagen. So macht *Prölss* die Anwendung der Kondiktionssperre davon abhängig, ob sich der Gesetzes- oder Sittenverstoß auf die schädigende Handlung bezieht oder nicht[333]. Nur falls Verstoß und schädigende Handlung in unmittelbarem Zusammenhang stehen, soll

---

330 Vgl. statt vieler: BGH NJW-RR 2002, 1393, 1394; NJW 1992, 310, 311; NJW 1951, 643; BGHZ 41, 341, 349; OLG Köln NJW 2006, 3288, 3290.

331 LG Göttingen NdsRpfl. 1948, 130, 131.

332 Andeutungsweise für eine Analogie aber *Krückmann*, ArchBürgR 40 (1914), 41, 46.

333 *Prölss*, ZHR 132 (1969), 35, 56 ff.

§ 817 Satz 2 gegenüber deliktischen Ansprüchen anwendbar sein. Als Beispiel hierfür nennt er den Fall, dass sich jemand von einem anderen verstümmeln lässt, um dem Wehrdienst zu entgehen[334]. In einem solchen Fall soll ein Schadensersatzanspruch gem. § 823 über eine analoge Anwendung des § 817 Satz 2 gesperrt sein[335]. Aber auch in den praktisch häufigen Fällen, in denen eine Partei die andere im Rahmen eines verbotenen Geschäfts durch betrügerisches Vorspiegeln von Tatsachen deliktisch schädigt, soll nach Ansicht von *Prölss* § 817 Satz 2 anwendbar sein, wenn durch den Betrug keine Vermögensverschiebung bewirkt wird, auf die sich nicht schon der Gesetzesverstoß erstreckt[336]. So liegt der Fall, wenn sich beispielsweise ein Schwarzhändler die Ware im Voraus bezahlen lässt, obwohl er von vorneherein beabsichtigt hatte, die Ware nie zu liefern[337]. Zum selben Ergebnis kommt eine andere Ansicht, die danach differenziert, ob der deliktisch relevanten Verletzungshandlung ein „besonderer Unrechtsgehalt" anhaftet[338]. Ein solcher soll aber gerade in den bei Schwarzmarktgeschäften typischen Betrugs- und Unterschlagungsfällen nicht gegeben sein.[339] Begründet wird dieses Ergebnis damit, dass das Vertrauen auf die Redlichkeit der beim verbotenen Geschäft gemachten Zusagen keinen Schutz verdiene[340].

bb) Stellungnahme

Führt man sich die Konsequenzen vor Augen, die mit einer ungehinderten Zulassung deliktischer Ansprüche verbunden sind, wird deut-

---

334 *Prölss,* ZHR 132 (1969), 35, 58.

335 Dieser extreme Fall ließe sich aber ebenso ohne eine Analogie zu § 817 Satz 2 über § 242 lösen, da es zweifellos rechtsmissbräuchlich ist, Schadenersatz für eine Körperverletzung zu verlangen, die man sich aus eigennützigen Gründen freiwillig hat zufügen lassen. Zu denken wäre außerdem an einen Ausschluss der Rechtswidrigkeit wegen Vorliegens einer rechtfertigenden Einwilligung, allerdings dürfte die Einwilligung hier wegen Sittenwidrigkeit unwirksam sein.

336 *Prölss,* ZHR 132 (1969), 35, 56.

337 Zu diesem Beispiel vgl. *Prölss,* ZHR 132 (1969), 35, 56.

338 *von Caemmerer,* Süddt. JZ 1950, 646, 651; *Mühl/Hadding,* in: Soergel, § 817, Rn. 29.

339 *Mühl/Hadding,* in: Soergel, § 817, Rn. 29; für eine Analogie im Fall der Täuschung über die eigene Erfüllungsbereitschaft auch *Flume,* Allgemeiner Teil des Bürgerlichen Rechts II, S. 395; andeutungsweise auch *Ackmann,* EWiR 1992, 159, 160.

340 *von Caemmerer,* Süddt. JZ 1950, 646, 651.

lich, dass ein Anspruchsausschluss über § 817 Satz 2 auch im Deliktsrecht mitunter durchaus interessengerecht sein könnte: So scheitert die Rückforderung des Geleisteten durch den Käufer über § 812 Abs. 1 Satz 1, 1. Alt. bei einem Schwarzmarktgeschäft – man denke an einen Drogenhandel – in der Regel an § 817 Satz 2, wenn der Verkäufer zwar vorhatte, die Ware zu liefern, dies aber dann doch nicht geschah, weil die Ware zum Beispiel vor der Lieferung beschlagnahmt wurde. Variiert man nun das Fallbeispiel und geht davon aus, der Verkäufer habe sich betrügerisch verhalten und von vorne herein gar nicht beabsichtigt, die Ware zu liefern, könnte der Käufer Schadenersatz in Höhe des Geleisteten über § 823 Abs. 2 i.V.m. § 263 StGB bzw. § 826 fordern. Eine ähnliche Konstellation lag einem Fall aus der höchstrichterlichen Rechtsprechung zugrunde: In der Entscheidung ging es um einen Gebrauchtwagenkauf der sich als Hehlergeschäft erwies[341]. Der Käufer verkannte die Eigenschaft des Fahrzeugs als Diebesgut grob fahrlässig[342], auf Seiten des Verkäufers kam hinzu, dass er den Käufer über die Herkunft des Fahrzeugs täuschte. Der BGH lehnte einen Bereicherungsanspruch mit Hinweis auf § 817 Satz 2 ab, bejahte aber einen ungekürzten Schadensersatzanspruch gem. § 826[343]. Der Problemgehalt dieser Fälle resultiert daraus, dass durch das betrügerische Verhalten des Schädigers kein Schaden entsteht, der nicht schon aus der Gesetzes- oder Sittenwidrigkeit der Leistung folgt: Denn auch ohne das betrügerische Verhalten wäre die Rückforderung des Geleisteten an § 817 Satz 2 gescheitert und der Schaden mithin entstanden.

Diese scheinbar widersprüchlichen Ergebnisse ließen sich durch eine Fernwirkung der Kondiktionssperre im Deliktsrecht vermeiden. Dabei ist eine Ausstrahlung des § 817 Satz 2 auf das Deliktsrecht methodisch auf zwei verschiedene Arten denkbar: Zum einen könnte man bereits das Vorliegen eines kausalen, dem Schädiger zurechenbaren Schadens verneinen. Dabei könnte man zunächst unter dem Gesichtspunkt des rechtmäßigen Alternativverhaltens an der Schadenszurechnung zweifeln. Auch wenn sich der Schwarzmarktverkäufer nicht betrügerisch, sondern – abgesehen von dem Gesetzesverstoß – „red-

341 Vgl. BGH NJW 1992, 310 f.

342 Im Originalfall des BGH war dem Käufer die grob fahrlässige Unkenntnis des Vertreters gem. § 164 Abs. 2 zuzurechnen.

343 In der Literatur ist diese „Umgehung" des § 817 Satz 2 über § 826 auf Ablehnung gestoßen, vgl. *Ackmann,* EWiR 1992, 159, 160; *Lorenz* stellt zu dieser Entscheidung lapidar fest: „Das reimt sich nicht zusammen", vgl. *Lorenz,* in: Staudinger, § 817, Rn. 14.

lich" verhalten hätte, hätte der Käufer wegen § 817 Satz 2 seine Leistung ersatzlos verloren. Bei genauerer Betrachtung kann dieser Einwand aber nicht greifen. Denn auf rechtmäßiges Alternativverhalten kann sich der Schädiger anerkanntermaßen nur berufen, wenn bei rechtmäßigem Verhalten der schädigende Erfolg mit an Sicherheit grenzender Wahrscheinlichkeit eingetreten wäre, nicht aber, wenn er lediglich eintreten hätte können[344]. Beim Schwarzmarktgeschäft ist jedoch nicht ausgeschlossen, dass das Geschäft ohne das betrügerische Verhalten gar nicht abgeschlossen worden wäre und der Schaden somit nicht entstanden wäre. An der Zurechenbarkeit des Schadens kann man aber auch dann zweifeln, wenn man mit Blick auf § 817 Satz 2 für eine normative Begrenzung des Schadensbegriffs votiert[345]. Die Wertung des § 817 Satz 2 wäre dann bereits bei der Frage nach einem kausalen, dem Schädiger zurechenbaren Schadenseintritt zu berücksichtigen. Eine weitere Möglichkeit, die Kondiktionssperre im Deliktsrecht zur Geltung zu bringen, wäre schließlich die analoge Anwendung des § 817 Satz 2 auf einen bestehenden deliktischen Anspruch.

Gleich welcher methodischen Vorgehensweise man sich bedient, würde eine Fernwirkung des § 817 Satz 2 im Deliktsrecht die geschilderten widersprüchlichen Ergebnisse vermeiden, die mit einer ungehinderten Zulassung deliktischer Ansprüche verbunden sind. Allerdings sind einer solchen Vorgehensweise auch gravierende Bedenken entgegenzuhalten. Insbesondere bestehen erhebliche Zweifel daran, ob die Vergleichbarkeit der Interessenlage – die für eine entsprechende Anwendung einer Norm stets zu fordern ist – gegeben ist.

Dagegen spricht schon die völlige Verschiedenartigkeit von Bereicherungsrecht einer- und Deliktsrecht andererseits im Hinblick auf die Funktionen der beiden Rechtsinstitute[346]. Während dem Deliktsrecht primär eine Ausgleichs-, Genugtuungs- und Präventivfunktion zukommt[347], dient das Bereicherungsrecht – allgemein gesprochen – der Wiederherstellung der objektiv richtigen Güterzuordnung[348]. Allein

---

344 Vgl. *Schiemann*, in: Staudinger, § 249, Rn. 105 m.w.N.

345 Ablehnend *Spickhoff*, JZ 2002, 970, 974.

346 So auch *Rost*, Probleme der Kondiktion wegen mißbilligter Leistungsannahme, S. 145.

347 Siehe etwa *Wagner*, in: MünchKomm, Vor § 823, Rn. 38 ff.; zum Bedeutungsgewinn präventiver und punitiver Elemente im Deliktsrecht vgl. *Körner*, NJW 2000, 241 ff.; eingehend zu den Zwecken des Schadensersatzrechts s. auch *Wagner*, in: Karlsruher Forum 2006, S. 11 ff.

348 Siehe etwa *Reuter/Martinek*, Ungerechtfertigte Bereicherung, S. 76, § 4 I.

dieser Umstand lässt eine Anwendung des § 817 Satz 2 im Deliktsrecht bedenklich erscheinen.

Zudem ist zu berücksichtigen, dass in Fällen, in denen ein deliktischer Anspruch in Betracht zu ziehen ist, stets zu dem Gesetzes- oder Sittenverstoß eine weitere „unrechte", nämlich deliktisch relevante, Handlung einer Partei tritt. Durch die deliktische Verletzungshandlung besteht in diesen Fällen stets ein eigener Unrechtsgehalt in Form eines eigenen Handlungsunwerts auf Seiten des deliktischen Schädigers, auch wenn sich der Vermögensschaden letztlich auf den Schaden beschränkt, der sich bereits aus der Gesetzes- oder Sittenwidrigkeit der Leistung ergibt. Neben den Wertungen der §§ 134, 138 kommen hier also immer die Wertungen des deliktischen Haftungssystems ins Spiel, so dass auch unter diesem Gesichtspunkt eine Anwendung des § 817 Satz 2 nicht gerechtfertigt erscheint. In letzter Konsequenz würde ein weitgehender Ausschluss deliktischer Ansprüche bedeuten, dass im Rahmen eines verbots- oder sittenwidrigen Geschäfts eine Partei die andere deliktisch schädigen könnte, ohne sich hierfür schadensersatzpflichtig zu machen. Es ist kein Grund dafür ersichtlich, wieso eine Partei, nur weil sie sich auf ein verbotenes Geschäft eingelassen hat, gegenüber weiteren unredlichen und deliktisch relevanten Handlungen des Vertragspartners schutzlos und der Schädiger damit sozusagen vogelfrei[349] sein sollte. Der aus dem Strafrecht bekannte Gedanke, dass es auch im Verbrechermilieu keinen rechtsfreien Raum geben darf, sollte unter dem Gesichtspunkt der Einheit der Rechtsordnung auch an dieser Stelle gelten. So entspricht diese Sichtweise auch der Rechtsprechung im Strafrecht, wonach Ansprüche aus verbotenen oder sittenwidrigen Rechtsgeschäften Schutz verdienen und deshalb beispielsweise auch eine Strafbarkeit wegen Betrugs bei unerlaubtem Drogenhandel möglich ist[350].

Auch wenn man die Auffassungen zu Sinn und Zweck des § 817 Satz 2 im Auge behält, scheint eine Anwendung der Vorschrift im Deliktsrecht nicht geboten. Nach der hier vertretenen Auffassung zur Ratio dient § 817 Satz 2 insbesondere der Fortführung der Wertungen der §§ 134, 138 sowie des Normzwecks der verletzten Vorschrift in das Bereicherungsrecht. Dies scheint im Rahmen des Berei-

---

349 So auch *von Caemmerer*, Süddt. JZ 1950, 646, 651.

350 Vgl. z.B. BGH NJW 2002, 2117; BGH NStZ 2002, 33; anders aber die Lehre vom juristisch-ökonomischen Vermögensbegriff, vgl. hierzu *Cramer/Perron*, in: Schönke/Schröder, § 263, Rn. 93; zum Einfluss zivilrechtlicher Wertungen auf den strafrechtlichen Vermögensbegriff *Spickhoff*, JZ 2002, 970 ff.

cherungsrechts, bei dem die Rückabwicklung nichtiger Verträge im Mittelpunkt steht, und insbesondere im Rahmen der Leistungskondiktion, die sich letztlich als „Fortsetzung des Vertragsrechts"[351] präsentiert, sachgerecht. Anders stellt sich die Situation dagegen im Deliktsrecht dar, wo zum Gesetzes- oder Sittenverstoß eine deliktisch relevante Handlung hinzutritt. Hier wäre es zu kurz gegriffen, vornehmlich auf die Wertungen der §§ 134, 138 abzustellen und die deliktische Schädigungshandlung außer Acht zu lassen. Auch wenn man mit der herrschenden Ansicht von der Theorie der Rechtsschutzversagung ausgeht, scheint eine Anwendung des § 817 Satz 2 nicht sachgerecht. Es ist bereits unklar, wie weit der Grundsatz des Verbots der Berufung auf eigenes Unrecht reicht und ob er einen Ausschluss bereicherungsrechtlicher Ansprüche rechtfertigen kann[352]. Jedenfalls zu weitgehend ist es, auf der Basis dieses Grundsatzes, dem gesetzes- oder sittenwidrig Handelnden auch Schadensersatzansprüche zu versagen, die aufgrund des deliktischen Handelns der anderen Vertragspartei entstehen. Der Geschädigte beruft sich hier gerade nicht auf eigenes Unrecht, sondern auf das Unrecht der anderen Vertragspartei. Lediglich unter generalpräventiven Gesichtspunkten könnte man eine Anwendung der Rückforderungssperre im Deliktsrecht befürworten. Allerdings wurde die Ambivalenz dieses Gesichtspunktes bereits bei den Ausführungen zur Ratio herausgearbeitet[353]. Noch deutlicher zeigt sich diese Ambivalenz, wenn man über eine entsprechende Anwendung des § 817 Satz 2 deliktische Ansprüche versagt. Dies hätte zwar im Hinblick auf den Geschädigten zweifellos einen generalpräventiven Effekt. Im Hinblick auf denjenigen, der zusätzlich zu dem Gesetzes- oder Sittenverstoß noch eine deliktisch relevante Schädigungshandlung begeht, würde aber wiederum ein gegenteiliger Effekt erzielt, wenn man den Schädiger sogar von einer deliktischen Ersatzpflicht befreit. Die Präventivfunktion des Deliktsrechts würde damit ad absurdum geführt. Somit ist eine Analogie auch unter dem Aspekt der Generalprävention abzulehnen.

Schließlich spricht ein weiteres Argument gegen die Anwendung des § 817 Satz 2 im Deliktsrecht: Bei § 817 Satz 2 handelt es sich um eine starre Regelung, die nach dem „Alles-oder-Nichts-Prinzip" einen Anspruch versagt. Für eine Abwägung des beiderseitigen Verschuldens

351 *Knieper*, KJ 1980, 117, 127.

352 Vgl. hierzu *Erster Teil, § 1 I. 3.* sowie *Erster Teil, § 3 II. 2.*

353 S.o. *Erster Teil, § 1 II. 3. b.*

bleibt grundsätzlich kein Raum[354]. Eine solche Vorgehensweise erscheint aber besonders unbillig, wenn neben den beidseitigen Gesetzes- oder Sittenverstoß, auf den allein der § 817 Satz 2 abstellt, noch eine zusätzliche schuldhafte Schädigungshandlung der anderen Vertragspartei tritt. Eine Anwendung des § 254 im Rahmen des Deliktsrechts führt hier zweifelsohne zu flexibleren und dem Einzelfall besser gerecht werdenden Ergebnissen als eine Anwendung des § 817 Satz 2[355]. Das Bedürfnis für eine Abwägungsentscheidung im Rahmen des § 254 wird wiederum anhand eines Beispielsfalls deutlich: Wenn nämlich der Drogenhändler seinen Kunden erst durch betrügerisches Vorspiegeln von Tatsachen zu einem Kauf und damit zum Gesetzesverstoß veranlasst, erweist sich ein Rückforderungsausschluss allein mit Blick auf Sinn und Zweck der Nichtigkeitssanktion nicht mehr als sachgerecht, weil das betrügerische Verhalten des Drogenhändlers besonders schwer zu wiegen scheint[356]. Hier eröffnet eine Anwendung des § 254 die Möglichkeit, das Gewicht der jeweiligen Verstöße gegeneinander abzuwägen und zu einer Lösung zu gelangen, die sowohl den Zweck der Nichtigkeitssanktion als auch die schädigende Handlung des anderen Vertragsteils berücksichtigt, und damit beiden Wertungen, denen des Deliktsrechts und denen der §§ 134, 138, gerecht wird. In anderen Fällen mag dagegen unter Umständen sogar ein völliger Anspruchsausschluss auf der Grundlage des § 254 gerechtfertigt sein. Freilich ist der Weg über § 254 nur gangbar, wenn tatsächlich auch auf Seiten des Anspruchsberechtigten Verschulden im technischen Sinne vorliegt. Geht man davon aus, dass § 817 Satz 2 nicht an zusätzliche subjektive Voraussetzungen zu knüpfen ist[357], sind durchaus Fälle denkbar, in denen der Gesetzes- oder Sittenverstoß beim Anspruchsgläubiger nicht über § 254 zur Geltung gebracht werden und somit die Kondiktionssperre des § 817 Satz 2

354 Vgl. z.B. OLG Köln ZMR 1977, 148. Zu den Bestrebungen in der Literatur, die Anwendung des § 817 Satz 2 von einer Abwägung der Schwere des Verstoßes abhängig zu machen, s.u. *Zweiter Teil, § 1, § 5 III.* Zu entsprechenden Tendenzen in der höchstrichterlichen Rechtsprechung s.u. *Dritter Teil.*

355 In diesem Sinne auch *Rost,* Probleme der Kondiktion wegen mißbilligter Leistungsannahme, S. 151. Abgestellt werden könnte im Rahmen des § 254 insbesondere auf den Grundsatz des „Handelns auf eigene Gefahr", allgemein hierzu: *Schiemann,* in: Staudinger, § 249, Rn. 62;

356 Für eine Differenzierung danach, ob der Betrüger den Betrogenen zum Abschluss des verbotenen Geschäfts veranlasst hat auch *Rost,* Probleme der Kondiktion wegen mißbilligter Leistungsannahme, S. 152.

357 Zu dieser umstrittenen Frage s.u. *Zweiter Teil, § 4.*

durchaus über das Deliktsrecht „umgangen" werden kann. Dies zumal auch deshalb, weil insbesondere die Rechtsprechung dazu neigt, bei vorsätzlichem Verhalten des Schädigers das grob fahrlässige Verhalten des Geschädigten nicht anspruchsmindernd zu berücksichtigen[358]. Obwohl hier im Einzelfall stets die Gefahr widersprüchlicher Ergebnisse im Raum steht, muss doch an dem gefundenen Ergebnis festgehalten werden, da eine vergleichbare Interessenlage, die Grundvoraussetzung für die analoge Anwendung einer Vorschrift ist, eben nicht besteht[359]. Die Anwendung des § 817 Satz 2 im Deliktsrecht würde aus diesem Grund die Grenzen richterlicher Rechtsfortbildung praeter legem sprengen.

d) Anwendung im Rahmen der Geschäftsführung ohne Auftrag

aa) Meinungsstand

Die Rechtsprechung lehnt auch im Rahmen der Geschäftsführung ohne Auftrag – wiederum mit dem Hinweis auf den Ausnahmecharakter des § 817 Satz 2 – eine Analogie kategorisch ab[360].

In der Literatur wird zu diesem Problemkreis kaum Stellung bezogen. Das hängt mit der geringen Relevanz der Frage zusammen, die darin begründet liegt, dass ein Anspruch aus §§ 683, 670 bei Aufwendungen zu verbotenen oder sittenwidrigen Zwecken bereits tatbestandlich ausgeschlossen ist, da der Beauftragte solche Aufwendungen nicht für erforderlich halten durfte[361]. Selbst *Prölss*, der sich im Übrigen für eine weitreichende Ausdehnung des Anwendungsbereichs der Kondiktionssperre ausspricht, hält derartige Fallkonstellationen im Rahmen der Geschäftsführung ohne Auftrag für kaum denkbar[362]. Dagegen bejaht *Lieb* eine Anwendung des § 817 Satz 2 unter dem Gesichtspunkt der Rechtschutzversagung, insbesondere in Fällen, in denen der Ge-

---

358 Vgl. z.B. BGH NJW 1991, 310, 311. Überzeugender erschiene es allerdings m.E. hier angesichts der Wertung des § 817 Satz 2 das Mitverschulden des Geschädigten trotz des vorsätzlichen Handelns des Schädigers zu berücksichtigen.

359 Es handelt sich daher allenfalls um einen rechtspolitischen Fehler, nicht aber um eine Gesetzeslücke, die mittels einer analogen Rechtsanwendung geschlossen werden kann. Allgemein hierzu: *Canaris,* Die Feststellung von Lücken im Gesetz, S. 71 ff.

360 Z.B. BGHZ 39, 87, 96 = BGH NJW 1963, 950, 951; BGH NJW 1996, 665, 666; zum praktisch relevanten Beispiel des „Titelkaufs" s.u. *Dritter Teil, § 2 I. 4.*

361 Vgl. z.B. BGH NJW 2000, 1560.

362 *Prölss,* ZHR 132 (1969), 35, 55.

setzes- oder Sittenverstoß gerade in der Übergabe von Vermögensgegenständen an den Auftraggeber liegt[363]. Als Beispiel führt er den Abschluss eines sittenwidrigen Treuhandvertrags an, im Rahmen dessen bereits die Vermögensübertragung selbst die Verletzung von Devisenvorschriften bezweckt. Zurückhaltender äußert er sich dagegen für Fallkonstellationen, in denen mit der Übergabe des Vermögens der Gesetzesverstoß nur vorbereitet werden soll. Exemplarisch wird ein sittenwidriges Auftragsverhältnis genannt, in dessen Rahmen Geld übergeben wird, das zu Schwarzmarktgeschäften verwendet werden soll. Auch hier hält *Lieb* aber eine Anwendung des Rückforderungsausschlusses unter dem Gesichtspunkt der Deliktsprävention zumindest für möglich[364].

bb) Stellungnahme

Bei der Frage nach einer analogen Anwendung des § 817 Satz 2 im Rahmen der Geschäftsführung ohne Auftrag handelt es sich in der Tat um ein Problem, das in der Praxis nur selten auftreten wird. In den praktisch bedeutsamsten Fällen nichtiger Austauschverträge ist bereits fraglich, ob die §§ 677 ff. überhaupt zur Anwendung gelangen können. Der BGH ebnet sich hier einen Weg in das Institut der Geschäftsführung ohne Auftrag, indem er bei nichtigen Verträgen konstruktiv ein „auch-fremdes-Geschäft" bejaht und einen Fremdgeschäftsführungswillen vermutet[365]. Dem steht allerdings der Einwand entgegen, dass derjenige, der eine vermeintlich eigene vertragliche Verpflichtung erfüllt, ausschließlich ein eigenes Geschäft führt, um die Erfüllung einer - wenn auch nur scheinbar bestehenden - Verpflichtung zu erreichen[366]. Außerdem wird durch die Anwendung der §§ 677 ff. die Gefahr einer Umgehung der bereicherungsrechtlichen Vorschriften heraufbeschworen[367]. In der Literatur wird die Recht-

363 *Schwab*, in: MünchKomm, § 817, Rn. 31.

364 *Schwab*, in: MünchKomm, § 817, Rn. 32.

365 Vgl. z.B. BGHZ 37, 258 = NJW 1962, 2010; BGHZ 111, 308, 311 = NJW 1990, 2542; BGH NJW 1993, 3196; NJW 1997, 47, 49.

366 *Lorenz*, NJW 1996, 883, 885; *ders.*, in: Staudinger, Vorbem. §§ 812 ff., Rn. 45; *Larenz/Canaris*, Lehrbuch des Schuldrechts II/2, S. 348, § 74 III; *Reuter/Martinek*, Ungerechtfertigte Bereicherung, S. 707; *Medicus/Lorenz*, Schuldrecht II, S. 373; *ders.*, Bürgerliches Recht, S. 288; *Koppensteiner/Kramer*, Ungerechtfertigte Bereicherung, S. 210; *Wendehorst*, in: Bamberger/Roth, § 812, Rn. 73; *Seiler*, in: MünchKomm, § 677, Rn. 48, jeweils m.w.N.

367 *Lorenz*, NJW 1996, 883, 887; *Larenz/Canaris*, Lehrbuch des Schuldrechts II/2, S. 348, § 74 III.; *Koppensteiner/Kramer*, Ungerechtfertigte Bereicherung,

sprechung aus diesen Gründen ganz überwiegend und zu Recht als ergebnisorientierte Rechtsanwendung[368] kritisiert.

Ob in den verbleibenden Anwendungsfällen der Geschäftsführung ohne Auftrag eine analoge Anwendung des § 817 Satz 2 denkbar ist, ist zweifelhaft. Jedenfalls scheint fraglich, ob die von *Lieb* vorgeschlagene Differenzierung gerechtfertigt ist. Im Hinblick auf die Rückforderungsmöglichkeit kann es keinen Unterschied machen, ob der Gesetzes- oder Sittenverstoß in der Leistungshingabe selbst liegt oder ob das Geld erst später in verbotener Weise genutzt werden soll. Die Voraussetzungen des § 817 Satz 2 sind schon dann erfüllt, wenn unmittelbar mit der Leistung ein gesetzes- oder sittenwidriger Zweck verfolgt wird. Eine Unterscheidung danach, ob die Übergabe der Leistung direkt den Gesetzes- oder Sittenverstoß bewirkt oder ob die übergebene Leistung später zu einem gesetzes- oder sittenwidrigen Zweck verwendet werden soll, ist in § 817 Satz 2 nicht angelegt und sollte daher auch für die Frage der Analogie keine Rolle spielen.

Vorzugswürdiger erscheint es, auch im Rahmen der Geschäftsführung ohne Auftrag jeweils im Einzelfall danach zu fragen, ob eine vergleichbare Interessenlage eine Analogie rechtfertigt. Im Ergebnis ist aber kaum ein Fall denkbar, in dem sich das Problem tatsächlich einmal stellt. Handelt es sich um die Fallkonstellation eines nichtigen Austauschvertrags oder hielt sich der Leistende aus einem anderen Grunde irrtümlich zur Leistung verpflichtet, sollte aus den oben dargelegten Gründen mangels Fremdgeschäftsführungswillens ohnehin von einer Anwendung der Regeln über die Geschäftsführung ohne Auftrag abgesehen werden. Kennt der Leistende die Gesetzes- oder Sittenwidrigkeit scheitert ein Anspruch aus den §§ 683, 670 im Regelfall daran, dass der Auftragnehmer die Aufwendungen nicht für erforderlich halten durfte.

3. Zusammenfassung

Die Vorschrift des § 817 Satz 2 ist entgegen ihres Wortlauts auch dann anzuwenden, wenn nur der Leistenden gegen das Gesetz oder die guten Sitten verstößt. Dies verleiht der Kondiktionssperre einen weiteren Bedeutungszuwachs. Außerdem können die hinter der Vorschrift stehenden Wertungen nach der hier vertretenen Ansicht nicht auf die bereicherungsrechtlichen Leistungskondiktionen beschränkt

---

S. 210; *Looschelders,* Schuldrecht BT, S. 333; *Seiler,* in: MünchKomm, § 677, Rn. 48.

368 *Lorenz,* NJW 1996, 883, 885.

werden. Insbesondere im Rahmen der Vindikation ist eine Berücksichtigung des § 817 Satz 2 zu befürworten. Dabei ist aber stets im Einzelfall nach den Voraussetzungen einer Analogie und insbesondere nach dem Bestehen einer vergleichbaren Interessenlage zu fragen. Die Beurteilung dieser Frage hat sich vor allem an Sinn und Zweck der verletzten Verbots- oder Sittennorm zu orientieren. Für das Deliktsrecht wurde dagegen eine analoge Anwendung des § 817 Satz 2 mangels vergleichbarer Interessenlage generell abgelehnt.

§ 3 Gesamtergebnis zum Ersten Teil

Der historische Überblick hat gezeigt, dass dem Kondiktionsausschluss im römischen Recht nur ein begrenzter Anwendungsbereich zukam. Der Gesetzgeber des BGB orientierte sich zwar bei der Schaffung des heutigen § 817 an den römisch-rechtlichen Wurzeln. Im Laufe des Gesetzgebungsverfahrens erfolgte aber gerade im Hinblick auf die Kondiktion wegen verwerflichen Empfangs und den damit verbundenen Kondiktionsausschlusstatbestand eine Loslösung vom historischen Zusammenhang. Diese Entwicklung führte schließlich zum vollständigen Bedeutungsverlust der *condictio ob turpem vel iniustam causam* des § 817 Satz 1. Von hier aus war es nur noch ein kleiner Schritt zur Anwendung der Kondiktionssperre des § 817 Satz 2 im Rahmen der allgemeinen Leistungskondiktion und zur Ausdehnung der Vorschrift auf einseitige Geberverstöße. Damit war die Aufwertung des § 817 Satz 2 zur Universalsperre des Bereicherungsrechts vollzogen.

Dieser Bedeutungswandel der Kondiktionssperre muss bei einer gegenwartsbezogenen Betrachtung auch im Hinblick auf die heftig umstrittene Frage nach der Ratio des § 817 Satz 2 Berücksichtigung finden. Sämtliche bislang diskutierten Vorschläge zum rechtspolitischen Motiv des Rückforderungsausschlusses sind zumindest teilweise mit Schwächen behaftet. Daher wurde vorliegend ein alternativer Lösungsansatz vorgeschlagen, der an die herkömmlichen Theorien der Rechtsschutzversagung und der Generalprävention anknüpft, aber über diese Ansätze hinausgeht. Die Rückforderungssperre wird danach als Intensivierung und Fortsetzung der §§ 134, 138 in das Bereicherungsrecht begriffen, die im Sinne der Widerspruchsfreiheit der Rechtsordnung eine Durchsetzung und Intensivierung des Schutzzwecks der verletzten Verbots- oder Sittennorm ermöglicht. Diese Funktion kann etwa relevant werden, wenn erst durch den Rückforderungsausschluss eine Risikoverlagerung auf den Leistenden erreicht wird oder wenn die Rückabwicklungssperre eine mittelbare

Durchführung bzw. Aufrechterhaltung des nichtigen Geschäfts verhindert. Es konnte also bei aller Kritik an der rechtspolitischen Berechtigung des § 817 Satz 2 in der Vorschrift ein „berechtigter Kern“ [369] gefunden werden.

Auf der Grundlage dieses Normverständnisses gelangt man zu dem Schluss, dass der Gedanke des § 817 Satz 2 nicht strikt auf das Bereicherungsrecht beschränkt werden kann. Insbesondere im Rahmen der Vindikation muss zumindest die Möglichkeit offen gehalten werden, die Wertungen der Kondiktionssperre zur Geltung zu bringen. Nur auf diese Weise ist es möglich, dem Sinn und Zweck der verletzten Verbots- oder Sittennorm durchgängig Rechnung zu tragen.

Zum Abschluss des ersten Teils kann mithin die Feststellung getroffen werden, dass der § 817 Satz 2 durch die Herauslösung aus seinem historischen Kontext sowie die Entwicklungen in der Rechtsprechung und der modernen bereicherungsrechtlichen Dogmatik einen immensen Bedeutungszuwachs erfahren hat, der vom historischem Gesetzgeber in diesem Ausmaß wohl nicht vorhergesehen worden ist.

---

369 *König,* in: Gutachten und Vorschläge zur Überarbeitung des Schuldrechts, S. 1542.

Zweiter Teil: Einschränkungsversuche im Schrifttum

Die in der Rechtsanwendung der vergangenen Jahrzehnte erfolgte Erweiterung des § 817 Satz 2 in seinem Anwendungsbereich rief im selben Atemzug das Bedürfnis nach einer Beschränkung hervor. Die Geschichte des § 817 Satz 2 wird daher als eine Geschichte der „Eingrenzung und Beschränkung"[370] bezeichnet. Das Schrifttum bemühte sich mit den verschiedensten methodischen Instrumentarien, den „Paradoxien und Antinomien"[371], die mit einer Anwendung des § 817 Satz 2 zuweilen einhergehen, Herr zu werden. Trotz oder gerade wegen des Facettenreichtums der unterschiedlichen Einschränkungsversuche konnte man sich auch hier in den Details noch auf keinen gemeinsamen Nenner einigen.

§ 1 Einschränkung über § 254

Aufbauend auf dem Gedanken, die Kondiktionssperre des § 817 Satz 2 wolle den Leistenden für seinen Gesetzes- oder Sittenverstoß bestrafen, wurde vor allem in der älteren Literatur vorgeschlagen, über eine Berücksichtigung eines Mitverschuldens auf Seiten des Leistungsempfängers gem. § 254 die Schwere des jeweiligen Verstoßes zu würdigen und die oftmals als hart und ungerecht empfundene Rechtsfolge eines vollständigen Rückforderungsausschlusses abzumildern[372]. Dieser Ansatz wurde jedoch bereits vom Reichsgericht verworfen[373] und dürfte heute - ebenso wie die ihm zugrunde liegende Straftheorie - überholt sein. Zum einen ist der Gedanke des Verschuldens dem Bereicherungsrecht grundsätzlich fremd[374], zum anderen ist bereits zweifelhaft, ob eine graduelle Abstufung nach der Schwere des Verstoßes bei Gesetzes- oder Sittenverstößen überhaupt möglich ist.

---

370 *Lorenz*, in: Staudinger, § 817, Rn. 10 a.E.

371 *Honsell,* in: FS Seiler, S. 473 f.; *Reuter/Martinek,* Ungerechtfertigte Bereicherung, S. 202, § 6 V.

372 *Heck,* AcP 124 (1925), 1, 56; in diese Richtung auch *Seiler,* in: FS Felgentraeger, S. 380.

373 RGZ 78, 282, 285 (auf das „höhere oder geringere Maß" kommt es bei einem Gesetzes- oder Sittenverstoß i.R.d. § 817 Satz 2 nicht an).

374 So auch *Reuter/Martinek,* Ungerechtfertigte Bereicherung, S. 207, § 6 V.

Auch in der jüngeren Literatur wird allerdings im Anschluss an einige Entscheidungen aus der höchstrichterlichen Rechtsprechung vertreten, dass bei der Anwendung des § 817 Satz 2 zu berücksichtigen sei, ob sich der Leistende durch den Gesetzes- oder Sittenverstoß deutlich weiter in das Abseits der Rechtsordnung gestellt habe – freilich nicht im Sinne eines Mitverschuldens, sondern als zusätzliches Korrektiv im Rahmen einer Abwägung von Parteiinteressen[375]. Auch einer solche Vorgehensweise ist allerdings mit Skepsis zu begegnen, deutet doch der Wortlaut des § 817 Satz 2 durch nichts darauf hin, dass die Schwere des jeweiligen Gesetzes- oder Sittenverstoßes für die Anwendung der Kondiktionssperre eine Rolle spielen soll. Eine generelle Berücksichtigung der jeweiligen Schutzbedürftigkeit der Parteien im Einzelfall wäre nicht nur ein Einfallstor der Rechtsunsicherheit, sondern widerspräche auch dem Umstand, dass beide Parteien gleichermaßen den Boden des Rechts verlassen haben und insofern beiderseits keine Schutzbedürftigkeit besteht. Schließlich spricht auch der hier vertretene objektivierende Erklärungsansatz zur ratio legis gegen eine Anknüpfung an verhaltensbezogene Umstände zur Restriktion des § 817 Satz 2. Eine – wie auch immer geartete – Berücksichtigung der Schwere des Gesetzes- oder Sittenverstoßes würde dagegen den Rückforderungsausschluss in die Nähe des überkommenen Strafgedankens rücken und den fälschlichen Eindruck erwecken, die Vorschrift sei eine Sanktion für das verwerfliche Verhalten des Leistenden. Der Platz für eine Berücksichtigung solcher Parteiinteressen kann daher allenfalls die Vorschrift des § 242 sein, die eine Abwägung aller Gesamtumstände des Einzelfalls ermöglicht[376].

§ 2 Einschränkung über § 242

Ebenfalls seit Längerem diskutiert ist der Vorschlag, dem Rigorismus der Kondiktionssperre im Einzelfall mit einer Anwendung des § 242 zu begegnen[377].

Auch gegen eine solche Vorgehensweise wurde allerdings bald Kritik laut. Neben der Befürchtung, eine Korrektur über § 242 berge die Ge-

---

375 *Möller*, NJW 2006, 268, 269; *Wittmann*, MedR (2008) 26, 716, 722; *Szalai*, VuR 2010, 67, 68; ebenso schon *Hackbarth*, In pari turpitudine melior est conditio possidentis, S. 151.

376 S.u. *Zweiter Teil, § 2* sowie *Dritter Teil, § 1 I. 2.*

377 *Bastian*, JR 1950, 17, 18; *Strobl*, Beitrag zur Problematik des § 817 Satz 2 BGB, S. 44, 56, 60 ff.; *Zierer*, Die Probleme des § 817 BGB, S. 96; *Reeb*, Grundprobleme des Bereicherungsrechts, S. 67.

fahr einer „unkontrollierte[n] und normzweckwidrige[n] Billigkeitsjudikatur“[378], wird geltend gemacht, dass die Berufung auf eine gesetzlich verankerte Rechtsschutzversagung schwerlich als unzulässige Rechtsausübung qualifiziert werden könne[379]. Die Einschränkung des § 817 Satz 2 über den Grundsatz von Treu und Glauben kann sich des Eindrucks der Widersprüchlichkeit vor allem dann nicht erwehren, wenn man der herrschenden Meinung folgt, die in einer Rechtsschutzversagung das tragende Motiv des Kondiktionsausschlusses sieht[380]. Denn das Verbot, sich auf eigenes Unrecht zu berufen, das meist als Begründung der Rechtsschutzversagung dient, ist seinerseits eine Ausprägung des Grundsatzes von Treu und Glauben, so dass es nicht unmittelbar einleuchtet, wenn man sich zur Beschränkung der Vorschrift wiederum auf § 242 stützt.

Noch gewichtiger scheint allerdings, dass bis heute keine konkreten Kriterien entwickelt wurden, anhand derer man eine Entscheidung für oder gegen die Anwendung des § 242 gegenüber dem Anspruch des § 817 Satz 2 treffen könnte[381]. Zwar wurde gelegentlich versucht, die Voraussetzungen für eine Einschränkung der Kondiktionssperre über Treu und Glauben näher zu konkretisieren, im Ergebnis mündeten diese Versuche allerdings in einem Verweis auf eine Würdigung aller Umstände des Einzelfalls[382]. Erwogen wurde die Anwendung des Grundsatzes von Treu und Glauben insbesondere bei nicht strafbewehrten Verstößen gegen gesetzliche Verbote sowie im Falle einer Beeinträchtigung wichtiger Interessen Dritter, da gerade in diesen Fällen die „harte“ Rechtsfolge eines Rückforderungsausschlusses unbillig sein kann[383]. Dieser Eindruck der Unbilligkeit beruht aber in der Regel nicht auf einem treuwidrigen und rechtsmissbräuchlichen Verhalten des Leistungsempfängers, sondern darauf, dass die aus ihrem historischen Zusammenhang gerissene Vorschrift des § 817 Satz 2 in einigen Fallkonstellationen ihres heute extrem weiten Anwendungsbereichs schlichtweg nicht adäquat erscheint. Unabhängig von einem

378 *Larenz/Canaris,* Lehrbuch des Schuldrechts II/2, S. 167, § 68 III; ebenso *Hammes,* JR 1950, 11, 17; *Vogel,* Auslegung und Anwendung des § 817 Satz 2 BGB unter dem Prinzip des Leistungsgleichgewichts, S. 23.

379 *Hammes,* JR 1950, 11, 17; *Honsell,* Die Rückabwicklung sittenwidriger oder verbotener Geschäfte, S. 41; *Wieling,* Bereicherungsrecht, S. 40, § 3 III.

380 S.o. *Erster Teil, § 2 II 2.*

381 So auch *Bufe,* AcP 157 (1958/59), 215, 237; ähnlich: *Thilenius,* Die Nichtigkeit von Schwarzarbeitsverträgen, S. 105.

382 Vgl. etwa *Strobl,* Beitrag zur Problematik des § 817 Satz 2 BGB, S. 81.

383 *Strobl,* Beitrag zur Problematik des § 817 Satz 2 BGB, S. 70 f., 79.

etwaigen rechtsmissbräuchlichen Verhalten des Leistungsempfängers scheint ein genereller Rückforderungsausschluss bei sämtlichen gesetzes- oder sittenwidrigen Geschäften zu weitgehend. Die Einrede des § 242 ermöglicht indes lediglich eine Korrektur in atypischen Ausnahmefällen zur Verwirklichung von Einzelfallgerechtigkeit und fordert eine abwägende Entscheidung, in die - entgegen der grundsätzlichen Konzeption des § 817 Satz 2 - auch das Gewicht der jeweiligen Verstöße und die Schutzwürdigkeit der Parteien einbezogen werden können[384]. Dagegen ist eine solche einzelfallbezogene Korrektur nicht zur Lösung des grundsätzlichen Problems geeignet, das bereits darin begründet liegt, dass die Vorschrift des § 817 Satz 2 wegen der starken Erweiterung ihres Anwendungsbereichs entgegen ihrer historischen Bedeutung nicht mehr in sämtlichen von ihr erfassten Fällen zu billigen und dem Gerechtigkeitsempfinden entsprechenden Ergebnissen führt[385]. Für eine generelle Gesetzeskorrektur ist der Einwand des § 242 daher nicht geeignet und konnte sich in dieser Funktion zu Recht in der Literatur nicht durchsetzen[386]. In der jüngeren Rechtsprechung zeichnet sich allerdings eine Tendenz dazu ab, die Arglisteinrede des § 242 zur Restriktion des § 817 Satz 2 heranzuziehen; für nähere Einzelheiten hierzu sei auf die Ausführungen im *Dritten Teil* verwiesen[387].

Klargestellt sein soll an dieser Stelle noch, dass die vorstehenden Ausführungen selbstverständlich nicht ausschließen, dass im Einzelfall einer Geltendmachung der Kondiktionssperre durchaus der Einwand des § 242 entgegenstehen kann, allerdings nur, wenn dessen Voraussetzungen tatsächlich vorliegen. Unschädlich ist dabei, dass bei einer Restriktion des § 817 Satz 2 über § 242 im Ergebnis eine Rechtsposition, nämlich ein Rückabwicklungsanspruch, positiv begründet wird. Zwar ist der charakteristische Anwendungsfall der unzulässigen

---

384 Vgl. allgemein zu den Voraussetzungen des § 242 z.B. *Looschelders/Olzen,* in: Staudinger, § 242, Rn. 217 ff.; *Sutschet,* in: Bamberger/Roth, § 242, Rn. 18 ff.

385 Gegen eine generelle Gesetzeskorrektur anhand des Rechtsmissbrauchsverbots auch *Petersen,* JZ 2010, 315 ff. (Die Ausführungen beziehen sich zwar auf das schweizerische Recht, dürften aber auf das deutsche Recht übertragbar sein).

386 Vgl. etwa *Honsell,* Die Rückabwicklung sittenwidriger oder verbotener Geschäfte, S. 43; *von Sachsen Gessaphe,* in: Anwaltkommentar, § 817, Rn. 23 bezeichnet die Anwendung des § 242 als „schon vom Ansatz her nicht haltbar"; *Wieling,* Bereicherungsrecht, S. 40, § 3 III.

387 Siehe *Dritter Teil, § 1 I. 2.*

Rechtsausübung ein solcher, in dem ein bestehendes Recht eingeschränkt wird; darüber hinaus ist aber auch die positive Begründung eines Anspruchs über den Rechtsmissbrauchseinwand denkbar[388]. Für eine Bejahung des § 242 muss nach den allgemeinen Grundsätzen allerdings eine Situation bestehen, die es nach sorgfältiger Abwägung der beteiligten Interessen als untragbar erscheinen lässt, das gesetzlich vorgesehene Resultat zu akzeptieren[389]. Denkbar wäre dies etwa, wenn der Leistungsempfänger die Voraussetzungen des § 817 Satz 2 in treuwidriger Weise herbeigeführt hat[390]. Dies kann zum Beispiel der Fall sein, wenn der Leistungsempfänger den Leistenden zum Gesetzes- oder Sittenverstoß gedrängt hat oder wenn er die Notlage oder Unterlegenheit des Leistenden zu seinem Vorteil ausgenutzt hat oder aber wenn er dem Leistenden die Erlaubtheit des Geschäfts vorgetäuscht hat. In den letztgenannten Fällen ist freilich genau zu prüfen, ob überhaupt ein Gesetzes- oder Sittenverstoß des Leistenden gegeben ist.

Konstatiert werden kann an dieser Stelle mithin, dass § 242 keine generelle Korrektur der gesetzlich angeordneten Rückforderungssperre erlaubt und in dieser Funktion im Schrifttum heute auch nicht mehr diskutiert wird. Durchaus denkbar scheint jedoch eine vorsichtige Korrektur im Ausnahmefall, wenn eine atypische Situation vorliegt, die von den gesetzlichen Wertungen grundlegend abweicht und deshalb die Anwendung des § 242 rechtfertigt.

§ 3 Rückbesinnung auf die historische Funktion

I. Die These Honsells

Insbesondere *Honsell*[391] will die mit einer Anwendung des § 817 Satz 2 mitunter einhergehenden Probleme durch eine Rückbesinnung auf den historischen Anwendungsbereich der Norm vermeiden. Dabei ist

---

388 Vgl. *Roth*, JuS 1981, 250, 251 f.; *Roth*, in: MünchKomm, § 242, Rn. 64, 177 m.w.N.

389 *Looschelders/Olzen*, in: Staudinger, § 242, Rn. 220.

390 Allgemein zu dieser Fallgruppe vgl. *Looschelders/Olzen*, in: Staudinger, § 242, Rn. 235 ff.; *Roth*, in: MünchKomm, § 242, Rn. 217 ff., Rn. 228 ff.; *Dette*, Venire contra factum proprium, S. 32 ff.

391 *Honsell*, Die Rückabwicklung sittenwidriger oder verbotener Geschäfte, S. 136 ff.; *ders.*, in: FS Seiler, S. 477 ff.; *ders.*, JA 1986, 573, 440; zust. *Wazlawik*, ZGS 2007, 336, 343 (wobei *Wazlawik* aber die Frage nicht abschließend beantwortet).

er sich durchaus darüber im Klaren, dass dies angesichts der fundamentalen Unterschiede zwischen dem geltenden Bereicherungsrecht und dem römisch-rechtlichen Kondiktionensystem nicht ohne Weiteres möglich ist, insbesondere weil die *datio ob rem* nicht mehr relevant und damit die *condictio ob rem* zu einem „Fremdkörper"[392] mutiert ist, der neben der allgemeinen Leistungskondiktion kaum mehr eine eigene Bedeutung zukommt. Anstatt, wie im römischen Recht, die *condictio ob turpem causam* als Unterfall der *condictio ob rem* zu begreifen und damit auch den Kondiktionsausschluss nur in diesem Bereich anzuwenden[393], will er deshalb den § 817 Satz 2 im Sinne seiner historischen Bedeutung nach inhaltlichen Kriterien begrenzen. *Honsell* befürwortet zwar grundsätzlich die Anwendung des Kondiktionsausschlusstatbestands im Rahmen der allgemeinen Leistungskondiktion, beschränkt den § 817 Satz 2 aber inhaltlich derart, dass er ohnehin nur ein kleines Teilgebiet der in Betracht kommenden Fallkonstellationen erfasst.

Zum einen soll der Kondiktionsausschluss entsprechend seiner historischen Bedeutung auf Leistungen für Handlungen begrenzt sein, die nicht in einer Sachleistung bestehen, so dass er im Bereich sittenwidriger Kauf-, Pacht- oder Mietverträge von vorneherein keine Geltung beanspruchen könnte[394]. Zum anderen soll § 817 Satz 2 nur dann zur Anwendung gelangen, wenn die Leistung auf die Veranlassung eines per se sittenwidrigen Verhaltens abzielt[395]. Hierunter sollen insbesondere - wie bereits im römischen Recht - Fälle der Deliktsanstiftung fallen. Dagegen würde die Kondiktionssperre nicht zum Zug kommen, wenn mit einer Leistung eine Handlung begehrt wird, die für sich genommen sittlich neutral, aber deren Verknüpfung mit einer Gegenleistung als sittlich verwerflich anzusehen ist, wie zum Beispiel in Fällen des Titelhandels. Weiter soll § 817 Satz 2 nur dann einer Rückabwicklung entgegenstehen, wenn eine Leistung zur Erwirkung

392 *von Caemmerer,* in: FS Rabel, S. 347.

393 Zum historischen Hintergrund vgl. *Erster Teil, § 1 I.*

394 *Honsell,* Die Rückabwicklung sittenwidriger oder verbotener Geschäfte, S. 136 ff.

395 *Honsell,* Die Rückabwicklung sittenwidriger oder verbotener Geschäfte, S. 141 ff.

eines künftigen Erfolges erbracht wurde[396] und die Gegenleistung noch nicht erbracht worden ist[397].

Für einen solchen historisch geprägten Lösungsansatz werden die geschichtlichen Zusammenhänge ins Feld geführt, da immerhin der historische Gesetzgeber das römisch-rechtliche Kondiktionensystem in das BGB integrieren wollte[398]. Die Anknüpfung an das römisch-rechtliche Vorbild und der Zusammenhang des § 817 mit der *condictio ob rem* schimmern in der Tat auch noch im heutigen Gesetzestext durch, der vom „Zweck der Leistung" spricht. *Honsell* hält eine, an den geschichtlichen Wurzeln anknüpfende, „restriktive Auslegung"[399] auch aus systematischen Gründen für zwingend, da nur so eine Gesetzesantinomie zwischen den allgemeinen Nichtigkeitsnormen einerseits und § 817 Satz 2 andererseits vermieden werden könne[400]. Ergänzend weist er auf die systematische Stellung der Vorschrift außerhalb der übrigen Kondiktionssperren der §§ 814, 815 hin. Schließlich rückt *Honsell* rechtspolitische Argumente und allgemeine Gerechtigkeitserwägungen in den Vordergrund seines Begründungsmodells[401]: So diene in den gravierenden Fällen der Deliktsanstiftung die einseitige Empfängerbegünstigung bei Vorleistungen dem Schutz der Gesamtrechtsordnung, während in den übrigen Fällen § 817 Satz 2 als rigide Sanktion ein „zu schweres Geschütz"[402] sei. Die Kondiktionssperre vermeide bei der Leistung zur Veranlassung eines per se sittenwidrigen Verhaltens einen mittelbaren Leistungszwang für den Empfänger, der sich andernfalls - sprich bei einer drohenden Rückforderung der Leistung - gezwungen sehen könnte, die verbotene Handlung auszuführen.

---

396 *Honsell,* Die Rückabwicklung sittenwidriger oder verbotener Geschäfte, S. 147 ff.

397 *Honsell,* Die Rückabwicklung sittenwidriger oder verbotener Geschäfte, S. 150 ff.

398 *Honsell,* Die Rückabwicklung sittenwidriger oder verbotener Geschäfte, S. 138; siehe auch oben *Erster Teil, § 1.*

399 *Honsell,* Die Rückabwicklung sittenwidriger oder verbotener Geschäfte, S. 138.

400 *Honsell,* Die Rückabwicklung sittenwidriger oder verbotener Geschäfte, S. 139.

401 *Honsell,* Die Rückabwicklung sittenwidriger oder verbotener Geschäfte, S. 64, 143, 154.

402 *Honsell,* Die Rückabwicklung sittenwidriger oder verbotener Geschäfte, S. 143.

II. Kritische Würdigung

Obwohl die These *Honsells* in ihrem Kern, nämlich der Anknüpfung an die Historie, durchaus auf einer nachvollziehbaren Argumentation fußt, konnte sie sich zu Recht weder in der Literatur noch in der Rechtsprechung durchsetzen[403]. Gegen eine eindimensionale Anknüpfung an die Funktion des Kondiktionsausschlusses im römischen Recht sprechen eine Vielzahl von Gründen, die es vorzugswürdig erscheinen lassen, von einer solchen Lösung abzusehen.

Wie *Honsell* selbst einräumt, hat sich der Gesetzgeber im Laufe des Gesetzgebungsverfahrens bewusst vom historischen Vorbild gelöst, wenn auch in Unkenntnis der damit verbundenen Konsequenzen[404]. Angesichts der weitreichenden Veränderungen in der gesetzlichen Ausgangssituation im Vergleich zum römischen Recht ist eine Rückführung auf die historische Funktion des § 817 Satz 2 zur Problemlösung wenig geeignet. Denn der Bereich, in dem die Kondiktionssperre heute die meisten Probleme aufwirft - nämlich der Bereich nichtiger Austauschverträge - existierte im römischen Recht noch gar nicht in der heutigen Form, da angesichts des damals geltenden Typenzwangs die Nichtigkeit von Verträgen so gut wie keine Rolle spielte[405]. Ebenso wenig kannte das klassische Recht wirtschaftslenkende Verbotsnormen, die sich seit der Schaffung des BGB geradezu inflationär vermehrt haben und heute in einer Vielzahl von Fällen für die Nichtigkeit eines Vertrags verantwortlich sind. Auch in diesen Fällen mag die Kondiktionssperre in gewissem Rahmen ein geeigneter Ansatz zur Problemlösung sein, ohne dass sie hierfür von den Römern hätte entwickelt und angewendet werden können[406]. Hinzu kommt, dass die Regelungen des BGB von mannigfaltigen Faktoren beeinflusst wurden, von denen das römische Recht zwar der wichtigste, keineswegs

---

403 Gegen den Vorschlag *Honsells* z.B. *Reuter/Martinek,* Ungerechtfertigte Bereicherung, S. 209, § 6 V; *Larenz/Canaris,* Lehrbuch des Schuldrechts II/2, S. 162, Fn. 59, § 68 III; *Dauner,* JZ 1980, 495, 501; *Michalski,* Jura 1994, 113, 116; *Reeb,* Grundprobleme des Bereicherungsrechts, S. 67; *König,* Ungerechtfertigte Bereicherung, S. 129; *Zimmermann,* Richterliches Moderationsrecht oder Totalnichtigkeit, S. 164 ff.; *Mühl/Hadding,* in: Soergel, § 817, Rn. 2; *Lorenz,* in: Staudinger, § 817, Rn. 5.

404 S.o. *Erster Teil, § 1 III.*

405 S.o. *Erster Teil, § 1 I. 1.*

406 So auch *Zimmermann,* Richterliches Moderationsrecht oder Totalnichtigkeit, S. 164.

aber der einzige Einflussfaktor war[407]. Auch die Naturgesetzbücher, wie das ALR, das einen umfassenden Kondiktionsausschluss kannte[408], sowie der *code cilvil*, nach dessen Vorbild die allgemeinen Nichtigkeitsnormen der §§ 134, 138 gestaltet wurden[409], nahmen maßgeblichen Einfluss auf das heutige BGB. Schließlich ist zu berücksichtigen, dass die grundsätzliche Anwendbarkeit des § 817 Satz 2 im Rahmen der allgemeinen Leistungskondiktion heute ebenfalls historisch gewachsenes Recht ist und schon aus praktischen Gesichtspunkten wohl kaum mehr aus der Welt geschaffen werden kann[410]. Die Fülle der Entscheidungen aus der mittlerweile über 100-jährigen Judikatur zeigen, dass sich die Kondiktionssperre des § 817 Satz 2 zu einer zentralen Vorschrift des Bereicherungsrechts entwickelt hat, die zur Bewältigung unterschiedlichster Fallkonstellationen herangezogen wird[411]. Wie *Reuter/Martinek* zutreffend feststellen, lässt sich „dieses Rad der Rechtsanwendungspraxis kaum [...]zurückdrehen"[412].

Neben diesen grundsätzlichen Bedenken gegen eine rein historisch orientierte Auslegung ist das Vorgehen *Honsells* auch in methodischer Hinsicht zweifelhaft. Die inhaltlichen Kriterien, die *Honsell* in den § 817 Satz 2 „hineinliest" sind im Wortlaut der Vorschrift nicht angelegt und auch die anerkannten Auslegungsgrundsätze können seine über den natürlichen Wortsinn der Vorschrift hinausgehende Interpretation nicht rechtfertigen[413]. Aus methodischer Sicht käme allenfalls eine teleologische Reduktion[414] des § 817 Satz 2 in Betracht.

407 Vgl. *Niederländer,* in: FS Gutzwiller, S. 623, Fn. 623: *Niederländer* weist darauf hin, dass das BGB an spätere Entwicklungsstufen anknüpft und spricht daher einer auf das klassische Recht beschränkten Quellenforschung nur rechtsvergleichende Bedeutung zu; zust. *Rost,* Probleme der Kondiktion wegen mißbilligter Leistungsannahme, S. 187.

408 S.o. *Erster Teil, § 1 II.*

409 *König,* Ungerechtfertigte Bereicherung, S. 127.

410 *Reuter/Martinek,* Ungerechtfertigte Bereicherung, S. 209, § 6 V; ähnlich *Mühl/Hadding,* in: Soergel, § 817, Rn. 25.

411 *Reuter/Martinek,* Ungerechtfertigte Bereicherung, S. 209, § 6 V; *König,* Ungerechtfertigte Bereicherung, S. 129; *Dauner,* JZ 1980, 495, 501.

412 *Reuter/Martinek,* Ungerechtfertigte Bereicherung, S. 209, § 6 V.

413 *Zimmermann,* Richterliches Moderationsrecht oder Totalnichtigkeit, S. 169 (Überschreitung der Grenzen der Auslegung); *Michalski,* Jura 1994, 113, 116 (Unvereinbarkeit der Lösung mit dem Wortlaut der Norm).

414 Entgegen der Ansicht *Honsells* (*Honsell,* Die Rückabwicklung sittenwidriger oder verbotener Geschäfte, S. 138, Fn. 6) ist an dem Unterschied zwischen teleologischer Reduktion und restriktiver Auslegung festzuhalten, vgl. allemein hierzu: *Larenz,* Methodenlehre der Rechtswissenschaft, S. 391.

Objektiv-teleologische Kriterien, die eine derartige Korrektur rechtfertigen könnten, werden aber nicht angeführt. Es ist nichts dafür ersichtlich, dass Sinn und Zweck der Vorschrift - gleich welcher Ansicht man sich in diesem Punkt anschließen mag - einen derart „einschneidenden Radikaleingriff"[415] fordern würden. „Allgemeine Gerechtigkeitserwägungen"[416], wie sie *Honsell* vorbringt, reichen zur Begründung einer teleologischen Reduktion nicht aus.

Unabhängig von diesen methodischen Zweifeln können weder die systematischen noch die rechtspolitischen Argumente *Honsells* von der vorgenommenen Einschränkung überzeugen. Die Annahme, § 817 Satz 2 würde die Vorschriften der §§ 134, 138 zwangsläufig paralysieren und damit zu einer Gesetzesantinomie führen, scheint in dieser Allgemeinheit keinesfalls zutreffend[417]. Auch der Hinweis auf die systematische Stellung des § 817 Satz 2 mutet als Argument für eine Rückführung auf den historischen Anwendungsbereich schwach an. Die Stellung des § 817 Satz 2 deutet zwar auf die historischen Wurzeln der Kondiktionssperre hin, allerdings hat sich der Gesetzgeber im Verlaufe des Gesetzgebungsverfahrens in gewissen Punkten vom historischen Vorbild gelöst und gerade die Kondiktion des § 817 Satz 1 über ihren ursprünglichen Anwendungsbereich ausgedehnt. Auch wenn der historische Gesetzgeber wohl noch nicht vorhergesehen haben mag, dass § 817 Satz 1 einmal in der allgemeinen Leistungskondiktion aufgehen würde, kann aus der systematischen Stellung des § 817 Satz 2 kaum geschlossen werden, dass der Rückforderungsausschluss nur in den vom römischen Recht erfassten Konstellationen zur Anwendung gelangen sollte.

Zweifelhaft erscheint ferner *Honsells* Prämisse, in den „gravierenden" Fällen der Deliktsanstiftung sei die Kondiktionssperre rechtsethisch gerechtfertigt, während dies bei nichtigen Austauschverträgen sowie der Leistung zur Veranlassung eines nicht per se sittenwidrigen Verhaltens nicht der Fall sei. Aus rechtsethischer Sicht ist einerseits auch die Anwendung des § 817 Satz 2 in dem historischen Rahmen nicht über jeden Zweifel erhaben[418]. Wenn ein zum Delikt Angestifteter die erhaltene Leistung auch dann behalten darf, wenn er das Delikt nicht

---

415 *Zimmermann,* Richterliches Moderationsrecht oder Totalnichtigkeit, S. 170.

416 *Honsell,* Die Rückabwicklung sittenwidriger oder verbotener Geschäfte, S. 138.

417 S. hierzu bereits oben *Erster Teil, § 2 II. 5.*

418 Vgl. auch *Reeb,* Grundprobleme des Bereicherungsrechts, S. 67; *Zimmermann,* Richterliches Moderationsrecht oder Totalnichtigkeit, S. 164.

begangen hat, handelt es sich dabei um eine Konsequenz, über deren innere, moralische Berechtigung es sich sicherlich trefflich streiten ließe. Andererseits leuchtet nicht ein, wieso in Fällen nichtiger Austauschverträge andere Grundsätze gelten sollen: Wieso soll derjenige, der eine Zahlung leistet, damit ihm der Empfänger der Leistung einen Doktortitel verschafft, anders behandelt werden als derjenige, der eine Zahlung leistet, damit der Empfänger beispielsweise einen Diebstahl begeht? Eine echte Legitimation für eine solche Differenzierung ist meines Erachtens nicht ersichtlich. Genauso verhält es sich im Hinblick auf die von *Honsell* vorgeschlagene Differenzierung zwischen der Veranlassung eines per se sittenwidrigen Verhaltens und der Veranlassung eines Verhaltens, das den Charakter der Sittenwidrigkeit erst über eine Verknüpfung mit einer Gegenleistung erhält[419]. Gerade das Beispiel des Titelkaufs, das *Honsell* als Beispiel für die zweite Gruppe anführt[420], zeigt wieder die Untauglichkeit dieser Abgrenzung. Auch auf die Frage, in welchem Fall der Leistende aus moralischer Sicht „verwerflicher" handelt, gibt es sicherlich keine eindeutige, pauschale Antwort; eine solche ist vielmehr stark von den Umständen des Einzelfalls abhängig. Auch das Argument, bei der „Deliktsanstiftung" könnte der Empfänger für den Fall einer Rückforderung zur Begehung der begehrten Handlung verleitet werden, gilt ebenso, wenn mit der Zahlung eine Sachleistung oder eine solche, deren rechtliche Missbilligung sich erst aus der Verknüpfung mit einer Gegenleistung ergibt, veranlasst werden soll[421]: Auch derjenige, der eine Leistung erhält, damit er beispielsweise eine Strafanzeige zurückzieht, könnte sich zum Rückzug gedrängt fühlen, wenn er andernfalls um die erhaltene Leistung fürchten müsste. Freilich kann man einwenden, dass der Rechtsgemeinschaft mehr daran gelegen ist, strafbare Delikte zu vermeiden als solche Handlungen, die für sich genommen rechtlich neutral sind. Allerdings scheint dieser Einwand in seiner Pauschalität zumindest zweifelhaft. Es lässt sich doch gerade nicht eindeutig beantworten, ob es die Rechtsgemeinschaft mehr trifft, wenn ein Doktortitel gegen Entgelt verschafft wird - eine Handlung

---

419 So auch *Zimmermann*, Richterliches Moderationsrecht oder Totalnichtigkeit, S. 164.

420 *Honsell*, Die Rückabwicklung sittenwidriger oder verbotener Geschäfte, S. 142.

421 Anders aber *Honsell*, Die Rückabwicklung sittenwidriger oder verbotener Geschäfte, S. 143.

die für sich genommen rechtlich neutral ist[422] - oder wenn eine vom Leistenden veranlasste leichte Sachbeschädigung - mithin ein strafbares Delikt - ausgeführt wird. Jedenfalls handelt es sich bei diesem Argument allenfalls um eine rechtsethische Prämisse und nicht um ein teleologisches Argument, auf dessen Grundlage eine Reduktion der Kondiktionssperre erfolgen könnte. Abgesehen davon scheint bereits äußerst zweifelhaft, ob sich in der Praxis ein zum Delikt Angestifteter tatsächlich deshalb zur Nichtbegehung des Delikts entschließt, weil er wegen § 817 Satz 2 nicht um die Rückforderung der erhaltenen Leistung fürchten muss. Ob der Rückforderungsausschluss in diesem Sinne tatsächlich zur Deliktsvermeidung geeignet ist, ist eine These, die wiederum zumindest begründungsbedürftig wäre. Insgesamt rückt der Gedanke, der Rückforderungsausschluss sei nur bei besonders „gravierenden" Fällen zu rechtfertigen, die Vorschrift ohnehin gefährlich in die Nähe einer Strafvorschrift - ein Charakter, der dem § 817 Satz 2 nach heute allgemeiner Meinung aber gerade nicht beigemessen werden kann.

Zwar mag der Vorschlag *Honsells* einige Probleme bei der Anwendung des § 817 Satz 2 vermeiden, diese werden aber durch die Beschränkung des Anwendungsbereichs der Kondiktionssperre nicht aus der Welt geschaffen, sondern nur verlagert[423]. Wie *Honsell* selbst anerkennt, bleiben bei einer Beschränkung des § 817 Satz 2 auf die Fallgruppe der „Deliktsanstiftung" andere Fälle außen vor, für die gleichfalls ein Bedürfnis für einen Rückforderungsausschluss bestehen kann[424]. Die Lösung dieser Fälle ist seiner Ansicht nach aber nicht in der Anwendung der zu starren und unflexiblen Vorschrift des § 817 Satz 2 zu suchen, sondern vielmehr in der allgemeinen Arglist-

422 Freilich wird sich derjenige, der sich zu Verschaffung eines Doktortitels gegen Entgelt verpflichtet, in der Regel durch die Verschaffung des Titels bzw. die Vermittlung eines „Doktorvaters" selbst strafbar machen, vgl. hierzu die aktuelle Entscheidung des BGH v. 26.05.2009, Az.: 3 StR 48/09 (zitiert nach juris): Verurteilung eines Promotionsvermittlungsinstituts wegen Bestechung gem. § 334 Abs. 3 Nr. 2 StGB. Zwingend ist eine strafrechtliche Relevanz des Verhaltens aber nicht. Auch hier zeigt sich, wie unscharf die Trennlinie und damit wie untauglich die Abgrenzung zwischen einer Anstiftung zu einem per se sittenwidrigen Verhalten und einem solchen, das seine rechtliche Missbilligung erst über eine Verknüpfung mit einer Gegenleistung erhält, ist.

423 So zutreffend *Zimmermann,* Richterliches Moderationsrecht oder Totalnichtigkeit, S. 166; *Michalski,* Jura 1994, 113, 116.

424 *Honsell,* Die Rückabwicklung sittenwidriger oder verbotener Geschäfte, S. 143, 153.

einrede des § 242 und insbesondere im Verbot des *venire contra factum proprium* sowie - im Sonderfall der Darlehensgewährung zu Spielzwecken - in einer analogen Anwendung des § 762[425]. Unter welchen Voraussetzungen die Einrede des § 242 allerdings zum Zuge kommen soll, bleibt offen, ebenso die Frage, ob das Verbot des *venire contra factum proprium* zur Lösung der fraglichen Fälle überhaupt tauglich ist[426]. Die Annahme, bei der Leistung zur Veranlassung eines nicht per se sittenwidrigen Verhaltens würde - zumindest im Falle beiderseitiger Leistung - regelmäßig das Verbot des widersprüchlichen Verhaltens einer Rückforderung entgegenstehen, ist eine fragliche These. Mit Recht lässt sich daran zweifeln, ob die in Rede stehenden Fallkonstellationen überhaupt in den Anwendungsbereich des Verbots des widersprüchlichen Verhaltens fallen[427]. Neben der Voraussetzung eines selbstwidersprüchlichen Verhaltens setzt die Anwendung des Grundsatzes des *venire contra factum proprium* regelmäßig die Begründung eines schutzwürdigen Vertrauenstatbestandes beim Anspruchsgegner voraus, von dem insbesondere beim beiderseits gesetzes- oder sittenwidrigen Verhalten nur in Ausnahmefällen die Rede sein kann[428]. Vor diesem Hintergrund scheint äußerst fragwürdig, ob sich tatsächlich alle verbleibenden Fälle, in denen ein Rückforderungsausschluss sinnvoll ist, über eine Anwendung des § 242 lösen lassen.

III. Zwischenergebnis

Obwohl § 817 Satz 2 seine Wurzeln im römischen Recht hat und die römisch-rechtlichen Grundlagen für die Entstehung der Vorschrift von großer Bedeutung waren, ist eine Rückführung auf den historischen Anwendungsbereich heute nicht mehr möglich. Eine solche Beschränkung der Kondiktionssperre würde den Rahmen zulässiger

---

425 *Honsell,* Die Rückabwicklung sittenwidriger oder verbotener Geschäfte, S. 147; *ders.,* JA 1986, 573, 440.

426 Vgl. hierzu die ausführliche Kritik bei *Zimmermann,* Richterliches Moderationsrecht oder Totalnichtigkeit, S. 166 ff.: nach Ansicht von *Zimmermann* handelt es sich bei dem Rückgriff auf § 242 um eine „unsachgemäß pauschalisierende Notlösung", die die Funktion des § 242 verkennt und „die Kapitulation der Rechtsdogmatik und de[n] Verzicht auf rationale Rechtsanwendung erklärt".

427 Zu der Problematik, die von § 817 Satz erfassten Konstellationen unter § 242 zu fassen, vgl. bereits oben *Erster Teil, § 2 II 4 b.*

428 Vgl. auch *Canaris,* Die Vertrauenshaftung, S. 287, 352 ff.; *Singer,* Das Verbot widersprüchlichen Verhaltens, S. 6 ff.; *Zimmermann,* Richterliches Moderationsrecht oder Totalnichtigkeit, S. 167 f.

Gesetzesauslegung sprengen und ist auch unter dem Gesichtspunkt einer teleologischen Reduktion nicht zu rechtfertigen. Man muss akzeptieren, dass sich die Entwicklung des Rechts verselbständigt hat und das Rechtsinstitut der Kondiktionssperre bei beiderseitiger Gesetzes- oder Sittenwidrigkeit dem historischen Vorbild „entwachsen" ist.

§ 4 Die Notwendigkeit subjektiver Voraussetzungen

Zu den Einschränkungsversuchen des § 817 Satz 2 zu zählen sind schließlich auch die Bestrebungen, die Anwendung der Norm vom Erfordernis subjektiver Voraussetzungen abhängig zu machen.

I. Meinungsstand

Eine verbreitete Ansicht in der Literatur fordert als ungeschriebenes Tatbestandsmerkmal des § 817 Satz 2 subjektive Voraussetzungen[429]. Die genauen Erfordernisse, die an den subjektiven Tatbestand zu stellen sind, werden allerdings nicht einheitlich beurteilt[430]. Überwiegend wird für ausreichend erachtet, dass sich der Handelnde der Einsicht in die Rechtswidrigkeit leichtfertig verschließt[431], da ansonsten „Wertblindheit" zu einer Privilegierung führen würde[432]. Teilweise wird auch zwischen Sitten- und Gesetzesverstoß differenziert[433]: Während

429 *Larenz/Canaris*, Lehrbuch des Schuldrechts II/2, S. 163, § 68 III; *Wieling*, Bereicherungsrecht, S. 38, § III 6 b; *Canaris*, in: FS Steindorff, S. 526; *von Sachsen Gessaphe*, in: Anwaltkommentar, § 817, Rn. 15; *Mühl/Hadding*, in: Soergel, § 817, Rn. 13; *Leupertz*, in: Prütting/Wegen/Weinreich, § 817, Rn. 10; *Stadler*, in: Jauernig, § 817, Rn. 11; *Rost*, Probleme der Kondiktion wegen mißbilligter Leistungsannahme, S. 67; *Mayer-Maly*, Das Bewußtsein der Sittenwidrigkeit, S. 48 ff.; *Hammes*, JR 1950, 11, 13; krit.: *Westermann/Buck-Heeb*, in: Erman, § 817, Rn. 13.

430 Vgl. z.B. *Wieling*, Bereicherungsrecht, S. 38, § III 6 b: Verschulden; *Leupertz*, in: Prütting/Wegen/Weinreich, § 817, Rn. 10: Vorsatz; *Stadler*, in: Jauernig, § 817, Rn. 11: Kenntnis; *Rost*, Probleme der Kondiktion wegen mißbilligter Leistungsannahme, S. 67: „wertfreie Kenntnis".

431 *Larenz/Canaris*, Lehrbuch des Schuldrechts II/2, S. 163, § 68 III; *Mühl/Hadding*, in: Soergel, § 817, Rn. 13; *Leupertz*, in: Prütting/Wegen/Weinreich, § 817, Rn. 10; *Wendehorst*, in: Bamberger/Roth, § 817, Rn. 16; *Schwab*, in: MünchKomm, § 817, Rn. 42.

432 So insbes. *Lorenz*, in: Staudinger, § 817, Rn. 21; *Wendehorst*, in: Bamberger/Roth, § 817, Rn. 16.

433 *Lorenz*, in: Staudinger, § 817, Rn. 22; *Schwab*, in: MünchKomm, § 817, Rn. 44; für eine Differenzierung auch *Mühl/Hadding*, in: Soergel, § 817, Rn. 31.

bei der Übertretung gesetzlicher Verbote angesichts der unübersehbaren Vielzahl an Verbotsgesetzen ein Bewusstsein des Verstoßes im Sinne einer Parallelwertung in der Laiensphäre nötig sein soll, wird im Falle eines Sittenverstoßes die Kenntnis der die Sittenwidrigkeit begründenden Tatumstände für ausreichend erachtet.

Bereits an dieser Stelle soll vorweggenommen werden, dass auch die Rechtsprechung die Anwendung des § 817 Satz 2 überwiegend von subjektiven Voraussetzungen abhängig macht, wobei auch hier die genauen Voraussetzungen nicht immer einheitlich beurteilt werden[434].

In der Literatur finden sich allerdings auch Stimmen, die § 817 Satz 2 unabhängig vom Vorliegen besonderer subjektiver Voraussetzungen zur Anwendung bringen wollen[435]. Danach ist die Kondiktionssperre grundsätzlich schon bei einem objektiven Verstoß anwendbar. Etwas anderes gilt nur, wenn bereits die §§ 134, 138 an subjektive Voraussetzungen anknüpfen[436].

II. Stellungnahme

Ob man für das Eingreifen der Kondiktionssperre - entgegen ihres ausdrücklichen Wortlauts - subjektive Voraussetzungen verlangt, hängt eng damit zusammen, welche Ratio man § 817 Satz 2 beimisst. Die Vertreter der früher herrschenden Straftheorie fordern konsequenterweise subjektive Voraussetzungen: Ein als Strafe verstandener Anspruchsausschluss ist nur dann angemessen, wenn auch ein subjektiver Gesetzes- oder Sittenverstoß vorliegt. Die herrschende Theo-

---

434 BGHZ 50, 90, 92; NJW 1983, 1420, 1423; NJW 1992, 310, 311; NJW 2000, 1562; OLG Hamm NJW 1986, 781, 783; OLG Celle WRP, 954, 956. Näher zu dem Erfordernis subjektiver Voraussetzungen in der Rspr. s.u. *Dritter Teil, § 1 3. b) bb).*

435 *Reuter/Martinek,* Ungerechtfertigte Bereicherung, S. 212, § 6 V; *Koppensteiner/Kramer,* Ungerechtfertigte Bereicherung, S. 64 f.; *Prölss,* ZHR 132 (1969), 35, 46; *Wazlawik,* ZGS 2007, 336, 342; *Coester-Waltjen,* JuS 1986, 193, 195; *Wambach,* Die bereicherungsrechtliche Rückabwicklung gesetzes- oder sittenwidriger Verträge, S. 68; in diese Richtung auch *Kollhosser,* JZ 1986, 446, 447.

436 Zur Relevanz subjektiver Momente i.R.d. §§ 134, 138 vgl. z.B. *Larenz/Wolf,* Allgemeiner Teil des Bürgerlichen Rechts, S. 730, 737 ff., § 40. Grds. verlangt § 138 nur dann einen subjektiven Verstoß, wenn sich die Sittenwidrigkeit nicht schon aus dem Inhalt des Geschäfts ergibt. Ausführlich zur Rechtslage i.R.d. § 138: *Lindacher,* AcP 173 (1973), 124 ff. I.R.d. § 134 sind grds. nur dann subjektive Voraussetzungen nötig, wenn das Verbotsgesetz dies ausdrücklich vorschreibt.

rie der Rechtsschutzversagung[437] führt im Hinblick auf das Erfordernis subjektiver Voraussetzungen zu keiner anderen Beurteilung. Denn auch eine Rechtsschutzversagung wird ganz überwiegend nur dann als sachgerecht erachtet, wenn sich der Leistende bewusst außerhalb der Rechtsordnung gestellt hat[438].

Anders stellt sich die Sachlage dagegen dar, wenn man von der hier favorisierten Auffassung zum rechtspolitischen Grundmotiv des § 817 Satz 2 ausgeht. Wenn es bei § 817 Satz 2 um die Fortführung der §§ 134, 138 in das Bereicherungsrecht geht, scheint es sachgerecht, im Rahmen des § 817 Satz 2 dieselben Voraussetzungen genügen zu lassen wie im Rahmen der §§ 134, 138. Die Kondiktionssperre ist nach dieser Ansicht gerade keine Reaktion auf missbilligtes Verhalten, sondern dient vielmehr der Durchsetzung allgemeiner Ordnungsgrundsätze. Diese Funktion aber ist unabhängig vom Vorliegen subjektiver Voraussetzungen. Im Ergebnis führt diese Auffassung zu einer Harmonisierung des § 817 Satz 2 mit den §§ 134, 138 und vermeidet eine Wertungsantinomie zwischen den beiden Tatbeständen[439]. Auch aus systematischer Sicht spricht Einiges für einen Verzicht auf subjektive Voraussetzungen: Das Bereicherungsrecht ist insgesamt auf die Wiederherstellung der objektiv richtigen Güterzuordnung gerichtet; der Gedanke des Verschuldens wird lediglich auf der Rechtsfolgenseite im Rahmen der verschärften Haftung gem. § 818 Abs. 4, 819 Abs. 1 relevant, ist dem Bereicherungsrecht im Übrigen aber fremd. Ein Abstellen auf „wertfreie Kenntnis" in Anlehnung an die §§ 814, 815[440] umgeht zwar den systemfremden Verschuldensaspekt. Jedoch muss entscheidend berücksichtigt werden, dass § 817 Satz 2 im Gegensatz zu den §§ 814, 815 gerade nicht ausdrück-

---

437 S.o. *Erster Teil, § 3 II. 2.*

438 Statt vieler: *Schwab,* in: MünchKomm, § 817, Rn. 42; *Hammes,* JR 1950, 11, 13; *a.A. Reuter/Martinek,* Ungerechtfertigte Bereicherung, S. 212, § 6 V; *Koppensteiner/Kramer,* Ungerechtfertigte Bereicherung, S. 65: Der Gedanke der Rechtsschutzversagung soll schon dann greifen, wenn sich der Betroffene objektiv außerhalb die Rechtsordnung gestellt hat.

439 So auch *Prölss,* ZHR 132 (1969), 35, 47; krit. *Honsell,* Die Rückabwicklung sittenwidriger oder verbotener Geschäfte, S. 46; gegen eine solche Einheitskonzeption für den Bereich der Sittenwidrigkeit: *Mayer-Maly,* Das Bewußtsein der Sittenwidrigkeit, S. 14 ff.

440 So insbes. *Rost,* Probleme der Kondiktion wegen mißbilligter Leistungsannahme, S. 67 ff.

lich auf „Kenntnis" abstellt und die Tatbestände auch nicht auf demselben Grundgedanken beruhen[441].

Es scheint daher vorzugswürdig, von einem subjektiven Tatbestandselement abzusehen. Unbillige Ergebnisse, die mit dem Rückforderungsausschluss einhergehen, sollten auf andere Weise korrigiert werden als durch Einführung eines ungeschriebenen subjektiven Tatbestandsmerkmals. Allerdings sind auch nach der hier vertretenen Auffassung subjektive Umstände nicht bar jeder Relevanz. Denkbar ist ihre Berücksichtigung zum Beispiel, wenn es um eine ausnahmsweise Restriktion des § 817 Satz 2 über § 242 geht[442]. Außerdem wird ein besonderes Augenmerk darauf zu legen sein, ob ein Anspruchsausschluss gegenüber einem gutgläubigen Leistenden wirklich Sinn und Zweck der jeweils verletzten Vorschrift entspricht[443].

Klarzustellen ist, dass es sich bei einer Begrenzung des § 817 Satz 2 über subjektive Erfordernisse - gleich welcher Ansicht man sich anschließen mag - jedenfalls nur um eine punktuelle Korrektur von begrenzter Reichweite handeln kann. In vielen Fällen wird ein subjektiver Gesetzes- oder Sittenverstoß des Leistenden - zumindest in Form der fahrlässigen Unkenntnis vom Verstoß - vorliegen. Für diese Fälle besteht jedenfalls weiterhin ein Bedürfnis nach einer sachgerechten Restriktion der Kondiktionssperre, da die Einschränkung des § 817 Satz 2 durch subjektive Voraussetzungen kein umfassendes Lösungskonzept für sämtliche im Rahmen der Vorschrift auftretenden Problemlagen darstellt.

§ 5 Sonstige Einschränkungsversuche

I. Systematische Beschränkung auf die condictio ob turpem vel iniustam causam

Ein „bequemer" Weg der Problemvermeidung wäre es, den Anwendungsbereich des § 817 Satz 2 entsprechend seines Wortlauts und der systematischen Stellung der Norm auf die *condictio ob turpem vel iniustam causam* des § 817 Satz 1 zu beschränken. Allerdings hätte die Kondiktionssperre dann kaum mehr eine eigene Bedeutung[444]. Konsequenterweise wird dieser Weg heute kaum mehr beschritten, viel-

---

441 S.o. *Erster Teil, § 3 II. 5. a.*

442 S.o. *Zweiter Teil, § 2.*

443 Hierzu s.u. *Zweiter Teil, § 6* sowie *Dritter Teil, § 1 3. d.*

444 S.o. *Erster Teil, § 2 I. 1.*

mehr ist die Ausdehnung der Kondiktionssperre auf die allgemeine Leistungskondiktion aus überzeugenden Gründen allgemein anerkannt[445]. *Heck*, der sich als Erster explizit und mit ausführlicher Begründung gegen eine Ausdehnung des § 817 Satz 2 wandte[446], geht ohnehin von einem anderen konkurrenzrechtlichen Verständnis aus als die herrschende Meinung und erstreckt damit faktisch die Kondiktionssperre ebenfalls auf einen Teilbereich der allgemeinen Leistungskondiktion[447], so dass das Problem einer sachgerechten Einschränkung des § 817 Satz 2 durch objektiv nachvollziehbare Kriterien letztlich immer noch im Raum steht. Auch die Argumentation *Wazlawiks*, der sich jüngst für eine Beschränkung der Kondiktionssperre auf § 817 Satz 1 aussprach[448], überzeugt - wie dargelegt[449] - nicht. Zudem ist es nicht konsequent, wenn er einerseits mit *Honsell* eine Rückführung auf den historischen Anwendungsbereich der Vorschrift favorisiert[450], andererseits aber eine Ausdehnung auf die allgemeine Leistungskondiktion ablehnt, da auch nach der Ansicht *Honsells* die Kondiktionssperre auf einen Teilbereich des § 812 Abs. 1 Satz 1, 1. Alt. ausgedehnt werden muss[451].

II. Keine Anwendung im Falle einseitiger Vorleistungen

Da die Folgen des § 817 Satz 2 insbesondere dann als hart und unbillig empfunden werden, wenn im Rahmen eines gegenseitigen Vertrags einseitig vorgeleistet wurde, will insbesondere *Bufe*[452] den Kondiktionsausschluss gerade in diesem Fall nicht anwenden. Grundlage die-

445 S.o. *Erster Teil, § 2 I.*

446 *Heck,* AcP 124 (1925), 1 ff.

447 S.o. *Erster Teil, § 2 I. 2.*

448 *Wazlawik,* ZGS 2007, 336, 340, 342 f.

449 S.o. *Erster Teil, § 2 I. 2.*

450 *Wazlawik,* ZGS 2007, 336, 343.

451 *Honsell,* Die Rückabwicklung sittenwidriger oder verbotener Geschäfte, S. 137.

452 *Bufe,* AcP 157 (1958/59), 215 ff.; zust. *Reeb,* Grundprobleme des Bereicherungsrechts, S. 67; *Vogel,* Auslegung und Anwendung des § 817 Satz 2 BGB unter dem Prinzip des Leistungsgleichgewichts, S. 47 ff.: *Vogel* stützt sich auf ein „Prinzip des Leistungsgleichgewichts", dem § 817 Satz 2 ebenso wie das gesamte Schuldrecht unterstehen soll; im Ergebnis ebenso *Horter,* Der Strafgedanke im Bürgerlichen Recht, S. 110: *Horter* geht davon aus, dass das Prinzip der Rechtsschutzverweigerung den Rückforderungsausschluss nur dann rechtfertigen kann, wenn beiderseits geleistet wurde.

ses Lösungsversuchs ist die Vorstellung, der Kondiktionsausschluss wolle nach seiner Ratio lediglich ein Reuerecht bei beiderseits erfülltem Vertrag verhindern[453]. Er stützt seine Auffassung hauptsächlich auf eine Analyse der römischen Quellen sowie auf allgemeine Gerechtigkeitserwägungen: so bedürfe es eines Schutzes der Rechtsordnung nicht, wenn sich die Abreden der Parteien genauso verwirklicht haben, wie sie es sich vorgestellt haben. Auch die Ansicht *Bufes* fand zu Recht weder in der Rechtsprechung noch in der Literatur Anklang[454]. Neben der Tatsache, dass sein Vorschlag die Grenzen der Auslegung sprengt und allgemeine Gerechtigkeitserwägungen keine objektiv-teleologische Auslegung ersetzen können[455], entspricht auch seine dogmengeschichtliche Herleitung nicht dem heute anerkannten rechtshistorischen Kenntnisstand[456]. Im römischen Recht erlangte nämlich der Kondiktionsausschlusstatbestand seine eigentliche Bedeutung gerade in Fällen, in denen die Gegenleistung nicht erbracht worden ist[457]. Und auch heute entfaltet der Kondiktionsausschluss überwiegend dann seine Wirkung, wenn es sich um Fälle einseitiger Vorleistungen handelt. Denn in Fällen, in denen beiderseits geleistet wurde und sich der Wille der Vertragspartner wie von ihnen beabsichtigt verwirklicht hat, wird es nur selten zur Geltendmachung von Rückforderungsansprüchen kommen.

---

453 Hierzu s.o. *Erster Teil, § 2 II. 4.*

454 Gegen die These *Bufes* insbes. *Honsell,* Die Rückabwicklung sittenwidriger oder verbotener Geschäfte, S. 40; *Niederländer,* in: FS Gutzwiller, S. 623, Fn. 9; *Rost,* Probleme der Kondiktion wegen mißbilligter Leistungsannahme, S. 186 ff. (mit ausführlicher Kritik); *Mühl/Hadding,* in: Soergel, § 817, Rn. 26; *Michalski,* Jura 1994, 113, 116.

455 Allgemein zur Berücksichtigung von Gerechtigkeitserwägungen bei der Auslegung: *Zippelius,* Juristische Methodenlehre, S. 57 ff. *Bufe* stellt hierzu nur lapidar fest: „Nun, wer als Shylok am Wortlaut haften und offenbare Ungerechtigkeiten begehen will, der mag es auch weiterhin tun. Wer aber den Gerechtigkeitsprinzipien zum Erfolg verhelfen will, […], der wird sich eben über den Wortlaut hinwegsetzen müssen".

456 Insbesondere *Honsell* und *Niederländer* bezeichnen die dogmengeschichtliche Herleitung als „unhaltbar", vgl. *Honsell,* Die Rückabwicklung sittenwidriger oder verbotener Geschäfte, S. 40; *Niederländer,* in: FS Gutzwiller, S. 623, Fn. 9.

457 S.o. *Erster Teil, § 1 I. 3.*

III. Anwendung nur bei Sittenverstößen

Verschiedentlich wurde versucht, die Tatbestandsvoraussetzungen des § 817 Satz 2 dergestalt einzuschränken, dass die Norm nur bei besonders qualifizierten Verstößen zur Anwendung gelangt.

Insbesondere *Seiler*[458] plädierte dafür, die Kondiktionssperre bei Gesetzesverstößen nur dann zur Anwendung zu bringen, wenn ein Gesetzesverstoß zugleich einen Sittenverstoß darstellt. Methodisch stützt er diese Beschränkung auf eine reine teleologische Reduktion des § 817 Satz 2. Nur bei Sittenverstößen sei eine Anwendung der Kondiktionssperre unter dem Aspekt der Strafe gerechtfertigt, wohingegen dies bei Verstößen gegen Verbotsgesetze, die häufig eine rein ordnende, wirtschaftslenkende Funktion hätten, unbillig sei. Zudem untermauert er seine These mit einer umfassenden Analyse der römischrechtlichen Quellen, die belegen soll, dass die Kondiktionssperre im römischen Recht mehr als flexible *regulae* denn als starrer Ausschlusstatbestand gehandhabt wurde[459].

Die Bemühungen, den Anwendungsbereich des § 817 Satz 2 auf Sittenverstöße zu beschränken, wurzeln in der Vorstellung, dass die vermeintlich „harte" Rechtsfolge eines Kondiktionsausschlusses am ehesten bei gravierenden Sittenverstößen zu rechtfertigen ist, während sich bei Verstößen gegen sittlich indifferente Verbote aus dem wirtschaftsrechtlichen Bereich „das schneidige Schwert unseres § 817 Satz 2 als viel zu scharf erweis[t]"[460].

Allerdings ist eine solche Differenzierung, selbst wenn sie aus Gerechtigkeitserwägungen wünschenswert sein sollte, im Wortlaut des § 817 Satz 2 nicht angelegt[461]. Hinter der Vorstellung, die Anwendung des § 817 Satz 2 sei von bestimmten, vermeintlich besonders schweren Verstößen abhängig zu machen, verbirgt sich letztlich der Gedanke, ein Kondiktionsausschluss sei als eine Art Sanktion lediglich bei Verschulden gerechtfertigt. Dieser Aspekt ist jedoch dem Bereicherungsrecht - ebenso wie der überkommene Strafgedanke - fremd. Auch ist

---

458 *Seiler,* in: FS Felgentraeger, S. 380, 391; ebenso schon andeutungsweise *Plassmann,* JZ 1964, 24, 27; in diese Richtung auch *Wacke,* in: Beiträge zum deutschen und israelischen Privatrecht, S. 146, 151; *Hackbarth,* In pari turpitudine melior est conditio possidentis, S. 150 f.; *Kötz,* RabelsZ 58 (1994), 209, 228; *Kötz/Flessner,* Europäisches Vertragsrecht, S. 256; ebenso *de lege ferenda*: *Strobl,* Beitrag zur Problematik des § 817 Satz 2 BGB, S. 151.

459 *Seiler,* in: FS Felgentraeger, S. 381 ff.

460 *Wacke,* in: Beiträge zum deutschen und israelischen Privatrecht, S. 146.

461 So auch *Michalski,* Jura 1994, 113, 117.

die Prämisse, die Anwendung der Kondiktionssperre bei Sittenverstößen entspreche dem Gerechtigkeitsempfinden, nicht über jeden Zweifel erhaben[462]. Das aktuelle Beispiel sittenwidriger Schneeballsysteme, in der die Anwendung des § 817 Satz 2 umstritten ist[463], zeigt, dass auch bei einem Sittenverstoß eine Kondiktionssperre nicht immer der richtige Weg für eine im Einzelfall billige Lösung sein muss. Eine Unterscheidung zwischen Sitten- und Gesetzesverstößen überzeugt auch deshalb nicht, weil viele Verbotsgesetze aus ursprünglich ungeschriebenen Sittennormen hervorgegangen sind und der Unterschied zwischen gesetzes- und sittenwidrigen Geschäften gerade nicht in der Schwere des Verstoßes liegt. Der Unterschied besteht vielmehr lediglich darin, dass bei Gesetzeswidrigkeit gegen geschriebene Verhaltensnormen, bei Sittenwidrigkeit gegen ungeschriebene Verhaltensnormen verstoßen wird[464].

Wie problematisch im Übrigen eine Differenzierung zwischen Sitten- und Gesetzesverstoß in der Praxis ist, wird deutlich, wenn man einen rechtsvergleichenden Blick auf die Situation im italienischen Recht wirft. Das italienische Recht kennt nämlich mit Art. 2035 C.c. zwar ebenfalls einen Rückforderungsausschluss, dieser kommt nach seinem eindeutigen Wortlaut aber nur bei einem Sittenverstoß, nicht aber bei einem Gesetzesverstoß zum Zuge. Aus diesem Grund wird in Italien heute überwiegend angenommen, dass ein Gesetzesverstoß nur dann für eine Kondiktionssperre ausreicht, wenn er durch ein „unmoralisches" Verhalten des Leistenden besonders qualifiziert ist[465]. Die zu Art. 2035 C.c. ergangene Rechtsprechung und der Diskussionsstand in der Literatur zeigen allerdings, dass die Trennlinie zwischen sitten- und gesetzeswidrigen Verträgen schwer zu ziehen ist und dass die Entscheidung über die Einordnung in die eine oder andere Kategorie oftmals von der Rechtsfolge her und maßgeblich nach Billigkeitsgesichtspunkten erfolgt[466].

---

462 S.o. *Zweiter Teil, § 3 II.*

463 Hierzu s.u. *Dritter Teil, § 1 I. 3.*

464 *Sack*, in: Staudinger, § 138, Rn. 103; *Damm*, JZ 1986, 913, 918 f.

465 *Schlechtriem,* Restitution und Bereicherungsausgleich in Europa, S. 222; *Zaccaria*, in: Cian/Trabucchi, Art. 2035, Anm. II, Rn. 7; *Gallo,* Arricchimento senza causa, S. 186.

466 *Schlechtriem,* Restitution und Bereicherungsausgleich in Europa, S. 654; gegen eine solche Differenzierung daher auch *Niederländer,* in: FS Gutzwiller, S. 631 f.; ähnlich stellt sich die Rechtslage in Frankreich dar, wo zwischen einem *„contrat immoral"* und einem *„contrat seulement illicite"* unterschieden wird, vgl. *Kötz,* RabelsZ 58 (1994), 209, 228.

Jüngst sprach sich *Wambach* für eine Beschränkung des Kondiktionsausschlusses auf Fälle aus, in denen dem Leistenden durch die Leistung im Verhältnis zum anderen Teil ein zusätzlicher und alleiniger Sittenverstoß zur Last fällt, wie dies etwa bei einer arglistigen Täuschung des Leistenden der Fall sein soll[467]. Problematisch an dieser Ansicht ist wiederum, dass eine solche Eingrenzung im Wortlaut des § 817 Satz 2 nicht angelegt ist. Auch teleologische Kriterien, die eine solche Reduktion der Vorschrift rechtfertigen könnten, werden nicht geliefert. Wiederum spiegelt sich in einem solchen Beschränkungsversuch letztlich der überkommene Strafgedanke wider, da davon ausgegangen wird, die Rückforderungssperre sei nur bei besonderer Verwerflichkeit des Leistenden adäquat. Offen bleibt außerdem die Frage, welche Voraussetzungen an einen zusätzlichen und alleinigen Sittenverstoß zu stellen sind und wann ein solcher genau vorliegt. Schließlich hätte eine derartige Restriktion zur Folge, dass der Vorschrift des § 817 Satz 2 kaum mehr eigene Bedeutung zukäme. Denn in den Fällen, in denen dem Leistenden ein zusätzlicher und alleiniger Sittenverstoß anzulasten ist, wird häufig zusätzlich ein Schadensersatzanspruch gem. §§ 823 Abs. 2 i.V.m. 263 StGB oder § 826 gegeben sein, dem die Kondiktionssperre nach der hier vertretenen Ansicht nicht entgegengehalten werden kann, so dass sich der Ausschluss bereicherungsrechtlicher Ansprüche über § 817 Satz 2 kaum auswirken dürfte.

§ 6 Einschränkung über den Schutzzweck der verletzten Verbots- oder Sittennorm

In der jüngeren Literatur zeichnet sich eine starke Tendenz dahin ab, die Frage nach dem Ausschluss der Rückabwicklung nach Sinn und Zweck der zur Nichtigkeit führenden Norm zu beurteilen[468]. Unter

---

467 *Wambach,* Die bereicherungsrechtliche Rückabwicklung gesetzes- oder sittenwidriger Verträge, S. 60, 90.

468 Eingehend: *Fabricius,* JZ 1963, 85 ff. sowie *Weyer,* WM 2002, 627 ff.; ferner: *König,* in: Gutachten und Vorschläge zur Überarbeitung des Schuldrechts, S. 1527, 1540, 1542; *Reuter/Martinek,* Ungerechtfertigte Bereicherung, S. 209 ff., § 6 V; *Esser/Weyers/Schmidt,* Schuldrecht II/2, S. 71, § 49 IV; *Fikentscher/Heinemann,* Schuldrecht, S. 719, § 103; *Wendehorst,* in: Bamberger/Roth, § 817, Rn. 23; *Martinek,* in: jurisPK-BGB, § 817, Rn. 34 f.; *von Sachsen Gessaphe,* in: Anwaltkommentar, § 817, Rn. 23; *Westermann/Buck-Heeb,* in: Erman, § 817, Rn. 13 a.E.; 15; *Wacke,* in: Beiträge zum deutschen und israelischen Privatrecht, S. 146; *Schlechtriem,* Restitution und Bereicherungsausgleich in Europa, S. 640; *Kötz/Flessner,*

welchen Voraussetzungen sowie in welchem Maße der Schutzzweck der verletzten Vorschrift die Rechtsfolgen des § 817 Satz 2 einzuschränken vermag und wie eine solche Restriktion dogmatisch begründet werden kann, wurde allerdings nur selten näher beleuchtet und ist in den Einzelheiten nach wie vor ungeklärt.

I. Argumente für eine normzweckorientierte Restriktion

Unabhängig von den dogmatischen und inhaltlichen Voraussetzungen einer normzweckorientierten Einschränkung stellt sich die Frage, welche Argumente für diese - in jüngerer Zeit so beliebte - Restriktionsmethode streiten.

Zunächst legt bereits der systematischen Zusammenhang der Kondiktionssperre mit den §§ 134, 138 einen Rückgriff auf Sinn und Zweck der jeweils verletzten Norm nahe. § 817 Satz 2 ist insofern eine Blankettnorm, als dass sie zwingend einen Gesetzes- oder Sittenverstoß im Sinne der §§ 134, 138 voraussetzt. Erst die Bejahung der Tatbestandsvoraussetzungen der §§ 134, 138 ebnet den Weg in die bereicherungsrechtliche Vorschrift des § 817 Satz 2. Aufgrund dieser Dependenz ist es nur konsequent, wenn Sinn und Zweck der verletzten Verbots- oder Sittennorm auch im Rahmen der Anwendung des § 817 Satz 2 berücksichtigt werden. Die Verbindung der Kondiktionssperre mit den allgemeinen Nichtigkeitsnormen führt schließlich dazu, dass die neueren Entwicklungen im Rahmen der §§ 134, 138 den heutigen Problemgehalt des § 817 Satz 2 maßgeblich mitbestimmen[469]. Durch die bereits erwähnte Verschärfung des Sittenwidrigkeitsmaßstabs und die Zunahme an Verbotsnormen mit wirtschaftslenkenden Zielsetzungen haben die Vorschriften der §§ 134, 138 einen enormen

---

Europäisches Vertragsrecht, S. 254; *Michalski,* Jura 1994, 113, 115; *Coester-Waltjen,* JuS 1986, 193, 195; *Kötz,* RabelsZ 58 (1994), 209, 226; *Thilenius,* Die Nichtigkeit von Schwarzarbeitsverträgen, S. 111 ff.; *Wambach,* Die bereicherungsrechtliche Rückabwicklung gesetzes- oder sittenwidriger Verträge, S. 80 ff.; *Armgardt,* JR 2009, 177, 179; *Honsell,* in: FS Seiler, S. 476 f.; *ders.,* Die Rückabwicklung sittenwidriger oder verbotener Geschäfte, S. 152: auch *Honsell* geht davon aus, dass ein Bedürfnis für eine Rückforderungssperre bestehen kann, wenn dies der Verbotszweck oder das Sittenwidrigkeitsverdikt fordern. Allerdings ist nach seiner Auffassung keine Lösung über § 817 Satz 2 zu suchen. Vielmehr soll im Wege einer teleologischen Reduktion der §§ 134, 138 gar keine Nichtigkeit vorliegen, wenn nach Sinn und Zweck des Verbotszwecks oder der verletzten Sittennorm keine Rückabwicklung nötig ist; ähnlich *Cahn,* JZ 1997, 8 ff.

469 Vgl. hierzu *Joerges,* in: Alternativkommentar, § 817, Rn. 7.

Bedeutungszuwachs erfahren[470]. Während der historische Gesetzgeber bei der Schaffung des § 134 vor allem Verbotsgesetze des Strafrechts im Auge hatte, hat sich mittlerweile ein „Trend vom Strafrecht zum Wirtschaftsrecht“[471] und damit eine Wandlung von „bloß exeptioneller Sanktion zu zunehmend regulärer Intervention“[472] vollzogen. Dies führte dazu, dass sich der Schwerpunkt des praktischen Anwendungsbereichs auch bei § 817 Satz 2 verlagert hat[473], was bei der Anwendung der Vorschrift sowie ihrer Weiterentwicklung im Rahmen der richterlichen Rechtsfortbildung berücksichtigt werden muss. Gerade die zahlreichen Verbotsnormen des Wirtschaftsrechts verfolgen die vielfältigsten Zwecke, so dass ein Verstoß gegen die einzelnen Normen nicht pauschal mit einem bereicherungsrechtlichen Rückforderungsausschluss beantwortet werden kann. Vielmehr kann angesichts der großen Bandbreite an Verbots- und Sittennormen Einzelfallgerechtigkeit nur erreicht werden, wenn Sinn und Zweck der Vorschrift, gegen die verstoßen wurde, auch im Rahmen der bereicherungsrechtlichen Rückabwicklung gewürdigt werden. Dies spiegelt sich auch in den jüngsten Reformbestrebungen im Rahmen des Bereicherungsrechts wider: Sowohl der während der Beratungen zur Schuldrechtsmodernisierung entstandene Gesetzesvorschlag *Königs* als auch der im Zuge der Vorarbeiten zu einem Europäischen Zivilgesetzbuch erarbeitete gemeinsame Referenzrahmen sehen einen Konditionsausschluss bei gesetzes- oder sittenwidrigen Verträgen nur dann vor, wenn eine Rückabwicklung Sinn und Zweck der Nichtigkeitssanktion widerspricht[474].

Eine normzweckorientierte Restriktion des § 817 Satz 2 bietet außerdem den Vorteil, dass damit einer der Hauptkritikpunkte an der Kondiktionssperre entkräftet wird. Der Vorwurf, durch den Rückforderungsausschluss werde ein an sich gesetzeswidriger Zustand perpetuiert, verliert seine Brisanz, wenn eine Rückabwicklung stattfindet, sofern die Rückforderungssperre mit dem Sinn und Zweck der verletzten Vorschrift unvereinbar ist[475]. Ein solcher Ansatz verhindert

---

470 Vgl. z.B. *König,* Ungerechtfertigte Bereicherung, S. 125; *Joerges,* in: Alternativkommentar, § 817, Rn. 7; *Damm,* JZ 1986, 913, 914.

471 *Damm,* JZ 1986, 913, 914.

472 *Damm,* JZ 1986, 913, 914.

473 Vgl. *Joerges,* in: Alternativkommentar, § 817, Rn. 7.

474 Hierzu s.o. *Erster Teil, § 1 III. 3.*

475 So hält auch *Honsell* die Ergebnisse, die § 817 Satz 2 liefert, gerade dann für „paradox“, wenn der Verbotszweck die Rückabwicklung fordert, vgl.

gerade, dass ein gegen die §§ 134, 138 verstoßender Zustand aufrechterhalten wird, sofern dies der Ratio der zur Nichtigkeit führenden Norm widerspricht. Ist dies umgekehrt nicht der Fall, das heißt widerspricht der Rückforderungsausschluss nicht dem Normzweck, hat der Einwand, § 817 Satz 2 führe zu einer „Verewigung" verbotener Zustände, nur geringe Überzeugungskraft. Im Gegenteil kann - insofern sei auf die obigen Ausführungen verwiesen[476]- der Rückforderungsausschluss in diesem Fall die Nichtigkeitssanktion intensivieren. Die These, es werde ein verbotener Zustand perpetuiert, ist ohnehin in dieser Allgemeinheit nur dann zutreffend, wenn die Übertragung des Leistungsgegenstandes selbst von der Rechtsordnung missbilligt wird[477]. Dann aber widerspricht in der Regel der Normzweck einer Anwendung des § 817 Satz 2[478]. Bezieht sich die Nichtigkeitssanktion dagegen auf ein bestimmtes Verhalten einer Partei, wie dies etwa bei der unerlaubten Rechtsberatung der Fall ist, kann dieses unerlaubte Verhalten auch über eine Rückabwicklung nicht mehr aus der Welt geschaffen werden.

II. Methodische Begründungsmöglichkeiten

Damit ist aber noch offen, ob und wie eine solche normzweckorientierte Restriktion rechtsdogmatisch begründet werden kann.

1. Die Lösungsvorschläge von Fabricius und Weyer

Als einer der Ersten forderte *Fabricius*[479] eine Berücksichtigung von Sinn und Zweck des Verbotsgesetzes bei der Anwendung des § 817 Satz 2. Im Ergebnis will er § 817 Satz 2 bei Verstößen gegen solche Verbotsgesetze nicht anwenden, die zum Schutz Dritter oder zum Schutz des sozial schwächeren Leistenden erlassen wurden[480]. Dieses Ergebnis soll über eine restriktive Auslegung des § 817 Satz 2 erreicht werden[481]. Zur Veranschaulichung der These werden unter anderem gesellschaftsrechtliche Rückzahlungsverbote, wie § 30 Abs. 1 Satz 1

Honsell, Die Rückabwicklung sittenwidriger oder verbotener Geschäfte, S. 2.

476 S.o. *Erster Teil, § 2 II. 5.*

477 Zutr. *Dauner,* JZ 1980, 495, 497 f.

478 Siehe hierzu unten *Zweiter Teil, § 6 IV.*

479 *Fabricius,* JZ 1963, 85 ff.

480 *Fabricius,* JZ 1963, 85, 88 f., 90.

481 *Fabricius,* JZ 1963, 85, 89 f. Ebenfalls für eine restriktive Auslegung: *Fikentscher/Heinemann,* Schuldrecht, S. 719, § 103.

GmbHG, sowie arbeitnehmerschützende Vorschriften, wie § 4 Abs. 3 TVG, angeführt. Das gesellschaftsrechtliche Verbot der Rückzahlung von Einlagen, die der Erhaltung des Stammkapitals dienen, bezweckt den Gläubigerschutz, also mithin den Schutz Dritter. Ein Ausschluss der Rückforderung verbotswidrig ausgezahlter Einlagen würde diesen Schutzzweck konterkarieren, so dass konsequenterweise eine Anwendung des § 817 Satz 2 in diesem Bereich nicht in Betracht kommen kann. Die Vorschrift des § 4 Abs. 3 TVG hat dagegen den Schutz des sozial schwächeren Arbeitnehmers zum Ziel. Bei verbotswidrigen Leistungen des Arbeitnehmers soll daher § 817 Satz 2 einer Rückforderung ebenfalls nicht im Wege stehen.

In jüngerer Zeit setzte sich *Weyer*[482] näher mit einer Berücksichtigung des Normzwecks bei der Anwendung des § 817 Satz 2 auseinander. Er spricht sich für einen generellen Normzweckvorbehalt im Bereicherungsrecht aus. Für § 817 Satz 2 bedeutet diese These, dass die Kondiktion im Einzelfall unabhängig von den Tatbestandsmerkmalen des § 817 Satz 2 zuzulassen ist, wenn dies nötig ist, um Sinn und Zweck der verletzten Verbotsnorm zur Geltung zu verhelfen. Dabei soll jedoch der Fokus nicht eindimensional auf den Normzweck gelegt werden. Vielmehr sollen die Rückabwicklungsfolgen anhand einer Abwägung zwischen dem Normzweck der verletzten Vorschrift und dem Ziel einer dem gescheiterten Rechtsgeschäft gerecht werdenden Rückabwicklung ermittelt werden[483]. Zur Begründung schlägt *Weyer* einen Rückgriff auf den Gedanken der Einschränkung der Privatautonomie durch gesetzliche Verbote vor. Diese Einschränkung der Privatautonomie müsse auch bei der Rückabwicklung gesetzes- oder sittenwidriger Geschäfte berücksichtigt werden, da die Leistungskondiktion generell an die gescheiterte privatautonome Gestaltung, wie etwa durch Berücksichtigung des faktischen Synallagmas bei der Rückabwicklung ausgeführter gegenseitiger Verträge, anknüpfe. Zudem entspreche diese Vorgehensweise der Rechtslage bei der Unwirksamkeit verbotswidriger Geschäfte, wo der Normzweckvorbehalt des § 134 allgemein anerkannt sei.

2. Stellungnahme

Zwischen den Lösungsansätzen von *Fabricus* und *Weyer* - mögen sie in ihren Grundgedanken durchaus ähnlich sein - besteht aus methodischer Sicht ein gewichtiger Unterschied: Während *Fabricius* den

482 *Weyer*, WM 2002, 627 ff.

483 *Weyer*, WM 2002, 627, 629.

Normzweck über eine restriktive Auslegung berücksichtigt, geht *Weyer* noch einen Schritt weiter und nimmt einen generellen Vorrang des Normzwecks gegenüber § 817 Satz 2 an.

Die Annahme, man könne das Tatbestandsmerkmal des Verbotsgesetzes über eine restriktive Auslegung auf gewisse Verstöße beschränken, begegnet allerdings methodischen Bedenken. Der Wortlaut des § 817 Satz 2 ist insofern eindeutig, als dass ein beidseitiger Verstoß gegen jedes gesetzliche Verbot die tatbestandliche Rechtsfolge auslösen soll. Es ist nichts dafür ersichtlich, dass dem Tatbestandsmerkmal des gesetzlichen Verbots in § 817 Satz 2 eine von § 134 abweichende Bedeutung zukommen soll. Eine Auslegung, die dieses Merkmal auf bestimmte Verstöße begrenzt, überschreitet die Grenze des möglichen Wortsinns und kann allenfalls mittels einer teleologischen Reduktion, nicht aber mit Hilfe des dogmatischen Instrumentariums der Auslegung erreicht werden[484].

Dagegen besticht *Weyers* Ansatz eines Normzweckvorbehalts durch die Möglichkeit, die Ergebnisse im Einzelfall an Sinn und Zweck der verletzten Vorschrift zu kalibrieren. Allerdings handelt es sich allein bei dem Hinweis auf die Beschränkung der Privatautonomie durch gesetzliche Verbote nicht um eine methodische tragfähige Begründung, die eine derart weitreichende Restriktion der gesetzlich vorgesehenen Rechtsfolgen des § 817 Satz 2 rechtfertigen könnte. Vielmehr kann eine solche Einschränkung ihre Rechtfertigung aus methodischer Sicht wiederum ausschließlich in einer teleologischen Reduktion der Vorschrift finden. Im Ergebnis ist dies allerdings kein Hindernis für eine normzweckorientierte Beschränkung der Kondiktionssperre, da sich die Voraussetzungen für eine teleologische Reduktion bejahen lassen. Die Vorschrift des § 817 Satz 2 lässt die spezifischen Wertungen der jeweils zur Nichtigkeit führenden Norm außer Acht, indem pauschal und undifferenziert an einen Gesetzes- oder Sittenverstoß des Leistenden angeknüpft wird. Damit enthält die Vorschrift eine sog. verdeckte Gesetzeslücke, da sie angesichts des Fehlens einer sachgerechten Einschränkung nicht auf alle von ihr erfassten Fallgestaltungen passt[485]. Dies beruht letztlich darauf, dass der Gesetzgeber, obwohl er ursprünglich das historische Vorbild der *condictio ob turpem causam* normieren wollte, das Rechtsinstitut im Laufe des Gesetzge-

484 Hierzu bereits oben *Zweiter Teil, § 3 II.* Vgl. allgemein zu den Grenzen der Auslegung *Larenz,* Methodenlehre der Rechtswissenschaft, S. 322.

485 Zum Begriff der verdeckten Gesetzeslücke: *Larenz,* Methodenlehre der Rechtswissenschaft, S. 377.

bungsverfahrens aus seinem historischen Zusammenhang löste, ohne die weitreichenden Konsequenzen und die Entwicklungen der späteren Judikatur vorhersehen zu können. Weiter trug auch die gewandelte Normsituation, durch die sich der Schwerpunkt des Anwendungsbereichs der Kondiktionssperre in den Bereich wirtschaftslenkender Verbotsnormen verlagert hat, zur Entstehung einer verdeckten Gesetzeslücke bei. Die fehlende Einschränkung nach Maßgabe der zur Nichtigkeit führenden Verbots- oder Sittennorm widerspricht Sinn und Zweck des Rückforderungsausschlusses, gleich welcher Theorie man im Hinblick auf die ratio legis folgt. An die hier vertretene Auffassung zur Ratio schließt sie sich nahtlos an: Mit der Annahme, die Vorschrift des § 817 Satz 2 verfolge das Ziel einer Fortführung der Wertungen der §§ 134, 138 und diene damit der Widerspruchsfreiheit der Rechtsordnung, geht zwangsläufig die Notwendigkeit einer teleologische Reduktion der Vorschrift für Fälle einher, in denen ein Konditionsausschluss dem Sinn und Zweck der nichtigkeitsbegründenden Norm widersprechen würde. Dann nämlich würde der Rückforderungsausschluss zu einer Paralysierung statt einer Intensivierung der §§ 134, 138 führen, was dem Gedanken der inneren Folgerichtigkeit des Rechts widersprechen würde. Aber auch wenn man den anderen Auffassungen zur Ratio des Rückforderungsausschlusses folgt, überzeugt es, eine teleologische Reduktion des § 817 Satz 2 vorzunehmen, wenn der Rückforderungsausschluss dem Normzweck der verletzten Vorschrift widerspricht. Die Begründung der Rechtsschutzversagung mit einem Verbot der Berufung auf eigenes Unrecht[486] scheint widersprüchlich, wenn die Norm, gegen die der Leistende verstoßen hat, nach seinem Sinn und Zweck gerade die Rückabwicklung fordert[487]. Zudem überzeugt eine Versagung des Rechtsschutzes nicht, wenn sie letztlich zu einem Zustand führen würde, der seinerseits von der Rechtsordnung missbilligt wird, weil er mit Sinn und Zweck der verletzten Norm nicht vereinbar ist. Schließt man sich der Theorie der Generalprävention an, tritt dieses Ergebnis noch eindeutiger zu Tage. In den meisten Fällen wird eine Vorschrift, deren Verletzung die Nichtigkeitsfolge der §§ 134, 138 auslösen kann, zumindest auch generalpräventive Ziele verfolgen, weil sie naturgemäß ein bestimmtes Verhalten verhindern will[488]. Dann aber kann kaum eine generalpräventive Wirkung des § 817 Satz 2 an-

486 S.o. *Erster Teil*, § 2 2.

487 So auch *Reuter/Martinek*, Ungerechtfertigte Bereicherung, S. 211.

488 *Larenz/Wolf*, Allgemeiner Teil des Bürgerlichen Rechts, S. 724, § 40 I; *Armbrüster*, in: MünchKomm, § 138, Rn. 2.

genommen werden, wenn die Rückforderungssperre gleichzeitig Sinn und Zweck der verletzten Vorschrift widersprechen würde.

Die in § 817 Satz 2 vermisste Einschränkung lässt sich im Wege der teleologischen Reduktion ergänzen, indem die Wertungen der zur Nichtigkeit führenden Normen bei der Anwendung der Kondiktionssperre berücksichtigt werden und die Vorschrift mithin - wie *Weyer* vorschlägt - unter einen immanenten Normzweckvorbehalt gestellt wird[489]. Klarzustellen ist, dass es dabei keinen Unterschied machen kann, ob ein Verstoß gegen ein Verbotsgesetz oder aber ein Verstoß gegen eine Sittennorm im Raum stehen. Obwohl sich sowohl der Lösungsversuch von *Fabricius* als auch derjenige von *Weyer* primär mit Verstößen gegen Verbotsgesetze befassen, kommt eine teleologische Reduktion des § 817 Satz 2 ebenso in Betracht, wenn Sinn und Zweck der verletzten Sittennorm einer Rückforderungssperre entgegenstehen.

Nicht überzeugend ist allerdings der Vorschlag *Weyers*, die Rückabwicklungsfolgen anhand einer Abwägung zwischen dem Normzweck der zur Nichtigkeit führenden Norm und dem Ziel einer dem gescheiterten Rechtsgeschäft gerecht werdenden Rückabwicklung zu ermitteln. Zwar könnte hiermit den individuellen Gegebenheiten zu maximaler Geltung verholfen werden, allerdings bleibt offen, auf welcher Grundlage eine derartige Abwägung erfolgen soll und welche Umstände im Rahmen der Frage nach einer angemessenen Rückabwicklung entscheidend sein sollen. Die Folgen einer solchen Vorgehensweise sind ambivalent, da die Erzielung größtmöglicher Flexibilität im Einzelfall unbestreitbar mit dem Preis erhöhter Rechtsunsicherheit

489 Der Einwand, dass § 817 Satz 2 - im Gegensatz zu § 134 - gerade keinen ausdrücklichen Normzweckvorbehalt enthält, trägt nicht, da es sich bei der Einschränkung einer Norm im Wege der teleologischen Reduktion um eine Methode der Rechtsfortbildung handelt, die gerade über die Grenzen des gesetzlich festgeschriebenen Wortsinns hinausgeht. Hierin liegt gerade der methodische Unterschied zur restriktiven Auslegung, die hier nicht Platz greifen kann. I.Ü. wird auch im Rahmen des § 138 mittlerweile von einer verbreiteten Ansicht ein Normzweckvorbehalt im Wege der teleologischen Reduktion eingefügt, obwohl auch diese Vorschrift einen solchen ausdrücklich nicht enthält, vgl. *Sack*, in: Staudinger, § 134, Rn. 95 m.w.N.; *ders.*, RdA 1975, 171, 177 f.; *Damm*, JZ 1986, 913, 915. Die Gegenansicht (vgl. *Armbrüster*, in: MünchKomm, § 138, Rn. 157 m.w.N.) lehnt zwar die Übertragung des Normzweckvorbehalts aus § 134 auf § 138 ab, geht aber im Ergebnis dennoch davon aus, dass eine Einschränkung der Nichtigkeitsfolge aufgrund von Sinn und Zweck der verletzten Sittennorm zulässig sein muss.

bezahlt werden muss. In diesem Punkt ist der Ansatz *Weyers* daher mit Skepsis zu betrachten.

III. Reichweite der Einschränkung

In der Literatur besteht mittlerweile ein verbreiteter Konsens darüber, dass die Vorschrift des § 817 Satz 2 unangewendet bleiben muss, wenn ein Rückforderungsausschluss dem Sinn und Zweck der Norm, gegen die verstoßen wurde, widerspricht. Es stellt sich allerdings die Frage, ob man dem im Wege der teleologischen Reduktion eingefügten Normzweckvorbehalt nicht noch eine weitergehende Bedeutung dahingehend beimessen könnte, als dass eine Rückforderungssperre überhaupt nur dann in Betracht kommt, wenn dies der Normzweck der verletzten Verbots- oder Sittennorm *fordert*[490] oder - anders ausgedrückt - wenn der Normzweck einer Rückabwicklung entgegensteht. Insofern könnte eine Parallele zu § 134 gezogen werden, wo ebenfalls vertreten wird, dass sich die Nichtigkeitssanktion angesichts des Normzweckvorbehalts unmittelbar aus dem verletzten Verbotsgesetz ergibt, mit der Konsequenz, dass es im Rahmen der Frage nach der Nichtigkeit darauf ankommt, ob Sinn und Zweck des Verbotsgesetzes die Nichtigkeit fordern[491]. Die Gegenansicht geht dagegen davon aus, dass die Nichtigkeitssanktion direkt aus § 134 herzuleiten ist, so dass zu fragen ist, ob Sinn und Zweck des Verbotsgesetzes der Nichtigkeit entgegenstehen[492]. Überträgt man diese Differenzierung auf

---

490 So im Ergebnis wohl *Thilenius,* Die Nichtigkeit von Schwarzarbeitsverträgen, S. 113; *Fricke,* Zivilrechtliche Folgen von Verstößen gegen das SchwarzArbG, S. 160 f.; *Armgardt,* JR 2009, 177 ff. Nach Ansicht *Cahns,* der die Rechtsfolgen der Nichtigkeit generell anhand einer Auslegung der nichtigkeitsbegründenden Normen ermitteln will, dürfte man zu ähnlichen Ergebnissen gelangen, da eine Rückforderungssperre hiernach nur dann in Betracht kommen soll, wenn sich dies aus der Auslegung der nichtigkeitsbegründenden Norm ergibt, vgl. hierzu *Cahn,* JZ 1997, 8, 16 ff.

491 *Flume,* Allgemeiner Teil des Bürgerlichen Rechts II, S. 341, § 17 I. Konsequenz dieser Ansicht ist, dass § 134 keinerlei eigene Bedeutung hat. Auch die Rechtsprechung neigt dazu, die Frage nach der Nichtigkeit allein aufgrund des Schutzzwecks des verletzten Verbotsgesetzes zu entscheiden, obwohl sie § 134 in Anlehnung an die Gegenansicht als Auslegungsregel bezeichnet, vgl. z.B. BGHZ 89, 369, 372 = NJW 1984, 1175; BGHZ 88, 240, 242 = NJW 1984, 230, 231; BGHZ 85, 39, 43 f. = NJW 1983, 109. Weitere Nachweise zur Rspr. bei *Sack,* in: Staudinger, § 134, Rn. 61; ähnlich wie die Rspr.: *Hefermehl,* in: Soergel, § 134, Rn. 4.

492 *Canaris,* Gesetzliches Verbot und Rechtsgeschäft, S. 15 ff.; *Sack,* in: Staudinger, § 134, Rn. 58; *Armbrüster,* in: MünchKomm, § 134, Rn. 104 jeweils m.w.N.; in diese Richtung auch *Medicus,* Allgemeiner Teil des BGB,

§ 817 Satz 2 ergeben sich im Einzelfall weitreichende Konsequenzen. In einigen Fällen kann das Ergebnis nämlich durchaus unterschiedlich ausfallen, je nachdem, ob man danach fragt, ob die zur Nichtigkeit führende Norm den Rückforderungsausschluss *fordert* oder ob sie einem solchen lediglich *entgegensteht*. Eindrucksvoll zeigt sich dies am Beispiel der Schwarzarbeit: Es lässt sich vertreten, dass das SchwarzarbG einen Kondiktionsausschluss nicht fordert, weil seiner generalpräventiven Wirkung auch ohne den Rückforderungsausschluss ausreichend Rechnung getragen wird; dagegen kann nicht davon die Rede sein, dass die generalpräventive Zielsetzung des SchwarzArbG einem Ausschluss von Wertersatzansprüchen des Schwarzarbeiters offensichtlich entgegensteht[493]. Wesentliche Auswirkungen zeigen die verschiedenen Ansatzpunkte insbesondere in den – keineswegs seltenen – Zweifelsfällen, das heißt, wenn offen ist, ob man dem Normzweck eher durch Rückabwicklung oder eher durch eine Rückforderungssperre gerecht werden kann. Geht man davon aus, dass § 817 Satz 2 nur dann anwendbar ist, wenn der Normzweck dies fordert, käme man in allen Zweifelsfällen zu einer Rückabwicklung. Anders dagegen, wenn man eine Ausnahme von § 817 Satz 2 nur dann zulässt, wenn der Normzweck entgegensteht. Dann wäre im Zweifelsfall die Rückabwicklung zu versagen.

Eine Interpretation des Normzweckvorbehalts in der Weise, dass er den Rückforderungsausschluss nur zur Anwendung bringt, wenn der Schutzzweck der verletzten Vorschrift einen Ausschluss der Rückforderung fordert, würde den Anwendungsbereich des § 817 Satz 2 daher folgenschwer beschränken. Denn nur selten wird der Normzweck der verletzten Verbots- oder Sittennorm den Ausschluss der Rückforderung eindeutig fordern. Vielmehr wird die verletzte Gesetzes- oder Sittennorm auf die Frage, ob eine Rückforderungssperre gewollt ist oder nicht, keine klare Antwort geben. Eine derartige Auslegung würde daher dem Regel-Ausnahme-Verhältnis der allgemeinen Leistungskondiktion gegenüber den Kondiktionssperren Rechnung tragen: Der bereicherungsrechtliche Regelfall bliebe auf jeden Fall die Leistungskondiktion bei nichtigen Geschäften. Nur wenn eine Rückabwicklung den Sinn und Zweck der zur Nichtigkeit führenden Normen konterkarieren würde, wenn also umgekehrt deren Normzweck eine Rückforderungssperre fordern würde, wäre der Ausnahmefall des § 817 Satz 2 gegeben. Maßgeblich für die Frage nach dem Eingrei-

---

S. 252, Rn. 646, der aber dem § 134 kaum eigene Bedeutung zumisst. § 134 ist nach dieser Ansicht als Auslegungsregel zu verstehen.

493 Näher *Dritter Teil, § 1 2. d. aa.*

fen der Kondiktionssperre wäre letztlich allein der Normzweck der verletzten Vorschrift. Ein Normzweckvorbehalt mit einer derartigen Reichweite stünde auch in Einklang mit den neueren Reformtendenzen in Bezug auf die Kondiktionssperre: Sowohl der Gesetzesvorschlag *Königs* als auch der DCFR gehen davon aus, dass ein Ausschluss der Rückabwicklung nur dann erfolgen soll, wenn Sinn und Zweck der verletzen Verbots- oder Sittennorm dies fordern[494].

Trotz der Vorzüge einer solchen Sichtweise sprechen allerdings auch einige Aspekte gegen sie. Zunächst besteht zumindest die abstrakte Gefahr, dass bei besonders großem Unrecht, wie der Anstiftung zu Straftaten, eine Rückabwicklung eher möglich wird, weil hier der Schutzzweck bereits durch die Strafandrohung ausreichend verwirklicht wird und daneben ein zivilrechtliches Rückforderungsverbot nicht mehr unbedingt nötig ist[495]. Dieser Gefahr könnte man freilich unschwer begegnen, wenn man bei der Frage danach, ob der Normzweck eine Rückforderungssperre fordert, unberücksichtigt lässt, dass dem Normzweck bereits durch andere Sanktionen zur Durchsetzung verholfen wird. Gegen den dargestellten Ansatz spricht aber auch der Umstand, dass der Wortlaut des § 817 Satz 2 keinen Hinweis auf eine derart weitreichende Einschränkung seines Anwendungsbereichs enthält. Vielmehr ist der Vorschrift des § 817 Satz 2 die gesetzgeberische Entscheidung zu entnehmen, dass bei einem Gesetzes- oder Sittenverstoß des Leistenden grundsätzlich die Rückforderung ausgeschlossen und nur im Ausnahmefall die Rückabwicklung zugelassen sein soll. Diese Wertentscheidung des Gesetzgebers muss berücksichtigt werden, da ansonsten der Bereich zulässiger Rechtsfortbildung überschritten und eine Rechtsfortbildung *contra legem* betrieben würde[496]. Durch die eindimensionale Ausrichtung der Rückforderungssperre an Sinn und Zweck der verletzten Norm bestünde andernfalls die Gefahr, dass die eigenständigen Wertungen des § 817 Satz 2 verkürzt und sein Anwendungsbereich entgegen der gesetzgeberischen Entscheidung zu weit zurückgedrängt würde. In vielen Fällen wird nämlich der Normzweck über die Rückabwicklungsfolgen schweigen, so dass die Kondiktionssperre nur noch im Ausnahmefall zum Zuge käme. Nach der derzeitigen gesetzlichen Ausgangslage ist daher in

494 S.o. *Erster Teil, § 1 III. 3.*

495 Zu diesem Argument *Tiedtke,* DB 1990, 2307, 2309; *Michalski,* Jura 1994, 113, 115.

496 Vgl. auch *Tiedtke,* DB 1990, 2307, 2308, der die Rspr. des BGH zur Schwarzarbeit daher für gesetzeswidrig hält, vgl. hierzu näher *Dritter Teil, § 1 I. 2. c.*

Fällen, in denen der Normzweck keine klare Aussage trifft, von der in § 817 Satz 2 normierten Rechtsfolge des Rückforderungsausschlusses auszugehen. Nur so kann der gesetzlich gewollten Risikoverlagerung auf den Leistenden ausreichend Rechnung getragen werden. Die Frage, ob eine andere Lösung aus rechtspolitischen Motiven vorzugswürdig wäre, muss dagegen einer Diskussion *de lege ferenda* vorbehalten bleiben[497].

1. Differenzierung nach Art der verletzten Verbots- oder Sittennorm?

Mit der Feststellung, § 817 Satz 2 müsse unangewendet bleiben, wenn eine Rückforderungssperre Sinn und Zweck der verletzten Verbots- oder Sittennorm widerspricht, ist die Frage aufgeworfen, wann dies konkret der Fall ist. Der Rechtssicherheit dienlich wäre es ohne Zweifel, wenn man nach Art der verletzten Verbots- oder Sittennorm differenzieren könnte. Angesichts der Vielfalt erfasster Fallgestaltungen sowie der großen Bandbreite unterschiedlicher Verbots- und Sittennormen, wird allerdings schnell klar, dass eine umfassende Differenzierung zwischen Normen, die einem Rückforderungsausschluss entgegenstehen, und solchen, in denen dies nicht der Fall ist, eine Illusion wäre. Versucht werden kann allenfalls, allgemeine Kriterien herauszuarbeiten, anhand derer beurteilt werden kann, wann eine teleologische Reduktion aufgrund des Normzwecks in Frage kommt.

Möglich erschiene einerseits eine Differenzierung anhand des Interessengehalts und der Schutzrichtung der jeweils verletzten Norm, andererseits aber auch eine Differenzierung anhand der jeweiligen Verbotsrichtung. Von erstgenanntem Ansatzpunkt geht insbesondere *Fabricius* aus, der Normen aus dem Anwendungsbereich des § 817 Satz 2 ausscheiden will, die dem Schutz des Leistenden oder Dritter zu dienen bestimmt sind[498]. Der Problemgehalt dieses Ansatzes ergibt sich vor allem daraus, dass angesichts der komplexen Zielsetzungen der unterschiedlichen Verbotsgesetze und Sittennormen eine Einteilung nicht immer eindeutig zu treffen sein wird. Sein Ergebnis verdient dennoch zumindest zum Teil Zustimmung: Dient die verletzte Verbots- oder Sittennorm dem Schutz des Leistenden selbst und würde dieser Schutz durch das Rückforderungsverbot vereitelt, ist in

497 S. hierzu die Schlussbetrachtung.

498 S.o. *Zweiter Teil, § 6 II. 1.*

der Tat eine teleologische Reduktion des § 817 Satz 2 angezeigt[499]. Indes dürften diese Fälle freilich selten sein, da oftmals ein Gesetzes- oder Sittenverstoß des Leistenden zu verneinen sein wird, wenn die verletzte Vorschrift dem Schutz des Leistenden dient[500]. In Ausnahmefällen scheint aber gleichwohl ein Gesetzes- oder Sittenverstoß des Leistenden denkbar, wenn dieser gleichzeitig durch die verletzte Vorschrift geschützt werden soll[501]. Dies ist beispielsweise der Fall, wenn eine Leistung erbracht wird, um ein sittenwidriges Schneeballsystem zu unterstützen. Dem Schenker ist in diesem Fall zumindest ein objektiver Sittenverstoß anzulasten, da er mit der Schenkung ein sozialschädliches System unterstützt; gleichzeitig fällt er aber - zumindest im Falle seiner Gutgläubigkeit - in den Schutzbereich der verletzten Sittennorm, da das Sittenwidrigkeitsverdikt unerfahrene und leichtgläubige Personen vor dem Verlust ihres Einsatzes schützen soll[502].

Die weitere Differenzierung zwischen Normen, die dem Schutz Dritter und solchen, die dem Schutz von Allgemeininteressen dienen, scheint dagegen fragwürdig. So gibt es Fälle, in denen zwar Dritte vom Schutzbereich der verletzen Norm erfasst sind, aber eine Rückforderungssperre die Interessen Dritter nicht beeinträchtigt, so dass eine teleologische Reduktion des § 817 Satz 2 nicht in Betracht kommt. Auf der anderen Seite sind Fälle denkbar, in denen gegen eine Norm verstoßen wurde, die vornehmlich Allgemeininteressen dient, aber in denen gleichwohl die Rückforderungssperre den Schutzzweck der verletzten Vorschrift konterkarieren würde, so dass eine teleologische Reduktion gerade angezeigt ist. Zwei Beispiele sollen dies verdeutlichen: Bei Zahlungen im Rahmen entgeltlicher Patientenzuweisung, auch Kick-Back-Zahlungen genannt, dienen die entsprechenden Verbotsnormen in den jeweiligen Berufsordnungen[503] zumindest auch dem Schutz eines Dritten, nämlich dem Patienten, vor sachfremden Überlegungen des Arztes. Sind solche Zahlungen einmal geflossen,

---

499 Ebenso *Weyer,* WM 2002, 627, 630; *Reuter/Martinek,* Ungerechtfertigte Bereicherung, S. 210, § 6 V 1c.

500 So auch *Rost,* Probleme der Kondiktion wegen mißbilligter Leistungsannahme, S. 176.

501 A.A. *Larenz/Canaris,* Lehrbuch des Schuldrechts II/2, S. 166, § 68 III, der einen eigenen Gesetzes- oder Sittenverstoß des Geschützten für ausgeschlossen hält.

502 Hierzu s. ausführlich unten *Dritter Teil, § 1 I. 3.*

503 Vgl. § 31 MBO: Die Zuweisung von Patienten gegen Entgelt ist dem Arzt verboten (sämtliche Berufsordnungen enthalten eine der Musterberufsordnung entsprechende Regelung).

steht einer Kondiktion grundsätzlich § 817 Satz 2 entgegen. Obwohl hier gegen eine Norm verstoßen wurde, die zumindest auch schutzwürdigen Interessen Dritter dient, konterkariert eine Kondiktionssperre den Schutz des Dritten, mithin des Patienten, nicht. Ist die Zuweisung des Patienten an einen Arzt, der dafür dem Zuweiser eine Art „Kopfgeld" gezahlt hat, bereits erfolgt, ohne dass sie medizinisch-fachlich veranlasst war, so hat sich die hierin liegende Gefahr für den Patienten verwirklicht und kann auch durch eine Rückforderung der Zahlung nicht mehr aus der Welt geschaffen werden[504].

Die europarechtlichen Vorschriften zur Gewährung von Beihilfen in Art. 107 f. AEUV (vormalig Art. 87 f. EG) dienen dagegen primär Gemeinschaftsinteressen, namentlich dem Schutz vor Wettbewerbsverzerrungen innerhalb der europäischen Gemeinschaft. Wurden nun Beihilfen europarechtswidrig unter Verstoß gegen die Art. 107 f. AEUV ausgezahlt, würde eine Kondiktionssperre, die die Rückforderungsmöglichkeit ausschließt, einen verbotswidrigen Zustand legalisieren und damit den europarechtlichen Interessen, denen Art. 107 f. AEUV zu dienen bestimmt ist, zuwiderlaufen.

Diese Beispiele illustrieren, dass die Nichtanwendung der Kondiktionssperre bei der Verletzung von Normen, die zumindest auch dem Schutz Dritter dienen bzw. umgekehrt deren Anwendung bei Verletzung von Vorschriften, die Allgemeininteressen dienen, nicht immer der Königsweg ist. Eine Differenzierung anhand des Interessengehalts der jeweils verletzten Norm ist also nur begrenzt dazu tauglich, die Frage nach der Notwendigkeit einer Einschränkung des § 817 Satz 2 zu beantworten.

Ertragreicher scheint dagegen die Frage, wogegen sich die zur Nichtigkeit führende Verbots- oder Sittennorm genau richtet. Eine Verbots- oder Sittennorm, deren Verletzung zur Nichtigkeit führt, kann sich gegen das Verhalten der Parteien bzw. deren Absichten oder Motive richten. Möglich ist aber auch, dass die verletzte Norm primär den Leistungsaustausch als solchen unterbinden will. Wird gerade die Vermögensverschiebung als solche von der Rechtsordnung missbilligt, würde eine Kondiktionssperre gleichsam zu einer Verewigung des verbotenen Zustandes führen, was den Normzweck der verletzten

---

504 Ebenso *Wittmann,* MedR (2008) 26, 716, 723. Anders kann der Fall in „erpressungsähnlichen Konstellationen" liegen, in denen die Entgeltverabredungen vom Zuweiser unter Ausübung von Druck auf den Zuweisungsempfänger veranlasst wurden. Für eine Durchbrechung der Kondiktionssperre in diesen Fällen: *Wittmann,* MedR (2008) 26, 716, 722.

Vorschrift konterkarieren würde. Daher wird vorgeschlagen, gerade dann eine Ausnahme von § 817 Satz 2 zu machen, wenn Sinn und Zweck der verletzten Vorschrift den Leistungsaustausch als solchen unterbinden wollen[505].

Hier könnte man einwenden, dass in Fällen, in denen die Leistung als solche von der Rechtsordnung missbilligt wird, ohnehin meist schon das dingliche Rechtsgeschäft nichtig und damit eine Vindikation über § 985 möglich sein wird[506], so dass nun eine Einschränkung des § 817 Satz 2 gar nicht nötig wäre. Selbst wenn diese These zutreffend sein sollte, ändert dies aber nichts daran, dass insbesondere bei Geldleistungen nach eingetretener Vermischung gem. § 951 Abs. 1 Satz 1 das Bereicherungsrecht zum Zuge kommt und eine Anwendung des § 817 Satz 2 im Raum steht. Ebenso verhält es sich etwa bei Leistungen eines Schwarzarbeiters oder anderen Werk- oder Dienstleistungen, die regelmäßig nicht vindiziert werden können, so dass nur eine Rückabwicklung über das Bereicherungsrecht bleibt. Berücksichtigt werden muss auch, dass gerade die Frage, wann die Nichtigkeitssanktion auf das abstrakte Verfügungsgeschäft durchschlägt, nicht einheitlich beantwortet wird[507] und daher für die Praxis jedenfalls nicht auszuschließen ist, dass sich das Problem einer Einschränkung des § 817 Satz 2 auch dann stellt, wenn an sich bereits die Leistungsverschiebung als solche von der Rechtordnung missbilligt wird.

Im Ergebnis verdient eine Durchbrechung der Kondiktionssperre bei Verstoß gegen Vorschriften, die gerade den Leistungsaustausch als solchen unterbinden wollen, daher jedenfalls Zustimmung. Allerdings muss zugegeben werden, dass die Frage, wann sich eine Vorschrift gerade gegen die Vermögensverschiebung als solche richtet, nicht immer eindeutig zu beantworten sein wird, so dass auch hier eine gewisse Rechtsunsicherheit unvermeidlich ist und letztlich auf eine Entscheidung im Einzelfall zu verweisen sein wird.

---

505 So etwa *Weyer*, WM 2002, 627, 630; *Reuter/Martinek*, Ungerechtfertigte Bereicherung, S. 210, § 6 V 1c; *Schwab*, in: MünchKomm, § 817, Rn. 13.

506 In diese Richtung etwa *Rost*, Probleme der Kondiktion wegen mißbilligter Leistungsannahme, S. 173; *Schwab*, in: MünchKomm, § 817, Rn. 13; *Dauner*, JZ 1980, 495, 497 ff.

507 Siehe schon oben *Erster Teil, § 2 III. 2. b.* Zum Streitstand allgemein vgl. *Sack*, in: Staudinger, § 134, Rn. 114 ff.; § 138, Rn. 139 ff.; *Larenz/Wolf*, Allgemeiner Teil des Bürgerlichen Rechts, S. 730 f., 750 ff.

§ 7 Gesamtergebnis zum Zweiten Teil

Im Schrifttum wurde mit den verschiedensten methodischen „Kniffen" versucht, den § 817 Satz 2 einzuschränken, um vermeintlich unbillige Folgen seiner Anwendung zu vermeiden. Die meisten der vorgeschlagenen Theorien sind aber berechtigter Kritik ausgesetzt und haben in der gerichtlichen Praxis und dem überwiegenden Teil des Schrifttums keine positive Resonanz gefunden.

Allein der Versuch, die Kondiktionssperre nach Sinn und Zweck der verletzten Vorschrift im Einzelfall zu restringieren, ist in weiten Teilen der Literatur auf Zustimmung gestoßen, wobei eine genauere Begründung hierfür bislang nur selten gegeben wurde. Ebenso wurde die Reichweite der Einschränkung meist nicht näher thematisiert.

Die vorstehenden Ausführungen haben gezeigt, dass trotz der Gefahr von Rechtsunsicherheit viele Gründe für eine Einschränkung des § 817 Satz 2 aufgrund des Schutzzwecks der nichtigkeitsbegründenden Norm sprechen. Im Gegensatz zu einer unangemessen pauschalen Anwendung des § 817 Satz 2, die oftmals dem Gerechtigkeitsempfinden widerspricht, ermöglicht dieser Ansatz ein normatives Verständnis der Kondiktionssperre im Sinne einer Einzelfallteleologie[508]. Methodisch lässt sich dieses Ergebnis erreichen, indem man die Vorschrift im Wege der teleologischen Reduktion unter einen Normzweckvorbehalt stellt. Dieser Normzweckvorbehalt bewirkt, dass die Kondiktionssperre nicht zum Zug kommen kann, wenn Sinn und Zweck der verletzten Gesetzes- oder Sittennorm einer Kondiktionssperre entgegenstehen, mithin eine Rückabwicklung fordern. Eine derartige Restriktion entspricht der hier vorgeschlagenen Auffassung zur Ratio des § 817 Satz 2. Danach soll die Kondiktionssperre eine Intensivierung der §§ 134, 138 bewirken und muss daher zwangsläufig unangewendet bleiben, wenn Sinn und Zweck der verletzten Vorschrift einer Rückforderungssperre entgegenstehen.

Dagegen kann der Normzweckvorbehalt nach der hier vertretenen Ansicht nicht so weit reichen, als dass er die Vorschrift des § 817 Satz 2 überhaupt nur dann zur Anwendung bringt, wenn der Normzweck die Rückforderungssperre fordert. Eine solche Interpretation würde die Grenzen der Rechtsfortbildung überschreiten und ist einer Diskussion *de lege ferenda* vorbehalten.

Im Sinne der Rechtssicherheit schiene es durchaus wünschenswert, die normzweckorientierte Restriktion von der Art der verletzten Ver-

---

508 *Reuter/Martinek*, Ungerechtfertigte Bereicherung, S. 210, § 6 V.

bots- oder Sittennorm abhängig zu machen. Eine umfassende Einteilung aller Verbots- und Sittennormen in solche, deren Verletzung eine Durchbrechung des § 817 Satz 2 verlangt und solche, bei denen dies nicht der Fall ist, ist jedoch angesichts der Vielzahl denkbarer Fallkonstellationen nicht realisierbar. Festgehalten werden kann allerdings, dass in Fällen, in denen die verletzte Vorschrift dem Schutz des Leistenden dient, sowie bei der Verletzung von Vorschriften, die gerade den Leistungsaustausch als solchen unterbinden wollen, eine Ausnahme vom Rückforderungsausschluss zu machen ist.

Die mit einer normzweckorientierten Restriktion verbundene Gefahr der Rechtsunsicherheit ist damit freilich nicht von der Hand zu weisen. Allerdings relativiert sich dieser Kritikpunkt, wenn man bedenkt, dass eine solche Rechtsunsicherheit auch heute schon im Rahmen der §§ 134, 138 besteht, wo sich die Nichtigkeitssanktion ebenfalls nach Sinn und Zweck der verletzten Verbots- oder Sittennorm richtet[509]. Eine gewisse Rechtsunsicherheit ist bei Prozessen der schöpferischen Rechtsgestaltung im Allgemeinen sowie bei § 817 Satz 2 wegen des Facettenreichtums der erfassten Lebenssachverhalte im Besonderen unvermeidlich und geht mit dem Gewinn erhöhter Einzelfallgerechtigkeit einher[510].

509 So auch *König,* in: Gutachten und Vorschläge zur Überarbeitung des Schuldrechts, S. 1542.

510 Zutreffend *Reuter/Martinek,* Ungerechtfertigte Bereicherung, S. 211, § 6 V. 4

Dritter Teil: § 817 Satz 2 in der praktischen Anwendung

Nachdem in den vorhergegangen beiden Teilen der Untersuchung das theoretische Grundgerüst für ein Verständnis der Kondiktionssperre des § 817 Satz 2 gelegt wurde, soll im Folgenden die Frage nach der Behandlung der praxisrelevanten Vorschrift in der Judikatur im Fokus stehen, die im Schrifttum nur allzu oft auf harsche Kritik gestoßen ist[511]. Die Rechtsprechung bewältigt mit Hilfe des § 817 Satz 2 eine unüberschaubare Vielzahl an Fallgestaltungen, wobei nicht selten versucht wird, die „den Gläubiger hart treffende“[512] Vorschrift mit unterschiedlichen Begründungsansätzen zu restringieren. Auf der Basis einer umfassenden Analyse insbesondere der jüngeren Rechtsprechung soll versucht werden, die Einzelentscheidungen zu strukturieren und die Kriterien herauszuschälen, die eine Anwendung oder Nichtanwendung der Kondiktionssperre rechtfertigen können. Zu diesem Zweck sollen zunächst Fallgestaltungen erörtert werden, in denen die Rechtsprechung zu einer Einschränkung des § 817 Satz 2 gelangt ist. Diesen Beispielsfällen sollen sodann solche gegenübergestellt werden, in denen die Kondiktionssperre zur Anwendung gebracht wurde, wobei jeweils zwischen Fällen beidseitiger und einseitiger Verstöße differenziert wird.

§ 1 Restriktionen des § 817 Satz 2

Im Zentrum der auf Restriktion des § 817 Satz 2 gerichteten Rechtsprechung, standen in der jüngeren Vergangenheit vier verschiedene Fallgruppen, die mit den Schlagwörtern „Arbeitnehmerüberlassung“, „Schwarzarbeit“, „Schenkkreise“ und „Wucherdarlehen“ umschrieben werden können. Die in der Nachkriegszeit bedeutsamen, heute aber weitgehend bedeutungslosen Schwarzmarktgeschäfte sowie

---

511 Vgl. jüngst z.B. *Wazlawik,* ZGS 2007, 336, 340: „Eine Linie in den jeweiligen Einzelfallentscheidungen ist nicht ersichtlich“, *Wazlawik* wirft der Rspr. „ergebnisorientierte Billigkeit“ vor, vgl. S. 341; *Schmidt-Recla,* JZ 2008, 60, 65: „§ 817 Satz 2 ist zu einem unkalkulierbaren Instrument der Billigkeitsrechtsprechung geworden“.

512 BGHZ 111, 308, 312 = NJW 1990, 2542, 2543.

Bordellkauf- und Bordellpachtverträge sollen dagegen aus der Erörterung ausgeklammert werden[513].

I. Beidseitiger Gesetzes- oder Sittenverstoß

1. Fallgruppe: unerlaubte Arbeitnehmerüberlassung

Bei der Fallgruppe der unerlaubten Arbeitnehmerüberlassung ist die Problematik des § 817 Satz 2 mit Fragestellungen rund um das AÜG sowie diffizilen Problemen zum bereicherungsrechtlichen Ausgleich bei Mehrpersonenverhältnissen verwoben. Wohl auch deshalb haben die eher beiläufig anmutenden Ausführungen des BGH zur Restriktion des § 817 Satz 2 bei der unerlaubten Arbeitnehmerüberlassung im Schrifttum nur vergleichsweise wenig Resonanz hervorgerufen. Dennoch scheint ein kurzer Blick auf diese Fallgruppe lohnenswert, weil die Ausführungen der Judikatur Restriktionstendenzen andeuten, die in späteren Entscheidungen aufgegriffen und fortgeführt werden.

a) Ausgangsproblematik

Die Ausgangskonstellation bei der unerlaubten Arbeitnehmerüberlassung stellt sich folgendermaßen dar: Im Rahmen eines Arbeitnehmerüberlassungsvertrags wird vereinbart, dass der Verleiher dem Entleiher Arbeitskräfte (sog. Leiharbeitnehmer) zur Verfügung stellt, die innerhalb der Betriebsorganisation des Entleihers und auf dessen Weisungen tätig werden. Der Verleiher schließt seinerseits mit den Leiharbeitnehmern einen Vertrag und entlohnt diese für ihre Tätigkeit, um später vom Entleiher Ersatz für seine Aufwendungen zu erhalten. Probleme ergeben sich, wenn der Arbeitnehmerüberlassungsvertrag unwirksam ist. Im klassischen Fall wird der Verleiher ohne die gem. Art. 1 § 1 Abs. 1 AÜG nötige Erlaubnis tätig[514]. Gem.

---

513 Insofern sei auf die umfangreiche vorhandene Literatur verwiesen, vgl. etwa zu Schwarzmarktgeschäften *von Caemmerer,* Süddt. JZ 1950, 646 ff.; *Hammes,* JR 1950, 11 ff. Zu Bordellkauf- und Bordellpachtverträgen ausführlich etwa *Honsell,* Die Rückabwicklung sittenwidriger oder verbotener Geschäfte, S. 7 ff.; *ders.,* JA 1986, 573 ff.; *Reuter/Martinek,* Ungerechtfertigte Bereicherung, S. 220 ff., § 6 V jeweils m.w.N.

514 Falls der Entleiher vom Fehlen der Erlaubnis Kenntnis hat bzw. sich dieser Erkenntnis fahrlässig verschließt, verstößt auch der Entleiher gegen das AÜG und kann gem. Art. 1 § 16 Abs. 1 Nr. 1a AÜG mit einer Geldbuße belegt werden. Es liegt in diesem Fall ein beidseitiger Gesetzesverstoß vor. Denkbar ist die Fallgruppe der unerlaubten Arbeitnehmerüberlassung aber auch in der Konstellation eines einseitigen Gesetzesverstoßes durch den Verleiher. Für die Problematik des § 817 Satz 2 ergibt sich hieraus kein

Art. 1 § 9 Nr. 1 AÜG ist dann sowohl der Vertrag zwischen Verleiher und Entleiher als auch der Vertrag zwischen Verleiher und Leiharbeitnehmer nichtig. Allerdings - und hierin liegt eine entscheidende Besonderheit des Falles - wird zum Schutz des Leiharbeitnehmers ein Arbeitsverhältnis zwischen Entleiher und Leiharbeitnehmer fingiert, vgl. Art. 1 § 10 Abs. 1 AÜG. In dieser Konstellation stellt sich die Frage, ob der Verleiher, der Zahlungen an die Leiharbeitnehmer geleistet hat, einen bereicherungsrechtlichen Ersatzanspruch gegen den Entleiher hat.

b) Lösung durch die Rechtsprechung

In einer Entscheidung vom 08.11.1979[515] billigte der BGH dem Verleiher einen bereicherungsrechtlichen Anspruch gegen den Entleiher auf Ersatz der geleisteten Zahlungen zu.

In dem Urteil wird zunächst klargestellt, dass ein Anspruch aus Leistungskondiktion gem. § 812 Abs. 1 Satz 1, 1. Alt. auf Wertersatz für die, von den zur Verfügung gestellten Arbeitnehmern, geleisteten Dienste an der Kondiktionssperre des § 817 Satz 2 scheitert[516]. Denn durch die verbotswidrige Überlassung der Arbeitnehmer verstößt der Verleiher gerade gegen die Vorschriften des AÜG, so dass der Anwendungsbereich des § 817 Satz 2 eröffnet ist.

Im nächsten Schritt bejaht der BGH aber einen Bereicherungsanspruch aus § 812 Abs. 1, 267 auf Ersatz der Aufwendungen, die der Entleiher dadurch erspart hat, dass er durch die Zahlungen des Verleihers von seinen Verbindlichkeiten gegenüber den Leiharbeitnehmern befreit wurde[517].

Bei der Bejahung dieses Anspruchs wirkt sich der Umstand aus, dass gem. Art. 1 § 10 I 1 AÜG zwischen dem Entleiher und dem Verleiher ein Arbeitsverhältnis fingiert wird[518]. Die Rechtsprechung folgert da-

---

Unterschied, da die Vorschrift anerkanntermaßen auch auf einseitige Verstöße des Leistenden anwendbar ist, s.o. *Erster Teil, § 2 III. 1.*

515 BGHZ 75, 299 = NJW 1980, 452, bestätigt durch BGH NJW 2000, 3495; BGH NJW 2002, 3317.

516 BGH NJW 1980, 452 2. Sp.

517 BGH NJW 1980, 452 2. Sp.

518 Rechtspolitisch ist die Fiktion des Art. 1 § 10 Abs. 1 AÜG durchaus zweifelhaft. Ohne die Fiktion wäre nämlich zwischen Verleiher und Leiharbeitnehmer ein sog. faktisches/fehlerhaftes Arbeitsverhältnis entstanden; der Arbeitnehmer wäre also auch in diesem Fall nicht rechtlos gestellt, vgl. *Dauner,* JZ 1980, 495, 500, Fn. 68.

raus, dass Zahlungen des Verleihers an die Arbeitnehmer die Schuld des Entleihers aus dem fingierten Arbeitsverhältnis tilgen, so dass der Arbeitnehmer die Zahlungen auf jeden Fall behalten darf[519]. Aufgrund dieser Tatsache kommt der BGH zu dem Schluss, dass der Entleiher neben der Arbeitsleistung der überlassenen Arbeitnehmer noch eine weitere vermögenswerte Position erlangt hat, nämlich die Befreiung von einer Verbindlichkeit gegenüber den Leiharbeitnehmern aus dem fingierten Arbeitsverhältnis[520].

Dieser Bereicherungsanspruch, der sich auf Ersatz der ersparten Aufwendungen für die Befreiung von einer Verbindlichkeit richtet, soll nach Ansicht des BGH nicht gem. § 817 Satz 2 ausgeschlossen sein. Zur Begründung der Nichtanwendung der Kondiktionssperre zieht der BGH drei Argumente heran[521]:

Einmal wird auf das sog. „Unmittelbarkeitskriterium" abgestellt. Danach ist für die Anwendung des § 817 Satz 2 notwendig, dass der Gesetzes- oder Sittenverstoß gerade in dem Bewirken der Leistung, d.h. in der Zuwendung und der damit einhergehenden Zwecksetzung liegt[522]. Der Verleiher verstößt aber - so der BGH - durch die Bezahlung der Leiharbeitnehmer nicht gegen das Gesetz. Vielmehr wird durch die Zahlung dem Gesetz gerade Genüge getan, indem eine gesetzliche Verbindlichkeit des Entleihers getilgt wird.

Der Bekräftigung dieser Argumentation dienen Überlegungen zum Schutzzweck des AÜG. Dem Gesetz sei nicht zu entnehmen, dass dem Verleiher jeglicher Ersatzanspruch gegen den Entleiher versagt sein soll. Vielmehr sei ausreichend, dass gegen den Verleiher wegen der von ihm begangenen Ordnungswidrigkeit gem. Art. 1 § 16 AÜG eine Geldbuße verhängt werden kann.

---

519 Die Annahme, der Verleiher würde mit der Zahlung eine Schuld des Entleihers tilgen, ist allerdings nicht unumstritten. Vielmehr gibt es eine verbreitete Gegenansicht in der Literatur, die mit guten Argumenten davon ausgeht, dass neben dem fiktiven Arbeitsverhältnis zwischen Entleiher und Leiharbeitnehmer ein sog. faktisches bzw. fehlerhaftes Arbeitsverhältnis zwischen Verleiher und Leiharbeitnehmer besteht. Entleiher und Verleiher sollen als Gesamtschuldner haften, vgl. *Schüren*, in: Schüren AÜG, § 9, Rn. 48 f., § 10, Rn. 177 ff. m.w.N.

520 BGH NJW 1980, 452, 453.

521 BGH NJW 1980, 452, 453.

522 Vgl. etwa auch BGHZ 75, 298, 305; BGH WM 1990, 1324, 1326; *Martinek*, in: jurisPK-BGB, § 817, Rn. 21; *Mühl/Hadding*, in: Soergel, § 817, Rn. 18; *Reuter/Martinek*, Ungerechtfertigte Bereicherung, S. 223, § 6 V.

Abgerundet wird die Argumentation schließlich durch rechtspolitische Erwägungen: Ein Rückforderungsausschluss sei schon deshalb unangemessen, weil dem Entleiher hierdurch ein ungerechtfertigter Gewinn zukommen würde, während der Verleiher über die Maßen mit den Folgen des Gesetzesverstoßes belastet würde.

c) Stellungnahme

Der Entscheidung kann meines Erachtens nur im Ergebnis, nicht aber in der Begründung zugestimmt werden[523].

Bereits der Weg, der den BGH überhaupt zur Kondiktionssperre des § 817 Satz 2 führt, ist dogmatisch fragwürdig. Der BGH geht davon aus, es handle sich bei der Zahlung des Verleihers um eine sog. Drittleistung, also um eine Leistung auf eine fremde Schuld. Hier stellt sich das Problem, dass eine Drittleistung i.S.d. § 267 Abs. 1 an sich das Vorliegen eines Fremdtilgungswillens voraussetzt, der beim Verleiher nicht gegeben ist; denn der Verleiher leistet in Erfüllung einer vermeintlich eigenen Schuld und nicht zur Tilgung einer Schuld des Entleihers. Der BGH hält den Fremdtilgungswillen hier allerdings für entbehrlich, weil die Zahlung des Verleihers bereits als Folge der Fiktion des Art. 1 § 10 Abs. 1 AÜG erfüllungsgleiche Wirkung habe[524]. Schließt man sich dieser Ansicht und mithin der Annahme einer Drittleistung an, würde es sich bei der Kondiktion wegen Befreiung von einer Verbindlichkeit an sich um eine Rückgriffskondiktion, d.h. um eine Nichtleistungskondiktion gem. § 812 Abs. 1 Satz 1, 2. Alt. handeln[525]. Dann aber wäre die Kondiktionssperre des § 817 Satz 2 ohnehin gar nicht anwendbar[526]. Ohne klarzustellen, welche Kondiktionsart einschlägig ist, prüft der BGH § 817 Satz 2, was für die Annahme einer Leistungskondiktion spricht, aber der Begründung über eine Drittleistung i.S.d. § 267 Abs. 1 widerspricht[527]. Richtigerweise dürfte es sich bei der Leistung des Verleihers nicht um eine Drittleistung

---

523 Ebenso *Canaris,* in: FS Steindorff, S. 529; zust. auch *Mühl/Hadding,* in: Soergel, § 817, Rn. 24. Anders *Dauner,* JZ 1980, 495 sowie *Lorenz,* in: Staudinger, § 817, Rn. 10, die die Entscheidung auch im Ergebnis ablehnen.

524 S.o. Bejaht man dennoch die Notwendigkeit eines Fremdtilgungswillens, wäre allerdings an eine Anfechtung der ursprünglichen Tilgungsbestimmung zu denken. Ob eine solche möglich ist, ist wiederum str., vgl. hierzu *Schwab,* in: MünchKomm, § 812, Rn. 184 ff.; *Lorenz,* in: Staudinger, § 812, Rn. 61 a.E.

525 Vgl. auch *Larenz/Canaris,* Lehrbuch des Schuldrechts II/2, S. 191 ff., § 69 III.

526 So insbes. *Mühl/Hadding,* in: Soergel, § 817, Rn. 24.

527 Der BGH zitiert als Anspruchsgrundlage lediglich §§ 812 Abs. 1, 267.

i.S.d. § 267 Abs. 1 handeln. Vielmehr ist zu berücksichtigen, dass zwischen dem Verleiher und dem Entleiher eine Leistungsbeziehung besteht und der Verleiher durch Zahlung an die Leiharbeitnehmer neben seiner Verpflichtung gegenüber diesen auch eine eigene Pflicht aus dem vermeintlich bestehenden Vertrag mit dem Entleiher erfüllen möchte[528]. Hierin besteht gerade der entscheidende Unterschied zu den sonstigen Fällen der Leistung auf fremde Schuld, bei denen eine Nichtleistungskondiktion in Form einer Rückgriffskondiktion in Frage kommt[529].

Gerade weil es sich jedenfalls um eine Leistungskondiktion handelt, stellt sich in der Tat die Frage, ob eine solche gem. § 817 Satz 2 ausgeschlossen ist. Auch die Argumentation des BGH an dieser Stelle überzeugt nur zum Teil.

Zutreffend ist zunächst, dass der Leistende i.R.d. § 817 Satz 2 *durch die Leistung* selbst gegen die guten Sitten oder das Gesetz verstoßen muss. Dies ergibt sich nicht so sehr aus einem speziellen „Unmittelbarkeitserfordernis", als vielmehr schlicht aus dem systematischen Zusammenhang mit der Kondiktion des § 817 Satz 1: § 817 Satz 1 setzt voraus, dass der Empfänger *durch die Annahme* der Leistung gegen die guten Sitten oder das Gesetz verstößt. Da Satz 2 der Vorschrift auf Seiten des Leistenden *gleichfalls* einen solchen Verstoß verlangt, ist zu fordern, dass er gerade durch Hingabe der Leistung eine gegen die guten Sitten oder das Gesetz verstoßende Handlung vornimmt. In der Tat verstößt lediglich die unerlaubte Überlassung der Arbeitnehmer gegen das Gesetz, während die Bezahlung der Arbeitnehmer vom AÜG sogar gewünscht ist. Auch auf den Umstand, dass die Zahlung der Erfüllung eines gesetzeswidrigen Vertrags dient, kann nicht abgestellt werden. Denn ein Fall, der sich unter § 817 Satz 2 subsumieren lässt, wird immer ein solcher sein, in dem die zugrundeliegende *causa* wegen des beidseitigen Verstoßes gegen die §§ 134, 138 nichtig ist. Bei einer solchen Betrachtungsweise würde in jeder Leistung im Rahmen eines gesetzes- oder sittenwidrigen Geschäfts ein Gesetzes- oder Sittenverstoß i.S.d. § 817 Satz 2 liegen, eine Rückabwicklung käme faktisch nie in Betracht. Mangels Gesetzesverstoß durch die Zahlung des

528 Für die Annahme einer Leistungskondiktion auch *Canaris,* in: FS Steindorff, S. 529.

529 Allgemein zum bereicherungsrechtlichen Ausgleich bei Vorliegens einer Drittleistung: *Schwab,* in: MünchKomm, § 812, Rn. 155 ff.; *Lorenz,* in: Staudinger, § 812, Rn. 42 ff.

Verleihers lässt sich die Kondiktionssperre des § 817 Satz 2 daher an dieser Stelle ohne Not ablehnen.

Ganz bedenkenlos ist diese Argumentation allerdings nicht. So hat auch der BGH weitere Argumente „nachgeschoben", um die Nichtanwendung der Kondiktionssperre zu rechtfertigen. Die Zahlung des Verleihers an die Leiharbeitnehmer - als nicht gegen das AÜG verstoßende Leistung - führt nämlich nur deshalb dazu, dass der Entleiher die Befreiung von einer Verbindlichkeit erlangt, weil zwischen Entleiher und Leiharbeitnehmer durch das AÜG ein Arbeitsverhältnis fingiert wird. Ohne diese Fiktion hätte der Entleiher durch die Zahlung des Verleihers nichts erlangt. Es käme allenfalls ein Anspruch auf Wertersatz für die geleisteten Dienste der Arbeitnehmer in Betracht, bei dem man aber über § 817 Satz 2 nicht hinweg kommt. Es mutet in der Tat befremdlich an, dass gerade die konstruktive Zufälligkeit des AÜG über das Vorliegen bzw. Nichtvorliegen eines Bereicherungsanspruchs entscheidet[530]. Man mag die Fiktion des Art. 1 § 10 Abs. 1 AÜG an sich für rechtspolitisch unangemessen halten und man mag kritisieren, dass hierdurch zufällig der Rückgriff auf einen zweiten Bereicherungsanspruch eröffnet wird. Allerdings hat diese Kritik nichts mit der Kondiktionssperre des § 817 Satz 2 zu tun, die auf den Bereicherungsanspruch wegen der Befreiung von einer Verbindlichkeit schlicht aufgrund ihres Wortlauts nicht anwendbar ist, ohne dass sie dafür mittels einer teleologischen Reduktion oder anderer methodischer Instrumentarien restringiert werden müsste[531]. Das Ergebnis des BGH ergibt sich daher im Hinblick auf § 817 Satz 2 allein aus einer wortlautgetreuen Gesetzesanwendung und ist nicht zu beanstanden.

Die folgenden Überlegungen des BGH indes, die in knappen Worten eine allgemeine Restriktion der Kondiktionssperre andeuten, erscheinen bedenklich.

So wird darauf abgestellt, dass sich aus Sinn und Zweck des AÜG nichts für einen Ausschluss des Bereicherungsanspruchs gewinnen lässt, weil seinem Schutzzweck schon durch die Möglichkeit der Verhängung von Ordnungsstrafen Genüge getan werde. Diese Argumentation ist insofern problematisch, als dass sie letztlich auf der Annahme fußt, die Kondiktionssperre könne nur dann zum Zuge kommen,

---

530 Krit. daher *Dauner*, JZ 1980, 495, 500.

531 Eine abweichende Lösung müsste folglich nicht bei § 817 Satz 2 ansetzen, sondern bei der Vorfrage, ob der Zahlung des Verleihers überhaupt Tilgungswirkung zukommt.

wenn Sinn und Zweck des verletzen Gesetzes eine solche *fordern*. Jedoch ist eine solche Sichtweise - wie bereits dargelegt[532] - nicht mit der geltenden Rechtslage in Einklang zu bringen. Eine Einschränkung der Kondiktionssperre kommt vielmehr nur in Frage, wenn Sinn und Zweck des Verbotsgesetzes einem Rückforderungsausschluss entgegenstehen. Der Schutzzweck des AÜG steht allerdings einer Rückforderungssperre nicht offensichtlich im Weg. Das AÜG dient primär dem Schutz der Leiharbeitnehmer sowie der Bekämpfung illegaler Überlassung[533]. Dem Sinn und Zweck des Gesetzes entspricht es daher, dass die Arbeitnehmer einen Anspruch auf Bezahlung sowie auf Behaltendürfen der erbrachten Zahlungen haben. Ob der Verleiher für bereits geleistete Zahlungen vom Entleiher Ersatz verlangen kann, ergibt sich aus dem AÜG dagegen nicht. Weder steht der Schutzzweck des AÜG einem Rückforderungsausschluss entgegen, noch fordert er einen solchen; dem AÜG kommt vielmehr im Hinblick auf diese Frage überhaupt kein Regelungsgehalt zu. Die Argumentation mit Sinn und Zweck des AÜG zeigt mithin anschaulich, dass es von entscheidender Bedeutung ist, wie weit man die Einschränkung des § 817 Satz 2 aufgrund des Schutzzwecks der verletzten Norm reichen lässt[534]. Außerdem wird deutlich, dass die Kondiktionssperre einen ganz erheblichen Teil ihres Anwendungsbereichs einbüßen würde, würde man sie nur noch dann anwenden, wenn die verletzte Verbots- oder Sittennorm dies fordern würde. Denn wie so oft fordert das Verbotsgesetz auch hier den Rückforderungsausschluss nicht unabweislich, steht einem solchen aber auch nicht entgegen.

Ebenfalls fragwürdig ist der dritte Argumentationsansatz des BGH, bei dem die unangemessene Belastung des Verleihers sowie die ungerechtfertigte Bevorzugung des Entleihers in den Mittelpunkt gestellt werden. Der BGH deutet hier mit wenig vertiefter Begründung letztlich eine Abwägung von Parteiinteressen an, die dem § 817 Satz 2 grds. fremd ist[535]. Die einseitige Empfängerbegünstigung ist vielmehr eine denknotwendige Folge des Rückforderungsausschlusses, die insbesondere bei Vorleistungen zwangsläufig in ihrer vollen Härte zu

532 S.o. *Zweiter Teil, § 6 III.*

533 *Thüsing*, in: Thüsing AÜG, Einf., Rn. 14; *Schüren*, in: Schüren AÜG, Einl., Rn. 1 ff.

534 S.o. *Zweiter Teil, § 6 III.* Dasselbe Problem stellt sich auch in den Schwarzarbeiter- sowie in den Schenkkreisfällen, hierzu s.u. *Dritter Teil, § 1 I. 2. und 3.*

535 Ähnlich argumentiert der BGH in den Schwarzarbeiterfällen, s.u. *Dritter Teil, § 1 I. 2.*

Tage tritt. Würde man den Ansatz konsequent zu Ende denken, würde man § 817 Satz 2 eines großen Teils seines Anwendungsbereichs berauben und die Kondiktionssperre in der Tat in ihrer Substanz treffen[536].

2. Fallgruppe: Schwarzarbeit

„Gute Nachrichten für Schwarzarbeiter“[537] oder „Schwarzarbeit lohnt sich wieder“[538] - mit diesen und ähnlichen Sätzen werden die Kernaussagen zweier wichtiger Entscheidungen des BGH aus der jüngeren Vergangenheit zum Thema Schwarzarbeit kommentiert. Das überrascht, stellt sich doch die Schwarzarbeit als schwerwiegendes Problem der Wirtschaftskriminalität dar, das zu enormen volkswirtschaftlichen und gesellschaftspolitischen Schäden führt. Erst im Jahre 2004 trat eine Neufassung des SchwarzArbG in Kraft, dessen erklärtes Ziel es ist, die Bekämpfung der Schwarzarbeit zu intensivieren, vgl. § 1 Abs. 1 SchwarzArbG. Die eingangs zitierten Kommentare erwecken indes den Eindruck, als würde sich bezüglich der zivilrechtlichen Folgen der Schwarzarbeit gerade eine entgegengesetzte Tendenz abzeichnen. Dabei spielt der Umgang mit der Kondiktionssperre des § 817 Satz 2 eine zentrale Rolle.

a) Ausgangsproblematik

Gegenstand gerichtlicher Streitigkeiten war in jüngerer Vergangenheit vor allem folgende Sachverhaltskonstellation[539]: Ein Vertrag wird unter Verstoß gegen das SchwarzArbG geschlossen, wobei es sich meist um einen Fall des § 1 Abs. 2 Nr. 5 SchwarzArbG, sprich der fehlenden Eintragung eines Gewerbes in die Handwerksrolle, handelt. Der Schwarzarbeiter wird sodann - wie vereinbart - in Erfüllung der getroffenen Abrede tätig und erbringt die versprochenen Leistungen. Nach Entgegennahme der Leistungen durch den Auftraggeber weigert sich dieser, die vereinbarte Vergütung zu erbringen. Der Schwarzarbeiter ist gezwungen, etwaige Ansprüche gerichtlich geltend zu machen.

Ob der Schwarzarbeiter Erfolg hat, hängt zunächst von einer nicht unproblematischen Vorfrage ab, nämlich der nach der Wirksamkeit

---

536 *Dauner*, JZ 1980, 495, 501.

537 *Köhler*, JR 1983, 106, 152.

538 *Stamm*, NZBau 2009, 78, 78.

539 Vgl. z.B. OLG Koblenz DB 1975, 2125; BGHZ 111, 308 = NJW 1990, 2542; LG Bonn NJW-RR 1991, 180; OLG Düsseldorf NJW-RR 1993, 884.

des geschlossenen Vertrags. Der Lösungsweg führt nur dann in das Bereicherungsrecht und damit zum hier interessierenden § 817 Satz 2, wenn man von der Nichtigkeit des Vertrags ausgeht und vertragliche Ansprüche ablehnt. Hier hat sich in der Rechtsprechung und der ganz überwiegenden Meinung im Schrifttum mittlerweile eine klare Linie herausgebildet.

Bei einem *beidseitigen* Verstoß gegen das SchwarzArbG wird grds. der geschlossene Vertrag als nichtig angesehen[540]. Dabei werden die Vorschriften des SchwarzArbG in der Rechtsprechung meist pauschal als Verbotsnormen i.S.d. § 134 bezeichnet[541], während in der Literatur eine nach Verstößen differenzierende Ansicht verbreitet ist, wonach nur der Verstoß gegen § 1 Abs. 2 Nr. 5 SchwarzArbG zu Nichtigkeit führen soll, nicht aber Verstöße gegen Melde-, Mitteilungs- und Anzeigepflichten gem. § 1 Abs. 2 Nr. 1, 3 oder 4 SchwarzArbG[542]. Zur Begründung der Nichtigkeit wird auf den Zweck des SchwarzArbG abgestellt, der allein durch die zivilrechtliche Nichtigkeitssanktion effizient erreicht werden könne[543]. Als Schutzzwecke des

540 Statt vieler: BGHZ 85, 39, 43 = BGH NJW 1983, 109, 110; BGHZ 89, 369, 372 = NJW 1984, 1175; BGHZ 111, 308, 309 f. = NJW 1990, 2542 jeweils m.w.N; *Kern,* in: FS Gernhuber, S. 194; *Marschall,* Bekämpfung illegaler Beschäftigung, S. 175; *Wittmann,* BB 1964, 904, 905; *Schmidt,* MDR 1966, 463, 464; *Thilenius,* Die Nichtigkeit von Schwarzarbeitsverträgen, S. 72; *Köhler,* JZ 1990, 466; *Tiedtke,* NJW 1983, 713, 716; *Armbrüster,* in: MünchKomm, § 134, Rn. 77; *Sack,* in: Staudinger, § 134, Rn. 275 ff.; *Ellenberger,* in: Palandt, § 134, Rn. 22; *a.A.* OLG Osnabrück BB 1964, 904; *Reuter,* in: Schattenwirtschaft und Schwarzarbeit, S. 37 ff.; *Westphal,* Zivilrechtliche Vertragsnichtigkeit wegen Verstoßes gegen gewerberechtliche Verbotsgesetze, S. 140 ff.; *Helf,* Zivilrechtliche Folgen eines Verstoßes gegen das Schwarzarbeitergesetz, S. 199 ff. (Nichtigkeit nur wenn die gegenseitigen Leistungen noch nicht erbracht wurden, d.h. Heilung der Nichtigkeit durch Erfüllung). Ausführlich zur Nichtigkeit von Verträgen bei beidseitigem Verstoß gegen das SchwarzArbG: *Fricke,* Zivilrechtliche Folgen von Verstößen gegen das SchwarzArbG, S. 45 ff.

541 Vgl. etwa BGHZ 85, 39, 43 = BGH NJW 1983, 109, 110; BGHZ 111, 308, 309 = NJW 1990, 2542.

542 Vgl. z.B. *Voß,* Vertragliche und gesetzliche Ansprüche des Schwarzarbeiters, S. 50; *Thilenius,* Die Nichtigkeit von Schwarzarbeitsverträgen, S. 34 ff.; *Stamm,* NZBau 2009, 78, 86; *Kern,* JuS 1993, 193 f.; *Buchner,* GewArch 1990, 41, 41 f.

543 Vgl. z.B. BGHZ 85, 39, 43 = BGH NJW 1983, 109, 110; *Kern,* in: FS Gernhuber, S. 194; *Fricke,* Zivilrechtliche Folgen von Verstößen gegen das SchwarzArbG, S. 80 ff.; *Armbrüster,* in: MünchKomm, § 134, Rn. 77; *Sack,* in: Staudinger, § 134, Rn. 275.

SchwarzArbG hebt die Rechtsprechung vier Gesichtspunkte hervor, namentlich die Bekämpfung der erhöhten Arbeitslosigkeit in vielen Berufszweigen, die Vermeidung einer Gefährdung gewerblicher, insbesondere handwerklicher Betriebe durch Lohn- und Preisunterbietungen, den Schutz des Auftraggebers vor minderwertigen Leistungen sowie die Verhinderung der Minderung des Steueraufkommens und der Beeinträchtigung des Beitragsaufkommens in der Sozial- und Arbeitslosenversicherung[544].

Bei *einseitigen* Verstößen gegen das SchwarzArbG durch den Schwarzarbeiter wird dagegen von der überwiegenden Ansicht zum Schutz des redlichen Bestellers die Wirksamkeit des Vertrags bejaht, es sei denn der Besteller kennt den Verstoß und nutzt ihn zu seinem Vorteil aus[545].

Als Zwischenergebnis bleibt festzuhalten, dass die ganz h.M. jedenfalls bei beidseitigen Verstößen gegen das SchwarzArbG im praxisrelevanten Fall der fehlenden Eintragung in die Handwerksrolle, § 1 Abs. 2 Nr. 5 SchwarzArbG, von der Nichtigkeit des zwischen Schwarzarbeiter und Auftraggeber geschlossenen Vertrags ausgeht.

Somit beurteilt sich die Frage nach Ansprüchen des Schwarzarbeiters, der seine Leistungen erbracht hat, aber vom Auftraggeber keinen Lohn erhält, nach Bereicherungsrecht[546]. Als mögliche Anspruchs-

---

544 BGHZ 85, 39, 42 = BGH NJW 1983, 109; zum Schutzzweck des SchwarzArbG vgl. auch *Sack*, in: Staudinger, § 134, Rn. 275.

545 So die Rspr.: BGHZ 89, 369, 375 = NJW 1984, 1175; BGH NJW 1985, 2403 ff.; NJW-RR 2002, 557. Im Schrifttum geht man dagegen - in unterschiedlichen Nuancierungen - schon bei Kenntnis des anderen Vertragsteils von der Nichtigkeit des Vertrags aus, vgl. *Köhler*, JZ 1990, 466, 472; *Thilenius*, Die Nichtigkeit von Schwarzarbeitsverträgen, S. 41; *Sonnenschein*, JZ 1976, 497, 497. Entgegen der h.M. für „halbseitige Teilnichtigkeit“: *Canaris*, NJW 1985, 2403, 2404; zust. *Armbrüster*, in: MünchKomm, § 134; LG Bonn NJW-RR 1991, 180 f.; zur halbseitigen Teilnichtigkeit s.o. Fn. 131. Für Unwirksamkeit des Vertrags auch bei einseitigem Verstoß: *Kern*, in: FS Gernhuber, S. 198; *Voß*, Vertragliche und gesetzliche Ansprüche des Schwarzarbeiters, S. 82. Zum Ganzen ausführlich: *Fricke*, Zivilrechtliche Folgen von Verstößen gegen das SchwarzArbG, S. 171 ff.; *Voß*, Vertragliche und gesetzliche Ansprüche des Schwarzarbeiters, S. 34 ff.

546 Aufwendungsersatzansprüche gem. §§ 683 S. 1, 670 sind indes nicht gegeben. Während richtigerweise im Falle einer Leistung auf Basis eines nichtigen Vertrags schon gar nicht von einem „fremden“ Geschäft ausgegangen werden kann (s.o. *Erster Teil, § 2 III. 2. d.*), hält die Rechtsprechung die Aufwendungen des Schwarzarbeiters jedenfalls für „nicht erforderlich“, vgl. BGHZ 111, 308, 311 = NJW 1990, 2542. Auch

grundlage zitiert die Rechtsprechung § 812 Abs. 1 Satz 1, 1. Alt.[547], während im Schrifttum zum Teil die *condictio ob rem* des § 812 Abs. 1 Satz 2, 2. Alt. bzw. § 817 Satz 1 als *lex specialis* für einschlägig gehalten werden[548]. Egal für welche Anspruchsgrundlage man votiert, folgt auf die grundsätzliche Bejahung eines bereicherungsrechtlichen Wertersatzanspruchs nunmehr die fallentscheidende und hier im Fokus stehende Frage nach einem Ausschluss des Bereicherungsanspruchs über die Kondiktionssperre des § 817 Satz 2[549]. Dem Wortlaut nach kommt die Kondiktionssperre zum Zug, da der Schwarzarbeiter durch die Erbringung der Leistung, der Auftraggeber durch Annahme derselben gegen das SchwarzArbG und damit ein gesetzliches Verbot i.S.d. § 134 verstoßen haben. Bereicherungsrechtliche Wertersatzansprüche des Schwarzarbeiters wären danach ausgeschlossen mit der Folge, dass der Auftraggeber die Leistungen unentgeltlich behalten dürfte, während der Schwarzarbeiter leer ausginge.

Ansprüche gem. §§ 985 ff. scheiden i.d.R. aus, da der Schwarzarbeiter sein Eigentum an den verwendeten Materialien durch Verbindung, Vermischung oder Verarbeitung gem. §§ 946 ff. verliert.

547 Z.B. BGHZ 111, 308, 311 = NJW 1990, 2542.

548 Vgl. hierzu *Köhler,* JZ 1990, 466, 468; *Kern,* in: FS Gernhuber, S. 200 f.; *ders.*, JuS 1993, 193, 194. Nach dieser Ansicht ist bei Kenntnis des Schwarzarbeiters von der Nichtigkeit mangels Leistung *solvendi causa* die allgemeine Leistungskondiktion unanwendbar und stattdessen die *condictio ob rem* einschlägig. Dabei äußert *Kern* allerdings selbst insofern Bedenken, als dass die für § 812 Abs. 1 S. 2, 2. Alt. notwendige Zweckvereinbarung ebenfalls unwirksam sein könnte (vgl. zu diesem Problem schon oben *Erster Teil, § 2 I. 1. b. cc.*; jedenfalls soll § 817 Satz 1 als *lex specialis* vorgehen.

549 Zur Anwendung des § 817 Satz 2 auf sämtliche Leistungskondiktionen s.o. *Erster Teil, § 2 I.* Die Kondiktionssperre des § 814 Alt. 1 kommt dagegen i.d.R. nicht zum Zuge. Die Voraussetzungen des § 814 Alt. 1 sind zwar dem Wortlaut nach gegeben, wenn der Schwarzarbeiter weiß, dass keine Verpflichtung zur Leistung besteht, allerdings kann § 814 Alt. 1 nach seinem Sinn und Zweck dann nicht zur Anwendung gelangen, wenn durch die Leistung eine - wenn auch nicht geschuldete - Gegenleistung veranlasst werden soll. Ein widersprüchliches Verhalten des Leistenden liegt dann gerade nicht vor, vgl. *Kern,* JuS 1993, 193, 194. Bejaht man hingegen einen Ausschluss der allgemeinen Leistungskondiktion durch § 814 Alt. 1 ist § 817 Satz 1 als Anspruchsgrundlage heranzuziehen. Geht man dagegen von der Einschlägigkeit des § 812 Abs. 1 Satz 2, 2. Alt. aus, kommt § 814 ohnehin nicht zur Anwendung. Die Voraussetzungen eines Kondiktionsausschlusses gem. § 815 werden i.d.R. nicht gegeben sein.

b) Lösung durch die Rechtsprechung

Die höchstrichterliche Rechtsprechung kommt allerdings zu einem abweichenden Ergebnis. In seiner Leitentscheidung vom 31.05.1990[550] stellt der BGH klar, dass auf den Wertersatz des vorleistenden Schwarzarbeiters § 817 Satz 2 nicht anzuwenden ist. Das bedeutet für den klagenden Schwarzarbeiter tatsächlich „gute Nachrichten", denn er erhält nunmehr über das Bereicherungsrecht Wertersatz für seine Leistungen. Der Höhe nach soll der Anspruch allerdings nicht die für einen redlichen Arbeiter übliche Vergütung erreichen, da eine entsprechende Kürzung wegen fehlender vertraglicher Gewährleistungsansprüche des Auftraggebers vorgenommen werden müsse[551].

Zur Begründung seiner Entscheidung zieht der BGH verschiedene Gesichtspunkte heran[552]. Zum einen stützt das Gericht seine Urteilsbegründung auf § 242[553]. Das Bereicherungsrecht als Billigkeitsrecht stünde in besonderem Maße unter dem Grundsatz von Treu und Glauben. Da der Schwarzarbeiter meist wirtschaftlich schwächer sei als der Auftraggeber, sei es treuwidrig, wenn der Besteller die Leistung auf Kosten des Schwarzarbeiters unentgeltlich behalten dürfe. Daneben stellt der BGH auf Sinn und Zweck des Verbotsgesetzes ab: Danach genüge der Ausschluss vertraglicher Ansprüche zur Durchsetzung der ordnungspolitischen Zielsetzung des SchwarzArbG, während der Ausschluss bereicherungsrechtlicher Ansprüche mit der Konsequenz einer einseitigen Privilegierung des Auftraggebers zur Durchsetzung der Ziele des SchwarzArbG nicht unabweislich geboten sei. Mit diesen Argumenten rechtfertigt der BGH eine „einschränken-

550 Az.: VII ZR 336/89 = BGHZ 111, 308 = NJW 1990, 2542; anders noch OLG Köln NJW-RR 1990, 251 (Vorinstanz zu BGH); OLG Koblenz DB 1975, 2125.

551 Dieser Punkt ist im Schrifttum ganz überwiegend auf Kritik gestoßen. Eine Kürzung des Anspruchs wird allenfalls bei tatsächlich bestehenden Mängeln für gerechtfertigt gehalten, nicht aber eine pauschale Minderung auf „gut Glück" und „ins Blaue hinein": *Tiedtke,* DB 1990, 2307, 2311; ebenso *Fricke,* Zivilrechtliche Folgen von Verstößen gegen das SchwarzArbG, S. 162; *Köhler,* JR 1991, 151, 153; *ders.,* JZ 1990, 466, 469; *Stamm,* NZBau 2009, 78, 90; *Voß,* Vertragliche und gesetzliche Ansprüche des Schwarzarbeiters, S. 89 ff. Klargestellt wird vom BGH, dass der bereicherungsrechtliche Wertersatzanspruch die vereinbarte Vergütung nicht überschreiten darf, vgl. BGHZ 111, 308, 314 = NJW, 2542, 2543.

552 BGHZ 111, 308, 312 f. = NJW 1990, 2542, 2543.

553 In älteren Entscheidungen wurde eine Einschränkung des § 817 Satz 2 über § 242 dagegen noch ausdrücklich abgelehnt, vgl. z.B. BGHZ 36, 395, 400 = NJW 1962, 955, 958.

de Auslegung der rechtspolitisch problematischen und in ihrem Anwendungsbereich umstrittenen Vorschrift"[554].

c) Reaktionen im Schrifttum

Im Schrifttum ist die Entscheidung des BGH auf geteiltes Echo gestoßen. Während ein Teil der Literatur der Rechtsprechung folgt, wird sie von anderen schlichtweg als *contra legem*[555] abgelehnt.

Die Stimmen, die dem BGH Gefolgschaft leisten, stützen sich hauptsächlich auf Sinn und Zweck des SchwarzArbG. Die durch das Gesetz gewünschte generalpräventive Wirkung des SchwarzArbG werde demnach durch eine Rückabwicklung eher erreicht als durch einen – den Empfänger der Vorleistung einseitig begünstigenden – Rückforderungsausschluss[556]. Während einer Versagung des Bereicherungsanspruchs in der Praxis mit einer Leistung Zug um Zug begegnet werden könne, so dass eine generalpräventive Wirkung gar nicht eintrete, werde bei einer Klage auf bereicherungsrechtlichen Wertersatzanspruch der Verstoß gegen das SchwarzArbG offenkundig, so dass die Parteien straf-, steuer-, sozialversicherungs-, gewerbe- und arbeitsrechtliche Sanktionen fürchten müssten[557]. Der Gedanke der Generalprävention sei außerdem nicht nur auf den Schwarzarbeiter, sondern auch auf den Auftraggeber zu beziehen, der durch eine Anwendung der Rückforderungssperre gerade dazu animiert werden könnte, einen Schwarzarbeiter zu engagieren, um ihn dann risikolos um den Wert seiner Arbeitsleistung zu prellen[558].

Demgegenüber kommen die Befürworter einer Anwendung des § 817 Satz 2 zum gegenteiligen Ergebnis, wobei sie überraschenderweise den Ausgangspunkt ihrer Argumentation mit den Anhängern

---

554 BGHZ 111, 308, 312 = NJW 1990, 2542, 2543.

555 *Larenz/Canaris,* Lehrbuch des Schuldrechts II/2, S. 167, § 68 III; *Lorenz,* in: Staudinger, § 817, Rn. 10; zust. *Armgardt,* JR 2009, 177, 178.

556 *Köhler,* EWiR 1990, 47, 48; *ders.,* JR 1991, 151, 153; *ders.,* JZ 1990, 466, 469; *Stamm,* NZBau 2009, 78, 89; *Looschelders/Olzen,* in: Staudinger, § 242, Rn. 868; für eine Zulassung der Rückabwicklung auch schon vor der Entscheidung des BGH: *Thilenius,* Die Nichtigkeit von Schwarzarbeitsverträgen, S. 114; *Sonnenschein,* JZ 1976, 497, 501: *Sonnenschein* ist allerdings der Ansicht, dass generalpräventive Erwägungen eine Anwendung des § 817 Satz 2 fordern würden, lediglich aus Gründen der „Gerechtigkeit" zieht er einen Ausgleich vor.

557 *Köhler,* EWiR 1990, 47, 48; *ders.,* JZ 1990, 466, 469.

558 *Thilenius,* Die Nichtigkeit von Schwarzarbeitsverträgen, S. 116; *Köhler,* EWiR 1990, 47, 48; *ders.,* JR 1991, 151, 153; *ders.,* JZ 1990, 466, 469.

der Gegenansicht teilen: Auch die Gegner der höchstrichterlichen Rechtsprechung stützen sich nämlich hauptsächlich auf Sinn und Zweck des SchwarzArbG. Im Gegensatz zu den Anhängern der BGH-Ansicht wird allerdings angenommen, dass nur eine Versagung der bereicherungsrechtlichen Rückforderung dem Ziel des SchwarzArbG, namentlich einer Eindämmung der Schwarzarbeit, gerecht werde[559]. Durch die Anwendung des § 817 Satz 2 würde gerade die abschreckende Wirkung des SchwarzArbG verwirklicht, da der Schwarzarbeiter stets das Risiko vor Augen habe, für seine Arbeit keine Vergütung zu erhalten[560]. Die hierin liegende „Ungerechtigkeit“ durch die einseitige Begünstigung des Auftraggebers werde vom Präventionszweck des SchwarzArbG geradezu verlangt. Laut *Tiedtke* kann „an diesem Ergebnis nicht einmal ein Zweifel bestehen“[561]. Eine bereicherungsrechtliche Rückabwicklung würde demgegenüber dazu führen, dass der Schwarzarbeiter kaum anders stünde als bei Wirksamkeit des Vertrags, so dass die Vertragsnichtigkeit sozusagen durch Vorleistung umgangen werden könne[562]. Die Gewährung eines bereiche-

559 *Tiedtke,* EWiR 1990, 889, 890; *ders.,* NJW 1983, 713, 715; *ders.,* DB 1990, 2307, 2309; *Kern,* in: FS Gernhuber, S. 203; *ders.,* JuS 1993, 193, 195; *Sack,* in: Staudinger, § 134, Rn. 278; *Schwab,* in: MünchKomm, § 817, Rn. 37; *Leupertz,* in: Prütting/Wegen/Weinreich, § 817, Rn. 15; *Larenz/Canaris,* Lehrbuch des Schuldrechts II/2, S. 167, § 68 III; *Wieling,* Bereicherungsrecht, S. 40, § 3 III; *Voß,* Vertragliche und gesetzliche Ansprüche des Schwarzarbeiters, S. 127; *Marschall,* Bekämpfung illegaler Beschäftigung, S. 175; *Reuter,* in: Schattenwirtschaft und Schwarzarbeit, S. 42; *Wittmann,* BB 1964, 904, 906; *Schmidt,* MDR 1966, 463, 464; *Bosch,* NJOZ 2008, 3044, 3056; *Schmidt-Recla,* JZ 2008, 60, 67; *Armgardt,* NJW 2006, 2070, 2073; *Fenn,* ZIP 1983, 466, 467.

560 OLG Köln NJW-RR 1990, 251, 252; *Tiedtke,* EWiR 1990, 889, 890; *ders.,* NJW 1983, 713, 715; *Voß,* Vertragliche und gesetzliche Ansprüche des Schwarzarbeiters, S. 129.

561 *Tiedtke,* DB 1990, 2307, 2309. Ebenso *Voß,* Vertragliche und gesetzliche Ansprüche des Schwarzarbeiters, S. 132.

562 OLG Köln NJW-RR 1990, 251, 252; *Voß,* Vertragliche und gesetzliche Ansprüche des Schwarzarbeiters, S. 128: *Voß* weist zutreffend darauf hin, dass sich an diesem Befund auch nichts durch die Rechtsprechung des BGH zum „Abschlag“ wegen fehlender Gewährleistung i.R.d. § 818 Abs. 1, 2 ändert. Da Schwarzarbeiter und Besteller in der Regel das Licht der Öffentlichkeit meiden werden, wird es selten zu entsprechenden gerichtlichen Streitigkeiten kommen. In den einschlägigen Kreisen wird sich aber schnell herumsprechen, dass der Schwarzarbeiter Anspruch auf „Lohn“ hat, so dass der Schwarzarbeiter in der Regel das ausgehandelte Entgelt erhalten wird, ohne für Mängel zu haften, und damit i.E. sogar besser steht als der legal arbeitende Handwerker.

rungsrechtlichen Wertersatzanspruchs rücke die Behandlung des gegen das SchwarzArbG verstoßenden Vertrags stark in die Nähe eines wirksamen Vertrags[563]: Der vom BGH vorgenommene Abschlag beim Wertersatzanspruch ändere daran nichts, da die Vergütung eines Schwarzarbeiters in der Praxis ohnehin niedriger sei als die eines redlichen Unternehmers, so dass der Schwarzarbeiter über das Bereicherungsrecht im Ergebnis meist einen Wertersatzanspruch erhalte, der der vereinbarten Vergütung entspreche; durch die Vornahme eines Abschlages für bestehende Mängel werde außerdem sogar eine Art Mängelhaftung in Gestalt der Minderung erreicht. Die Nichtigkeitssanktion werde damit faktisch ausgehebelt. Der Schwarzarbeiter sei dagegen „fein heraus", da er einen Anspruch auf Entgelt habe und zugleich von einer Gewährleistungshaftung befreit sei - ein Ergebnis, das der Präventionsfunktion von § 817 Satz 2 geradezu Hohn spreche[564].

d) Stellungnahme

Der Meinungsstand im Schrifttum zur Anwendung des § 817 Satz 2 auf Wertersatzansprüche des Schwarzarbeiters zeigt anschaulich die Schwächen normzweckorientierter Restriktionsversuche: Auf die Frage, ob man dem Schutzzweck des SchwarzArbG eher durch Rückabwicklung oder durch einen Ausschluss der Rückabwicklung gerecht wird, findet man diametral entgegengesetzte Antworten. Rechtspolitische Erwägungen und Gesichtspunkte der materiellen Gerechtigkeit lassen die Entscheidung des BGH durchaus überzeugend erscheinen. Wieso nämlich sollte der Schwarzarbeiter im Falle einseitiger Vorleistung das alleinige Risiko des Gesetzesverstoßes tragen, während sich der Besteller, der einseitig und unentgeltlich von den Leistungen des Schwarzarbeiters profitiert, ob des Gesetzesverstoßes sozusagen „die Hände reiben könnte"? Das allgemeine Gerechtigkeitsempfinden stößt sich an diesem Ergebnis wohl auch deshalb, weil der Schwarzarbeit als Teil der Realität des Wirtschaftslebens in weiten Teilen der Bevölkerung kein wesentlicher Unrechtsgehalt beigemessen, sondern ein entsprechender Verstoß als „Kavaliersdelikt" gehandelt wird[565].

---

563 *Tiedtke,* EWiR 1990, 889, 890; *Reuter,* in: Schattenwirtschaft und Schwarzarbeit, S. 36; *Fricke,* Zivilrechtliche Folgen von Verstößen gegen das SchwarzArbG, S. 160 f.

564 *Larenz/Canaris,* Lehrbuch des Schuldrechts II/2, S. 167, § 68 III.

565 Vgl. auch *Sonnenschein,* JZ 1976, 497, 503. Nach der Ansicht *Reuters* ist „Schwarzarbeit weniger Ausdruck ungerechter Gesinnung als sozialen Bedarfs", vgl. *Reuter,* in: Schattenwirtschaft und Schwarzarbeit, S. 48.

Allgemeine Gerechtigkeitserwägungen können indes nicht das Außerachtlassen einer gesetzlich vorgesehenen Rechtsfolge rechtfertigen. Daher ist es nötig, die dogmatischen Grundlagen der BGH-Rechtsprechung einer genaueren Prüfung zu unterziehen. Der BGH stützt sich - wie dargelegt - einerseits auf § 242, andererseits auf den Schutzzweck des Verbotsgesetzes, wobei beide Gesichtspunkte nicht klar getrennt werden. Richtigerweise handelt es sich um zwei verschiedene methodische Ansatzpunkte, die unabhängig voneinander zu erörtern sind[566]. Unter dem Gesichtspunkt von Sinn und Zweck des Verbotsgesetzes kommt eine teleologische Reduktion des § 817 Satz 2 in Betracht, während im Rahmen des § 242 zu fragen ist, ob der Ausschluss eines bereicherungsrechtlichen Anspruchs des Schwarzarbeiters ausnahmsweise gegen Treu und Glauben verstößt. Dabei ist richtigerweise die teleologische Reduktion gegenüber der Einschränkung einer gesetzlichen Rechtsfolge über § 242 vorrangig[567]: In einem ersten Schritt ist danach zu fragen, ob ein Sachverhalt der vorliegenden Art überhaupt vom Regelungszweck des § 817 Satz 2 erfasst ist oder ob eine teleologische Reduktion vorzunehmen ist. Erst in einem zweiten Schritt ist zu prüfen, ob eine Einschränkung über § 242 mit Rücksicht auf die Umstände des Einzelfalls zugelassen werden muss.

aa) Einschränkung aufgrund des Schutzzwecks des SchwarzArbG

Aus methodischer Sicht kann es sich bei der Restriktion des § 817 Satz 2 über den Schutzzweck des SchwarzArbG nur um eine teleologische Reduktion, nicht aber um eine „einschränkende Auslegung"[568] handeln.

Zunächst fällt auf, dass der BGH in seiner Urteilsbegründung davon ausgeht, der Schutzzweck des Verbotsgesetzes müsse einen Kondiktionsausschluss *fordern*[569]. Diese Frage verneint der BGH mit dem Argument, dass der ordnungspolitischen Zielsetzung des Gesetzes durch den Ausschluss vertraglicher Ansprüche bereits Genüge getan werde und der Ausschluss bereicherungsrechtlicher Ansprüche zur Durchsetzung der Ziele des SchwarzArbG nicht unabweislich geboten sei. Wie bereits im *Zweiten Teil* dargelegt, ist eine solche Sichtweise fragwürdig, geht sie doch vom Regelfall einer Rückabwicklung und vom Ausnahmefall des Rückforderungsausschlusses aus, während im

566 Zutr. *Tiedtke*, DB 1990, 2307, 2308.

567 *Looschelders/Olzen*, in: Staudinger, § 242, Rn. 347 m.w.N.

568 So aber BGH NJW 1990, 2542, 2543.

569 Ebenso *Köhler*, JR 1991, 151, 153; *ders.*, JZ 1990, 466, 468.

Gesetz gerade ein umgekehrtes Regel-Ausnahme-Verhältnis mit der Kondiktionssperre bei beiderseitiger Gesetzes- oder Sittenwidrigkeit als Regelfall normiert ist[570]. Richtigerweise ist nach geltendem Racht allenfalls eine Einschränkung des § 817 Satz 2 erlaubt, wenn Sinn und Zweck des Verbotsgesetzes einem Kondiktionsausschluss entgegenstehen[571]. Selbst wenn man jedoch mit dem BGH davon ausgeht, dass § 817 Satz 2 überhaupt nur dann zur Anwendung gelangt, wenn Sinn und Zweck des Verbotsgesetzes einen Rückforderungsausschluss *fordert,* ist fraglich, ob der generalpräventiven Zielsetzung des SchwarzArbG tatsächlich schon durch den Ausschluss vertraglicher Ansprüche Genüge getan ist. Dieses Argument erscheint insbesondere insofern schwach, als dass selbst die Kombination aus Strafandrohung, steuerlichen Nachteilen und Ausschluss vertraglicher Ansprüche der scheinbaren Attraktivität von Schwarzarbeit in der Praxis keinen Abbruch getan hat[572].

Geht man mit dem hier befürworteten Ansatz davon aus, dass eine Restriktion des § 817 Satz 2 nur möglich ist, wenn der Normzweck einem Rückforderungsverbot *entgegensteht,* wäre danach zu fragen, ob die generalpräventive Zielsetzung des SchwarzArbG dem Ausschluss des Wertersatzanspruchs des Schwarzarbeiters widerspricht. Zunächst kann im Hinblick auf den Schwarzarbeiter selbst, der keine Vergütung für seine Tätigkeit erhält, sicherlich ein generalpräventiver Effekt durch den Rückforderungsausschluss nicht geleugnet werden. Dem kann auch nicht entgegengehalten werden, dass durch gewisse Gestaltungen in der Praxis - wie etwa einer Leistung Zug-um-Zug oder nach Baufortschritt - die Risiken eines Rückforderungsausschlusses leicht umgangen werden könnten. Stellt man auf diesen Punkt ab, ist schon fraglich, ob die zivilrechtliche Nichtigkeitssanktion überhaupt einen generalpräventiven Effekt entfalten kann. Denn bereits dem Ausschluss vertraglicher Erfüllungsansprüche wird in der Praxis mit Zug-um-Zug-Leistung oder Leistung nach Baufortschritt begegnet[573]. Auch das Argument, durch eine Klage auf bereicherungsrechtlichen Wertersatz würde der Verstoß gegen das SchwarzArbG offenkundig, gilt bereits für Ansprüche auf der Primärebene. Nimmt

570 S.o. *Zweiter Teil, § 6 III.*

571 *Tiedtke,* NJW 1983, 713, 715; *ders.,* EWiR 1990, 889, 890; *ders.,* DB 1990, 2307, 2308: *Tiedtke* bezeichnet die Ansicht des BGH daher als *contra legem.*

572 *Tiedtke,* DB 1990, 2307, 2309; *ders.,* EWiR 1990, 889, 890; ebenso *Kern,* JuS 1993, 193, 195; *Voß,* Vertragliche und gesetzliche Ansprüche des Schwarzarbeiters, S. 127 ff., 131.

573 Vgl. *Sonnenschein,* JZ 1976, 497, 503.

man demgegenüber einen generalpräventiven Effekt der zivilrechtlichen Nichtigkeitssanktion an, erscheint es nur konsequent, auch dem Ausschluss eines bereicherungsrechtlichen Wertersatzanspruchs des Schwarzarbeiters einen derartigen Effekt beizumessen[574]. Immerhin wird dem Schwarzarbeiter durch eine Versagung eines bereicherungsrechtlichen Rückforderungsanspruchs ein zusätzliches Risiko aufgebürdet, so dass insofern der Schutzzweck des SchwarzArbG einer Anwendung des § 817 Satz 2 nicht entgegensteht.

Zu einem anderen Ergebnis kann man jedoch dann gelangen, wenn man die Betrachtung nicht auf den Schwarzarbeiter beschränkt, sondern den Blick auf den Auftraggeber lenkt. Das SchwarzArbG sanktioniert nämlich das Verhalten des Bestellers ebenso wie das des Schwarzarbeiters, vgl. § 8 Abs. 1 Nr. 2 SchwarzArbG. Gegenüber dem Besteller würde aber der Ausschluss eines Wertersatzanspruchs des Schwarzarbeiters sicherlich keine generalpräventive Wirkung entfalten. Im Gegenteil, da er die Leistung unentgeltlich behalten könnte, wäre die Anwendung des § 817 Satz 2 sogar ein Anreiz für ihn, auch künftig Verträge mit Schwarzarbeitern zu schließen. Dabei darf allerdings nicht aus den Augen verloren werden, dass es in anderen Fallkonstellationen durchaus der Auftraggeber ist, den die abschreckende Wirkung des § 817 Satz 2 trifft. So liegt es in Fällen in denen beidseitig geleistet wurde und der Besteller wegen angeblicher Mängel sein Geld zurückfordert, oder in denen eine einseitige Vorleistung des Bestellers vorliegt; Hier trifft das Risiko des § 817 Satz 2 und damit der generalpräventive Effekt gerade den Besteller. Das Risiko trägt also immer der Leistende[575].

Das Beispiel der Schwarzarbeit illustriert in aller Deutlichkeit, wie schwierig es ist, die bereicherungsrechtlichen Folgen der Vertragsnichtigkeit an Sinn und Zweck des Verbotsgesetzes zu kalibrieren. Zudem zeigt sich die Ambivalenz einer auf den Gesichtspunkt der Generalprävention gestützten Argumentation, mit der sich die einseitige Begünstigung des Leistungsempfängers, auf dessen Seite gerade kein abschreckender Effekt erzielt wird, nicht erklären lässt[576]. Das alleinige Abstellen auf die generalpräventive Funktion des

574 So auch *Reuter,* in: Schattenwirtschaft und Schwarzarbeit, S. 42.

575 Ebenfalls auf diesen Gesichtspunkt abstellend: *Tiedtke,* EWiR 1990, 889, 890; *ders.,* DB 1990, 2307, 2309.

576 Vgl. auch *Fricke,* Zivilrechtliche Folgen von Verstößen gegen das SchwarzArbG, S. 157.

SchwarzArbG führt daher im Falle der Schwarzarbeit in eine Sackgasse.

Der Schlüssel zur Lösung liegt an dieser Stelle meines Erachtens in einem Gedanken, der bereits für die Frage nach der ratio legis des Rückforderungsausschlusses fruchtbar gemacht wurde: Danach bezweckt § 817 Satz 2 im Grundsatz eine konsequente Fortsetzung der §§ 134, 138 in das Bereicherungsrecht. Ausschlaggebend für die Beantwortung der Frage nach einer Anwendung oder Nichtanwendung des § 817 Satz 2 auf den Wertersatzanspruch des Schwarzarbeiters muss daher der Umstand sein, dass über eine bereicherungsrechtliche Rückabwicklung speziell bei Schwarzarbeiterverträgen eine Situation entstehen würde, die sich nur noch marginal von der Rechtslage bei einem wirksamen Vertrag unterscheidet. Im Falle einer Vorleistung des Schwarzarbeiters kommt eine Rückgängigmachung des verbotswidrigen Zustands naturgemäß oft nicht mehr in Betracht, da erbrachte Werk- oder Dienstleistungen nicht tatsächlich, sondern nur noch durch Ersatz ihres Wertes rückabgewickelt werden können. Dadurch erhält der Schwarzarbeiter faktisch eine Vergütung, die oftmals nicht viel vom vereinbarten Lohn abweichen wird. Dem kann man auch nicht entgegenhalten, dass über das Bereicherungsrecht nicht ein Vergütungsanspruch gewährt, sondern lediglich ein ungerechtfertigter Vorteil beim Empfänger abgeschöpft wird. Denn faktisch stellt sich ein Wertersatzanspruch des Schwarzarbeiters für ihn als Vergütung für seine Tätigkeit dar. Im Falle beiderseitiger Leistung würde eine Ausschaltung des § 817 Satz 2 bedeuten, dass der Auftraggeber einen Teil des gezahlten Geldes zurückverlangen könnte, wenn sich im Nachhinein Mängel zeigen. Ein solcher Anspruch läuft faktisch auf ein Minderungsrecht hinaus, das der Wertung des § 134 i.V.m dem SchwarzArbG zuwiderläuft. Die Restriktion des § 817 Satz 2 und damit die Gewährung bereicherungsrechtlicher Rückabwicklungsansprüche führt de facto zu dem paradoxen Ergebnis, dass die Rechtslage bei der Schwarzarbeit dem eines wirksamen Vertrags angeglichen wird, obgleich i.R.d. § 134 der Ausschluss von Erfüllungs- und Gewährleistungsansprüchen noch für zwingend erforderlich gehalten wurde, um die Ziele des SchwarzArbG zu verwirklichen[577]. Dies ist mit dem Grundsatz der Einheit und Widerspruchsfreiheit der Rechts-

577 So auch *Reuter,* in: Schattenwirtschaft und Schwarzarbeit, S. 36, 41 f.; *Tiedtke,* DB 1990, 2307, 2311; *Fricke,* Zivilrechtliche Folgen von Verstößen gegen das SchwarzArbG, S. 160 f.; *Voß,* Vertragliche und gesetzliche Ansprüche des Schwarzarbeiters, S. 130.

ordnung nicht zu vereinbaren, so dass im Ergebnis eine teleologische Reduktion des § 817 Satz 2 abzulehnen ist.

bb) Einschränkung über § 242

Die Einschränkung des § 817 Satz 2 durch § 242 stützt der BGH mit knapper Begründung auf die wirtschaftliche Unterlegenheit des Schwarzarbeiters, die es unbillig erscheinen lasse, dass der Auftragnehmer die erhaltene Leistung unentgeltlich behalten dürfe. Wie bereits in der Entscheidung zur unerlaubten Arbeitnehmerüberlassung angedeutet, wird eine Abwägung der Parteiinteressen vorgenommen und die unterschiedliche Schutzbedürftigkeit der Parteien im Rahmen der Anwendung des § 817 Satz 2 berücksichtigt. Eine Abwägung nach Parteiinteressen ist allerdings in § 817 Satz 2 gerade nicht angelegt[578]. Ihre Berechtigung erscheint zweifelhaft, weil sich der Tatbestand des § 817 Satz 2 gerade dadurch auszeichnet, dass beide Parteien gleichermaßen schutzunwürdig sind[579]. Richtig ist zwar, dass die Anwendung der Arglisteinrede gem. § 242 eine umfassende Interessenabwägung und damit auch die Berücksichtigung der Parteiinteressen erforderlich macht. Dabei ist allerdings zu beachten, dass § 242 stets nur eine einzelfallbezogene Korrektur gesetzlich vorgesehener Rechtsfolgen in absoluten Ausnahmefällen zur Vermeidung untragbarer Ergebnisse erlaubt[580]. Der pauschale Hinweis auf die generelle wirtschaftliche Unterlegenheit des Schwarzarbeiters ist für eine Anwendung des § 242 nicht ausreichend, zumal diese These in einer solchen Verallgemeinerung auch nicht zutreffend ist[581].

---

578 Siehe hierzu oben *Zweiter Teil, § 2.*

579 Gegen eine Abwägung nach Parteiinteressen auch *Armgardt,* NJW 2006, 2070. Für eine Abwägung nach Parteiinteressen dagegen: *Möller,* NJW 2006, 268, 269, der allerdings die unterschiedliche Schutzbedürftigkeit der Parteien nur als zusätzliches Korrektiv heranziehen möchte; *Wittmann,* MedR (2008) 26, 716, 722; *Szalai,* VuR 2010, 67, 68; *Hackbarth,* In pari turpitudine melior est conditio possidentis, S. 151.

580 *Looschelders/Olzen,* in: Staudinger, § 242, Rn. 217, 220; *Heinrichs,* in: Palandt, § 242, Rn. 40; *Larenz,* Lehrbuch des Schuldrechts I/1, S. 129, § 10 I; *Tiedtke,* NJW 1983, 713, 713. Siehe hierzu schon oben *Zweiter Teil, § 2.*

581 Ebenso *Kern,* JuS 1993, 193, 195; *ders.,* in: FS Gernhuber, S. 206: „Eine an § 242 orientierte Mitleidsrechtsprechung ist nicht angebracht"; *Lorenz,* in: Staudinger, § 817, Rn. 10; *Larenz/Canaris,* Lehrbuch des Schuldrechts II/2, S. 167, § 68 III. In der sog. „Festpreisentscheidung" des BGH lag die Situation beispielsweise gerade umgekehrt: dem Unternehmer wurde es verwehrt, sich auf die Nichtigkeit des Vertrags zu berufen, weil dies zu einer „unerträglichen Benachteiligung" der Auftraggeberin geführt hätte, die

Weiter nimmt der BGH die einseitige Begünstigung des Auftraggebers, der die erhaltene Leistung unentgeltlich behalten darf, zum Anknüpfungspunkt für die Anwendung des § 242. Indes ist zu berücksichtigen, dass die einseitige Begünstigung des Empfängers in Vorleistungsfällen eine denknotwendige Folge der Anwendung des § 817 Satz 2 ist. Mag man diese Konsequenz auch für rechtspolitisch zweifelhaft halten, handelt es sich dennoch nicht um eine atypische Interessenlage, sondern vielmehr um eine dem § 817 Satz 2 immanente Reflexwirkung. § 817 Satz 2 entfaltet seine eigentliche Bedeutung gerade in Fällen, in denen einseitig vorgeleistet wurde[582]. Wenn nämlich beide Parteien geleistet haben und sich das Geschäft so verwirklicht hat, wie sie es gewollt haben, kommt es ungleich seltener zu bereicherungsrechtlichen Rückforderungsklagen als in Fällen einseitiger Vorleistung. Würde man § 242 allein deshalb zur Anwendung bringen, weil man die einseitige Begünstigung des Bestellers als treuwidrig empfindet, würde das auf eine generelle Gesetzeskorrektur durch § 242 in Vorleistungsfällen hinauslaufen, die den Regelungsgehalt der Generalklausel des § 242 überspannen würde[583]. Zwar wird § 242 überwiegend eine rechtsfortbildende Funktion im Sinne einer Kontrolle und Korrektur gesetzlicher Normen zugestanden, allerdings kann diese Funktion stets nur im Einzelfall zur Verwirklichung von Einzelfallgerechtigkeit relevant werden[584]. Um einen einzelfallbezogenen Umstand handelt es sich bei der einseitigen Begünstigung des Auftraggebers indes gerade nicht. Im Zusammenwirken der Vorschriften des § 134 und des § 817 Satz 2 kommt die gesetzliche Wertung zum Ausdruck, dass derjenige, der gegen ein gesetzliches Verbot

dem schwarzarbeitenden Unternehmer nahezu „schutzlos ausgeliefert" gewesen wäre, vgl. BGHZ 85, 47, 48 = NJW 1983, 109, 111. Auch in zwei neueren Entscheidungen des BGH zur Schwarzarbeit wurde dem Unternehmer die Berufung auf die Vertragsnichtigkeit versagt, wobei maßgeblich mit der Schutzbedürftigkeit des Bestellers argumentiert wurde, vgl. BGH NJW-RR 2008, 1050 f. sowie NJW-RR 2008, 1051 f. Zu diesen Entscheidungen s.u. *Dritter Teil, § 1 I. 2. d. dd.*

582 *Tiedtke,* EWiR 1990, 889, 890; *Voß,* Vertragliche und gesetzliche Ansprüche des Schwarzarbeiters, S. 142 f.; *Honsell,* Die Rückabwicklung sittenwidriger oder verbotener Geschäfte, S. 148.

583 So auch *Tiedtke,* DB 1990, 2307, 2309; *Kern,* in: FS Gernhuber, S. 206; *Voß,* Vertragliche und gesetzliche Ansprüche des Schwarzarbeiters, S. 143.

584 Statt vieler: *Roth,* in: MünchKomm, § 242, Rn. 21; a.A. *Gernhuber,* JuS 1983, 764, 767: *Gernhuber* ist der Ansicht, dass eine Korrektur von Normen generell keine Rechtfertigung in § 242 finden kann. Vgl. auch schon oben *Zweiter Teil, § 2.*

verstößt, das Risiko tragen soll, dass er seine Leistung endgültig verliert, ohne dafür Erfüllungsansprüche durchsetzen zu können[585]. Mit dieser Risikozuweisung wäre es nicht zu vereinbaren, wenn allein unter dem Gesichtspunkt der Vorteilserlangung, die für eine Risikoverlagerung auf den Leistenden typisch ist, eine Einschränkung des § 817 Satz 2 über § 242 vorgenommen würde. Damit wäre dem Leistenden das Risiko abgenommen, das er nach der Wertung der §§ 134, 138, 817 Satz 2 gerade zu tragen hat[586]. Die vermeintlich verbleibende einseitige Begünstigung des Auftraggebers scheint zudem weniger skandalös, wenn man bedenkt, dass dieser Umstand im Rahmen der Verfolgung wegen der begangenen Ordnungswidrigkeit durchaus Berücksichtigung findet. Hier ist zum einen die Anordnung des Verfalls gem. § 29 a Abs. 1 OWiG möglich, zum anderen soll gem. § 17 Abs. 4 OWiG bei der Verhängung einer Geldbuße berücksichtigt werden, dass der Auftraggeber durch die erbrachten Werkleistungen Vorteile erlangt hat.

Als weiterer, vom BGH nicht explizit angesprochener, Anknüpfungspunkt für eine Anwendung des § 242 käme ein rechtsmissbräuchliches, weil widersprüchliches, Verhalten des Bestellers in Betracht, der die Leistung entgegennimmt, dadurch den Anschein erweckt, er wolle am nichtigen Vertrag festhalten und dann gleichwohl eine Zahlung verweigert. Ein solches Verhalten könnte als *venire contra factum proprium* gegen Treu und Glauben verstoßen[587]. Allerdings stehen auch einer solchen Betrachtungsweise in zweifacher Hinsicht Bedenken entgegen.

Zunächst ist bereits zweifelhaft, ob das Verhalten des Auftraggebers als widersprüchlich angesehen werden kann. Denn die „crux" des Widerspruchsverbots besteht ja gerade darin, dass die Erfüllung gesetzes- oder sittenwidriger Vereinbarungen von Rechts wegen verboten und damit widersprüchliches Verhalten grundsätzlich erlaubt ist[588]. Wer eine verbotswidrige Abrede nicht einhält, verhält sich daher an sich nicht widersprüchlich, sondern gerade so, wie es die Rechts-

585 *Singer,* Das Verbot widersprüchlichen Verhaltens, S. 160: „Wer bewusst gegen das Gesetz verstößt, darf sich nicht beklagen, wenn sich das Risiko, keine gesicherte Rechtsstellung zu erlangen, verwirklicht."

586 Ähnlich *Singer,* Das Verbot widersprüchlichen Verhaltens, S. 159, Fn. 48; *Wieling,* Bereicherungsrecht, S. 40, § 3 III.

587 Allgemein zu der Einschränkung des § 817 Satz 2 auf Grund widersprüchlichen Verhaltens s.o. *Erster Teil, § 2 II. 2. b.*

588 Vgl. auch *Singer,* Das Verbot widersprüchlichen Verhaltens, S. 151.

ordnung von ihm verlangt[589]. Man könnte dem entgegenhalten, dass damit der Leistende gegenüber treuwidrigem Verhalten des Leistungsempfängers schutzlos wäre. In Anlehnung an das, aus dem Strafrecht bekannte, Argument „kein rechtsfreier Raum im Ganovenmilieu" könnte man hier ein widersprüchliches Verhalten des Auftraggebers bejahen. Ansonsten könnte sich eine Partei im Rahmen eines verbotenen Geschäfts nach Belieben widersprüchlich verhalten und würde dafür im Ergebnis noch dadurch belohnt, dass sie das Erhaltene wegen § 817 Satz 2 behalten dürfte. Dafür spräche weiter, dass über § 242 sogar eine Einschränkung der Nichtigkeitsfolgen gem. §§ 134, 138 möglich ist, wenn ein Vertragspartner die Vorteile des nichtigen Geschäfts für sich in Anspruch nimmt und sich erst dann auf die Nichtigkeit beruft, wenn er seine Gegenleistung erbringen soll[590].

Bejaht man mit dieser Argumentation das Vorliegen widersprüchlichen Verhaltens, ist als weitere Voraussetzung für das Verbot des *venire contra factum proprium* zu fordern, dass für den anderen Teil ein Vertrauenstatbestand geschaffen worden ist und dessen Vertrauen als schutzwürdig bewertet werden kann[591]. Unproblematisch kann man davon ausgehen, dass der Auftraggeber durch die Entgegennahme der Leistung einen Vertrauenstatbestand beim Schwarzarbeiter geschaffen hat. Schwieriger gestaltet sich dagegen die Antwort auf die Frage, ob dieses Vertrauen schutzwürdig ist. Denn der Schwarzarbeiter vertraut letztlich auf die Durchführung einer Abrede, die gesetzlich verboten ist[592]. Es erschiene aber wenig konsequent, wenn die Rechtsordnung einerseits von den Parteien normgemäßes Verhalten verlangen und andererseits ein Vertrauen auf nicht normgemäßes Verhalten für schutzwürdig erklären würde. Der Schwarzarbeiter

---

589 So auch *Fricke,* Zivilrechtliche Folgen von Verstößen gegen das SchwarzArbG, S. 108; ähnlich *Popescu/Majer,* NZBau 2008, 424, 426; *Stamm,* NZBau 2009, 78, 82.

590 Statt vieler: *Looschelders/Olzen,* in: Staudinger, § 242, Rn. 493 ff.; *Grüneberg/Sutschet,* in: Bamberger/Roth, § 138, Rn. 31.

591 *Sutschet,* in: Bamberger/Roth, § 242, Rn. 106, 108; *Heinrichs,* in: Palandt, § 242, Rn. 56; *Looschelders,* Schuldrecht AT, S. 31, Rn. 83 ff.; *Canaris,* Die Vertrauenshaftung, S. 287; *Dette,* venire contra factum proprium, S. 45 ff. Zur Anwendung des Verbots des *venire contra factum proprium* ohne Vertrauensbegründung: *Singer,* Das Verbot widersprüchlichen Verhaltens, S. 14 ff.

592 *Looschelders/Olzen,* in: Staudinger, § 242, Rn. 296: grds. gilt ein Vertrauen auf ein Verhalten, das sich als gesetzes- oder sittenwidrig darstellt, nicht als schutzwürdig.

kann und darf vor Ausführung seiner Leistung nicht darauf vertrauen, dass seine Leistung vergütet wird. Es leuchtet nicht ein, wieso dies nach erbrachter Leistung anders sein sollte.

Schließlich ist entscheidend zur berücksichtigen, dass sich das potentielle Vertrauen des Schwarzarbeiters hier nicht - wie in den sonst im Rahmen des § 242 anerkannten Fällen üblich - auf eine bestimmte Rechtslage richtet, sondern auf ein zukünftiges Verhalten des Empfängers, nämlich dessen künftige Bereitschaft zur Erbringung der Gegenleistung. Dies ist deshalb von großer Bedeutung, weil ein solches Vertrauen grundsätzlich nicht schutzwürdig ist[593]. Die Rechtsordnung stellt nämlich für die rechtliche Gestaltung der Zukunft und für die Bindung des Partners ein besonderes Instrument zur Verfügung, nämlich die Möglichkeit des Abschlusses eines wirksamen Vertrags. Wer sich dieser Möglichkeit begibt, „kann sich [...] nicht beklagen"[594], wenn die Rechtsordnung die Schutzwürdigkeit des Vertrauens auf eine freiwillige Leistung des anderen Teils nicht anerkennt. Ein solches Ergebnis scheint insbesondere dann angemessen, wenn der Schwarzarbeiter - wie im absoluten Regelfall - den Gesetzes- oder Sittenverstoß kannte.

Der Schwarzarbeiter ist hier zudem auch nicht vollkommen schutzlos. Vielmehr ist er über §§ 823 Abs. 2, 263 StGB bzw. § 826 sehr wohl davor geschützt, risikolos um sein Entgelt geprellt zu werden[595]. Einer Anwendung des § 242 im Rahmen des § 817 Satz 2 bedarf es daher grundsätzlich nicht.

All dies schließt jedoch nicht aus, dass in besonderen Fallkonstellationen eine einzelfallbezogene Einschränkung des § 817 Satz 2 über § 242 durchaus denkbar erscheint. Neben der mit § 817 Satz 2 zwangsläufig einhergehenden einseitigen Empfängerbegünstigung müssen hierfür

---

593 *Canaris,* Die Vertrauenshaftung, S. 352 f.

594 *Canaris,* Die Vertrauenshaftung, S. 353, ähnlich *Singer,* Das Verbot widersprüchlichen Verhaltens, S. 160.

595 Zuzugeben ist allerdings, dass die Voraussetzungen der §§ 823 Abs. 2, 263 StGB, § 826 in der Praxis oftmals schwer zu beweisen sein werden und überdies entgangener Gewinn aus Schwarzarbeit nicht als Schaden anzuerkennen ist, vgl. hierzu *Spickhoff,* JZ 2002, 970, 971 ff. In Betracht kommt aber ein Ersatz sonstiger Schäden, insbes. Ersatz für die aufgewendeten Materialien. Was die Beweisschwierigkeiten angeht, könnte man in der Praxis an eine abgestufte Beweislast denken, so dass der Auftraggeber Umstände vortragen müsste, die seinen nachträglichen Gesinnungswechsel rechtfertigen; gelingt ihm dies nicht, müsste er seinerseits beweisen, dass ihm keine Schädigungsabsicht anzulasten ist.

allerdings noch besondere Umstände hinzukommen, die den Anspruchsausschluss als treuwidrig erscheinen lassen. Denkbar wären beispielsweise Fälle, in denen der Auftraggeber den Unternehmer zum Abschluss eines Vertrags unter Verstoß gegen das SchwarzArbG drängt oder die Unterlegenheit des Schwarzarbeiters einseitig zu seinen Gunsten ausnutzt. Allein die Entgegennahme der vom Schwarzarbeiter erbrachten Leistungen scheint dagegen für die Anwendung des § 242 nicht ausreichend.

cc) Zwischenergebnis

Auch wenn die skizzierte Linie des Bundesgerichtshofs auf den ersten Blick durchaus „gerecht" erscheinen mag, lässt sie sich mit den anerkannten Regeln der Dogmatik nicht überzeugend begründen. Weder eine teleologische Reduktion aufgrund des Schutzzwecks des SchwarzArbG noch eine Anwendung des Rechtsmissbrauchseinwandes gem. § 242 können die Nichtanwendung des § 817 Satz 2 im Falle der Schwarzarbeit rechtfertigen. Die gesetzestreuere und dogmatisch befriedigendere Lösung wäre es daher, § 817 Satz 2 zur Anwendung zu bringen und dem Schwarzarbeiter einen bereicherungsrechtlichen Wertersatzanspruch für seine geleisteten Dienste zu versagen.

dd) Auswirkungen der neuen Rechtsprechung zur sog. „Ohne-Rechnung-Abrede"?

Die bisher als gefestigt geltende Linie der Rechtsprechung in Sachen Schwarzarbeit könnte allerdings durch zwei neuere Entscheidungen des BGH ins Wanken geraten sein. Die beiden Entscheidungen aus dem Jahre 2008[596] betrafen jeweils Fälle, in denen der zwischen den Parteien geschlossene Werkvertrag eine sog. „Ohne-Rechnung-Abrede" enthielt. Bei einer solchen Vereinbarung, die auch als „Schwarzgeldabrede" bezeichnet wird, erhält der Werkunternehmer nach dem Willen der Parteien keine Rechnung oder Quittung, damit er weder Umsatz- noch Einkommenssteuer an das Finanzamt abführen muss. Im Gegenzug zahlt der Auftraggeber in aller Regel eine niedrigere Vergütung. In den beiden vom BGH entschiedenen Fällen war es der Auftraggeber, der Gewährleistungsansprüche gegen den Schwarzarbeiter geltend machte, nachdem beiderseits geleistet worden war. Der Auftraggeber hatte mit seiner Klage im Ergebnis Erfolg: Der BGH billigte dem Besteller vertragliche Gewährleistungsansprü-

596 Urteile v. 24.04.2008: Az.: VII ZR 42/07 u. Az.: VII ZR 140/07 = BGH NJW-RR, 1050 f. u. BGH NJW-RR, 1051 f.

che zu. Dabei wurde in der Urteilsbegründung offen gelassen, ob der „Rest"-Vertrag - ohne die jedenfalls unwirksame Schwarzgeldabrede - nichtig war[597], da die Berufung auf die Nichtigkeit durch den Schwarzarbeiter jedenfalls gegen Treu und Glauben verstoße.

Obgleich die beiden höchstrichterlichen Entscheidungen die hier im Mittelpunkt stehende Kondiktionssperre des § 817 Satz 2 nicht unmittelbar betreffen, könnten von ihnen Folgewirkungen auf andere Schwarzarbeiterfälle ausgehen. So lassen die beiden Entscheidungen viele Fragen offen: Insbesondere stellt sich die Frage, ob die Rechtsprechung auch auf sonstige Verstöße gegen das SchwarzArbG übertragbar ist[598]. Sollen also auch bei der „klassischen" Schwarzarbeit des § 1 Abs. 2 Nr. 5 SchwarzArbG dem Besteller vertragliche Gewährleistungsansprüche zustehen? Dies würde die Rechtsprechung zur wertmindernden Berücksichtigung fehlender Gewährleistungsansprüche beim Bereicherungsanspruch des Schwarzarbeiters obsolet machen[599]. Und weiter: Kann man die Rechtsprechung des BGH in der Weise fortdenken, dass sich künftig auch der Auftraggeber gegenüber der Lohnforderung des Schwarzarbeiters nicht mehr auf die Vertragsnichtigkeit berufen können soll[600]?

---

597 Dies beurteilte sich vor der Normierung der Fallgruppe in § 1 Abs. 2 Nr. 2 SchwarzArbG nach § 139. Davon ging auch der BGH aus, da es sich bei den zu entscheidenden Fällen um „Altfälle" handelte, auf die noch nicht das SchwarzArbG aus dem Jahre 2004 anwendbar war. Ob dies nach der Aufnahme der Fallgruppe in das SchwarzArbG anders zu beurteilen ist, ist noch ungeklärt; für generelle Gesamtnichtigkeit wegen der Neufassung des SchwarzArbG: *Bosch,* NJOZ 2008, 3044, 3050; *Armbrüster,* JZ 2008, 1006, 1008. Eine Mindermeinung nimmt dagegen weiterhin nur einen Verstoß gegen Ordnungsvorschriften und damit jedenfalls Wirksamkeit des Vertrags an, vgl. *Ahrens,* LMK 2008, 266104; *Peters,* NJW 2008, 2478, 2479 f.; *Jooß,* JR 2009, 397, 401.

598 Hierzu vgl. *Stamm,* NZBau 2009, 78, 86.

599 So *Pauly,* MDR 2008, 1196, 1198; *Orlowski,* BauR 2008, 1963, 1970.

600 In diese Richtung *Pauly,* MDR 2008, 1196, 1198; diese Konsequenz ist m.E. aber fragwürdig, weil sich der BGH in seinen Entscheidungen auf den Schutz des Bestellers stützt, während die Gewährung eines ungekürzten Vergütungsanspruchs dem Schwarzarbeiter zugute käme. *Stamm* hält es daher für möglich, die neue Rspr. dahin zu deuten, dass wegen der einseitigen Ausrichtung an den Interessen des Bestellers der BGH nunmehr sämtliche Vergütungsansprüche des Schwarzarbeiters versagt, vgl. *Stamm,* NZBau 2009, 78, 84.

Unabhängig von der Frage ob die im Schrifttum aufs Schärfste kritisierten[601] Entscheidungen berechtigt waren, zeigen sie deutlich, dass die Judikatur in Sachen Schwarzarbeit immer mehr in den „Strudel vertraglicher Abwicklungsmechanismen"[602] gerät. Berechtigterweise stellt sich die Frage, wo der BGH angesichts der jüngsten Entwicklungen, die einem Dammbruch gleichkommen, hier noch eine Grenze ziehen will[603].

Diese Tendenzen erlauben meines Erachtens auch Überlegungen dazu, ob die Diskussion um die zivilrechtlichen Folgen der Schwarzarbeit nicht schon in ihrem Ausgangspunkt die falsche Richtung eingeschlagen hat. Die grundsätzliche Nichtigkeit von Verträgen bei beiderseitigen Verstößen gegen das SchwarzArbG wird heute kaum mehr in Zweifel gezogen. Ohne nähere Begründung wird davon ausgegangen, dass die generalpräventive Funktion des SchwarzArbG nur durch die Annahme einer Vertragsnichtigkeit und den Ausschluss zivilrechtlicher Ansprüche erreicht werden kann. Gleichzeitig gewährt die Rechtsprechung dem Schwarzarbeiter über das Bereicherungsrecht quasi „Vergütung" für die geleistete Tätigkeit. Bestehende Mängel sollen sich wertmindernd auswirken, so dass gleichsam eine Minderung über das Bereicherungsrecht erreicht wird. In den jüngsten Urteilen des BGH zur „Ohne-Rechnung-Abrede" geht der BGH noch einen Schritt weiter und versagt schon die Berufung auf die Nichtigkeit im Hinblick auf § 242. Die Behandlung von Schwarzarbeiterverträgen in der Praxis widerspricht eklatant der Annahme einer zivilrechtlichen Nichtigkeit i.R.d. § 134[604]. Man kann sich daher die Frage stellen, ob es nicht „ehrlicher" und dogmatisch „sauberer" wäre, generell von einer zivilrechtlichen Wirksamkeit von Schwarzarbeiterverträgen auszugehen[605]. Eine solche Beurteilung würde einige „dogmatisch mehr als fragwürdige Klimmzüge"[606] ersparen und

601 Vgl. *Armbrüster*, JZ 2008, 1006, 1007; *Popescu/Majer*, NZBau 2008, 424 ff.; *Stamm*, NZBau 2009, 78, 82 ff.; *Bosch*, NJOZ 2008, 3044, 3055; zust. jedenfalls im Ergebnis dagegen *Ahrens*, LMK 2008, 266104; *Peters*, NJW 2008, 2478, 2479; *Orlowski*, BauR 2008, 1963, 1971.

602 *Stamm*, NZBau 2009, 78, 84.

603 *Stamm*, NZBau 2009, 78 , 84.

604 So auch *Reuter*, in: Schattenwirtschaft und Schwarzarbeit, S. 42.

605 So auch *Reuter*, in: Schattenwirtschaft und Schwarzarbeit, S. 37; *Westphal*, BB 1984, 1002 f. Ebenso für Verstöße gegen § 1 Abs. 2 Nr. 2 SchwarzArbG (Ohne-Rechnung-Abrede): *Peters*, NJW 2008, 2478, 2479 f.; *Ahrens*, LMK 2008, 266104.

606 *Stamm*, NZBau 2009, 78, 90.

könnte durchaus auch mit dem Normzweckvorbehalt des § 134 a.E. in Einklang gebracht werden.

Es erschiene nicht abwegig, bei Verstößen gegen das SchwarzArbG lediglich von Verstößen gegen Ordnungsvorschriften auszugehen, die sich nicht gegen den vertraglichen Erfolg als solchen richten[607]. Verhindert werden soll letztlich nicht die Dienst- oder Werkleistung als solche, sondern der Verstoß gegen gewerbeordnende Vorschriften[608]. Wem die Einordnung als bloße Ordnungsvorschriften zu weitgehend erscheint, der muss sich die Frage stellen, ob die heute kaum mehr angezweifelte These, dass der Zweck des SchwarzArbG die Nichtigkeit unabweislich fordert, tatsächlich unangreifbar ist. Denn die rechtstatsächlichen Entwicklungen bestätigen dies keineswegs. Trotz der Annahme zivilrechtlicher Nichtigkeit und einer Verschärfung der mit Schwarzarbeit verbundenen Sanktionen und Nachteile durch die Neufassung des SchwarzArbG im Jahre 2004 ist es nämlich bisher nicht gelungen, dem Phänomen der Schwarzarbeit in der Praxis tatsächlich auf Dauer Herr zu werden[609]. Es wurde bereits angedeutet, dass die zivilrechtliche Nichtigkeitssanktion in der Realität durch ge-

607 Vgl. *Schubert*, JR 1985, 148 f.; *Sonnenschein*, JZ 1976, 497, 504; Ebenso für Verstöße gegen § 1 Abs. 2 Nr. 2 SchwarzArbG (Ohne-Rechnung-Abrede): *Peters*, NJW 2008, 2478, 2479 f.; *Ahrens*, LMK 2008, 266104.

608 Selbstverständlich kann eine Analyse des Verbotsnormcharakters des SchwarzArbG nicht pauschal erfolgen, sondern müsste an den verschiedenen Verstößen ansetzen. Für eine derartige differenzierte Auseinandersetzung ist hier freilich kein Raum. Die Ausführungen sollen lediglich andeuten, dass die h.M. zum Verbotsnormcharakter des SchwarzArbG nicht über jeden Zweifel erhaben ist. Nach den einzelnen Vorschriften des SchwarzArbG differenzierend auch *Helf*, Zivilrechtliche Folgen eines Verstoßes gegen das Schwarzarbeitergesetz, S. 99 ff. S. hierzu auch schon oben *Dritter Teil, § 1 I. 2. a.*

609 Angesichts des fehlenden verhaltenssteuernden Effektes der zivilrechtlichen Nichtigkeitssanktion ist laut *Westphal* „nicht ersichtlich, wie man auch nur halbwegs realistisch annehmen kann, der Zweck des SchwarzArbG ließe sich nur dann erreichen, wenn gegen das Gesetz verstoßende Verträge als nicht rechtswirksam angesehen werden", vgl. *Westphal*, Zivilrechtliche Vertragsnichtigkeit wegen Verstoßes gegen gewerberechtliche Verbotsgesetze, S. 143. Rechtspolitisch muss man sich hier die Frage stellen, ob man dem Phänomen nicht auf gänzlich andere Weise begegnen sollte, wie etwa durch niedrigere Steuersätze oder die Senkung von Lohnnebenkosten, vgl. hierzu auch den Beschluss des Bundesrates zum SchwarzArbG n.F., BT-Drucks. 386/04, S. 2; in diese Richtung schon *Sonnenschein*, JZ 1976, 497, 504.

schickte Vertragsabwicklung leicht ausgehebelt werden kann[610]. Der Ausschluss vertraglicher Ansprüche wirkt daher de facto nicht abschreckend, sondern beeinflusst vielmehr die Vertragsgestaltung, etwa durch Vereinbarung einer Leistung Zug-um-Zug bzw. nach Baufortschritt oder durch eine Reduzierung der marktüblichen Vergütung, welche die fehlenden Gewährleistungsansprüche kompensiert. Schwarzarbeiterverträge könnten deshalb unter Umständen sogar noch weit mehr an Reiz verlieren, wenn aus Vertrag gehaftet wird und zusätzlich - neben den sonstigen negativen Folgen - noch Steuern und Sozialabgaben abgeführt werden müssten.

Ein Hauptargument gegen die Wirksamkeit von Schwarzarbeiterverträgen ist freilich der Umstand, dass der Schwarzarbeiter in diesem Fall vertraglich zur Erbringung einer verbotenen Leistung verpflichtet wäre[611]. Indes könnte man diesem Problem ohne Weiteres dogmatisch sauber über die Annahme einer anfänglichen, rechtlichen Unmöglichkeit begegnen, wie dies auch im durchaus vergleichbaren Fall der illegalen Ausländerbeschäftigung geschieht[612].

Der Problemkreis der (Un-)wirksamkeit eines Vertrags bei Verstößen gegen das SchwarzArbG kann an dieser Stelle nur angedeutet werden, da er für die hier im Mittelpunkt stehende Kondiktionssperre des § 817 Satz 2 nicht von unmittelbarer Bedeutung ist. Die Ausführungen zeigen allerdings, dass es im Falle der Schwarzarbeit nicht primär die „Rätselnorm" des § 817 Satz 2 ist, die zu unbilligen Ergebnissen führt, sondern der Umstand, dass die fragwürdige Bejahung der Vertragsnichtigkeit dazu zwingt, im Rahmen des § 817 Satz 2 eine Art Fehlerkompensation zu betreiben und vertragliche Wertungen über das Bereicherungsrecht zur Geltung zu bringen. Angesichts der gesellschaftlichen und politischen Brisanz der Thematik ist allerdings zuzugeben, dass eine Rechtsprechungsänderung hin zur Annahme

---

610 Ähnlich *Sonnenschein,* JZ 1976, 497, 503 f.; *Reuter,* in: Schattenwirtschaft und Schwarzarbeit, S. 48; *Buchner,* GewArch 1990, 41, 43; *Westphal,* Zivilrechtliche Vertragsnichtigkeit wegen Verstoßes gegen gewerberechtliche Verbotsgesetze, S. 142 f. Zweifelnd am Sinn des SchwarzArbG im Allgemeinen auch *Schmidt,* MDR 1966, 463, 463.

611 *Schmidt,* MDR 1966, 463, 464; *Fricke,* Zivilrechtliche Folgen von Verstößen gegen das SchwarzArbG, S. 92.

612 So auch *Reuter,* in: Schattenwirtschaft und Schwarzarbeit, S. 37 f., alternativ schlägt *Reuter* vor, dem Schwarzarbeiter ein Leistungsverweigerungsrecht wegen Unzumutbarkeit (§ 242) einzuräumen; für die Annahme rechtlicher Unmöglichkeit auch *Westphal,* Zivilrechtliche Vertragsnichtigkeit wegen Verstoßes gegen gewerberechtliche Verbotsgesetze, S. 144.

der Wirksamkeit von Schwarzarbeiterverträgen durch die hierin liegende vermeintliche indirekte Legitimation eines gemeinschaftsschädlichen Verhaltens eine falsche Signalwirkung haben könnte und daher in der Praxis nur schwer umzusetzen sein dürfte[613].

3. Fallgruppe: Schenkkreise

a) Ausgangsproblematik

Der Traum vom großen Geld - und das ohne eigenen Arbeitsaufwand, das ist der verlockende Gedanke, der sogenannte Schenkkreise in den vergangenen Jahren zum Massenphänomen avancieren ließ. In den neunziger Jahren verbreiteten sich derartige „Spiele" unter verheißungsvollen Namen wie „Titan", „Unternehmer-Life-Spiel", „Jump" oder „World Trading System"; zwischen 2000 und 2005 hatten „Herzkreise", „Power circles", „Tafelrunden", „Lotus- und Sonnenmännerkreise" oder das „Zukunftsprojekt Deutschland" Hochkonjunktur; in jüngster Vergangenheit lockte der sogenannte „Speedkreis" Teilnehmer aus allen Bevölkerungsschichten. Schätzungen zu Folge nahmen bis zum Jahre 2005 allein in Deutschland mehr als eine Million Menschen an den verschiedenen Schenkkreisen teil[614]. Dabei versteckt sich hinter vordergründig esoterischen oder wohltätigen Aspekten meist ein sehr ähnliches Prinzip[615]. Es handelt sich - vereinfacht ausgedrückt - um ein in der Regel vierstufiges Pyramidensystem, dessen einziger Zweck darin besteht, Geld an andere Teil-

---

613 Aus rechtsvergleichender Sicht scheint interessant, dass in Österreich ganz selbstverständlich von der Wirksamkeit von Verträgen mit Schwarzarbeitern ausgegangen wird, vgl. *Rummel*, in: Rummel, ABGB, § 879, Rn. 168; *Helf*, Zivilrechtliche Folgen eines Verstoßes gegen das Schwarzarbeitergesetz, S. 225; krit. aber *Iro*, 1987, 1, 9 ff. Einschlägige Entscheidungen sind in der österreichischen Judikatur zwar selten. Generell werden aber von der österreichischen Rechtsprechung Verträge, die unter Verstoß gegen gewerberechtliche Vorschriften geschlossen wurden, für wirksam gehalten, vgl. etwa SZ 54/56; weitere Entscheidungen bei *Tades/Hopf/Kathrein/Stabentheiner*, Das Allgemeine bürgerliche Gesetzbuch, E 288 zu § 879.

614 Vgl. http://www.sueddeutsche.de/wirtschaft/217/348053/text (Abruf v. 21.07.2010). Eine allgemeine Tätigkeitsbeschreibung enthält der Endbericht der Enquete-Kommission „Sogenannte Sekten und Psychogruppen", 1998, S. 261, http://www.sekten.at/enquete/enquete.htm (Abruf v. 21.07.2010).

615 Allgemein zur Funktionsweise von Schenkkreisen vgl. auch die Ausführungen bei *Amend-Traut*, KJ 2008, 408 ff.; *Willingmann*, VuR 1997, 299 ff.

nehmer zu verschenken, um später selbst beschenkt zu werden. Der Initiator, der den innersten Kreis bildet, wirbt zunächst sechs andere, nicht zahlende Mitglieder, von denen zwei den zweiten und vier den dritten Kreis bilden. Sodann werden acht weitere Spieler rekrutiert, die sich auf der vierten und letzten Hierarchiestufe befinden, und dem Initiator auf der ersten Stufe einen oft vierstelligen Geldbetrag schenken. Der beschenkte Initiator steigt nun aus dem System aus und die beiden Teilnehmer der zweiten Stufe rücken auf seine Position nach. Es bilden sich folglich zwei neue innerste Kreise und auch die Anzahl der übrigen Kreise verdoppelt sich. Die nunmehr insgesamt bereits sechzehn vakanten Stellen auf den beiden äußersten Kreisen müssen mit neuen Teilnehmern besetzt werden, die wiederum die Mitglieder auf der ersten Hierarchiestufe beschenken. Um diesen Kreis am Laufen zu halten, müssen zwangsläufig immer mehr neue Teilnehmer angeworben werden. Da sich die Zahl der Kreise nach jeder Runde verdoppelt - die Kreise teilen sich wie ein Schneeball, daher auch die Bezeichnung „Schneeballsystem" - vervielfacht sich die Zahl neu anzuwerbender Mitglieder nach wenigen Runden explosionsartig. Bereits in der achtzehnten Runde wären über eine Million Teilnehmer nötig, damit das System nicht kollabiert. Damit ist aus mathematischer Sicht klar, dass solche, nach dem Pyramidensystem aufgebaute, Schenkkreise in kürzester Zeit zum Scheitern verurteilt sind[616]. Während einige wenige Gewinne in sechsstelliger Höhe abkassieren, bleibt für die breite Masse der verlockend erscheinende Traum vom großen Geld unerfüllt.

In rechtlicher Hinsicht ist unumstritten, dass derartige Schenkkreise sittenwidrig und mit ihnen zusammenhängende Rechtsgeschäfte gem. § 138 nichtig sind[617]. Das System zielt darauf ab, die Leichtgläubigkeit, Unerfahrenheit und Spielleidenschaft der Teilnehmer auszunutzen, indem ihnen suggeriert wird, sie könnten ihre finanzielle Situation nachhaltig verbessern, obwohl in Wahrheit ein Großteil der Mitspieler seinen Einsatz zwangsläufig verlieren wird, ohne je selbst beschenkt zu werden. Teilweise wird zur Begründung der Sittenwidrigkeit auch

616 Statistisch verlieren 87,5 % der Teilnehmer ihren Einsatz, ohne selbst beschenkt zu werden, vgl. http://www.zeit.de/2003/37/G-Schenkkreise (Abruf v. 21.07.2010).

617 St. Rspr., vgl. etwa BGH NJW 1997, 2314; BGH NJW 2006, 45, 46; BGH NJW 2008, 1942; BGH NJW 2009, 984; OLG Bamberg NJW-RR 2002, 1393, 1394; OLG Köln NJW 2006, 3288, 3289 jeweils m.w.N.; *Larenz/Wolf*, Allgemeiner Teil des Bürgerlichen Rechts, S. 744, § 41; *Leipold*, BGB I, S. 303; *Sack*, in: Staudinger, § 138, Rn. 331.

darauf abgestellt, dass das System auf die Nutzung privater Kontakte und damit auf eine Kommerzialisierung des Privatlebens ausgelegt sei[618].

Für die große Zahl derer, denen es nicht gelungen ist, in den Kreis der Beschenkten aufzusteigen, stellt sich die Frage, ob sie nicht wenigstens ihren Einsatz zurückfordern können. Als Anspruchsgrundlage kommt § 812 Abs. 1 Satz 1, 1. Alt.[619] in Betracht, da das den Zahlungen zugrunde liegende Rechtsgeschäft - oft wird es sich um eine Schenkung handeln - gem. § 138 nichtig ist[620]. Entscheidend ist auch hier die Frage nach einem Ausschluss des Rückforderungsanspruchs gem. § 817 Satz 2.

b) Die Anwendbarkeit des § 817 Satz 2

aa) Sittenverstoß durch die Leistung?

Die Anwendbarkeit des § 817 Satz 2 setzt zunächst voraus, dass der Leistende gerade durch die Leistung gegen die guten Sitten verstößt. Bereits diese Voraussetzung wird in Schenkkreisfällen teilweise verneint, weil durch die Zahlung nur der Zugang zum Spiel eröffnet werde, während der Vorwurf eines Sittenverstoßes erst dann erhoben werden könne, wenn ein objektiver Beitrag zur Stabilisierung des Systems, etwa in Form der Anwerbung eines neuen Mitglieds, geleistet wird[621]. Überwiegend wird ein Sittenverstoß durch die Zahlung dagegen bejaht, ohne dass dies näher problematisiert wird. Eindeutig ist ein Sittenverstoß durch die Zahlung dagegen keineswegs. Denn die Zahlung von Geld ist grundsätzlich sittlich neutral und wird nicht von der Rechtsordnung missbilligt. Vor allem dann, wenn der Schenker selbst gar keine Kenntnis von den die Sittenwidrigkeit begrün-

---

618 So insbes. OLG Köln NJW 2005, 3290; OLG Celle NJW 1996, 2660.

619 Teilweise wird auch § 817 Satz 1 als *lex specialis* für einschlägig gehalten. Allgemein zum Anwendungsbereich des § 817 Satz 1 siehe schon oben *Erster Teil, § 2 I. 1.*

620 § 762 Abs. 1 Satz 2 steht diesem Bereicherungsanspruch nicht entgegen. Zum einen soll es sich im Falle von Schenkkreisen schon nicht um ein „Spiel" i.S.d. § 762 Abs. 1 handeln, da der gezahlte Einsatz nicht zum Gegenstand einer Ausspielung gemacht wird, sondern von vorneherein „verloren" ist. Zum anderen greift § 762 Abs. 1 Satz 2 jedenfalls dann nicht, wenn die Unwirksamkeit der Vereinbarung auf § 138 beruht, vgl. etwa *Willingmann,* VuR 1997, 299, 302; *Habersack,* in: MünchKomm, § 762, Rn. 24.

621 So z.B. *Goerth,* VuR 2006, 75, 76; zweifelnd auch *Amend-Traut,* KJ 2008, 408, 413.

denden Umständen hatte, scheint zweifelhaft, ob man ihm einen Sittenverstoß durch die Zahlung anlasten kann[622]. Allerdings muss entscheidend berücksichtigt werden, dass durch die Zahlung zumindest objektiv ein sozialschädliches System unterstützt und gefördert wird. Nur die Zahlung ermöglicht die Teilnahme an einem sittenwidrigen Schenkkreis und geht mit dem indirekten Zwang zur Anwerbung neuer „Opfer" einher, da sich nur so der eigene Einsatz als gewinnbringend erweisen wird[623]. Letztlich führt gerade die Vornahme einer Schenkung dazu, dass alle Teilnehmer in der Hierarchie aufsteigen und damit das sittenwidrige System fortgesetzt und stabilisiert wird. Ohne die Vornahme von Zahlungen würde das System zwangsläufig sofort kollabieren. Die Schenkungen sind wesentliche und unabdingbare Voraussetzungen für den Erhalt des Systems. Dies muss im Übrigen auch dann gelten, wenn der Schenker die für die Sittenwidrigkeit maßgeblichen Umstände gar nicht kennt. Denn auch in diesem Fall wird durch die Zahlung objektiv ein sozialschädliches System gefördert und unterstützt.

bb) Das Erfordernis subjektiver Voraussetzungen

Wie bereits dargelegt verlangt eine verbreitete Meinung im Schrifttum für eine Anwendung des § 817 Satz 2 in unterschiedlichen Ausprägungen subjektive Kenntnis des Leistenden vom Sittenverstoß[624]. Auch in der Rechtsprechung wird § 817 Satz 2 nur dann zur Anwendung gebracht, wenn der Leistende die Gesetzes- oder Sittenwidrigkeit kannte bzw. ihm zumindest fahrlässige Unkenntnis angelastet werden kann[625]. Da die Initiatoren von Schenkkreisen den Teilnehmern die Funktionsweise des Systems oftmals bewusst verschleiern,

---

622 Auch in diesem Fall ist freilich von der Nichtigkeit des zugrunde liegenden schuldrechtlichen Vertrags auszugehen. Bei Sittenverstößen, die sich gerade gegen den Geschäftspartner richten, reicht es aus, wenn die subjektiven Voraussetzungen der Sittenwidrigkeit auf Seiten desjenigen Vertragspartners vorliegen, der sich das sittenwidrige Geschäft zunutze macht, vgl. *Larenz/Wolf*, Allgemeiner Teil des Bürgerlichen Rechts, S. 739, § 41. So liegt der Fall, wenn sich jemand Geld im Rahmen eines Schenkkreises schenken lässt, ohne dass der Schenker den Charakter des Pyramidensystems und damit die zur Sittenwidrigkeit führenden Umstände kennt.

623 In diese Richtung OLG Köln NJW 2005, 3290, 3291.

624 S.o. *Zweiter Teil*, § 4.

625 Vgl. etwa BGH NJW 2005, 1490, 1491; BGH NJW 1993, 2108; BGH NJW 1992, 310, 311; BGH NJW 1989, 3217, 3218; BGH NJW 1983, 1420, 1423.

scheiterte vor den Leitentscheidungen des BGH vom 10.11.2005 die Anwendung des § 817 Satz 2 in der Praxis oft an den subjektiven Voraussetzungen der Vorschrift[626]. Mittlerweile sind die Organisatoren von Schenkkreisen allerdings dazu übergegangen - wenn auch versteckt - sehr wohl über das Risiko eines Totalverlustes der Einlage aufzuklären. Auch die prinzipielle Funktionsweise des Spiels wird auf den entsprechenden Informationsveranstaltungen erklärt, wenn auch geflissentlich verschwiegen wird, in welchem Umfang sich die Anzahl notwendiger neuer Mitspieler von Runde zu Runde exakt vervielfacht. Daher wird man nicht selten davon ausgehen können, dass die Schenker die die Sittenwidrigkeit begründenden Umstände gekannt bzw. sich dieser Kenntnis leichtfertig verschlossen haben. Denn bei Kenntnis der Funktionsweise eines Pyramidenspiels ist es ohne Weiteres einsichtig, dass das System nur durch die Anwerbung immer neuer Teilnehmer funktionieren kann und somit der Lebensdauer eines jeden Schenkkreises eine natürliche Grenze gesetzt ist, so dass zwangsläufig die danach eintretenden Teilnehmer leer ausgehen[627].

c) Restriktion des § 817 Satz 2

Wird die - nach h.M. notwendige - Hürde subjektiver Voraussetzungen genommen, steht einer Anwendung des § 817 Satz 2 seinem Wortlaut nach an sich nichts mehr im Wege, mit der Konsequenz, dass die Spieler, die selbst nicht beschenkt wurden, ihren Einsatz unwiederbringlich verloren hätten. Wiederum stellt sich die Frage, ob

---

626 Z.B. BGH NJW 1997, 2314 (zust. *Martinek,* EWiR 1997, 687 f.); LG Freiburg NJW-RR 491, 492; LG Stuttgart, Urt. v. 16.09.2004, Az.: 25 O 301/04 (zitiert nach juris). Das Erfordernis subjektiver Voraussetzungen führt in der Praxis auch in anderen Fällen oft zu einer Einschränkung des § 817 Satz 2, da der Nachweis subjektiver Umstände in der Regel schwer zu führen ist. Die zu dieser Frage ergangene Rechtsprechung, die wie eine Antwort auf die Aufwertung des § 817 Satz 2 zur „Universalsperre" wirkt, kann sich allerdings vielfach des Eindrucks nicht erwehren, dass die subjektiven Voraussetzungen bewusst „hochgeschraubt" werden, um unbillige Ergebnisse zu vermeiden, so auch *König,* in: Gutachten und Vorschläge zur Überarbeitung des Schuldrechts, S. 1532; *ders.,* Ungerechtfertigte Bereicherung, S. 140; *Honsell,* Die Rückabwicklung sittenwidriger oder verbotener Geschäfte, S. 47. Vgl. hierzu auch den sog. „Leihmutter-Fall", in dem ein Bewusstsein der Sittenwidrigkeit verneint wurde, obwohl sich die Parteien ausweislich der von ihnen getroffenen Vereinbarung der Undurchsetzbarkeit der Ansprüche bewusst waren: OLG Hamm NJW 1986, 781, 783 (krit.: *Coester-Waltjen,* JuS 1986, 193, 195; *Kollhosser,* JZ 1986, 446, 447).

627 So auch LG Wiesbaden, Urt. v. 29.02.2008, Az.: 3 S 67/07 (mitgeteilt unter http.//www.schenkkreis-recht/urteil, Abruf v. 21.07.2010).

man es bei diesem Ergebnis bewenden lassen kann oder ob nicht vielmehr eine Restriktion der Rückforderungssperre angezeigt ist.

aa) Die Leitentscheidungen des BGH vom 10.11.2005

In zwei wortgleichen Leitentscheidungen vom 10.11.2005[628] urteilte der BGH im Sinne einer allgemeinen Restriktion des § 817 Satz 2 in Schenkkreisfällen und billigte den leer ausgegangenen Schenkern einen Rückforderungsanspruch hinsichtlich ihres Einsatzes zu. Zur Begründung stellt der BGH in den Entscheidungen hauptsächlich auf den Schutzzweck der Nichtigkeitssanktion ab, ergänzend wird wieder auf den Grundsatz von Treu und Glauben verwiesen. Im Rahmen der Schutzzweckerwägungen werden generalpräventive Überlegungen in den Vordergrund gerückt. Durch einen Rückforderungsausschluss werde Sinn und Zweck des Sittenwidrigkeitsverdikts, namentlich der Schutz leichtgläubiger und unerfahrener Personen, konterkariert. Denn die Initiatoren von Schenkkreisen würden gerade zum Weitermachen animiert, wenn sie das Geschenkte behalten dürften und damit ein sittenwidriger Zustand perpetuiert würde[629].

Der BGH hat diese Rechtsprechung mittlerweile fortgeführt und entschieden, dass die generelle Einschränkung der Kondiktionssperre nicht nur gegenüber den Initiatoren von Schenkkreisen gelte, sondern gegenüber jedem beliebigen Empfänger im Rahmen des Systems[630]. Für die Restriktion des § 817 Satz 2 sei nicht eine einzelfallbezogene Prüfung der Geschäftsgewandtheit und Erfahrenheit des betroffenen Gebers oder Empfängers entscheidend, sondern allein der Umstand, dass durch eine Rückforderungssperre der Schutzzweck der Nichtigkeitssanktion konterkariert werde, indem weiterem sittenwidrigen Handeln Vorschub geleistet werde. Hauptargument ist also auch hier der mit einer Rückabwicklung in Schenkkreisfällen verbundene generalpräventive Effekt. Ergänzend weist der BGH darauf hin, dass andernfalls die unmittelbar unter den Initiatoren stehenden Spieler ihr Geld zurückfordern könnten, während sie selbst das geschenkte Geld behalten könnten und damit doppelt begünstigt wären.

---

628 Az.: II ZR 72/05 und II ZR 73/05 = BGH NJW 2006, 45 und BGH ZGS 2005, 446.

629 So BGH NJW 2006, 45, 46; BGH ZGS 2005, 446, 447.

630 BGH NJW 2008, 1942 (vgl. hierzu *Armgardt,* JR 2009, 177 ff., der die Entscheidung uneingeschränkt begrüßt); BGH NJW 2009, 984; BGH NJW-RR 2009, 345; ebenso OLG Köln NJW 2006, 3288.

bb) Die instanzgerichtliche Rechtsprechung

Die instanzgerichtliche Rechtsprechung war vor den Leitentscheidungen des BGH gespalten: Während ein Teil der Instanzgerichte Rückforderungsansprüche im Hinblick auf § 817 Satz 2 versagte[631], votierten andere - mit ähnlichen Argumenten wie später der BGH - für eine Restriktion der Vorschrift in Schenkkreisfällen[632]. Nach den höchstrichterlichen Entscheidungen aus dem Jahre 2005 schlossen sich viele Instanzgerichte dem BGH an und nehmen nunmehr eine generelle Restriktion der Kondiktionssperre in Schenkkreisfällen an[633]. Nicht wenige Gerichte wenden sich aber auch jetzt noch dezidiert gegen die Rechtsprechung des BGH und weisen Rückforderungsklagen in Schenkkreisfällen auf der Grundlage des § 817 Satz 2 ab[634].

Die Instanzgerichte, die dem BGH die Gefolgschaft versagen, verweisen ebenfalls auf generalpräventive Erwägungen. Durch eine Erhöhung des Verlustrisikos - so die Argumentation - könnten potentielle Spieler eher davon abgehalten werden, sich an Schenkkreisen zu beteiligen[635]. Umgekehrt würde man durch Zulassung einer Rückforderung gerade zur risikolosen Teilnahme an einem Schenkkreis einladen. Dass die Initiatoren sich wegen drohender Rückforderungsklagen von der Organisation abhalten lassen, sei dagegen

---

631 OLG Celle NJW 1996, 2660; OLG Köln NJW 2005, 3290, 3292; LG Bonn NJW-RR 2005, 490.

632 So z.B. LG Göttingen, Urt. v. 30.09.2005, Az.: 9 S 26/05 (mitgeteilt unter http://www.schenkkreis-recht/urteil, Abruf v. 21.07.2010).

633 So z.B. OLG Köln NJW 2006, 3288, 3289; OLG München NJW-RR 2009, 1648 (Nichtanwendung des § 817 Satz 2, obwohl der Kläger in einer „Schenkungsurkunde" ausdrücklich seine Kenntnis von der Sittenwidrigkeit zugestanden hatte).

634 AG Siegburg NJW-RR 2007, 1431 (mit scharfer Kritik an der BGH-Rechtsprechung); LG Köln, Urt. v. 07.11.2006, Az. 11 S 463/05; AG Düsseldorf, Urt. v. 26.09.2006, Az.: 21 C 7168; AG Bonn, Urt. v. 19.04.2007, Az.: 14 C 2/07 (jeweils zitiert nach juris); AG München, Urt. v. 21.11.2006, Az.: 155 C 05257/06; AG Mühlheim a.d. Ruhr, Urt. v. 01.06.2006, Az.: 23 C 2687/05; LG Köln, Urt. v. 07.11.2006; Az. 11 S 463/05; AG Kerpen, Urt. v. 31.07.2007, Az. 22 C 44/2006; LG Wiesbaden, Urt. v. 29.02.2008, Az.: 3 S 67/07; AG Schweinfurt, Urt. v. 22.10.2008, Az.: 2 C 47/08 (jeweils mitgeteilt unter http://www.schenkkreis-recht/urteil, Abruf v. 21.07.2010).

635 OLG Köln NJW 2005, 3290, 3292; LG Wiesbaden, Urt. v. 29.02.2008, Az.: 3 S 67/07; AG Kerpen, Urt. v. 31.07.2007, Az.: 22 C 44/2006; AG Schweinfurt, Urt. v. 22.10.2008, Az. 2 C 47/08 (jeweils mitgeteilt unter http://www.schenkkreis-recht/urteil, Abruf v. 21.07.2010).

unwahrscheinlich. Vielmehr zeige die Prozesswirklichkeit, dass nur ein sehr geringer Teil der „geprellten" Spieler seinen Einsatz tatsächlich klageweise zurückfordere[636]. In diesem Zusammenhang wird geltend gemacht, dass das Phänomen der Schenkkreise auch nach den Leitentscheidungen des BGH in der Realität eine ungetrübte Faszination ausübe und innerhalb mancher Schenkkreise sogar ausdrücklich auf die höchstrichterliche Rechtsprechung verwiesen werde, um potentielle Spieler zur Teilnahme zu bewegen[637]. Außerdem wird die Selbstverantwortung jedes Spielers, der freiwillig und in Kenntnis des Systems Geld verschenkt, betont[638]. Die Sichtweise des BGH vom schutzbedürftigen Schenker und vom „bösen" Initiator sei „lebensfremd"[639]. Es sei vielmehr zu berücksichtigen, dass jeder Teilnehmer allein deshalb schenke, um später selbst zum Beschenkten zu werden und damit in systemimmanenter Notwendigkeit selbst zum „Täter" werde. Die „Doppelrolle" eines jeden Teilnehmers als Schenker und potentiell Beschenkter spiegle sich auch in der Prozesswirklichkeit wider, wo dieselbe Person in verschiedenen Prozessen einmal als Kläger, das andere Mal als Beklagter und dann wieder als Zeuge auftrete. In der Realität stelle sich die Täter-Opfer-Situation sehr „durchmischt" dar, da die Detailabläufe der Spiele es erlauben, in derselben Veranstaltung sowohl als Schenker als auch als Beschenkter zu fungieren, indem etwa Spielanteile und Spielerpositionen abgetreten werden können. Es sei daher unmöglich, den abstrakten Schenker vor dem abstrakten Beschenkten zu schützen. Zudem wird die Schutzwürdigkeit eines Schenkers schon deshalb verneint, weil er sich bewusst auf ein sozialschädliches System eingelassen habe[640]. § 817 Satz 2 belaste ohnehin nur denjenigen, der die Sittenwidrigkeit begründenden Umstände gekannt hat. Ein solcher Teilnehmer habe

---

636 AG München, Urt. v. 21.11.2006, Az.: 155 C 05257/06 (mitgeteilt unter http://www.schenkkreis-recht/urteil, Abruf v. 21.07.2010).

637 AG München, Urt. v. 21.11.2006, Az.: 155 C 05257/06 (mitgeteilt unter http://www.schenkkreis-recht/urteil, Abruf v. 21.07.2010).

638 OLG Köln NJW 2005, 3290, 3292.

639 AG Siegburg NJW-RR 2007, 1431; zust. AG Schweinfurt, Urt. v. 22.10.2008, Az.: 2 C 47/08 (mitgeteilt unter http://www.schenkkreis-recht/urteil, Abruf v. 21.07.2010); AG Bonn, Urt. v. 19.04.2007, Az.: 14 C 2/07: „Wer Initiator und wer lediglich Opfer ist, bleibt dunkel" (zitiert nach juris).

640 LG Wiesbaden, Urt. v. 29.02.2008, Az.: 3 Satz 67/07; AG Kerpen, Urt. v. 31.07.2007, Az.: 22 C 44/2006 (jeweils mitgeteilt unter http://www.schenkkreis-recht/urteil, Abruf v. 21.07.2010); AG Düsseldorf, Urt. v. 26.09.2006, Az.: 21 C 7168; AG Bonn, Urt. v.19.04.2007, Az.: 14 C 2/07 (jeweils zitiert nach juris).

sich aber im Bewusstsein des entsprechenden Risikos beteiligt und werde bei lebensnaher Betrachtung allein in der Hoffnung schenken, dass das System erst dann kollabiert, wenn er selbst in den Kreis der Beschenkten aufgerückt ist. Demgegenüber sei nicht ersichtlich, wieso derjenige als „Opfer" einzustufen sein soll, der sich als mündiger Bürger von wechselseitigen Schenkungen schnelles Geld verspricht, schließlich jedoch einsehen muss, dass seine gewinnverheißende Position nicht ausreicht, um zu profitieren[641]. Außerdem wird geltend gemacht, dass nach dem Wortlaut des § 817 Satz 2 eine Rückforderung bei einem Sittenverstoß des Leistenden generell ausgeschlossen und eine Abwägung nach Art und Schwere des Sittenverstoßes gerade nicht vorgesehen sei[642]. Andere Gerichte weisen dagegen gerade umgekehrt darauf hin, dass stets die konkrete Schutzwürdigkeit im Einzelfall zu berücksichtigen sei und lehnen daher Rückforderungsansprüche zum Beispiel für Fälle des sog. Sponsoring[643] ab[644].

cc) Reaktionen im Schrifttum

Im Schrifttum haben die Entscheidungen des BGH zur Einschränkung des § 817 Satz 2 in Schenkkreisfällen dagegen jedenfalls im Ergebnis überwiegend Zustimmung erfahren[645].

---

641 AG Bonn, Urt. v. 19.04.2007, Az.: 14 C 2/07 (zitiert nach juris).

642 OLG Celle NJW 1996, 2660, 2661; AG Düsseldorf, Urt. v. 26.09.2006, Az.: 21 C 7168 (zitiert nach juris).

643 Beim sog. Sponsoring lässt ein - meist erfahrener - Spieler Geld in das System fließen, um einen Schenkkreis künstlich am Leben zu halten und vor dem Einschlafen zu retten.

644 LG Köln, Urt. v. 07.11.2006, Az.: 11 S 463/05 (ein „Sponsor" gewährte einem Neueinsteiger ein Darlehen, das dieser als Einsatz verwenden sollte, mitgeteilt unter http://www.schenkkreis-recht.de/Urteil, Abruf v. 21.07.2010); AG München, Urt. v. 21.11.2006, Az.: 155 C 05257/06 (es handelte sich um eine „normale" Schenkung - kein Sponsoring -, bei der das Gericht einen Rückforderungsanspruch mangels konkreter Schutzwürdigkeit der Klägerin ablehnte, mitgeteilt unter http://www.schenkkreis-recht.de/Urteil, Abruf v. 21.07.2010).

645 *Martinek*, JZ 2009, 364, 365; *Möller*, EWiR 2006, 103, 104; *ders.* NJW 2006, 268; *ders.*, ZGS 2010, 346, 347; *Lorenz*, LMK 2006, 164413; *Goerth*, VuR 2006, 75; *Armgardt*, NJW 2006, 2070; *Schmidt-Recla*, JZ 2008, 60, 67 (*Schmidt-Recla* kritisiert allerdings die Begründung des BGH und plädiert im Grundsatz für eine striktere Anwendung des § 817 Satz 2); *Wendehorst*, in: Bamberger/Roth, § 817, Rn. 24. Schon vor den BGH-Entscheidungen aus dem Jahre 2005 für eine Restriktion der Kondiktionssperre: *Willingmann*, VuR 1997, 299, 306 f.; *ders.*, NJW 1997, 2932, 2934, Fn. 31

Teilweise wird bei der Anwendung des § 817 Satz 2 als zusätzliches Korrektiv eine Abwägung nach Parteiinteressen gefordert[646]. Es sei zu berücksichtigen, dass nicht alle Teilnehmer gleichermaßen schutzbedürftig sind. Daher soll keine Ausnahme vom Kondiktionsausschluss zugelassen werden, wenn der Leistende mit seinen Zahlungen das Spiel in noch verwerflicherer Weise aufrecht erhält als der Empfänger, wie dies beispielsweise beim Sponsoring der Fall sei[647].

Gegen eine derartige Abwägung der Parteiinteressen wendet sich demgegenüber insbesondere *Schmidt-Recla*[648]. Gleichwohl schließt er sich dem BGH im Ergebnis an, wobei er in der Begründung den Schwerpunkt auf eine normzweckorientierte Restriktion des § 817 Satz 2 legt. Das Verdikt der Sittenwidrigkeit ziele gerade auf den Schutz unerfahrener Personen, ein Ausschluss der Rückforderung würde diesen Schutzzweck unterlaufen. Eine Einschränkung der Kondiktionssperre will *Schmidt-Recla* allerdings überhaupt nur dann zulassen, wenn der Leistende sich des Verstoßes gegen das Sittenverbot nicht bewusst gewesen ist, da ansonsten keine Schutzbedürftigkeit bestehe[649].

Demgegenüber finden sich auch Stimmen im Schrifttum, die eine Einschränkung des § 817 Satz 2 in Schenkkreisfällen generell ablehnen, mit der Folge, dass leer ausgegangene Schenker ihren Einsatz nicht zurückfordern könnten[650]. Ihre Argumente decken sich weitgehend mit denen der Instanzgerichte, die dem BGH die Gefolgschaft versagen. So wird auf den fehlenden generalpräventiven Effekt einer Rückabwicklung abgestellt und betont, dass hierdurch ganz im Gegenteil

Betont wird in der Literatur ebenfalls der generalpräventive Effekt einer Rückabwicklung;

646 *Martinek,* JZ 2009, 364, 365; *Willingmann,* VuR 1997, 299, 306 f.; *Möller,* NJW 2006, 268, 269.

647 *Martinek,* JZ 2009, 364, 366; *Möller,* NJW 2006, 268, 269, Fn. 12; *ders.,* ZGS 2010, 346, 347. Zum Begriff des Sponsoring s.o. Fn. 643.

648 *Schmidt-Recla,* JZ 2008, 60, 67; ebenso *Armgardt,* JR 2009, 177; *Amend-Traut,* KJ 2008, 408, 418: eine solche Abwägung würde zu Rechtsunsicherheit führen und dem Willen des Gesetzgebers widersprechen.

649 Bei fehlender subjektiver Kenntnis wendet der BGH § 817 Satz 2 aber ohnehin nicht an, so dass sich in diesem Fall aus Sicht des BGH das Problem einer Restriktion der Vorschrift gar nicht mehr stellt.

650 *Notthoff,* WiB 1996, 1125; *Amend-Traut,* KJ 2008, 408, 415 ff.: *Amend-Traut* spricht sich *de lege ferenda* für die Einführung eines Einziehungsrechts des Fiskus aus, wie dies bereits im ALR vorgesehen war, vgl. S. 423. Zu den Regelungen im ALR s.o. *Erster Teil, § 1 II.*

ein Anreiz zur Teilnahme an Schenkkreisen geschaffen werde, weil die Justiz durch die Gewährung eines Rückforderungsanspruchs gleichsam als Versicherung für den Misserfolg des Spieles diene[651]. Weiter wird auf die privatautonome Selbstverantwortung der Schenker sowie die fehlende Schutzwürdigkeit desjenigen, der sich sehenden Auges auf ein sozialschädliches System einlässt, verwiesen[652]

d) Stellungnahme

Die Fallgruppe der Schenkkreise zeigt, dass die Frage nach der Notwendigkeit einer Restriktion des § 817 Satz 2 auch hier nicht problemlos zu beantworten ist. Auffällig ist, dass in der höchstrichterlichen Rechtsprechung - im Gegensatz zur Schwarzarbeiterentscheidung - nicht mehr die konkrete Schutzwürdigkeit der Parteien in den Vordergrund gerückt wird, sondern vielmehr das Argument der Generalprävention, so dass der BGH im Ergebnis eine Restriktion nach Sinn und Zweck der verletzten Sittennorm vornimmt. Lediglich ergänzend wird auf § 242 verwiesen, ohne dass die Voraussetzungen der Vorschrift näher erörtert werden.

aa) Einschränkung zur Generalprävention

Die Begründung einer Einschränkung des § 817 Satz 2 mit generalpräventiven Erwägungen ist auch in Schenkkreisfällen angreifbar. Zwar wird mit dem Verdikt der Sittenwidrigkeit sicherlich das Ziel verfolgt, Spiele, die nach dem Pyramidensystem organisiert sind und die sich in der Bevölkerung rasend schnell verbreiten, für die Zukunft einzudämmen. Im Hinblick auf die Frage, ob dieses Ziel besser durch Rückabwicklung ausgetauschter Leistungen oder durch Versagung derselben erreicht wird, kommt man jedoch auch hier zu konträren Ergebnissen, je nachdem aus welchem Blickwinkel man die Situation betrachtet. Während durch die Zulassung eines Rückforderungsanspruchs auf Seiten der Initiatoren ein generalpräventiver Effekt jedenfalls nicht ausgeschlossen werden kann, bewirkt dies auf Seiten der Schenker gerade das Gegenteil, da die Teilnahme an dem Spiel für sie mit einem weit geringeren Risiko behaftet ist[653]. Da jeder Spieler zumindest potentiell eine Doppelrolle als Schenker und Beschenkter

[651] *Amend-Traut*, KJ 2008, 408, 415.

[652] *Amend-Traut*, KJ 2008, 408, 417.

[653] Freilich bleibt noch immer das Risiko der fehlenden Durchsetzbarkeit der Forderung, worauf *Möller* zutreffend hinweist, vgl. *Möller*, EWiR 2006, 103, 104.

einnimmt, würde die Zulassung einer Rückabwicklung zwar einerseits dazu führen, dass man sich als Teilnehmer dem Risiko ausgesetzt sieht, erhaltenes Geld wieder zurückgeben zu müssen. Andererseits könnte man diesem Risiko relativ gelassen entgegensehen, da man jedenfalls auch selbst Rückforderungsansprüche geltend machen könnte. Auch die praktischen Folgen der Entscheidungen des BGH aus dem Jahre 2005 bestätigen keine generalpräventiven Auswirkungen einer bereicherungsrechtlichen Rückabwicklung. Vielmehr scheint offen, ob die Generalprävention mehr durch eine Erhöhung des Verlustrisikos auf Seiten der Schenker oder eher durch eine Belastung der Beschenkten mit potentiellen Rückforderungsklagen erreicht werden kann[654]. Beide Positionen scheinen nachvollziehbar und gut vertretbar, so dass man auf die Frage, ob die generalpräventive Zielsetzung des Sittenwidrigkeitsverdikts einem Rückforderungsausschluss entgegensteht oder einen solchen sogar fordert, meines Erachtens keine eindeutige Antwort finden kann.

bb) Einschränkung aus Gründen des Opferschutzes

Eine normzweckorientierte Einschränkung des § 817 Satz 2 kann daneben allerdings auch auf den hinter dem Sittenwidrigkeitsverdikt stehenden Gedanken des Opferschutzes gestützt werden. Durch die Nichtigkeitssanktion sollen unerfahrene und leichtgläubige Teilnehmer davor geschützt werden, ihr Geld auf Kosten einiger weniger „Drahtzieher" des Spieles zu verlieren. Dieser Schutzzweck würde durch eine Rückforderungssperre in der Tat konterkariert, da § 817 Satz 2 gerade zu Lasten der Schenker geht, die über das Sittenwidrigkeitsverdikt geschützt werden sollen.

Lässt man eine Restriktion des § 817 Satz 2 zu, weil gerade der Leistende durch die Nichtigkeitssanktion geschützt werden soll, ergibt sich allerdings das Problem, dass in der Praxis sicherlich nicht alle Schenker gleichermaßen schutzwürdig sein werden. Eine strikte Trennung zwischen dem „schutzwürdigen" Schenker und dem „bösen" Initiator ist - wie einige Instanzgerichte zutreffend betonen - in der Realität nicht durchführbar. So gibt es Schenker, die bereits mehrere Runden durchlaufen haben, mehrmals beschenkt wurden und in der Hoffnung auf noch mehr Gewinn erneut - teilweise gleichzeitig in verschiedene Schenkkreise - investieren. Andere betreiben sog. Sponsoring und halten durch Hingabe von Darlehen ein bereits gescheitertes System künstlich aufrecht. Dass derartige Schenker nicht von der

654 Ebenso *Schmidt-Recla*, JZ 2008, 60, 64.

verletzten Sittennorm und der Nichtigkeitssanktion geschützt werden sollen, liegt auf der Hand. Denn diese Personen tragen mitunter noch mehr zum Erhalt und zur Stabilisierung des sozialschädlichen Systems bei als die Organisatoren selbst. Von nicht wenigen Stimmen in der Literatur wird daher gefordert, im Rahmen des § 817 Satz 2 eine Abwägung nach Parteiinteressen vorzunehmen und die konkrete Schutzwürdigkeit des Leistenden im Einzelfall zu berücksichtigen. Allerdings ist eine Abwägung nach Art und Schwere des Sittenverstoßes im Wortlaut des § 817 Satz 2 nicht angelegt. Sie würde zu ganz erheblicher Rechtsunsicherheit führen und wäre Wasser in den Mühlen all derer, die der Rechtsprechung schon jetzt vorwerfen, ihre Entscheidungen mittels nicht nachvollziehbarer Billigkeitserwägungen zu treffen. Die Grenze zwischen schutzwürdigem und schutzunwürdigem Teilnehmer ist fließend, da jeder Schenker gezwungen ist, selbst neue Teilnehmer anzuwerben, damit er seinen Einsatz nicht auf Dauer verliert. Damit wird jeder Schenker faktisch selbst zum „Initiator". Insofern ist dem BGH zuzustimmen, der ausdrücklich nicht auf die Schutzwürdigkeit des Teilnehmers im konkreten Einzelfall abstellt. Der Platz für eine derartige Abwägung ist vielmehr im Rahmen deliktischer Ansprüche zu suchen, wo über § 254 dem unterschiedlichen Verschuldensgrad der Teilnehmer Rechnung getragen werden kann. Bei § 817 Satz 2 kommt es dagegen auf die Schwere des Sittenverstoßes gerade nicht an. Zweifelhaft ist darüber hinaus bereits, ob sich ein Begriff wie der der Sittenwidrigkeit überhaupt qualitativ steigern lässt. Ein Verhalten kann sittenwidrig sein oder nicht, unterschiedliche Abstufungen kennt das Gesetz dabei nicht[655].

Zu beachten ist meines Erachtens allerdings, dass durch das Sittenwidrigkeitsverdikt des § 138 nicht solche Teilnehmer geschützt werden sollen, die in das System investiert haben, obwohl sie die Umstände, die die Sittenwidrigkeit begründen, kannten oder hätten kennen müssen. Einem solchen Spieler ist sowohl ein objektiver als auch ein subjektiver Sittenverstoß anzulasten. Bei lebensnaher Betrachtung erbringt der Teilnehmer seine Leistung allein in der Hoffnung, selbst noch zu den Beschenkten zu gehören. Dabei wird ihm sehr wohl bewusst sein, dass das System irgendwann zwangsläufig kollabieren und eine Spur leer ausgegangener Mitspieler zurücklassen wird. Der im Zusammenhang mit Schenkkreisen anzutreffende, plakative Ausspruch „Gier frisst Hirn"[656] umschreibt diese Situation treff-

---

655 So auch BGHZ 8, 348, 373 = NJW 1953, 740, 743; *Dauner*, JZ 1980, 495, 498.

656 http://www.zeit.de/2003/37/G-Schenkkreise (Abruf v. 21.07.2010).

lich. Ein Mitspieler, der sehenden Auges ein sozialschädliches System unterstützt und den dabei selbst sowohl ein objektiver als auch ein subjektiver Sittenverstoß trifft, kann schwerlich zugleich als von der verletzten Sittennorm geschützt bezeichnet werden. Eine solche Sichtweise im Rahmen des § 817 Satz 2 stünde in Widerspruch zu der Wertung des § 138. Würde man dagegen von einer generellen Schutzbedürftigkeit aller Schenker ausgehen, wäre es konsequenter, bereits einen Sittenverstoß durch die Zahlung abzulehnen. Dann wäre mangels Sittenverstoßes des Leistenden durch die Zahlung der Anwendungsbereich des § 817 Satz 2 schon gar nicht eröffnet. Lastet man dagegen einem Schenker durch die Zahlung sowohl einen objektiven als auch einen subjektiven Sittenverstoß an, ist es nicht schlüssig, ihn im Rahmen von § 817 gleichzeitig als schutzwürdig anzusehen.

Etwas anderes könnte sich ergeben, wenn man davon ausgeht, dass § 817 Satz 2 überhaupt nur dann zur Anwendung gelangen kann, wenn Sinn und Zweck der verletzten Vorschrift die Rückforderungssperre *fordern*. Denn weder generalpräventive Erwägungen noch der Schutz des Leistenden oder potentieller zukünftiger Spieler fordern die Rückforderungssperre unabweislich. Man kann sicherlich der Meinung sein, dass dem Gerechtigkeitsempfinden oder rechtspolitischen Erwägungen mit einer solchen Sichtweise besser gedient wäre. Dogmatisch lässt sich diese Auffassung aber nach der geltenden Gesetzeslage - wie bereits ausgeführt[657] - nicht begründen.

cc) Perpetuierung eines sittenwidrigen Zustands

Eine generelle Restriktion des § 817 Satz 2 in Schenkkreisfällen könnte allerdings insofern veranlasst sein, als dass durch die Rückforderungssperre ein sittenwidriger Zustand perpetuiert werden könnte[658]. Stellt man darauf ab, dass das Sittenwidrigkeitsverdikt gerade den Leistungsaustausch als solchen verhindern will, müsste man diese Frage in der Tat bejahen. Allerdings muss entscheidend berücksichtigt werden, dass nicht der Leistungsaustausch als solcher missbilligt wird - die Schenkung eines Geldbetrags ist für sich alleine nicht anstößig - sondern die dadurch erfolgende Förderung und Stabilisierung eines sozialschädlichen Systems. Abstrakt gesprochen richtet sich die verletzte Sittennorm nicht gegen die Vermögensverschiebung als solche, sondern gegen die Begleitumstände, unter denen die Leistung erbracht wird. Ist das Geld einmal in das System geflossen und sind alle

---

657 S.o. *Zweiter Teil, § 6 III.*

658 In diese Richtung BGH NJW 2006, 45, 46.

Teilnehmer eine Hierarchieebene weiter gerückt, ist der Umstand, der verhindert werden sollte, bereits eingetreten: Das System wurde zumindest für eine gewisse Zeit länger am Leben gehalten. Dieser Zustand kann auch durch die Zulassung von Rückforderungsansprüchen nicht mehr aus der Welt geschaffen werden, da sich das Rad der Zeit nicht zurückdrehen lässt. Die Kritik, der Ausschluss der Rückforderung würde zu einer Perpetuierung des sittenwidrigen Zustands führen, greift daher meines Erachtens zu kurz. Im Gegenteil: für den bösgläubigen Schenker würde eine Zulassung der Rückforderung in letzter Konsequenz bedeuten, dass die Nichtigkeitssanktion für ihn keinerlei Auswirkungen hätte. Er könnte das System durch Zahlungen fördern und für den Fall, dass sich das von ihm bewusst eingegangene Risiko des Einlagenverlustes verwirklicht, seine Einlage zurückfordern.

Als dem Gerechtigkeitsempfinden widersprechend kann allenfalls die mit der Rückforderungssperre einhergehende einseitige Begünstigung des - ebenfalls sittenwidrig handelnden - Leistungsempfängers empfunden werden. Indes ist diese einseitige Empfängerbegünstigung eine notwendige Folge des § 817 Satz 2. Die Vorschrift enthält die gesetzliche Wertung, dass bei beiderseitigem Gesetzes- oder Sittenverstoß grundsätzlich keine Rückabwicklung erfolgen soll. *De lege feranda* mag man dies kritisieren und in der Konsequenz ein Einziehungsrecht des Fiskus fordern[659]. Solange jedoch die Vorschrift in der geltenden Fassung existiert, sollte die in ihr enthaltene Wertung akzeptiert werden.

dd) Zwischenergebnis

Im Ergebnis steht der Schutzzweck der Nichtigkeitsnorm einem Rückforderungsausschluss meines Erachtens daher nur entgegen, wenn der Schenker die die Sittenwidrigkeit begründenden Umstände nicht kannte oder kennen musste[660]. Freilich ist dann nach der herrschenden Meinung bereits der Anwendungsbereich des § 817 Satz 2 nicht eröffnet, so dass es auf die Frage einer Restriktion gar nicht mehr ankommt. Geht man mit der hier vertretenen Ansicht davon aus, dass im Rahmen des § 817 Satz 2 grundsätzlich ein objektiver Sittenverstoß ausreichend ist, ist allerdings eine Restriktion aufgrund des Schutzzwecks der Nichtigkeitssanktion angebracht, wenn dem Leistenden kein subjektiver Sittenverstoß zur Last fällt. Das sind dann gerade

---

659 So *Amend-Traut*, KJ 2008, 408, 423.

660 Im Ergebnis ebenso *Schmidt-Recla*, JZ 2008, 60, 67.

Fälle, in denen die Leichtgläubigkeit, Unerfahrenheit und Spielleidenschaft eines Teilnehmers, der die wahre Natur des Pyramidensystems nicht durchschaut, ausgenutzt werden. Gerade solche Spieler soll das Sittenwidrigkeitsverdikt schützen, nicht jedoch Spieler, die bewusst ein sozialschädliches System unterstützen.

Das Problem unterschiedlicher Schutzwürdigkeit der Schenker stellt sich demzufolge nach der hier vertretenen Ansicht nicht, da eine Rückabwicklung ohnehin nur bei gutgläubigen und damit jedenfalls schutzwürdigen Personen in Betracht kommt. Im Übrigen sind auch Schenker, denen ein subjektiver Sittenverstoß anzulasten ist, nicht jedweden Methoden skrupelloser Schenkkreisinitiatoren schutzlos ausgeliefert. Denn gerade in Fällen, in denen etwa gezielt mit psychologischen Methoden gearbeitet wird, die die freie Selbstverantwortung des Einzelnen einschränken, werden in der Regel auch deliktische Ansprüche gem. § 826 in Betracht kommen[661].

Eine generelle Restriktion des § 817 Satz 2 auch zugunsten bösgläubiger Schenker - wie sie vom BGH vorgenommen wird - ist meines Erachtens dagegen nicht veranlasst. Eine solche Vorgehensweise würde die Wertungen des § 817 Satz 2 verkürzen und der gesetzlich gewollten Risikoverlagerung auf den sittenwidrig handelnden Leistenden nicht gerecht werden. Das zwiespältige Argument der Generalprävention scheint zur Rechtfertigung nicht überzeugend. Zuzugeben ist allerdings, dass die höchstrichterliche Rechtsprechung den Bedürfnissen der Praxis entgegenkommen dürfte. Denn die Frage, ob ein Schenker in Kenntnis oder fahrlässiger Unkenntnis der die Sittenwidrigkeit begründenden Umstände gehandelt hat, wird sich oftmals nur schwer feststellen lassen. Eine generelle Restriktion des § 817 Satz 2 hat daher den Vorteil, dass Nachforschungen zur inneren Motivation des Schenkers vermieden werden und die Handhabung der Kondiktionssperre für die richterliche Praxis vereinfacht wird.

II. Einseitiger Gesetzes- oder Sittenverstoß – Fallgruppe: Wucherdarlehen

Die einzige Fallgruppe einseitiger Gesetzes- oder Sittenverstöße, in der in der Praxis das Problem einer Restriktion des § 817 Satz 2 relevant wurde, ist die der wucherischen Darlehensverträge.

---

661 Vgl. z.B. OLG Bamberg NJW-RR 2002, 1393. In diesem Rahmen ist dann auch Raum für eine Berücksichtigung des Mitverschuldens des Schenkers über § 254.

1. Ausgangsproblematik

In der Praxis wird die Nichtigkeit von Verträgen, in denen die Überlassung von Kapital gegen wucherische Zinsen vereinbart wird, meist mit der Generalklausel des § 138 Abs. 1 begründet[662]. Ein wucherähnliches Rechtsgeschäft im Sinne des § 138 Abs. 1 liegt vor, wenn in objektiver Hinsicht zwischen Leistung und Gegenleistung ein auffälliges Missverhältnis besteht und subjektiv der Darlehensgeber die wirtschaftlich schwächere Lage des Darlehensnehmers oder dessen Unterlegenheit bewusst zu seinem Vorteil ausnutzt[663]. An die subjektiven Voraussetzungen stellt die Rechtsprechung allerdings nur geringe Anforderungen. Ergibt eine Gesamtwürdigung aller Umstände eine besonders krasse Störung des Leistungsgleichgewichts wird das Vorliegen subjektiver Voraussetzungen vermutet[664].

Liegen die Voraussetzungen des § 138 Abs. 1 vor, belegt die Judikatur in ständiger Rechtsprechung den Vertrag mit Totalnichtigkeit[665]. Schon dieser Ausgangspunkt ist freilich alles andere als unumstritten[666]. Für die folgenden Ausführungen soll dennoch zunächst von der

---

662 Das Wucherverbot des § 138 Abs. 2 ist dagegen in der Praxis seltener einschlägig, weil die hierfür nötigen subjektiven Voraussetzungen vielfach schwer nachweisbar sind.

663 St. Rspr., vgl. z.B. BGHZ 80, 153 = NJW 1981, 1206, 1207; BGH WM 1982, 1021; BGH NJW 1983, 1420, 1421; BGHZ 104, 102 = NJW 1988, 1661; BGHZ 110, 336, 341 = NJW 1990, 1595: eine Richtwertfunktion für die Prüfung eines auffälligen Missverhältnisses kommt einem absoluten Zinsunterschied zwischen Vertrags- u. Marktzins von zwölf Prozentpunkten oder einem relativen Unterschied von 100% zu. Aus der Lit.: *Ellenberger*, in: Palandt, § 138, Rn. 27; *Sack*, in: Staudinger, § 138, Rn. 231 (jeweils m.w.N.).

664 BGH WM 1982, 1021; BGH NJW 1981, 1206, 1207: betont wird allerdings, dass ein besonders grobes Missverhältnis zwischen Leistung und Gegenleistung nicht ausreichen kann, um das Sittenwidrigkeitsverdikt zu begründen. Andernfalls würde im Ergebnis das überkommene Rechtsinstitut der *laesio enormis* wieder eingeführt. In der Literatur steht man diesen Objektivierungstendenzen i.R.d. § 138 Abs. 1 z.T. kritisch gegenüber, da man eine Umgehung des speziellen Wucherverbots in § 138 Abs. 2 fürchtet, vgl. hierzu *Koziol*, AcP 188 (1988), 183, 191 f.; zust. dagegen *Damm*, JZ 1986, 913, 917 f. Näher zu den subjektiven Voraussetzungen i.R.d. § 138 Abs. 1 beim wucherähnlichen Darlehen vgl. *Hackl*, DB 1985, 1327 ff.; *Borggreve/Schlothauer*, DB 1983, 1344, 1344 f.; ausführlich *Sack*, in: Staudinger, § 138, Rn. 233 ff.

665 Statt vieler: BGHZ 68, 204 = NJW 1977, 1233; BGHZ 80, 153 = NJW 1981, 1206.

666 Hierzu s.u. *Dritter Teil, § 1 II. 3. b. cc.*

Prämisse der Totalnichtigkeit des Darlehensvertrags ausgegangen werden. Denn nur die Annahme von Totalnichtigkeit führt im Hinblick auf sämtliche Fragen der Rückabwicklung in das Bereicherungsrecht und damit zur hier im Fokus stehenden Kondiktionssperre des § 817 Satz 2. Das Bereicherungsrecht schuldet dabei insbesondere auf zwei wesentliche Fragen eine Antwort: Zum einen ist von Interesse, ob der Darlehensgeber vom Darlehensnehmer das hingegebene Kapital zurückverlangen kann und wenn ja, zu welchem Zeitpunkt. Zum anderen stellt sich die Frage, ob der Darlehensgeber vom Darlehensnehmer für die Zeit, in der dieser das Kapital nutzen konnte, Zinsen verlangen kann, und wenn ja, in welcher Höhe. Als Anspruchsgrundlage für beide Begehren kommt die *condictio indebiti*, § 812 Abs. 1 Satz 1, 1. Alt. in Betracht[667]. Hiernach könnte der Darlehensnehmer sowohl zur Rückzahlung des Kapitals als auch - wegen § 818 Abs. 1 und 2 - zur Verzinsung desselben verpflichtet sein. Ein Hindernis auf dem Weg zu diesen Ansprüchen ist jedoch wieder der Kondiktionsausschluss des § 817 Satz 2.

2. Anspruch des Darlehensgebers gegen den Darlehensnehmer auf Rückzahlung des Kapitals

Was die Frage nach dem Anspruch des Darlehensgebers auf Rückzahlung des Kapitals angeht, besteht in Rechtsprechung und Literatur heute zumindest im Ergebnis Einigkeit. Anerkannt ist, dass der Darlehensgeber einen Anspruch auf Rückzahlung des Kapitals hat. Der

667 Im Detail stellen sich bereits im Rahmen der Anspruchsvoraussetzungen der allgemeinen Leistungskondiktion schwierige Fragen. So lässt sich nicht einfach beantworten, worin beim Wucherdarlehen genau die Leistung und das erlangte Etwas bestehen (in Betracht kommen die Darlehensvaluta selbst oder aber die abstrakte Nutzungsmöglichkeit). Da diese Fragen auch i.R.d. Kondiktionssperre des § 817 Satz 2 eine Rolle spielen, sollen sie an dieser Stelle noch unerörtert bleiben. Man könnte i.Ü. auch erwägen, ob die richtige Anspruchsgrundlage nicht die *condictio ob rem* ist. Hierfür spricht, dass der Darlehensgeber, der die nichtigkeitsbegründenden Umstände kennt, strenggenommen nicht *solvendi causa* leistet; er will vielmehr den Darlehensnehmer durch die Hingabe der Valuta zur Zahlung der Zinsen, also einer nicht geschuldeten Leistung, bewegen, so i.E. *Rost,* Probleme der Kondiktion wegen mißbilligter Leistungsannahme, S. 114. Allerdings übersieht diese Argumentation, dass der Darlehensgeber aus Sicht des Empfängers sehr wohl zur Erfüllung einer vermeintlichen Verbindlichkeit aus dem Darlehensvertrag leistet. Da sich der Zweck der Leistung anerkanntermaßen anhand einer Auslegung nach dem objektiven Empfängerhorizont gem. §§ 133, 157 beurteilt, ist m.E. ein Abstellen auf die *condictio indebiti* die zutreffende Lösung.

Darlehensnehmer kann also nicht etwa das Kapital dauerhaft behalten. Weitgehende Einigkeit besteht weiter darin, dass der Darlehensnehmer das Geld zumindest für die vereinbarte Laufzeit des Darlehens nutzen darf und erst danach zur Rückzahlung verpflichtet ist[668]. Im Einzelnen divergieren die hierfür gegebenen rechtlichen Begründungsansätze jedoch erheblich.

a) Lösung durch die Rechtsprechung

Die für den Anspruch des Darlehensgebers auf Rückzahlung des Kapitals maßgeblichen Grundsätze wurden bereits vom Reichsgericht aufgestellt und werden noch heute in der Rechtsprechung angewandt. Demnach soll dem Rückzahlungsanspruch des Darlehensgebers aus § 812 Abs. 1 Satz 1, 1. Alt. die Kondiktionssperre des § 817 Satz 2 entgegenstehen, allerdings nur für die vereinbarte Laufzeit des Darlehensvertrags[669]. In einer älteren Entscheidung des Reichsgerichts wurde dagegen § 817 Satz 2 noch ohne Einschränkung zur Anwendung gebracht und dem Darlehensgeber ein Anspruch auf Rückforderung des Kapitals gänzlich versagt[670]. Allerdings bereits damals mit der Bemerkung, dass „auf diese Weise dem Bewucherten ein Gewinn zufällt, auf den er weder rechtlich noch sittlich einen Anspruch hat"[671].

Das Reichsgericht kam später zu einer Korrektur dieses als unbillig empfundenen Ergebnisses über eine Einschränkung des Leistungsbegriffs im Rahmen des § 817 Satz 2. Eine Leistung im Sinne des § 817 Satz 2 liege nur dann vor, wenn der hingegebene Gegenstand *endgültig* in das Vermögen des Empfängers übergehe[672]. Beim Darle-

---

668 Für eine sofortige Rückforderungsmöglichkeit dagegen *Hoff*, AcP 156 (1957), 483 ff. sowie *Rost*, Probleme der Kondiktion wegen mißbilligter Leistungsannahme, S. 114 f.

669 Erstmals RGZ 161, 52. Seitdem ständige Rspr., vgl. z.B. BGH WM 1982, 1021; BGH NJW 1983, 1420, 1422; BGH NJW 1987, 2076, 2077; BGH NJW-RR 1989, 622, 624; BGH NJW-RR 1994, 291, 293; BGH ZIP 2006, 2119, 2122.

670 RGZ 151, 70, 73 f.; ebenso *Neubecker*, DJZ 1902, 568, 570.

671 RGZ 151, 70, 74.

672 RGZ 161, 52, 56 f.; aus der jüngeren Rspr. statt vieler: BGH NJW-RR 1994, 291, 293; BGH ZIP 1998, 1441. In der Lit. zustimmend: *von Caemmerer*, MDR 1951, 161, 163; *Hoff*, AcP 156 (1957), 483, 502; *Canaris*, in: FS Steindorff, S. 527; *Larenz/Canaris*, Lehrbuch des Schuldrechts II/2, S. 164, § 68 III; *Esser/Weyers/Schmidt*, Schuldrecht II/2, S. 72, § 49 IV; *Zimmermann*, Richterliches Moderationsrecht oder Totalnichtigkeit, S. 170; *Dauner*, JZ 1980, 495, 503: *Dauner* stützt sich dabei insbes. auf den Gedanken der Rechtsschutzverweigerung; *Tiedtke*, ZIP 1987, 1089, 1093.

hensvertrag sei daher der maßgebliche Leistungsgegenstand nicht der Kapitalbetrag als solcher, sondern lediglich die zeitweise Gebrauchsüberlassung des Kapitals. Hieraus schließt die Rechtsprechung, dass die Rückforderungssperre des § 817 Satz 2 dem Rückforderungsanspruch nur für die geplante Laufzeit des Darlehens entgegenstehen kann[673].

b) Kritische Würdigung

So selbstverständlich dieses Ergebnis auf den ersten Blick erscheint, so fragwürdig ist es hinsichtlich seiner juristischen Begründung, die an mehreren Stellen Angriffsfläche bietet.

aa) Die Voraussetzungen des § 817 Satz 2

Zunächst bedarf das Vorliegen der Voraussetzungen des § 817 Satz 2 im Einzelnen einer genaueren Überprüfung. Relativ unproblematisch kommt man noch darüber hinweg, dass die Kondiktionssperre ihrem Wortlaut nach nur auf zweiseitige Gesetzes- oder Sittenverstöße anwendbar ist. Wie bereits festgestellt, wird die Kondiktionssperre nach allgemeiner und zutreffender Ansicht auch auf Fälle einseitiger Verstöße des Leistenden ausgedehnt[674].

Größere Schwierigkeiten bereitet dagegen die Feststellung eines Sittenverstoßes des Leistenden gerade durch die Hingabe der Leistung. Denn sittenwidrig ist an sich nicht die Auszahlung des Kapitals, sondern nur die Vereinbarung eines sittenwidrig überhöhten Entgelts[675]. In der Rechtsprechung sowie von der überwiegenden Ansicht in der Literatur wird allerdings darauf abgestellt, dass gerade die Leistung

---

673 Eine mögliche Berufung auf Entreicherung schließt die Rechtsprechung i.Ü. über eine analoge Anwendung der §§ 819 Abs. 1, 818 Abs. 4 aus, da der Darlehensnehmer ohnehin damit hätte rechnen müssen, das Darlehen nach Ablauf der Laufzeit zurückzuerstatten, vgl. nur BGH WM 1985, 89, 90. Kritisch gegenüber dieser Gleichsetzung von Kenntnis der Rückzahlungspflicht mit der Kenntnis der Nichtigkeit des Vertrags: *Lass,* WM 1997, 145, 148.

674 S.o. *Erster Teil, § 2 III. 1.* Anders *Honsell,* Die Rückabwicklung sittenwidriger oder verbotener Geschäfte, S. 17 ff.: *Honsell* will dem Bewucherten die Einrede des § 242 geben, falls der Wucherer das Kapital vor Ablauf der geplanten Darlehenslaufzeit zurückfordert.

675 Einen Sittenverstoß durch Auszahlung der Valuta verneinend daher: *Flume,* Allgemeiner Teil des Bürgerlichen Rechts II, S. 394, § 18; *Bodenbrenner,* JuS 2001, 1172, 1174; andeutungsweise auch *Schlechtriem,* Schuldrecht BT, S. 308.

der Darlehensvaluta dazu dient, das sittenwidrige Entgelt zu erlangen, so dass eine Trennung zwischen Hingabe der Valuta und Einforderung der überhöhten Zinsen nicht möglich sei[676].

Die Feststellung, die Kapitalüberlassung diene ausschließlich dem Zweck der Erlangung wucherischer Zinsen, ist zweifellos zutreffend. Dennoch erscheint fraglich, ob hieraus der Schluss auf einen Sittenverstoß des Darlehensgebers durch Auszahlung der Valuta gezogen werden kann. Denn nach allgemeiner Ansicht spricht gerade der Schutz des Darlehensnehmers dafür, diesem die Valuta für die vereinbarte Laufzeit zu belassen. Vielfach wird sogar in unterschiedlicher Form für eine Reduktion der Nichtigkeitsfolge im Rahmen des § 138 plädiert, damit dem Darlehensnehmer ein vertraglicher Anspruch auf das Kapital gewährt werden kann[677]. Nach einhelliger Ansicht soll dem Darlehensnehmer, der sich nicht selten in einer Notlage befindet und auf das Kapital angewiesen ist, die Darlehenssumme jedenfalls trotz Nichtigkeit des Vertrags zur Verfügung stehen[678]. Wieso der Darlehensgeber dennoch durch Hingabe des Kapitals gegen die guten Sitten verstoßen soll, ist zumindest begründungsbedürftig. Schließlich bereitet die Übergabe der Darlehensforderung die Einforderung der wucherischen Zinsen und damit den Sittenverstoß nur vor und ist sehr wohl hiervon zu trennen. Dabei ist zu berücksichtigen, dass der Sittenverstoß bei § 817 Satz 2 gerade in der Hingabe der Leistung selbst liegen muss[679]. An dieser Stelle kann zwar ins Feld geführt werden, dass die Hingabe des Kapitals der Erfüllung eines sittenwidrigen Vertrags dient[680]; allerdings ist dies für die Bejahung eines Sittenverstoßes durch die Leistung gerade nicht ausreichend[681].

Trotz dieser Einwände sprechen allerdings auch einige Gesichtspunkte entscheidend für die Bejahung eines Sittenverstoßes durch Auszahlung der Valuta, so dass der Ansicht der Rechtsprechung an dieser Stelle zuzustimmen ist. Zuzugeben ist nämlich, dass sich die Ansicht, der Darlehensgeber verstoße durch die Hingabe der Valuta gegen die guten Sitten, mit der Argumentation im Rahmen des § 138 deckt, die zur Annahme von Totalnichtigkeit des Darlehensvertrags führt. Denn

676 Statt vieler: RGZ 151, 70, 71; RGZ 161, 52, 55; *Neubecker*, DJZ 1902, 568, 570; *von Caemmerer*, MDR 1951, 161, 164; *Medicus*, in: FS Dietz, S. 70.

677 Hierzu s.u. *Dritter Teil, § 1 II. 3. b. cc.*

678 *Medicus*, in: FS Dietz, S. 69.

679 S. schon *Dritter Teil, § 1 I. 1. b., c.* sowie *Dritter Teil, § 1 I. 3. b. aa.*

680 So auch *Neubecker*, DJZ 1902, 568, 570.

681 S.o. *Dritter Teil, § 1 I. 1. c.*

auch im Rahmen des § 138 wird die Totalnichtigkeit unter anderem damit begründet, dass sich die Darlehenshingabe nicht von der sittenwidrigen Zinsvereinbarung trennen lasse, sondern vielmehr als Einheit anzusehen sei[682]. Die Ablehnung eines Sittenverstoßes durch Hingabe der Valuta würde dagegen den Weg frei machen für eine bereicherungsrechtliche Wertersatzlösung, die dem Darlehensgeber sogar einen Anspruch auf Vergütung der gewährten Nutzungsmöglichkeit des Kapitals geben würde. Einer solchen Lösung stehen jedoch erhebliche Bedenken entgegen, auf die an späterer Stelle noch einzugehen ist[683]. Die Kondiktionssperre des § 817 Satz 2 wäre mit dieser Vorgehensweise für die Wucherproblematik insgesamt irrelevant. Es erscheint jedoch widersprüchlich, einerseits den gesamten Darlehensvertrag dem Sittenwidrigkeitsverdikt zu unterwerfen, andererseits einen Sittenverstoß durch den Darlehensgeber abzulehnen, obwohl es sich bei der Auszahlung der Valuta um die einzige Leistung handelt, die der Wucherer in Zusammenhang mit dem Darlehensvertrag erbringt, und deren Zweck allein darauf abzielt, den Darlehensnehmer zur Zahlung der sittenwidrigen Zinsen zu veranlassen.

bb) Restriktion des § 817 Satz 2 über das „Endgültigkeitskriterium"?

Die vorbehaltslose Anwendung des § 817 Satz 2 würde nun aber zu dem misslichen Ergebnis führen, dass der Darlehensnehmer die Valuta überhaupt nicht mehr zurückerstatten müsste. Daher umgeht die Rechtsprechung diese Konsequenz über die bereits erwähnte Einschränkung des Leistungsbegriffs durch das sog. Endgültigkeitskriterium.

Der Begriff der Endgültigkeit bringt die Rechtsprechung zu der Annahme, die Leistung liege bei Darlehensverträgen nicht in der Hingabe der Darlehensvaluta selbst, sondern vielmehr in der zeitweisen Gebrauchsüberlassung des Kapitals.

Abgesehen von der grundlegenden Frage, wie sich eine vom allgemeinen Leistungsbegriff abweichende Definition im Rahmen des § 817 Satz 2 rechtfertigen lässt, begegnet eine solche Sichtweise insofern Bedenken, als dass sie sich mit einer an anderer Stelle vertretenen Auffassung der Rechtsprechung in Widerspruch setzt. Die Rechtsprechung wählt nämlich im Rahmen des § 812 Abs. 1 Satz 1, 1. Alt. eine natürliche Betrachtungsweise als Ausgangspunkt und nimmt an, dass bei Darlehensverträgen die Darlehensvaluta selbst und nicht et-

---

682 *Neubecker*, DJZ 1902, 568, 569; *Reifner*, JZ 1984, 637, 639 f.

683 S.u. *Dritter Teil, § 1 II. 3.*

wa die abstrakte Nutzungsmöglichkeit durch Leistung erlangt wurde[684]. Ob beim Darlehensvertrag die Valuta selbst oder lediglich die abstrakte Nutzungsmöglichkeit den primären Bereicherungsgegenstand bildet, lässt sich nicht eindeutig beantworten[685]. Unabhängig von der Frage, welcher Auffassung dabei Gefolgschaft zu leisten ist, ist es jedenfalls zu kritisieren, dass die Rechtsprechung im Rahmen des § 812 Abs. 1 Satz 1, 1. Alt. eine natürliche Betrachtungsweise in den Vordergrund rückt und das hingegebene Kapital selbst als maßgeblichen Bereicherungsgegenstand betrachtet, während sie im Rahmen des § 817 Satz 2 eine wirtschaftliche Sichtweise favorisiert und unter dem Deckmantel des Endgültigkeitskriteriums lediglich die abstrakte Nutzungsmöglichkeit als geleistet ansieht.

Darüber hinaus stellt sich das Problem, dass die Einschränkung des Leistungsbegriffs durch das Endgültigkeitskriterium bei konsequenter Anwendung schwerlich auf Fälle wucherischer Darlehensverträge beschränkt bleiben könnte. Rein wirtschaftlich betrachtet, soll bei den meisten Vermögensverschiebungen das Vermögen des Leistungsemp-

---

684 *Schwab,* in: MünchKomm, § 818, Rn. 22 ff. m.w.N.

685 Bei natürlicher Betrachtungsweise fließt dem Darlehensnehmer das übertragene Vermögen dauerhaft zu, vgl. *Hammes,* JR 1950, 11, 13. Zurückzugewähren ist nicht die Valuta selbst, sondern Sachen „in gleicher Art. und Güte", vgl. *Berger,* in: MünchKomm, § 488, Rn. 46. Gegen diese Sichtweise wird eingewandt, dass bei wirtschaftlicher Betrachtung die Überführung der Valuta nur notwendige Bedingung - sozusagen Mittel zum Zweck - dafür ist, die eigentlich geschuldete zeitlich befristete Nutzungsmöglichkeit zu gewähren. Oft wird auch darauf hingewiesen, dass lediglich die Übertragung der abstrakten Nutzungsmöglichkeit gegen Gewährung von Zinsen im vertraglichen Synallagma stehe, vgl. schon RGZ 161, 52, 56 f.; *Hager,* Gesetzes- und sittenkonforme Auslegung und Aufrechterhaltung von Rechtsgeschäften, S. 100. Dieser Gesichtspunkt beschreibt zwar den synallagmatischen Charakter des Darlehensvertrags zutreffend. Sein Aussagegehalt für die Frage, worin genau der Leistungsgegenstand sowie das „erlangte Etwas" liegen, scheint aber begrenzt. Für die Beurteilung, ob eine „Leistung" i.S.d. Bereicherungsrechts vorliegt, kommt es nur auf das Vorliegen einer bewussten und zweckgerichteten Vermögensmehrung aus Sicht des Empfängers an und nicht darauf, ob diese Vermögensmehrung auf der Erfüllung einer synallagmatischen schuldrechtlichen Pflicht beruht. Weiter wird zur Untermauerung einer wirtschaftlichen Sichtweise gelegentlich auf die Parallele zur Sachmiete hingewiesen: hier wie dort werde lediglich der „Besitz", das eine Mal der Sach- das andere Mal der „Kapitalbesitz" übertragen, so insbes. *Reifner,* JZ 1984, 637; *ders.,* Handbuch des Kreditrechts, S. 173 f., § 23. Ausführlich zum Ganzen: *Lass,* WM 1997, 145, 146 ff.

fängers nicht dauerhaft vermehrt werden; vielmehr wird das Empfängervermögen in aller Regel mit Gegenansprüchen in Höhe des Werts des hingegebenen Gegenstands belastet[686]. Auch in anderen Fällen nichtiger Darlehensverträge, namentlich sogenannten „Spieldarlehen" oder anderen Darlehen zu gesetzes- oder sittenwidrigen Zwecken, wäre das Kriterium konsequenterweise zur Anwendung zu bringen[687], obgleich es hier sicherlich nicht in jedem Fall sachgerecht ist, dem Darlehensnehmer das Kapital für die vereinbarte Laufzeit zu belassen[688].

Schließlich zeigt sich die Unschärfe des Endgültigkeitskriteriums – außerhalb der Fallgruppe wucherischer Darlehensverträge – in einigen von der Rechtsprechung entschiedenen Fällen. So wurde in einem Fall, in dem Geld zur Tätigung verbotener Devisengeschäfte übergeben wurde, die Anwendbarkeit des § 817 Satz 2 mit der Begründung verneint, bei dem Geld handele es sich nur um einen Durchgangsposten, der das Vermögen des Empfängers nicht dauerhaft vermehren solle[689]. Anders wurde dagegen einige Jahre zuvor in einem Fall entschieden, in dem Geld zur Tätigung von Schwarzmarktgeschäften übergeben wurde: hier wurde die Endgültigkeit der Vermögensmehrung bejaht, da das hingegebene Kapital selbst nicht zurückfließen sollte[690]. Eine unterschiedliche Behandlung dieser gleich gelagerten Fälle ist offensichtlich nicht sachgerecht[691]. Weiter wurde das Endgül-

---

686 So schon *Heck,* AcP 124 (1925), 1, 9; *Rost,* Probleme der Kondiktion wegen mißbilligter Leistungsannahme, S. 107 f. Es wird darauf hingewiesen, dass auch der Verkäufer einer Sache nicht möchte, dass der hingegebene Kaufgegenstand das Vermögen des Empfängers – wirtschaftlich – auf Dauer mehrt, vielmehr wird das Empfängervermögen mit der Pflicht zur Erbringung einer Gegenleistung belastet. Ob die Gleichsetzung beider Konstellationen berechtigt ist, kann hier offen bleiben; das Beispiel zeigt jedenfalls, wie wenig konkret und in den Grenzbereichen unpräzise das Endgültigkeitskriterium ist.

687 So auch – konsequent – BGH NJW 1995, 1152, 1153.

688 Ebenso *Schlechtriem,* Restitution und Bereicherungsausgleich in Europa, S. 642.

689 BGH NJW 1959, 143, 144.

690 BGH WM 1957, 1190, 1191.

691 Die Fälle ließen sich dagegen ohne Not über eine normzweckorientierte Restriktion des § 817 Satz 2 lösen. Bei der Übertragung von Vermögen zur Ausführung einer gesetzes- oder sittenwidrigen Verpflichtung würde der Rückforderungsausschluss nämlich die §§ 134, 138 insoweit konterkarieren, als weiterem gesetzes- oder sittenwidrigem Handeln Vorschub geleistet würde, so auch *Wendehorst,* in: Bamberger/Roth, § 817, Rn. 19.

tigkeitskriterium in Fällen fruchtbar gemacht, in denen eine Grundschuld zur Sicherung einer Forderung aus einem gem. §§ 134, 138 nichtigen Vertrag bestellt wurde: Da die Leistung nur sicherungshalber in das Vermögen des Empfängers übergehe und dem Leistenden bestimmungsgemäß wieder zurückgegeben werden solle, sei die Endgültigkeit der Vermögensmehrung zu verneinen[692]. Im Ergebnis ist dem zuzustimmen, die Begründung über das Endgültigkeitskriterium überzeugt allerdings nicht[693]. Es ist dogmatisch fragwürdig, eine Leistung im Sinne einer bewussten und zweckgerichteten Mehrung fremden Vermögens nur deshalb zu verneinen, weil unter Umständen - nämlich wenn der Sicherungsfall nicht eintritt - die Leistung wieder zurückgewährt werden muss. Es stellt sich in diesem Zusammenhang die Frage, wie es sich verhält, wenn der Sicherungsfall eintritt und die Grundschuld letztlich doch im Vermögen des Sicherungsgebers verbleibt; dann müsste man konsequenterweise doch wieder von einer Leistung im Sinne des § 817 Satz 2 ausgehen.

Das OLG München[694] hat das Endgültigkeitskriterium schließlich in einem Fall zur Anwendung gebracht, in dem ein Geldbetrag zur Erfüllung eines nichtigen Product-Placement-Vertrags übergeben wurde. Der Geldbetrag wurde an die Agentur bezahlt, die mit der Vermittlung des *Product Placements* für einen Kinofilm betraut war; dabei sollte die Agentur den größten Teil des gezahlten Geldes vereinbarungsgemäß an die Produktionsfirma des Films weiterleiten, der Empfängerin des Geldes selbst sollte lediglich eine „Agenturprovision" verbleiben. Das OLG München ließ eine Rückforderung bzgl. des Geldbetrages zu, der bestimmungsgemäß von der Vermittlungsagentur an die Produktionsfirma weitergegeben werden sollte, da diesbezüglich keine endgültige Vermögensmehrung bezweckt war; hinsichtlich des restlichen Geldbetrages hielt das Gericht eine Rückforderung dagegen wegen § 817 Satz 2 für ausgeschlossen[695]. Auch hier kann eine Differenzierung anhand des Endgültigkeitskriteriums nicht über-

---

692 BGH NJW 1956, 177 a.E.; ebenso soll es sich bei Kautionszahlungen verhalten, vgl. OLG Düsseldorf NJW- RR 1987, 687.

693 Die Unanwendbarkeit des § 817 Satz 2 hinsichtlich des Rückabtretungsanspruchs einer Sicherungsgrundschuld ergibt sich vielmehr bereits daraus, dass der Sicherungsvertrag als solcher i.d.R. nicht gegen die guten Sitten bzw. das Gesetz verstößt, so dass schon kein Gesetzes- oder Sittenverstoß durch die Leistung vorliegt, vgl. hierzu auch *Reuter/Martinek*, Ungerechtfertigte Bereicherung, S. 224, § 6 V.

694 OLG München NJW-RR 2006, 768.

695 OLG München NJW-RR 2006, 768, 769.

zeugen. Wieso es einen Unterschied machen soll, ob der Geldbetrag sogleich an die Produktionsfirma gezahlt wird (dann würde wieder die Rückforderungssperre des § 817 Satz 2 greifen) oder zunächst an eine Vermittlungsagentur, die das Geld dann weiterleitet, ist nicht ersichtlich[696].

Die fehlende Aussagekraft des Endgültigkeitskriteriums offenbart sich schließlich auch im Fall des Wucherdarlehens selbst. Genau genommen geht nämlich auch die abstrakte Nutzungsmöglichkeit des Kapitals nicht endgültig in das Vermögen des Empfängers über; auch sie muss früher oder später zurückübertragen werden und soll das Empfängervermögen nicht dauerhaft mehren[697]. Das Endgültigkeitserfordernis würde es also in Fällen der Gebrauchsüberlassung ohne Not erlauben, eine Leistung im Sinne des § 817 Satz 2 gänzlich abzulehnen, was selbstverständlich nicht zutreffend wäre.

Ohne dass die genannten Beispiele weiter vertieft werden müssten, zeigt sich an ihnen exemplarisch die Untauglichkeit des Endgültigkeitskriteriums für eine sachgerechte Restriktion des § 817 Satz 2. Angesichts der vielen Ungereimtheiten, die mit dem Endgültigkeitskriterium verbunden sind, drängt sich an dieser Stelle in der Tat der Verdacht auf, die Judikatur versuche über eine „Manipulation des Leistungsbegriffs“[698] rechtspolitisch motivierte Ergebnisse zu erzielen, um die unbefriedigend anmutende Kondiktionssperre des § 817 Satz 2 über den wenig konkreten Begriff der Endgültigkeit im Einzelfall zu umgehen[699].

---

696 Dieselbe Problematik zeigt sich in den Fällen des Titelkaufs, wenn ein Titelkäufer seine Zahlungen an eine sog. „Promotionsberatung“ leistet, die das Geld erst an denjenigen weiterleitet, der den Titel verschafft. Auch hier kann eine Differenzierung danach, ob die Zahlungen der „Promotionsberatung“ zugute kommen sollen oder ob sie von dieser weitergeleitet werden, nicht überzeugen. S. hierzu ausführlich *Dritter Teil, § 2 I. 4.*

697 Abgestellt wird deshalb darauf, dass nur für die vereinbarte Darlehenslaufzeit eine endgültige Leistung vorliege. Konsequenterweise würde dann aber auch bei der Bestellung von Sicherheiten oder bei Kautionszahlungen zumindest für eine gewisse Zeit eine endgültige Vermögensmehrung vorliegen; hier verneint die Rechtsprechung aber die Endgültigkeit zur Gänze, s. hierzu schon oben. Auch hier zeigt sich wiederum, dass das Endgültigkeitskriterium mehr zur Entstehung als zur Vermeidung von Widersprüchen beiträgt.

698 *Rost,* Probleme der Kondiktion wegen mißbilligter Leistungsannahme, S. 117.

699 In diese Richtung *Lorenz,* in: Staudinger, § 817, Rn. 13.

Unabhängig von den erheblichen Bedenken gegen diese Einschränkung des Leistungsbegriffs, ist die Schlussfolgerung, die die Rechtsprechung in Fällen wucherischer Darlehensverträge zieht, jedenfalls nicht haltbar. Mit der Auffassung, es werde nur die Nutzungsmöglichkeit des Kapitals für eine bestimmte Zeit geleistet, scheint auf den ersten Blick der Weg frei für die Annahme, § 817 Satz 2 stehe einem Rückforderungsanspruch des Darlehensgebers nur für die vereinbarte Laufzeit des Kapitals entgegen. Die Rechtsprechung geht also davon aus, es werde mit Hingabe der Valuta die Nutzungsmöglichkeit für die vereinbarte Darlehenslaufzeit geleistet, so dass § 817 Satz 2 nur die Rückforderung innerhalb dieses Zeitraums ausschließe[700]. Diese zunächst durchaus nachvollziehbare Schlussfolgerung wird fragwürdig, wenn man die Argumentation in ihre logischen Teilschritte zerlegt. Interpretiert man nämlich die Leistung lediglich als Gebrauchsüberlassung auf Zeit, muss man genau genommen auch berücksichtigen, dass diesbezüglich nur eine Leistung für die Vergangenheit und die Gegenwart vorliegt. Geleistet wurde bislang nur die Nutzungsmöglichkeit für die vergangene Zeit sowie die gegenwärtige Nutzungsmöglichkeit, für die Zukunft steht sie noch aus[701]. § 817 Satz 2 trifft demnach an sich nur negativ die Aussage, dass die gewährte Nutzungsmöglichkeit für die Vergangenheit und die gegenwärtige Nutzungsmöglichkeit nicht zurückgewährt werden können. Die Kondiktionssperre trifft demgegenüber keine positive Aussage dahingehend, dass der Darlehensgeber nach Ablauf der vereinbarten Laufzeit das Darlehen zurückfordern kann[702]. Eine solche exakte Eingrenzung des geleisteten Gegenstands ist nicht etwa bloße theoretische „Erbsenzählerei“. Sollte die Hürde des § 817 Satz 2 nämlich genommen werden, stellt sich die Frage, was im Rahmen des § 818 Abs. 1 herauszugeben ist, wofür wiederum entscheidend ist, worin genau der Bereicherungsgegenstand liegt. Nimmt man an, es wurde bereits mit der Übergabe der Valuta die Nutzungsmöglichkeit für die gesamte geplante Laufzeit geleistet, so wäre streng genommen auch Wertersatz

---

700 Deutlich bringt dies *Reifner* zum Ausdruck: „allein die Rückforderung der vertraglich bereitgestellten Zeit [ist] ausgeschlossen“, vgl. *Reifner,* JZ 1984, 637, 637; ähnlich *ders.,* Handbuch des Kreditrechts, S. 174, § 23; ebenso *Wieling,* Bereicherungsrecht, S. 42, § 3 III: „Die Leistung bestand in der Überlassung des Geldes [...] auf fünf Jahre“.

701 So bereits *Hoff,* AcP 156 (1957), 483, 489 ff.; ebenso *Hager,* Gesetzes- und sittenkonforme Auslegung und Aufrechterhaltung von Rechtsgeschäften, S. 98 f.; *Cahn,* JZ 1997, 8, 12; *Lass,* WM 1997, 145, 150; krit.: *Canaris,* in: FS Steindorff, S. 522: *Canaris* hält den Einwand für zu formal.

702 *Hoff,* AcP 156 (1957), 483, 499; *Lass,* WM 1997, 145, 150.

für die Nutzungsmöglichkeit über die gesamte Zeit zu leisten, was freilich nicht sachgerecht ist, wenn der Rückforderungsanspruch vor Ablauf der vereinbarten Laufzeit geltend gemacht wird[703]. Insofern muss zwangsläufig zwischen der Leistung und dem „erlangten Etwas" in der Vergangenheit und der Zukunft unterschieden werden. Eine solche Sichtweise ist auch insoweit geboten, als dass beim wirksamen Darlehensvertrag nach Ablauf der Hälfte der Laufzeit lediglich teilweise Erfüllung eingetreten ist[704]. Ebenso wenig wie die Hingabe der Valuta beim wirksamen Darlehen eine vollständige Erfüllung bewirkt, führt sie beim nichtigen Vertrag zur Übertragung der Nutzungsmöglichkeit für die gesamte Laufzeit. Im Ergebnis versagt das Erklärungsmodell der Rechtsprechung daher spätestens an dieser Stelle. Geht man nämlich von der Prämisse der Rechtsprechung aus, dass das „erlangte Etwas" im Rahmen des § 812 Abs. 1 Satz 1, 1. Alt. die *Darlehensvaluta* ist, wäre *diesbezüglich* eine Kondiktion *sofort* möglich, weil § 817 Satz 2 nur die Rückforderung der abstrakten Nutzungsmöglichkeit für die Vergangenheit ausschließen kann und für die Valuta selbst mangels Endgültigkeit nicht gelten soll.

Hinzu kommt, dass der Erklärungsversuch der Rechtsprechung noch zu einem weiteren Folgeproblem führt, das nur mit Mühe dogmatisch sauber gelöst werden kann. Wann nämlich muss das Darlehen zurückbezahlt werden, wenn im Vertrag keine Laufzeit vereinbart wurde[705]? Hier bietet es sich an, auf die erste, hypothetische ordentliche Kündigungsmöglichkeit zurückzugreifen[706]. Wie es im Einzelnen begründet werden kann, dass Gegenstand der Leistung nur die Gebrauchsüberlassung bis zur hypothetischen, ersten ordentlichen Kündigungsmöglichkeit ist, bleibt allerdings offen.

---

703 Eine vorzeitige Rückforderung scheitert zwar nach h.M. in Fällen wucherischer Darlehensverträge an § 817 Satz 2. In Fällen, in denen ein Darlehensvertrag aus anderen Gründen nichtig ist, kann die Konstellation aber durchaus relevant werden.

704 Ausführlich hierzu *Hager,* Gesetzes- und sittenkonforme Auslegung und Aufrechterhaltung von Rechtsgeschäften, S. 99 m.w.N.

705 In der Praxis spielt das Problem freilich bei unbefristeten Mietverträgen eine größere Rolle.

706 *Canaris,* in: FS Steindorff, S. 33; *Zimmermann,* Richterliches Moderationsrecht oder Totalnichtigkeit, S. 170 f.; *Esser/Weyers/Schmidt,* Schuldrecht II/2, S. 72, § 49 IV.

c) Alternativvorschläge

Vereinzelt wird versucht, das Ergebnis der Rechtsprechung über alternative Lösungswege zu erreichen.

Vorgeschlagen wird dabei jüngst eine analoge Anwendung des § 818 Abs. 3[707]. Ein sofortiger Rückzahlungsanspruch gem. § 812 Abs. 1 Satz 1, 1. Alt. wird grds. bejaht. Die Anwendbarkeit des § 817 Satz 2 wird mit unterschiedlichen Begründungen verneint. Teilweise wird auf den fehlenden Sittenverstoß des Leistenden durch Auszahlung der Valuta hingewiesen[708]. Teilweise nimmt man an, dass § 817 Satz 2 dem Kondiktionsanspruch bzgl. der Valuta nicht entgegenstehen könne, weil § 817 Satz 2 nur die Rückforderung der abstrakten Nutzungsmöglichkeit in der Vergangenheit verbiete[709]. Im Rahmen einer analogen Anwendung des § 818 Abs. 3 sollen aber Vertrauensschutzgesichtspunkte auf Seiten des Darlehensnehmers zur Berücksichtigung kommen. In § 818 Abs. 3 komme der Schutz des gutgläubigen Bereicherungsschuldners als oberstes Prinzip des Bereicherungsrechts zum Ausdruck. Daher sei es sachgerecht, hierbei auch das Vertrauen des Darlehensnehmers auf die vertragliche Fälligkeitsabrede zu berücksichtigen. Eine sofortige Rückzahlung würde den Darlehensnehmer bereits wegen des damit einhergehenden Zwangs zur Vermögensumschichtung benachteiligen[710]. Ohne besondere Vertrauensgesichtspunkte bestehe dagegen kein überzeugender Grund, warum die Darlehenssumme nicht sofort zurückgezahlt werden sollte[711].

Teilweise wird auch darauf abgestellt, dass das Kriterium der Endgültigkeit eine Abstimmung der Rückforderungssperre an Sinn und Zweck der verletzten Sittennorm verberge[712]. Hintergrund der Einschränkung der Rückforderungssperre sei letztlich der Umstand, dass der Darlehensnehmer geschützt werden soll, dem durch eine Zulassung der Kondiktion das - oft dringend benötigte - Kapital genommen würde. Andeutungsweise kommt hier zum Ausdruck, dass auch das Problem des Wucherdarlehens über eine normzweckorientierte Reduktion des § 817 Satz 2 gelöst werden könnte.

---

707 *Lass*, WM 1997, 145, 151; *Bodenbrenner*, JuS 2001, 1172, 1174.

708 *Bodenbrenner*, JuS 2001, 1172, 1174.

709 *Lass*, WM 1997, 145, 150.

710 *Lass*, WM 1997, 145, 151.

711 *Bodenbrenner*, JuS 2001, 1172, 1174.

712 *Schlechtriem*, Restitution und Bereicherungsausgleich in Europa, S. 642.

d) Zusammenfassende Stellungnahme

Die vorstehenden Ausführungen haben das Dilemma, vor das man sich bei der Behandlung wucherischer Darlehensverträge gestellt sieht, deutlich gemacht: Die Annahme von Totalnichtigkeit und die Bejahung eines Sittenverstoßes durch Auszahlung der Valuta führt bei wortgetreuer Gesetzesanwendung zur Anwendbarkeit des § 817 Satz 2: Das wiederum würde bedeuten, dass der Darlehensnehmer das erhaltene Kapital dauerhaft behalten könnte - eine Konsequenz, die bereits vom Reichsgericht als „unbefriedigend" empfunden wurde. Eine *sofortige* Rückforderungsmöglichkeit ergibt sich richtigerweise, wenn man mit der Rechtsprechung im Rahmen des § 817 Satz 2 von einem eingeschränkten Leistungsbegriff ausgeht und als primären Bereicherungsgegenstand im Rahmen der allgemeinen Leistungskondiktion die Valuta ansieht. Dann nämlich schließt § 817 Satz 2 nur die Rückforderung der abstrakten Nutzungsmöglichkeit für die Vergangenheit aus, während eine sofortige Rückforderung der Valuta ohne Weiteres möglich ist. Einer solchen Vorgehensweise haftet jedoch der Makel der Inkonsequenz an. Meines Erachtens müssen die Leistungsbegriffe im Rahmen der allgemeinen Leistungskondiktion einerseits sowie im Rahmen der Kondiktionssperre andererseits einheitlich verstanden werden. Geht man bei § 812 Abs. 1 Satz 1, 1. Alt. davon aus, dass die Valuta selbst durch Leistung erlangt wurde, muss dasselbe für § 817 Satz 2 gelten, was zur Folge hätte, dass die Rückforderung des Kapitals dauerhaft ausgeschlossen wäre. Nimmt man dagegen bereits im Rahmen des § 812 Abs. 1 Satz 1, 1. Alt. eine wirtschaftliche Betrachtung vor und geht davon aus, dass die abstrakte Nutzungsmöglichkeit durch Leistung erlangt wurde, sollte dies auch bei § 817 Satz 2 so gehandhabt werden. Auch in diesem Fall wäre eine Rückforderung überhaupt nicht möglich. Die abstrakte Nutzungsmöglichkeit wurde nämlich nur für die Vergangenheit und die Gegenwart erlangt. Diesbezüglich ist die Rückforderung gem. § 817 Satz 2 ausgeschlossen. Für die Zukunft wurde dagegen noch gar nichts erlangt, so dass ein Bereicherungsanspruch ebenfalls nicht in Betracht kommt. Mithin kommt man nur dann zu einer sofortigen Rückforderungsmöglichkeit, wenn man den Leistungsbegriff im Rahmen des § 817 Satz 2 abweichend vom Leistungsbegriff im Rahmen der allgemeinen Leistungskondiktion auslegt, was nicht überzeugen kann. Das Ergebnis der Rechtsprechung (Rückforderungssperre nur hinsichtlich der vertraglich vereinbarten Laufzeit) lässt sich dagegen keinesfalls erzielen, da es auf der zweifelhaften Annahme fußt, dass mit Hingabe der Valuta sogleich die

Nutzungsmöglichkeit für die gesamte Darlehenslaufzeit geleistet wurde[713].

Eine Möglichkeit, die als unbefriedigend anmutende Konsequenz des § 817 Satz 2 zu umgehen, wäre es freilich, einen Sittenverstoß des Leistenden durch die Hingabe der Valuta abzulehnen[714]. Dann wäre die Kondiktionssperre „aus dem Rennen" und der Weg frei für einen Rückforderungsanspruch des Darlehensgebers. Der nötige Schutz des Darlehensnehmers ließe sich - wie in der jüngeren Literatur vorgeschlagen - über eine analoge Anwendung des § 818 Abs. 3 verwirklichen. Zwar wäre diese Lösung ein einfacher und bequemer Weg, die misslichen Folgen des § 817 Satz 2 zu umgehen, vollends überzeugend erscheint er - aus den bereits genannten Gründen - dennoch nicht.

Schließlich kommt eine Einschränkung des § 817 Satz 2 aufgrund des Normzwecks der verletzten Sittennorm in Betracht. Hier ist es wiederum von entscheidender Bedeutung, welche Reichweite man einer Einschränkung des § 817 Satz 2 anhand des Normzwecks der verletzten Verbots- oder Sittennorm beimisst. Geht man mit der hier favorisierten Ansicht davon aus, dass eine Einschränkung nur dann möglich ist, wenn der Schutzzweck der verletzten Norm einer Rückforderungssperre *entgegensteht*[715], kommt man um die Anwendung der Kondiktionssperre wohl kaum herum. Denn der Schutz des Darlehensnehmers vor krasser wirtschaftlicher Übervorteilung, dem das Sittenwidrigkeitsverdikt primär dient, steht einer dauerhaften Rückforderungssperre, die dazu führen würde, dass der Darlehensnehmer das Kapital behalten könnte, jedenfalls nicht entgegen. Anders stellt sich die Situation dar, wenn man davon ausgeht, dass die Kondiktionssperre überhaupt nur dann zur Anwendung gelangen kann, wenn der Zweck der verletzten Sittennorm dies *fordert*. Denn der Schutz des Bewucherten verlangt allenfalls, ihm das Kapital für die vereinbarte Laufzeit zu belassen; darüber hinaus ist es zur Verwirklichung des Schutzzwecks nicht geboten, dem Darlehensnehmer das erhaltene Kapital dauerhaft zu belassen. Die Bedenken, die gegen eine solche Sichtweise nach der geltenden Rechtslage bestehen, wurden allerdings bereits dargelegt[716]. Eine Restriktion über den Schutzzweck der

---

713 Hierzu s.o. *Dritter Teil, § 1 II. 2. b. bb.*

714 S.o. *Dritter Teil, § 1 II. 2. b. aa.*

715 Hierzu s.o. *Zweiter Teil, § 6 III.*

716 S.o. *Zweiter Teil, § 6 III.*

verletzten Sittennorm ist aus diesen Gründen meines Erachtens an dieser Stelle nicht möglich.

Allerdings ist eine teleologische Reduktion einer Vorschrift auch dann möglich, wenn Sinn und Zweck der einzuschränkenden Norm selbst dies fordern. Eine solche Vorgehensweise wirft freilich vorliegend erhebliche Schwierigkeiten auf, weil die Frage nach Sinn und Zweck des § 817 Satz 2 eine der umstrittensten und schwierigsten Fragen in Zusammenhang mit der Kondiktionssperre darstellt.

Ein auf die vereinbarte Darlehenslaufzeit beschränkter Kondiktionsausschluss wäre ohne Weiteres begründbar, wenn man – wie es vereinzelt geschieht – § 817 Satz 2 in Wucherfällen allein den Zweck beimisst, die Bedarfsdeckung des Bewucherten für die vereinbarte Vertragslaufzeit zu sichern[717]. Aber auch wenn man sich den anderen, § 817 Satz 2 zugeschriebenen Normzwecken zuwendet, zeigt sich, dass keiner dieser Normzwecke eine dauerhafte Rückforderungssperre hinsichtlich des hingegebenen Kapitals rechtfertigen kann.

Die prominenteste Deutung interpretiert § 817 Satz 2 bekanntermaßen als Ausdruck des Verbots, sich auf eigenes Unrecht zu berufen, mithin als Rechtsschutzverweigerung gegenüber dem gesetzes- oder sittenwidrig Handelnden, wobei vielfach dafür plädiert wird, das Prinzip dem Grundsatz der Verhältnismäßigkeit zu unterwerfen[718]. Die Versagung des Rückforderungsanspruchs bzgl. der Darlehensvaluta wäre offenkundig eine „exorbitante Rechtsfolge von archaischer Härte und ein eklatanter Verstoß gegen das Verhältnismäßigkeitsprinzip“[719]. Aber auch unabhängig von diesen Bedenken aus Gründen der Verhältnismäßigkeit erscheint eine Rechtsschutzversagung hinsichtlich des Anspruchs des Darlehensgebers auf Rückforderung des Kapitals nicht angemessen. Da hinter dem Gedanken der Rechtsschutzverweigerung das Verbot der Berufung auf eigenes Unrecht steht, ist entscheidend zu berücksichtigen, dass sich das Unwerturteil der Sittenwidrigkeit gegen das Versprechenlassen eines überhöhten Entgelts richtet, nicht gegen die Hingabe der Valuta selbst. Eine Versagung des

---

717 *Medicus*, in: FS Dietz, S. 70, 75: *Medicus* gibt aber zu, dass seine These von Sinn und Zweck des § 817 Satz 2 nicht bewiesen ist; ebenso *Zimmermann*, Richterliches Moderationsrecht oder Totalnichtigkeit, S. 174; *Reuter/Martinek*, Ungerechtfertigte Bereicherung, S. 218, § 6 V; *König*, Ungerechtfertigte Bereicherung, S. 136.

718 Siehe hierzu oben *Erster Teil, § 1 II. 2.*

719 *Larenz*, Lehrbuch des Schuldrechts I/1, S. 164, § 68 III; *Canaris*, in: FS Steindorff, S. 528.

Rechtsschutzes kann aber nur soweit gehen, als dem Bereicherungsgläubiger ein sittenwidriges Verhalten anzulasten ist. Auch wenn man einen Sittenverstoß durch Auszahlung der Valuta bejaht, ändert dies nichts daran, dass das Sittenwidrigkeitsverdikt des § 138 - auch wenn es den ganzen Vertrag erfasst - inhaltlich nur die Forderung überhöhter Zinsen sanktionieren will. Ein Sittenverstoß durch Auszahlung der Valuta liegt nur insoweit vor, als dass damit die Einforderung wucherischer Zinsen bezweckt wird. Bezüglich der Valuta ist eine Rechtsschutzversagung daher nur insoweit gerechtfertigt, als die Geltendmachung des Anspruchs während der vereinbarten Vertragslaufzeit ausgeschlossen ist, da der Wucherer aufgrund seines Sittenverstoßes ansonst besser stünde als der redliche Darlehensgeber. Nach Ablauf der vereinbarten Laufzeit hätte der Darlehensgeber das Kapital dagegen selbst im Falle eines wirksamen Vertragsschlusses zurückfordern können. Hierfür spricht auch, dass das Verbot der Berufung auf eigenes Unrecht letztlich ein Ausfluss des Grundsatzes von Treu und Glauben ist. Der Darlehensgeber verhält sich aber gerade nicht treuwidrig, wenn er das überlassene Kapital nach Ablauf der vereinbarten Darlehenslaufzeit wieder zurückfordert, da der Bewucherte von vorneherein davon ausgehen musste, das Darlehen später zurückgewähren zu müssen und kein Vertrauen in das Behaltendürfen der Valuta setzten durfte. Insofern ist eine Begrenzung des Rückforderungsausschlusses während der vereinbarten Vertragslaufzeit auch unter dem Gesichtspunkt der Rechtsschutzversagung geboten[720].

Auch generalpräventive Überlegungen können einen gänzlichen Ausschluss des Rückforderungsanspruchs nicht rechtfertigen. Zwar könnte man argumentieren, dass die Versagung eines Rückforderungsausschlusses hinsichtlich der Valuta einen äußerst effizienten Abschreckungseffekt gegenüber potentiellen Wucherern mit sich bringen würde. Allerdings kann sich auch der Aspekt der Generalprävention nur auf das gesetzes- oder sittenwidrige Verhalten selbst beziehen. Da sich das Unwerturteil des § 138 nur auf die Forderung überhöhter Zinsen bezieht, scheint es nicht überzeugend, den Gedanken der Generalprävention zur Rechtfertigung eines Rückforderungsverbots für die Valuta heranzuziehen.

Schließlich rechtfertigt auch der hier zur Begründung der Ratio der Kondiktionssperre herangezogene Gedanke, § 817 Satz 2 setze die Nichtigkeitssanktion der §§ 134, 138 fort und intensiviere sie, einen Rückforderungsausschluss hinsichtlich der Darlehensvaluta nicht.

---

720 In diese Richtung auch *Dauner*, JZ 1980, 495, 503.

Denn wieder muss berücksichtigt werden, dass sich das in den § 138 zum Ausdruck kommende Unwerturteil auf die Einforderung überhöhter Zinsen bezieht. Der Darlehensnehmer soll vor extremer wirtschaftlicher Übervorteilung geschützt werden. Ein Rückforderungsausschluss bis zum Ende der vertraglichen Laufzeit unterstützt den damit bezweckten Schutz des Darlehensnehmers. Insofern dient § 817 Satz 2 wiederum der konsequenten Fortsetzung des § 138 in das Bereicherungsrecht. Der Schutzzweck der verletzten Sittennorm ist jedoch in keiner Weise durch die Geltendmachung eines Rückforderungsanspruchs bzgl. der Valuta nach Ablauf der vereinbarten Vertragslaufzeit tangiert. Denn mit einer solchen Rückforderung hätte der Darlehensnehmer auch dann rechnen müssen, wenn der Vertrag wirksam gewesen wäre. Ein dauerhafter Ausschluss der Rückforderungsmöglichkeit im Hinblick auf die Valuta über die vertraglich vereinbarte Laufzeit hinaus wäre indes eine durch nichts zu rechtfertigende Sanktion, die vom Normzweck des § 817 Satz 2 auch dann nicht getragen ist, wenn man die Vorschrift primär in seinem Zusammenspiel mit den §§ 134, 138 sieht.

Da mithin keiner der denkbaren Normzwecke des § 817 Satz 2 einen Rückforderungsausschluss bzgl. der Valuta nach Ablauf der vereinbarten Darlehenslaufzeit rechtfertigen kann, ist jedenfalls eine teleologische Reduktion der Kondiktionssperre dahingehend geboten, dass nach Ablauf der vereinbarten Darlehenslaufzeit das Kapital zurückgefordert werden kann. Das Ergebnis der Rechtsprechung verdient also letztlich Zustimmung, wenn auch die hierfür gegebene Begründung nicht überzeugt.

3. Anspruch des Darlehengebers gegen den Darlehensnehmer auf Zinszahlung

Noch interessanter als die Frage nach dem Anspruch des Darlehensgebers auf Rückzahlung des Kapitals ist die Frage, ob der Darlehensgeber für die Kapitalüberlassung eine Vergütung in Gestalt von Zinsen verlangen kann. Während über den ersten Punkt zumindest im Ergebnis Einigkeit besteht und nur die juristischen Begründungen divergieren, offenbart sich hinsichtlich der Frage nach der Zinszahlungspflicht ein Gegensatz zwischen der Rechtsprechung und der im Schrifttum dominierenden Ansicht, wie er in Intensität und Dauerhaftigkeit nur selten auftritt[721]. Vorwegzunehmen ist bereits an dieser

---

721 *Canaris,* in: FS Steindorff, S. 520.

Stelle, dass die Rechtsprechung die Kondiktionssperre des § 817 Satz 2 im Hinblick auf die Frage nach einer Zinszahlungspflicht des Darlehensnehmers gerade nicht restringiert, sondern die Vorschrift vielmehr wortlautgetreu zur Anwendung bringt. Insofern ist die systematische Einordnung in das Kapitel „Restriktionen des § 817 Satz 2" nicht völlig stimmig. Wegen des inhaltlichen Zusammenhangs mit der Frage nach der Rückforderungsmöglichkeit der Valuta soll das Problem dennoch an dieser Stelle erörtert werden.

a) Lösung durch die Rechtsprechung

Die für die Zinszahlungspflicht des Bewucherten maßgeblichen Grundsätze wurden ebenfalls bereits vom Reichsgericht statuiert[722]. Demnach soll ein Anspruch des Darlehensgebers auf Zinszahlung ausgeschlossen sein, was im Ergebnis dazu führt, dass der Bewucherte das Kapital zinslos für die vereinbarte Darlehenslaufzeit behalten kann[723]. Zur Begründung dieses Ergebnisses zieht die Rechtsprechung § 817 Satz 2 heran. Die Kondiktionssperre soll auch dem Zinsanspruch gem. § 818 Abs. 1 bzw. Abs. 2 entgegenstehen, solange der Darlehensnehmer das Kapital wegen der zeitweiligen Nutzungsüberlassung behalten kann.

Hintergrund dieser Rechtsprechung war ursprünglich die Auffassung, die Kondiktionssperre des § 817 Satz 2 habe Strafcharakter[724]: Nach Aufgabe des Strafgedankens wird die Versagung eines Zinsanspruchs mittlerweile mit dem Argument gerechtfertigt, der Wucherer könne ansonsten risikolos arbeiten, weil er im schlechtesten Fall immer noch den angemessenen bzw. marktüblichen Zins erhielte[725].

Ein Teil des Schrifttums hat sich der Position der Rechtsprechung angeschlossen[726]. Die Begründung für den Ausschluss des Zinsan-

---

722 Vgl. RGZ 161, 52, 57 f.

723 Mittlerweile ständige Rspr., vgl. etwa BGH NJW 1962, 1148; BGH NJW 1983, 1420, 1423; BGH WM 1982, 1021; BGH NJW-RR 1989, 622; BGH NJW 1995, 1152, 1153 (für ein Darlehen, das sittenwidrigen Zwecken diente); BGH ZIP 2006, 2119, 2122.

724 So RGZ 161, 52, 57 f.

725 BGH NJW 1983, 1420, 1423.

726 *von Caemmerer,* MDR 1951, 161, 164; *Lindacher,* AcP 173 (1973), 124, 130; *ders.,* NJW 1985, 498, 499; *Reifner,* JZ 1984, 637, 640; *ders.,* Handbuch des Kreditrechts, S. 177, § 23: *Reifner* will den Kondiktionsausschluss konstruktiv allerdings aus einem Umkehrschluss zu § 817 Satz 1 herleiten; *Keßler,* DB 1984, 655, 655; *Wendehorst,* in: Bamberger/Roth, § 817, Rn. 20; *Leupertz,* in: Prütting/Wegen/Weinreich, § 817, Rn. 13; *von Sachsen*

spruchs über § 817 Satz 2 wird dabei noch präzisiert. Vielfach wird der Präventionszweck des § 817 Satz 2 bzw. der Nichtigkeitsanordnung in § 138 betont, der es erfordere, dem Wucherer einen Anspruch auf Zahlung von Zinsen gänzlich zu versagen[727]. Außerdem wird darauf hingewiesen, dass die mit Bejahung eines Zinsanspruchs einhergehende Annäherung an einen wirksamen Vertrag mit der Nichtigkeitssanktion des § 138 in Widerspruch stünde[728].

Gelegentlich wird versucht, diese für den Wucherer durchaus „harte" Konsequenz dadurch abzumildern, dass an den subjektiven Tatbestand strenge Anforderungen gestellt werden. Es wird teilweise dafür plädiert, dem subjektiven Element bereits im Rahmen des § 138 Abs. 1 eine größere Bedeutung beizumessen, als das in der aktuellen Rechtsprechung geschieht, da nur bei einem subjektiven Verstoß die Konsequenzen der Totalnichtigkeit gerechtfertigt seien[729]. Andere Stimmen wollen dagegen an das ungeschriebene subjektive Tatbestandselement im Rahmen des § 817 Satz 2 strengere Anforderungen stellen[730].

Gessaphe, in: Anwaltkommentar, § 817, Rn. 19; *Fikentscher/Heinemann,* Schuldrecht, S. 720, § 103 I; *Wieling,* Bereicherungsrecht, S. 42, § 3 III; *Krampe,* AcP 194 (1994), 1, 30 f.; *Canaris,* in: FS Steindorff, S. 520 ff.; *ders.,* Gesetzliches Verbot und Rechtsgeschäft, S. 33: zu dem Ergebnis der Rechtsprechung kommt *Canaris* über die Annahme „halbseitiger Teilnichtigkeit", d.h. nur die Ansprüche des Darlehensgebers sollen sich nach Bereicherungsrecht beurteilen, nicht aber die Ansprüche des Darlehensnehmers. Letzterem sollen vielmehr vertragliche Ansprüche zustehen, zust. *Neumann,* Geltungserhaltende Reduktion und ergänzende Vertragsauslegung, S. 51; krit. gegenüber der Annahme „halbseitiger Teilnichtigkeit": *Hager,* Gesetzes- und sittenkonforme Auslegung und Aufrechterhaltung von Rechtsgeschäften, S. 268; *Tiedtke,* ZIP 1987, 1089, 1092; *Cahn,* JZ 1997, 8, 13.

727 *Lindacher,* AcP 173 (1973), 124, 130; *Tiedtke,* ZIP 1987, 1089, 1092; *Krampe,* AcP 194 (1994), 1, 30 f.; ähnlich *Cahn,* JZ 1997, 8, 18; *Reifner,* Handbuch des Kreditrechts, S. 176, § 23; *Ebert,* Pönale Elemente im deutschen Privatrecht, S. 385; *Wendehorst,* in: Bamberger/Roth, § 817, Rn. 21.

728 *Reifner,* JZ 1984, 637, 640. Auch die Vertreter der Gegenansicht, die eine Vergütungspflicht des Bewucherten bejahen, geben zu, dass hiermit der nichtige Darlehensvertrag einem wirksamen angeglichen wird, vgl. *Lass,* WM 1997, 145, 156; *Neumann,* Geltungserhaltende Reduktion und ergänzende Vertragsauslegung, S. 55.

729 *Lindacher,* AcP 173 (1973), 124, 131; *ders.,* NJW 1985, 498, 499.

730 *Canaris,* in: FS Steindorff, S. 526; *ders.,* Gesetzliches Verbot und Rechtsgeschäft, S. 33; *Bunte,* WM 1984, Sonderbeilage Nr. 1, 1, 24. Relevant wird dies insbesondere bei sog. Teilzahlungskrediten: Mit dem Argument, die

b) Gegenpositionen in der Literatur

Die überwiegende Ansicht in der Literatur steht der Rechtsprechung dagegen kritisch gegenüber und bejaht eine Zinszahlungspflicht des Bewucherten.

Der Rechtsprechung wird dabei vorgeworfen, dass sie zu Wertungswidersprüchen sowie zu einer „Anhäufung punktueller und weitgehend heterogener Lösungsansätze [führe], die ein durchgängiges Konzept weitgehend vermissen [lasse]"[731]. Diese Kritik gründet insbesondere auf der gegenüber dem Kapitalwucher unterschiedlichen Behandlung des Mietwuchers durch die Rechtsprechung[732]. Beim Mietwucher ist nämlich in der Rechtsprechung seit Langem anerkannt, dass ein gegen § 5 WiStG verstoßender Mietvertrag, in dem ein wucherischer Mietzins vereinbart wird, nur insoweit nichtig ist, als dass der Mietzins die ortsübliche Miete mehr als unwesentlich übersteigt[733].

Teilzahlungsbanken bräuchten nicht zu wissen, dass ihre Konditionen am Schwerpunktzins der Deutschen Bundesbank gemessen würden – und nicht an den Konditionen anderer Teilzahlungsbanken – wird hier für die Zulassung eines Zinsanspruchs votiert.

731 *Canaris,* in: FS Steindorff, S. 568.

732 *Honsell,* JA 1986, 573, 574 f.; *ders.,* Die Rückabwicklung sittenwidriger oder verbotener Geschäfte, S. 23; *ders.,* in: FS Giger, S. 295; *Borggreve/Schlothauer,* DB 1983, 1344, 1346; *Hager,* Gesetzes- und sittenkonforme Auslegung und Aufrechterhaltung von Rechtsgeschäften, S. 101; *Neumann,* Geltungserhaltende Reduktion und ergänzende Vertragsauslegung, S. 55; *Medicus,* in: FS Dietz, S. 62; *Schwark,* Rechtsfragen des Konsumentenkredits, S. 142; *Bunte,* WM 1984, Sonderbeilage Nr. 1, 1, 24; *Koziol,* AcP 188 (1988), 183, 221; *Sack,* in: Staudinger, § 138, Rn. 123.

733 Auch in der Literatur ist die hier erfolgende Reduktion der Nichtigkeitsfolge allgemein anerkannt. Differenzen ergeben sich allerdings in der Frage, ob der Vermieter den höchstzulässigen Mietzins (so die Rspr.) oder nur den ortsüblichen Mietzins verlangen kann, vgl. hierzu *Sack,* in: Staudinger, § 134, Rn. 92 ff.; *Canaris,* in: FS Steindorff, S. 529: *Canaris* hält die Auffassung der Rspr., die den gesetzlich gerade noch zulässigen Zins gewährt, für „indiskutabel"; *Canaris* plädiert i.Ü. auch hier für eine Lösung über die Annahme „halbseitiger Teilnichtigkeit", d.h. der Mieter soll vertragliche Ansprüche haben, während dem Vermieter nur bereicherungsrechtliche Ansprüche zustehen sollen. Zust.: *Neumann,* Geltungserhaltende Reduktion und ergänzende Vertragsauslegung, S. 51; dagegen insbes. *Sack,* in: Staudinger, § 134, Rn. 97; *Hager,* Gesetzes- und sittenkonforme Auslegung und Aufrechterhaltung von Rechtsgeschäften, S. 268; *Cahn,* JZ 1997, 8. Da sich auch nach der Ansicht von *Canaris* die Ansprüche des Vermieters nach Bereicherungsrecht beurteilen, ergeben sich für die hier interessierende Problematik des § 817 Satz 2 keine

Als weiteres Argument für eine Vergütungspflicht des Darlehensnehmers wird immer wieder betont, dass der Bewucherte ohne die Pflicht zur Zinszahlung einen unverhofften und ungerechtfertigten Gewinn erhielte[734]. Der Bewucherte könnte das Kapital zinslos behalten und stünde damit besser als bei Wirksamkeit des Vertrags[735]. Dies sei auch aus rechtspolitischer Sicht bedenklich, da hierdurch ein Anreiz zur leichtsinnigen Aufnahme von wucherischen Darlehen gegeben werde.

Dem prominentesten Argument der Gegenansicht, der Wucherer könne ansonsten risikolos arbeiten, wird entgegengehalten, dass der Wucherer immer noch das Risiko trage, die Differenz zwischen dem Wucherzins und dem marktüblichen Zins nicht zu erhalten[736]. Außerdem wird zur Entkräftung dieses Arguments auf den fehlenden Strafcharakter des § 817 Satz 2 verwiesen[737]; es sei daher nicht angemessen, die Kondiktionssperre in Wucherfällen faktisch als Privatstrafe wirken zu lassen. Eine Bestrafung sei umso weniger gerechtfertigt, als dass im Rahmen des § 138 Abs. 1 tendenziell immer geringere Anforderungen an den subjektiven Tatbestand des Wuchers gestellt würden[738].

Änderungen, so dass eine nähere Auseinandersetzung mit der Thematik der „halbseitgen Teilnichtigkeit" unterbleiben kann. *Zimmermann* spricht sich dagegen auch beim Mietwucher für Totalnichtigkeit des Vertrags aus und fordert eine bereicherungsrechtliche Lösung entsprechend den Grundsätzen beim Wucherdarlehen, vgl. *Zimmermann,* Richterliches Moderationsrecht oder Totalnichtigkeit, S. 170 ff.

734 *Bunte,* WM 1984, Sonderbeilage Nr. 1, 1, 24; *ders.,* NJW 1983, 2674, 2676; *Honsell,* JA 1986, 573, 576; *Rost,* Probleme der Kondiktion wegen mißbilligter Leistungsannahme, S. 105.

735 *Rost,* Probleme der Kondiktion wegen mißbilligter Leistungsannahme, S. 111.

736 *Bunte,* NJW 1983, 2674, 2676; *Reich,* JZ 1980, 329, 334; *Schwark,* Rechtsfragen des Konsumentenkredits, S. 143.

737 *Bufe,* AcP 157 (1958/59), 215, 228; *Bunte,* NJW 1983, 2674, 2676 f.; *ders.,* WM 1984, Sonderbeilage Nr. 1, 1, 24; *Koziol,* AcP 188 (1988), 183, 218; *Medicus,* in: FS Dietz, S. 62; *Schwark,* Rechtsfragen des Konsumentenkredits, S. 144; *Rost,* Probleme der Kondiktion wegen mißbilligter Leistungsannahme, S. 105; *Rühle,* Das Wucherverbot, S. 70; *Reuter/Martinek,* Ungerechtfertigte Bereicherung, S. 218, § 6 V; *Looschelders,* Schuldrecht BT, S. 109, § 20; *Sack,* in: Staudinger, § 138, Rn. 129 f.

738 *Reich,* JZ 1980, 329, 334; *Bunte,* WM 1984, Sonderbeilage Nr. 1, 1, 24; *Medicus,* in: FS Dietz, S. 76; *Honsell,* JA 1986, 573, 575 f.

Teilweise wird zur Begründung einer Zinszahlungspflicht auf die ratio legis der Kondiktionssperre Bezug genommen. Unter der Prämisse, § 817 Satz 2 verfolge allein den Zweck, dem Bewucherten die Darlehenssumme zur Bedarfsdeckung für die vereinbarte Laufzeit zu belassen, sei es nicht nötig, den Bewucherten auch von einer Vergütungspflicht freizustellen[739].

Während die Argumente, die für eine Vergütungspflicht des Bewucherten ins Feld geführt werden, noch häufig ähnlich sind, scheiden sich die Geister an der Frage, wie sich ein Anspruch des Darlehensgebers auf Zinszahlung dogmatisch begründen lässt.

aa) Wertersatzkondiktion gem. § 818 Abs. 2

Auf bereicherungsrechtlicher Ebene wird vorgeschlagen, die Zinszahlungspflicht über eine Nutzungsherausgabe gem. § 818 Abs. 1, 1. Alt. oder eine Wertersatzkondiktion gem. § 818 Abs. 2 zu begründen. Im Detail divergieren die Ansichten allerdings auch hier. Wer die abstrakte Nutzungsmöglichkeit der Valuta als primäres Kondiktionsobjekt betrachtet, kommt unproblematisch zu einer Wertersatzkondiktion gem. § 818 Abs. 2, da die Nutzungsmöglichkeit in natura nicht herausgegeben werden kann[740]. Wird dagegen die Darlehensvaluta selbst als primärer Bereicherungsgegenstand betrachtet, kommt eine Nutzungsherausgabe gem. § 818 Abs. 1, 1. Alt. an sich nur im Hinblick auf die tatsächlich gezogenen Nutzungen in Betracht; teilweise wird als Nutzung im Sinne von § 818 Abs. 1, 1. Alt. jedoch auch der Gebrauchsvorteil des Kapitals als solcher angesehen, der - weil er in natura nicht herausgegeben werden kann - mit seinem objektiven Verkehrswert gem. § 818 Abs. 2 zu vergüten sein soll[741].

§ 817 Satz 2 soll nach dieser Ansicht einem bereicherungsrechtlichen Anspruch auf Nutzungsvergütung nicht entgegenstehen. Dies wird teilweise damit begründet, dass die Kondiktionssperre allein den

---

739 Siehe zu dieser Auffassung schon oben *Dritter Teil, § 1 II. 2. d.* sowie *Medicus,* in: FS Dietz, S. 70, 75; *Zimmermann,* Richterliches Moderationsrecht oder Totalnichtigkeit, S. 174; *Reuter/Martinek,* Ungerechtfertigte Bereicherung, S. 218, § 6 V; *König,* Ungerechtfertigte Bereicherung, S. 136.

740 *Medicus,* in: FS Dietz, S. 73; *Canaris,* WM 1981, 978, 986 (für den Sonderfall sittenwidriger Teilzahlungskredite); *Borggreve/Schlothauer,* DB 1983, 1344, 1346; *Bodenbrenner,* JuS 2001, 1172, 1174; *Lorenz,* in: Staudinger, § 817, Rn. 12; *Hefermehl,* in: Soergel, § 138, Rn. 85 a.E.; *Looschelders,* Schuldrecht BT, S. 109, § 20.

741 *Lass,* WM 1997, 145, 152 f.

Zweck habe, die Bedarfsdeckung des Bewucherten für die vereinbarte Darlehenslaufzeit zu sichern[742]. Teilweise wird wiederum ein Sittenverstoß des Leistenden durch Auszahlung der Valuta verneint[743] oder angenommen, dass § 817 Satz 2 nur die Rückforderung der abstrakten Nutzungsmöglichkeit für die Vergangenheit, nicht aber die Rückforderung der Valuta ausschließe[744].

bb) Eingriffskondiktion gem. § 812 Abs. 1 Satz 1, 2. Alt.

Vereinzelt wird versucht, dem Darlehensgeber einen Anspruch auf Zinsen für das hingegebene Kapital über eine Eingriffskondiktion gem. § 812 Abs. 1 Satz 1, 2. Alt. zu gewähren[745]. Der Darlehensnehmer soll „in sonstiger Weise" bereichert sein, weil der Umstand, dass der Empfänger die Leistung des Wucherers für die vereinbarte Laufzeit des Darlehens behalten darf, nicht auf einer Leistung des Wucherers beruhe, sondern auf § 817 Satz 2. Es handle sich daher um eine weitere, nicht durch Leistung erlangte, vorteilhafte Rechtsposition[746]. Über § 817 Satz 2 kommt diese Ansicht insoweit „elegant" hinweg, als dass die Kondiktionssperre nur auf Leistungskondiktionen anwendbar ist.

cc) Geltungserhaltende Reduktion i.R.d. § 138

Eine im Vordringen befindliche Ansicht sucht dagegen eine Lösung für die Frage nach der Zinszahlungspflicht nicht im Bereicherungsrecht, sondern im Bereich der allgemeinen Nichtigkeitsnormen. Diese Ansicht wendet sich bereits gegen die Prämisse der Totalnichtigkeit eines wucherischen Darlehensvertrags[747]. Im Rahmen des § 138 sei

742 *Medicus,* in: FS Dietz, S. 70, 75; *Zimmermann,* Richterliches Moderationsrecht oder Totalnichtigkeit, S. 174; *Reuter/Martinek,* Ungerechtfertigte Bereicherung, S. 218, § 6 V.

743 *Bodenbrenner,* JuS 2001, 1172, 1174.

744 *Lass,* WM 1997, 145, 150.

745 *Flume,* Allgemeiner Teil des Bürgerlichen Rechts II, S. 394, § 18; *Zimmermann,* Richterliches Moderationsrecht oder Totalnichtigkeit, S. 173 f.; *Bunte,* WM 1984, Sonderbeilage Nr. 1, 1, 26; *Joerges,* in: Alternativkommentar, § 817, Rn. 10.

746 *Zimmermann,* Richterliches Moderationsrecht oder Totalnichtigkeit, S. 173.

747 Andeutungsweise bereits *Hoff,* AcP 156 (1957), 483, 506; *Hübner,* in: FS Wieacker, S. 408 f.; *Roth,* ZHR 153 (1989), 423, 433; *Bürge,* Rechtsdogmatik und Wirtschaft, S. 217 ff.; *Hager,* Gesetzes- und sittenkonforme Auslegung und Aufrechterhaltung von Rechtsgeschäften, S. 101; *ders.,* JuS 1985, 264 f.; *Rühle,* Das Wucherverbot, S. 69 f.; *Honsell,* in: FS Seiler, S. 477; *ders.,* Die Rückabwicklung sittenwidriger oder

vielmehr eine Art „geltungserhaltender Reduktion“ vorzunehmen. Die Zinsvereinbarung soll nur insoweit der Nichtigkeitssanktion unterworfen sein, als der marktübliche bzw. angemessene Zinssatz[748] überschritten wird. Im Übrigen werden Darlehensvertrag und Zinsvereinbarung als wirksam erachtet.

c) Stellungnahme

Es dürfte deutlich geworden sein, dass an Lösungsvorschlägen für das Problem einer Vergütungspflicht des Bewucherten kein Mangel besteht. Die entscheidende Weichenstellung für die Lösung der Wucherproblematik liegt dabei nicht in der Kondiktionssperre des § 817 Satz 2, sondern in der Frage nach der Nichtigkeit des wucherischen Vertrags. Nur wenn man, wie die Rechtsprechung, von der Totalnichtigkeit des Vertrags ausgeht, ist eine bereicherungsrechtliche Lösung überhaupt erforderlich.

Klarzustellen ist hierbei zunächst, dass es sich bei einem bereicherungsrechtlichen Anspruch des Darlehensgebers auf Nutzungsvergütung um eine Leistungskondiktion handelt. Denn die Valuta bzw. deren abstrakte Nutzungsmöglichkeit[749] wurden durch Leistung des Darlehensgebers erlangt. Der Vorschlag, über die Gewährung einer Nichtleistungskondiktion zu einem Anspruch auf Zinszahlung zu gelangen, wird daher berechtigterweise weitgehend abgelehnt. Der Grundsatz der Subsidiarität der Nichtleistungskondiktion verbietet es, an dieser Stelle auf eine Eingriffskondiktion zurückzugreifen, da die Valuta bzw. nach anderer Ansicht die abstrakte Nutzungsmög-

---

verbotener Geschäfte, S. 20, 152, 482; *ders.*, JA 1986, 573, 574 f.; *ders.*, in: FS Giger, S. 295; *Damm*, JZ 1986, 913, 924 f.; *Koziol*, AcP 188 (1988), 183, 220; *Bunte*, WM 1984, Sonderbeilage Nr. 1, 1, 24; *ders.*, in: FS Giger, S. 73; *Schwark*, Rechtsfragen des Konsumentenkredits, S. 142; *Reuter/Martinek*, Ungerechtfertigte Bereicherung, S. 218, § 6 V; *Sack*, in: Staudinger, § 134, Rn. 98; § 138, Rn. 134; allgemein zur geltungserhaltenden Reduktion im Privatrecht: *Roth*, JZ 1989, 411 ff. Dezidiert gegen eine geltungserhaltende Reduktion beim Wucherdarlehen: *Ebert*, Pönale Elemente im deutschen Privatrecht, S. 379 ff.; *Zimmermann*, Richterliches Moderationsrecht oder Totalnichtigkeit, S. 172ff.

748 Auf welche Höhe der Zinsanspruch zu reduzieren ist, ist wiederum strittig. Überwiegend wird eine Reduktion der Zinsvereinbarung auf den marktüblichen Zins befürwortet, vgl. *Roth*, JZ 1989, 411, 439; *Medicus*, in: FS Dietz, S. 72; *Sack*, in: Staudinger, § 138, Rn. 125, 132 f.; *Schwark*, Rechtsfragen des Konsumentenkredits, S. 145 f.; *Honsell*, in: FS Giger, S. 296.

749 Zur Frage, worin genau das „erlangte Etwas“ liegt, vgl. oben Fn. 685.

lichkeit des Kapitals durch Leistung des Wucherers erlangt wurden[750]. Dagegen lässt sich auch nicht einwenden, dass der Empfänger die Valuta nur wegen § 817 Satz 2 behalten darf und daher eine weitere vorteilhafte Rechtsposition erhält, die nicht durch Leistung erlangt wurde[751]. Denn § 817 Satz 2 ist lediglich der Ausschlussgrund für die vorliegende Leistungskondiktion, der seinerseits gerade voraussetzt, dass der Bereicherungsgegenstand durch Leistung erlangt wurde.

Im Rahmen der Frage nach einem bereicherungsrechtlichen Anspruch des Wucherers auf Zinszahlung sieht man sich wiederum vor das Problem gestellt, dass § 817 Satz 2 an sich einen Kondiktionsanspruch ausschließt. Bereits im Rahmen der Frage nach dem Anspruch des Darlehensgebers auf Rückzahlung seines Kapitals wurde dargelegt, dass allein eine teleologische Reduktion des § 817 Satz 2 von der Rechtsfolge eines vollständigen Kondiktionsausschlusses zu befreien vermag. Eine solche Vorgehensweise scheidet aber bzgl. des Anspruchs des Wucherers auf Zinszahlung aus. Sinn und Zweck des § 817 Satz 2 würden einer Vergütungspflicht des Bewucherten allenfalls dann nicht entgegenstehen, wenn man davon ausgeht, dass die Kondiktionssperre allein den Zweck hat, die Bedarfsdeckung des Bewucherten für die vereinbarte Laufzeit des Vertrags zu sichern[752]. Indes spricht entscheidend gegen eine solche Erklärung des rechtspolitischen Grundgedankens des § 817 Satz 2, dass damit der Kondiktionssperre eine Funktion zugeschrieben würde, die speziell auf den Sonderfall der Wucherproblematik zugeschnitten wäre und die sich auf eine bestimmte Fallgruppe - nämlich die, in der der Bewucherte auf das Kapital zur Bedarfsdeckung angewiesen ist - fixiert[753]. Jeder der anderen denkbaren Normzwecke des § 817 Satz 2 rechtfertigt dagegen eine Versagung des Zinsanspruchs sehr wohl. Würde man dem Darlehensgeber nämlich einen Anspruch auf Nutzungsvergütung zusprechen, wäre er vom Risiko seines sittenwidrigen Tuns weitest-

---

750 So zutreffend *Medicus,* in: FS Dietz, S. 74; *Schwark,* Rechtsfragen des Konsumentenkredits, S. 140 f.; *Hager,* JuS 1985, 264, 269, Fn. 71.

751 So *Zimmermann,* Richterliches Moderationsrecht oder Totalnichtigkeit, S. 173.

752 So *Medicus,* in: FS Dietz, S. 70, 75; *Zimmermann,* Richterliches Moderationsrecht oder Totalnichtigkeit, S. 174; *Reuter/Martinek,* Ungerechtfertigte Bereicherung, S. 218, § 6 V; *König,* Ungerechtfertigte Bereicherung, S. 136; s. hierzu schon oben *Dritter Teil, § 1 II. 2. d.*

753 Ähnlich *Dauner,* JZ 1980, 495, 504: *Dauner* bezeichnet die Ansicht daher als bloßes „rechtspolitisch motiviertes Posutlat"; *Roth,* ZHR 153 (1989), 423, 430.

gehend befreit, da er in jedem Fall einen Gegenwert für die Überlassung des Kapitals erhielte. Dem kann auch nicht entgegengehalten werden, dass der Wucherer immer noch das Risiko tragen würde, die Differenz zwischen marktüblichem und vereinbartem Zins nicht zu erhalten. Dieses verbleibende Risiko dürfte den Wucherer denkbar wenig belasten, da er hierdurch nicht schlechter gestellt wäre als jeder redliche Darlehensgeber. Eine – für die Rechtsschutzversagung kennzeichnende – Risikoverlagerung auf den Leistenden würde dann gerade fehlen[754]. Auch generalpräventive Gesichtspunkte sprechen für die Versagung einer Nutzungsvergütung, da potentielle Wucherer sicherlich eher vom Abschluss wucherischer Verträge abgehalten werden, wenn sie keinerlei Aussicht auf Vergütung haben, als wenn ihnen jedenfalls der marktübliche Zins verbliebe. Schließlich spricht gerade auch die Berücksichtigung der Wertungen der zur Nichtigkeit führenden Vorschriften für eine Versagung der Zinszahlungspflicht. Aus systematischer Sicht erscheint es bedenklich, einerseits zum Schutz des Bewucherten im Rahmen der §§ 134, 138 vollständige Nichtigkeit anzunehmen, um andererseits im selben Atemzug dem Wucherer über das Bereicherungsrecht immerhin noch den angemessenen bzw. marktüblichen Zins zuzusprechen. Auf diese Weise würde ein nichtiger Vertrag sozusagen über das Bereicherungsrecht in modifizierter Form aufrechterhalten, was in Widerspruch zur Nichtigkeitssanktion der §§ 134, 138 stünde. Eine solche Lösung würde die als unbillig empfundenen Konsequenzen der Totalnichtigkeit durch eine Korrektur über das Bereicherungsrecht abmildern und dem nichtigen Vertrag faktisch zu Bestandskraft verhelfen[755]. Die bereicherungsrechtliche Rückabwicklung wäre so sehr einer vertraglichen Lösung angepasst, dass man sich die Frage stellen müsste, welche Berechtigung die Annahme von Totalnichtigkeit überhaupt noch hat.

Nach alledem ist es – ausgehend von der Prämisse der Totalnichtigkeit des Darlehensvertrags – meines Erachtens die überzeugende und folgerichtige Lösung, dem Wucherer einen Anspruch auf bereicherungsrechtliche Nutzungsvergütung zu versagen. Insofern ist der Rechtsprechung zuzustimmen. Die harsche Kritik, die an dieser Lö-

---

754 So auch *Dauner*, JZ 1980, 495, 504.

755 In diese Richtung auch *Honsell*, JA 1986, 573, 573 ff.; *Damm*, JZ 1986, 913: *Damm* spricht plakativ von „Vertragskorrektur ohne Vertrag"; *Roth*, ZHR 153 (1989), 423, 430; *Sack*, in: Staudinger, § 134, Rn. 96; *Bürge*, Rechtsdogmatik und Wirtschaft, S. 114 f.

sung zum Teil geübt wird und die der Judikatur vorwirft, sich auf einem „Irrweg“[756] zu befinden, scheint daher nicht gerechtfertigt.

Gleichwohl kann nicht geleugnet werden, dass auch den Befürwortern einer Vergütungspflicht des Wucherers durchaus schlagkräftige Argumente zur Seite stehen. Insbesondere die durch die Lösung der Judikatur entstehenden Wertungswidersprüche zu den Fällen des Mietwuchers schaden deren Überzeugungskraft[757]. Auch muss zugegeben werden, dass die Behandlung der Wucherproblematik in der Praxis aus rechtsvergleichender Sicht einen deutschen „Sonderweg“ darstellt. So ist insbesondere in der Schweiz[758], in Österreich[759], Frankreich[760] sowie in England[761] anerkannt, dass wucherische Darlehens-

---

756 *Rost,* Probleme der Kondiktion wegen mißbilligter Leistungsannahme, S. 116; ähnlich: *Bunte,* NJW 1983, 2674, 2678: „Fehlentscheidung“; *Roth,* ZHR 153 (1989), 423, 413: „Fehlentwicklung“; *Honsell,* Die Rückabwicklung sittenwidriger oder verbotener Geschäfte, S. 23: „Notlösung“.

757 Für eine *Un*gleichbehandlung von Miet- und Darlehenswucher dagegen: *Ebert,* Pönale Elemente im deutschen Privatrecht, S. 385 ff.

758 Wucherische Verträge sind in der Schweiz gem. Art. 21 OR nicht mit der Nichtigkeitssanktion belegt, es besteht vielmehr die Möglichkeit der Anfechtung. Da die Möglichkeit der Reduktion der zulässigen Zinsen auf das erlaubte Maß anerkannt ist, wird der Bewucherte aber nicht vor die Wahl gestellt, entweder anzufechten oder den wucherischen Zins zu akzeptieren. Wie die Reduktion methodisch zu begründen ist, ist str. Vgl. hierzu aus der Rspr. BGE 93 II, 189, 192; aus dem Schrifttum: *Bürge,* Rechtsdogmatik und Wirtschaft, S. 22 ff.; *Honsell,* in: FS Giger, S. 288. Allgemein zur Annahme von Teilnichtigkeit im schweizerischen Recht vgl. auch *Hürlimann,* Teilnichtigkeit von Schuldverträgen nach Art. 20 II OR; *Spiro,* ZBJV 88 (1952), 497 ff.

759 In Österreich sieht § 7 Abs. 2 WucherG Teilungültigkeit vor, mit der Folge dass der Benachteiligte bloß Zinsen i.H.d. Doppelten des Basiszinssatzes zu zahlen hat, vgl. hierzu *Koziol/Welser,* Grundriss des bürgerlichen Rechts II, S. 183; *Honsell,* in: FS Giger, S. 289; *Koziol,* AcP 188 (1988), 183, 219; *Bydlinski,* Bürgerliches Recht I, S. 167.

760 Ein wucherischer Kreditvertrag ist auch in Frankreich nicht nichtig, vielmehr kommt es zu einer Reduktion der überhöhten Zinsen, vgl. *Hübner/Constantinesco,* Einführung in das französische Recht, S 167; *Honsell,* Die Rückabwicklung sittenwidriger oder verbotener Geschäfte, S. 127; *ders.,* in: FS Giger, S. 290.

761 In England gilt der Consumer Credit Act (CCA) aus dem Jahre 1974, der durch den CCA 2006 erweitert wurde. Das Gericht kann nach freiem Ermessen überhöhte Zinsen auf ein angemessenes Maß zurückführen, vgl. Sekt. 137 [I] CCA: *„If the court finds a credit bargain extortionate it may reopen the credit agreement so as to do justice between the parties“*. Vgl. hierzu auch *Honsell,* in: FS Giger, S. 292.

verträge zum angemessenen Zins aufrechtzuerhalten sind. Auch der Umstand, dass eine bereicherungsrechtliche Lösung der Problematik insbesondere bzgl. des Anspruchs des Darlehensgebers auf Rückzahlung des Kapitals eine Reihe von Folgeproblemen aufwirft, die sich nur mit Mühe dogmatisch und inhaltlich überzeugend lösen lassen, lässt die Frage aufkommen, ob der Kern der Wucherproblematik nicht mehr im Bereich der allgemeinen Nichtigkeitsnormen als im Bereicherungsrecht zu suchen ist. Die Frage, ob eine Teilreduktion der Nichtigkeitsfolgen einer bereicherungsrechtlichen Lösung vorzuziehen ist, geht allerdings weit über die Thematik des § 817 Satz 2 hinaus und kann daher an dieser Stelle nur skizzenhaft angedeutet werden[762].

Fest steht jedenfalls, dass sämtliche bereicherungsrechtliche Lösungsvorschläge ganz maßgeblich von normzweckorientierten Überlegungen geprägt sind. Insbesondere der Gedanke, dass der Bewucherte geschützt werden soll, überlagert die gesamte bereicherungsrechtliche Diskussion. Dies zeigt sich bereits bei der Frage nach dem Anspruch des Darlehensgebers auf Rückzahlung der Valuta. Die Zulassung einer sofortigen Kondiktion würde bedeuten, dem schutzbedürftigen Bewucherten „Steine statt Brot"[763] zu geben. Er bräuchte die wucherische Gegenleistung zwar nicht zu erbringen, müsste aber die dringend benötigte Leistung des Wucherers wieder herausgeben. Diese Konsequenz soll vermieden werden, weil der Bewucherte gerade durch das Sittenwidrigkeitsverdikt geschützt werden soll. Daneben stößt sich das Rechtsempfinden aber auch an dem Ergebnis, welches das Bereicherungsrecht mit § 817 Satz 2 liefern würde: Der Darlehensnehmer soll das Kapital nicht dauerhaft behalten dürfen, da er ansonsten ungerechtfertigt begünstigt wäre und besser stünde als bei einem wirksamen Vertrag. Nimmt man diese Gedanken ernst, stellt sich in der Tat die Frage, ob eine Lösung des Problems, statt im Bereicherungsrecht, nicht im Rahmen der allgemeinen Nichtigkeitsnorm des § 138 Abs. 1 zu suchen ist. Denn der Schutz des Bewucherten

762 Ausführlich zur Frage der Teilreduktion von Nichtigkeitsfolgen: *Zimmermann,* Richterliches Moderationsrecht oder Totalnichtigkeit; *Hager,* Gesetzes- und sittenkonforme Auslegung und Aufrechterhaltung von Rechtsgeschäften; *Bürge,* Rechtsdogmatik und Wirtschaft (aus rechtsvergleichender Sicht); *Damm,* JZ 1986, 913 ff.; *Roth,* JZ 1989, 411 ff.; *ders.* ZHR 153 (1989), 423 (speziell zur Wucherproblematik). Diskutiert wird insbesondere, ob die §§ 134, 138 überhaupt die Rechtsfolge einer partiellen Nichtigkeit zulassen. Bei § 138 ist dies besonders problematisch, weil die Vorschrift - im Gegensatz zu § 134 HS. 2 keinen ausdrücklichen Normzweckvorbehalt enthält.

763 *Medicus,* in: FS Dietz, S. 69.

würde am besten und effektivsten verwirklicht, wenn man ihm einen *vertraglichen* Anspruch auf Auszahlung der Valuta gäbe.

Auch im Hinblick auf die Frage nach einem Anspruch des Darlehensgebers auf Nutzungsvergütung spielen normzweckorientierte Überlegungen eine maßgebliche Rolle. Von den Vertretern der bereicherungsrechtlichen Wertersatzlösungen wird der Gedanke des Empfängerschutzes weiter konkretisiert. Da das Sittenwidrigkeitsverdikt des § 138 lediglich den Schutz vor krasser wirtschaftlicher Übervorteilung durch Zahlung von Wucherzinsen bezweckt, wird es als unsachgemäß empfunden, den Bewucherten neben der Zahlung des überhöhten Entgelts von der Zahlung jeglicher Zinsen zu befreien[764]. Eine solche Rechtsfolge geht in der Tat über den von § 138 bezweckten Empfängerschutz hinaus und gewährt dem Bewucherten einen Vorteil, den er bei Wirksamkeit des Vertrags nicht erhalten hätte.

Wiederum wird der Anschein erweckt, als sei der Kern der auftretenden Probleme nicht so sehr in der Vorschrift des § 817 Satz 2 zu suchen als vielmehr eine Stufe vorher, nämlich im Rahmen der Frage nach der Nichtigkeit des Vertrags gem. §§ 134, 138. Maßgeblich ist, welchem Schutzzweck man in diesem Rahmen die größere Bedeutung beimisst. Stellt man maßgeblich auf den Gedanken des Schutzes des Bewucherten ab, wäre es in der Tat eine folgerichtige Lösung, lediglich von Teilnichtigkeit des Darlehensvertrags auszugehen. Damit hätte der Darlehensnehmer einen vertraglichen Anspruch auf Auszahlung der Valuta sowie einen vertraglichen Anspruch auf Behaltendürfen des Kapitals während der vereinbarten Laufzeit. Er wäre von der Pflicht zur Zahlung wucherischer Zinsen befreit und erhielte keinen darüber hinausgehenden Vorteil. Betont man dagegen die generalpräventive Funktion des Sittenwidrigkeitsverdikts, erscheint eine Lösung über die Annahme von Totalnichtigkeit mit der Folge einer Versagung eines bereicherungsrechtlichen Zinsanspruches über § 817 Satz 2 vorzugswürdig. § 817 Satz 2 führt die durch § 138 vorgegebene Nichtigkeitssanktion konsequent fort, indem die Kondiktionssperre den generalpräventiven Effekt intensiviert und einen Vergütungsanspruch auf „bereicherungsrechtlichen Schleichwegen", der zur Annäherung an einen wirksamen Vertrag führen würde, ausschließt. Auch eine Differenzierung nach dem Vorliegen besonderer subjektiver Voraussetzungen im Rahmen des § 817 Satz 2 – wie ver-

---

764 Vgl. etwa *Medicus,* in: FS Dietz, S. 70, 75; *Bunte,* NJW 1983, 2674, 2676; *ders.,* WM 1984, Sonderbeilage Nr. 1, 1, 24.

einzelt vorgeschlagen[765] - scheint dann nicht geboten. Denn hat man einen subjektiven und objektiven Sittenverstoß im Sinne des § 138 einmal bejaht, ist eine Versagung der Zinszahlungspflicht über § 817 Satz 2 die folgerichtige und überzeugende Lösung. Die konsequente Durchsetzung des mit der Nichtigkeitssanktion verfolgten Präventionszwecks kann nicht davon abhängig gemacht werden, ob der Wucherer vorsätzlich gehandelt oder sich einer Einsicht in die die Sittenwidrigkeit begründenden Umstände nur leichtfertig verschlossen hat[766].

4. Exkurs: Darlehen zu gesetzes- oder sittenwidrigen Zwecken

Neben wucherischen Darlehensverträgen, die wegen der Bedingungen der Kapitalüberlassung sittenwidrig sind, spielen in der juristischen Praxis Darlehensverträge eine Rolle, bei denen bereits der Grundzweck der Kapitalübergabe zu missbilligen ist. Beispielhaft seien hier Darlehensverträge genannt, bei denen der Darlehensnehmer das Kapital für verbotenes Glücksspiel verwenden soll. Es handelt sich hierbei um Fälle, die meist der Kategorie eines beidseitigen Gesetzes- oder Sittenverstoßes zuzuordnen sind. Wegen der sachlichen Nähe zu wucherischen Darlehensverträgen soll eine Erörterung dennoch an dieser Stelle erfolgen.

a) Lösung durch die Rechtsprechung

In einigen älteren Entscheidungen ging die Rechtsprechung davon aus, dass bei Darlehen zu verbotenen Zwecken die Grundsätze, die für wucherische Darlehensverträge entwickelt wurden, nicht anwendbar seien und demzufolge eine Rückforderung der Valuta gem. § 817 Satz 2 dauerhaft ausgeschlossen sei[767]. Demgegenüber werden in der jüngeren Rechtsprechung die für Wucherdarlehen geltenden Grundsätze auch auf Darlehen zu gesetzes- oder sittenwidrigen Zwe-

---

765 S.o. *Dritter Teil, § 1 II. 3. a.*

766 So auch *Krampe*, AcP 194 (1994), 1, 33 f.: *Krampe* weist zutreffend darauf hin, dass nach dem Kern des Präventionsprinzips gerade auch das Handeln desjenigen mit der Nichtigkeitssanktion belegt werden soll, der sich in den Grenzbereich der Sittenwidrigkeit begibt. Daher scheint es insbes. bei der Fallgruppe der Teilzahlungskredite nicht geboten, die Anwendung des § 817 Satz 2 davon abhängig zu machen, ob die Bank für ihren Irrtum über die angemessene Zinshöhe gute Gründe hatte; ebenso *Lorenz*, in: Staudinger, § 817, Rn. 12.

767 Vgl. OLG Nürnberg MDR 1978, 669 (Spieldarlehen); OLG Düsseldorf MDR 1983, 932 (Darlehen zur Eingehung einer Scheinehe mit einem Ausländer).

cken angewandt. Lediglich der Anspruch auf Zinszahlung, nicht aber der Rückforderungsanspruch hinsichtlich des Kapitals soll gem. § 817 Satz 2 ausgeschlossen sein. Die Argumentation wird bei Darlehensverträgen, bei denen die Kapitalübergabe der Verwirklichung eines verbotenen Zwecks dient, damit untermauert, dass eine dauerhafte Rückforderungssperre den sitten- bzw. gesetzeswidrigen Zustand gleichsam legalisieren würde[768]. Im Ergebnis soll daher § 817 Satz 2 einer Rückforderung der Valuta bei Darlehen zu gesetzes- oder sittenwidrigen Zwecken grundsätzlich nicht entgegenstehen[769]. Von dieser Feststellung macht die Rechtsprechung aber wiederum eine Ausnahme, wenn der Darlehensnehmer hinsichtlich der Darlehensvaluta entreichert ist und sich dabei ein Risiko verwirklicht hat, das der Durchführung des missbilligten Zwecks von vorne herein anhaftete. Klassischer Beispielsfall ist derjenige des Spieldarlehens, bei dem der Darlehensnehmer das Darlehen verspielt hat. In diesem Fall soll die Kondiktionssperre doch wieder zum Zuge kommen und eine Rückforderung des Kapitals dauerhaft ausschließen[770].

b) Stellungnahme

Die Lösung der Rechtsprechung ist jedenfalls im Ergebnis zu begrüßen und hat in der Literatur wenig Widerspruch erfahren.

Allerdings ist es nicht nötig, zur Begründung auf die zum Wucherdarlehen entwickelten Grundsätze zurückzugreifen, deren Fragwürdigkeit - insbesondere im Hinblick auf das sog. „Endgültigkeitskriterium" - bereits dargelegt wurde[771]. Ausgangspunkt sollte vielmehr die Feststellung sein, dass auch bei einer Darlehensgewährung zu sitten- bzw. gesetzeswidrigen Zwecken die Kondiktionssperre des § 817 Satz 2 an sich einer Rückforderung der Darlehensvaluta dauerhaft entgegensteht. Bei Darlehen zu verbotenen Zwecken kommt man

768 BGH NJW-RR 1990, 750, 751 (Darlehen zur Finanzierung eines „schwimmenden Bordells", vgl. hierzu *Hensen,* EWiR 1990, 643 f.); BGH NJW 1995, 1152, 1153 (vgl. hierzu *Kohler,* EWiR 1995, 443 f.); BGH NJW 1998, 2895, 2896 (Darlehen für sittenwidriges Telefonsexkarten-Geschäft, vgl. hierzu eingehend *Schulze,* JuS 1999, 636 ff.); BGH ZIP 2006, 2119 (Darlehensgewährung unter Verstoß gegen § 71 a I 2 HS. 1 AktG, vgl. hierzu *Medicus,* EwiR 2007, 97 f.).

769 Die Rückforderungssperre soll aber weiterhin für den Zinsanspruch gelten: vgl. BGH ZIP 2006, 2119.

770 BGH NJW-RR 1990, 750, 751; BGH NJW 1995, 1152, 1153; BGH NJW 1998, 2895, 2896; BGH ZIP 2006, 2119.

771 S.o. *Dritter Teil, § 1 II. 2. b. bb.*

allerdings leichter über die missliche Folge eines gänzlichen Rückforderungsausschlusses hinweg als beim Wucherdarlehen. Wenn nämlich die Kapitalüberlassung der Verwirklichung eines gesetzes- oder sittenwidrigen Zwecks dient, ist in der Regel offensichtlich, dass eine Rückforderungssperre den gesetzes- oder sittenwidrigen Zustand perpetuieren und damit die Nichtigkeitssanktion konterkarieren würde. Könnte etwa beim Spieldarlehen das Kapital nicht zurückgefordert werden, stünde dem Darlehensnehmer das Kapital dauerhaft zur Verfügung und könnte ungehindert für verbotenes Glücksspiel zum Einsatz gebracht werden. Ebenso verhält es sich bei der Darlehensgewährung zur Finanzierung eines verbotenen Bordellbetriebs[772] oder zum sittenwidrigen Vertrieb sog. Telefonsexkarten[773]. Da das Sittenwidrigkeitsverdikt durch eine Kondiktionssperre ausgehöhlt würde, ist eine teleologische Reduktion des § 817 Satz 2 aufgrund des Normzwecks des § 138 geboten. Auffällig ist hier die Parallele zu sog. Bordellpachtfällen, die mittlerweile aufgrund geänderter Moralvorstellungen erheblich an Bedeutung verloren haben. Nach der älteren Rechtsprechung waren Pachtverträge über Bordelle per se sittenwidrig[774]. Einer Rückforderung des Pachtgrundstücks über § 985 sollte die Kondiktionssperre des § 817 Satz 2 aber keinesfalls entgegenstehen, weil die Rückforderungssperre den sittenwidrigen Zustand legalisiert hätte[775]. Schon früh hat der BGH also in den Bordellpachtfällen - wenn auch nur vorsichtig und andeutungsweise - den Normzweck der verletzten Vorschrift zur Restriktion des § 817 Satz 2 herangezogen[776]. Die Situation ist mit der bei Darlehen zu sitten- bzw. gesetzeswidrigen Zwecken vergleichbar. Beide Male soll der hingegebene Ge-

---

772 So im Fall BGH NJW-RR 1990, 750 f.

773 So im Fall BGH NJW 1998, 2895 f.

774 Vgl. etwa BGHZ 41, 341 ff. Heute werden Bordellpachtverträge indes nicht mehr per se als sittenwidrig angesehen, sondern nur noch dann, wenn der Pachtzins eine wucherische Höhe erreicht oder eine Ausbeutung der Prostituierten zu befürchten ist, vgl. BGHZ 63, 346 ff.; BGH NJW 1975, 638, 639.

775 BGHZ 41, 341, 343; *Heimann-Trosien*, in: RGRK, § 817, Rn. 19; *Esser/Weyers/Schmidt*, Schuldrecht II/2, S. 72, § 49 IV.

776 Vgl. BGHZ 41, 341, 344: „Im Widerstreit zwischen der rechtspolitisch problematischen und ihrem Anwendungsbereich umstrittenen Vorschrift des § 817 Satz 2 und der Generalklausel des § 138 gebührt der letzteren der Vorzug". Auf das Argument kommt es allerdings in den „Bordellpachtfällen" nie entscheidend an, weil der BGH eine analoge Anwendung des § 817 Satz 2 gegenüber dem Vindikationsanspruch ohnehin kategorisch ablehnt, vgl. hierzu oben *Erster Teil, § 2 III. 2. b.*

genstand – einmal das Pachtgrundstück, das andere Mal das hingegebene Kapital – die Verwirklichung eines sittenwidrigen oder gesetzeswidrigen Zwecks ermöglichen. Nur eine Rückforderung kann dies verhindern und der Nichtigkeitssanktion der §§ 134, 138 zum Durchbruch verhelfen.

Eine Einschränkung aufgrund des Normzwecks der zur Nichtigkeit führenden Vorschrift im Wege der teleologischen Reduktion stellt jedoch eine Ausnahme vom Grundsatz der Rückforderungssperre dar, die nicht eingreifen kann, wenn die Kondiktionssperre überhaupt nicht zu einem Widerstreit mit den §§ 134, 138 führt. Das ist insbesondere dann der Fall, wenn der gesetzes- oder sittenwidrige Zweck ohnehin nicht mehr verwirklicht werden kann oder bereits verwirklicht wurde – wenn also zum Beispiel das hingegebene Spieldarlehen verspielt wurde. In einem solchen Fall scheidet eine teleologische Reduktion anhand des Normzwecks der zur Nichtigkeit führenden Vorschrift aus. Es bleibt beim Regelfall einer dauerhaften Kondiktionssperre. Eine teleologische Reduktion aufgrund des Normzwecks der Rückforderungssperre selbst – wie für den Fall des Wucherdarlehens vorgeschlagen[777] – kommt dagegen nicht in Betracht. Beim Wucherdarlehen liegt insofern ein Sonderfall vor, als dass allein die Forderung überhöhter Zinsen vom Gesetz missbilligt wird, so dass eine Einschränkung des § 817 Satz 2 sachgerecht erscheint. Bei der Darlehensgewährung zu gesetzes- oder sittenwidrigen Zwecken handelt es sich um eine völlig andere Konstellation, da bereits die Kapitalüberlassung als solche vom Unwerturteil der §§ 134, 138 erfasst wird.

Das hier gefundene Ergebnis deckt sich weitgehend mit der Ansicht der Rechtsprechung. Allerdings verdeckt die Feststellung des Bundesgerichtshofs, § 817 Satz 2 sei nur anwendbar, wenn die Zweckverfolgung von vorneherein mit einem dem Darlehensgeber bekannten Risiko verbunden war, dieses Risiko sich verwirklicht hat und der Darlehensnehmer deshalb nicht mehr bereichert ist[778], die maßgeblichen Wertungskriterien. Entscheidend ist allein, dass eine teleologische Reduktion des § 817 Satz 2 nur dann in Betracht kommt, wenn eine Rückforderungssperre tatsächlich dem Sinn und Zweck der §§ 134, 138 entgegenstehen würde. Das ist gerade nicht der Fall, wenn der Darlehensnehmer überhaupt nicht mehr über das Kapital verfügt und ein Ausschluss der Rückforderung nicht mehr zur Förderung oder Perpetuierung des gesetzes- oder sittenwidrigen Zustands bei-

---

777 S.o. *Dritter Teil, § 1 II. 2. d.*

778 So z.B. ausdrücklich BGH NJW 1995, 1152, 1153.

tragen kann. Neben dem klassischen Fall, dass der Darlehensnehmer beim Spieldarlehen das Kapital verspielt hat, wäre das beispielsweise der Fall, wenn das Kapital in ein Unternehmen investiert wurde, das einen sittenwidrigen Zweck verfolgt, und das Unternehmen insolvent wird. Es kommt also nicht primär auf die Entreicherung des Darlehensnehmers oder darauf an, ob sich ein spezifisches Risiko verwirklicht hat[779]. Maßgebend kann allein die Frage sein, ob eine teleologische Reduktion des § 817 Satz 2 angezeigt ist, weil eine Rückforderungssperre Sinn und Zweck der §§ 134, 138 sowie der verletzten Verbots- oder Sittennorm vereiteln würde.

5. Zwischenergebnis

Der Problemkomplex sitten- und gesetzeswidriger Darlehensverträge wirft im Zusammenhang mit der Kondiktionssperre des § 817 Satz 2 eine Vielzahl an Problemen auf. In den prominenten Fällen wucherischer Darlehensverträge findet die Rechtsprechung meines Erachtens im Ergebnis durchaus zu einer überzeugenden Lösung. § 817 Satz 2 steht demnach einer Rückforderung des hingegebenen Darlehenskapitals nur für die vereinbarte Vertragslaufzeit entgegen. Die Lösung der Rechtsprechung über das sog. Endgültigkeitskriterium überzeugt meines Erachtens aber nicht. Vielmehr sollte zu dem Ergebnis über eine teleologische Reduktion des § 817 Satz 2 gefunden werden. Konsequent bringt die Rechtsprechung § 817 Satz 2 gegenüber einem Anspruch des Darlehensgebers auf Zinszahlung zur Anwendung. Auch diesem Ergebnis ist grundsätzlich beizupflichten. Allerdings ist deutlich geworden, dass die Prämisse der Totalnichtigkeit des Darlehensvertrags durchaus kritisch hinterfragt werden kann.

Andere Kriterien spielen dagegen bei der Behandlung von Darlehensverträgen eine Rolle, bei denen Kapital zum Einsatz für einen gesetzes- oder sittenwidrigen Zweck überlassen wurde. Hier muss § 817 Satz 2 schon deshalb restringiert und ein sofortiger Rückforderungsanspruch zugelassen werden, weil andernfalls das Kapital gerade erst zu dem gesetzes- oder sittenwidrigen Zweck eingesetzt werden könnte und damit ein illegaler Zustand gleichsam legalisiert würde.

---

[779] Die Kritik von *Kohler*, der ersatzlose Wegfall des Kapitals könne nicht die Anwendbarkeit des § 817 Satz 2 steuern, ist insoweit berechtigt, vgl. *Kohler*, EWiR 1995, 443, 444. Dennoch ist dem BGH im Ergebnis zuzustimmen, da eine Restriktion des § 817 Satz 2 anhand einer teleologischen Reduktion nur gerechtfertigt sein kann, wenn der Normzweck der verletzten Verbots- oder Sittennorm einer Rückforderungssperre entgegensteht.

§ 2 Anwendungsfälle des § 817 Satz 2

Den soeben vorgestellten Fallbeispielen aus der gerichtlichen Praxis sollen nun solche gegenübergestellt werden, in denen § 817 Satz 2 zur Anwendung gebracht wurde. Aus der kaum übersehbaren Judikatur wurden Fälle aus der jüngeren Vergangenheit ausgewählt, an denen sich exemplarisch zeigen lässt, welche Kriterien in der Praxis für eine Anwendung der Kondiktionssperre herangezogen werden.

I. Beidseitiger Gesetzes- oder Sittenverstoß

1. Fallgruppe: Abschlussprüfer

a) Lösung durch die Rechtsprechung

In der Entscheidung des BGH v. 30.04.1992[780] ging es um die Frage, ob ein Abschlussprüfer, der entgegen des Verbots in § 319 Abs. 2 Nr. 5 HGB tätig geworden ist, einen bereicherungsrechtlichen Anspruch auf Wertersatz für seine geleisteten Dienste hat. Die Ausschlusstatbestände des § 319 HGB enthalten Befangenheitsgründe, die Wirtschaftsprüfer und vereidigte Buchprüfer von der Mitwirkung an der Abschlussprüfung einer Gesellschaft ausschließen. Der im konkreten Fall einschlägige § 319 Abs. 2 Nr. 5 HGB regelt den Fall, dass der Abschlussprüfer finanziell von der Gesellschaft, für die er tätig wird, abhängig ist. Der BGH nimmt an, dass ein Verstoß gegen § 319 Abs. 2 Nr. 5 HGB die Nichtigkeit des Prüfungsauftrages gem. § 134 zur Folge hat[781]. Einen bereicherungsrechtlichen Anspruch auf Wertersatz für die geleisteten Dienste gem. § 812 Abs. 1 Satz 1, 1. Alt. lehnt der BGH auf Grund der Kondiktionssperre des § 817 Satz 2 ab[782]. Die Begründung der Anwendung des Rückforderungsausschlusses fällt vergleichsweise knapp aus. Es wird lediglich darauf verwiesen, dass eine Restriktion der Vorschrift über § 242 nicht in Betracht komme, da die besonderen Voraussetzungen der Schwarzarbeiterentscheidung nicht

780 Az.: III ZR 151/91 = BGHZ 118, 142 = NJW 1992, 2021.

781 Zust. *Claussen*, AG 1992, 440; krit. dagegen: *Müller*, EWiR 1992, 799. Der BGH begründet diese Folge mit Sinn und Zweck der Vorschrift, die eine zuverlässige und unabhängige Abschlussprüfung gewährleisten und die Unbefangenheit und Unabhängigkeit des Abschlussprüfers stärken solle. Das Verbot richte sich daher nicht nur gegen die Beauftragung des Abschlussprüfers als solche, sondern gegen die Tätigkeit selbst und deren wirtschaftlichen Erfolg, vgl. BGH NJW 1992, 2021 f. m.w.N.

782 BGH NJW 1992, 2023.

vorlägen und sich aus dieser Entscheidung kein allgemeiner Grundsatz ableiten lasse.

b) Stellungnahme

Trotz der knappen Begründung ist dieser Entscheidung im Ergebnis zuzustimmen[783]. Zu begrüßen ist, dass der BGH hier, anders als in der Schwarzarbeiterentscheidung, weder die - zwangsläufig mit § 817 Satz 2 einhergehende - einseitige Empfängerbegünstigung noch eine Abwägung von Parteiinteressen zum Anlass nimmt, die Kondiktionssperre über § 242 einzuschränken.

Auch eine normzweckorientierte teleologische Reduktion, die der BGH gar nicht in Erwägung gezogen hat, scheidet richtigerweise aus. Denn - ebenso wie im Fall der Schwarzarbeit - würde ein bereicherungsrechtlicher Wertersatzanspruch dem Abschlussprüfer faktisch einen Vergütungsanspruch gewähren, der nach der Wertung des § 134 gerade ausgeschlossen sein soll. Der Rückforderungsausschluss führt also auch in diesem Fall die Nichtigkeitssanktion des § 134 konsequent fort und intensiviert sie. Hierfür spricht im Fall eines Verstoßes gegen § 315 Abs. 2 Nr. 5 HGB außerdem, dass die Verbotsnorm gerade dem Schutz des Auftraggebers dient[784] und eine bereicherungsrechtliche Vergütungspflicht diesen Schutzzeck konterkarieren würde.

Mit dem Ausschluss eines bereicherungsrechtlichen Wertersatzanspruches wird im Hinblick auf den Abschlussprüfer zweifellos ein generalpräventiver Effekt erzielt, da für ihn der Anreiz verringert wird, trotz des Verbots in § 319 HGB tätig zu werden. Die Begründung einer Anwendung des § 817 Satz 2 allein mit dem Gedanken der Generalprävention[785] ist aber auch hier nicht unproblematisch, da es sich bei diesem Argument wiederum um ein „zweischneidiges Schwert" handelt. Während die generalpräventive Wirkung hinsichtlich des vorleistenden Abschlussprüfers bejaht werden kann, verhält es sich im Hinblick auf die auftraggebende Gesellschaft gerade umgekehrt: bei ihr könnte die Versuchung zu gesetzeswidrigem Handeln noch erhöht werden, weil sie die Leistungen des Abschlussprüfers unentgeltlich behalten darf. Dies ist insbesondere in Fällen wie dem

---

783 Ebenso *Armgardt,* NJW 2006, 2070, 2071; *Schwab,* in: MünchKomm, § 817, Rn. 37; die fehlende Begründung für die Anwendung des § 817 Satz 2 kritisiert allerdings *Lorenz,* in: Staudinger, § 817, Rn. 10.

784 *Roth,* in: MünchKomm, § 242, Rn. 226.

785 So aber *Armgardt,* NJW 2006, 2070, 2071.

des § 319 Abs. 2 Nr. 5 HGB problematisch, in denen der Abschlussprüfer finanziell von der Gesellschaft abhängig ist. Gerade in einem solchen Fall ist nicht auszuschließen, dass der befangene Abschlussprüfer durch die Gesellschaft zur Beteiligung am Jahresabschluss gedrängt wird.

Entscheidendes Argument für die Anwendung des § 817 Satz 2 sollte daher der Umstand sein, dass eine Rückabwicklung faktisch zu einer Vergütung führen würde, die über § 134 gerade ausgeschlossen sein soll. Lediglich ergänzend sollte zur Unterstützung dieses Ergebnisses angeführt werden, dass hierdurch im Hinblick auf den jeweils Vorleistenden auch der generalpräventive Effekt der Nichtigkeitssanktion intensiviert wird. Letztlich kommen in der vorliegenden Fallgruppe ähnliche Wertungen zum Tragen wie in den Fällen der Schwarzarbeit. Eine parallele Problemlösung beider Fallgruppen wäre daher wünschenswert.

2. Fallgruppe: gesetzeswidrige Kontaktanzeigen

a) Lösung durch die Rechtsprechung

In dem als „Schöne Stunden zu zweit"-Entscheidung bekannt gewordenen Urteil des BGH v. 05.05.1992[786] wurde einem Verlagsunternehmen ein Vergütungsanspruch für die Veröffentlichung einer „Kontaktanzeige" versagt, die den Tatbestand des § 120 Abs. 1 Nr. 2 OWiG erfüllte, da es sich um unzulässige Werbung für Prostitution handelte[787]. Der Insertationsvertrag wurde wegen des Verstoßes gegen § 134 i.V.m. § 120 Abs. 1 Nr. 2 OWiG mit der Nichtigkeitssanktion belegt. Sinn und Zweck des § 120 Abs. 1 Nr. 2 OWiG, namentlich der Schutz der Allgemeinheit und insbesondere der Jugend vor den mit der Prostitution generell verbundenen Gefahren, lassen sich nach Auffassung des BGH nur dann wirksam erreichen, wenn man aus einem Verstoß

786 Az.: X ZR 134/90 = BGHZ 118, 182 = NJW 1992, 2557

787 Diese Feststellung war nicht ganz unproblematisch, da die Anzeige keine ausdrückliche Werbung für Prostitution enthielt. Entgegen der Vorinstanz ließ es der BGH aber genügen, dass das Inserat nach seinem objektiven Inhalt Gelegenheit zu entgeltlichen sexuellen Handlungen anbot, vgl. BGH NJW 1992, 2557 f. Nach Inkrafttreten des ProstG bzw. infolge eines Anschauungswandels in der Bevölkerung tendiert der BGH mittlerweile allerdings zu einer einschränkenden Auslegung des § 120 Abs. 1 Nr. 2 OwiG, vgl. hierzu BGH NJW 2006, 3490.

gegen das Verbotsgesetz die zivilrechtliche Nichtigkeit ableitet[788]. Ein bereicherungsrechtlicher Wertersatzanspruch für die Veröffentlichung der Anzeige scheiterte an der Kondiktionssperre des § 817 Satz 2[789].

Die Anwendung des § 817 Satz 2 wird vom BGH in dieser Entscheidung gleich dreifach begründet[790]. Zum einen wird darauf abgestellt, dass Sinn und Zweck des § 120 Abs. 1 Nr. 2 OWiG, jede nach außen erkennbare Werbung für entgeltliche sexuelle Handlungen zu unterbinden, bei einer bereicherungsrechtlichen Rückabwicklung weitgehend unterlaufen würden. Außerdem wird der Gedanke der Rechtsschutzversagung gegenüber dem gesetzeswidrig Handelnden ins Feld geführt. Schließlich wird die generalpräventive Wirkung eines Rückforderungsausschlusses betont: Der für die Prostitution Werbende würde sich leichter für ein solches Verhalten entschließen, wenn er hierfür ein Entgelt verlangen könnte.

b) Stellungnahme

Auch dieser Entscheidung ist im Ergebnis zuzustimmen[791]. Wiederum führt weder die einseitige Empfängerbegünstigung noch eine Abwägung von Parteiinteressen zur Restriktion des § 817 Satz 2 über § 242. Was die Begründung angeht, weist der Hinweis auf den Normzweck des § 120 Abs. 1 Nr. 2 OWiG in die richtige Richtung. Entscheidend sollte aber nicht sein, dass die Vorschrift darauf abzielt, Werbung für sexuelle Handlungen effektiv zu unterbinden. Dieser Ansatz kommt generalpräventiven Erwägungen gleich, die der BGH auch später nochmals betont. Dieses Argument ist aus den bekannten Gründen in den Fällen des beiderseitigen Gesetzes- oder Sittenverstoßes problematisch. Zu berücksichtigen ist weiter, dass in der Praxis der generalpräventive Effekt eines Rückforderungsausschlusses ohnehin gering sein wird, da interessierte Kreise die Konsequenzen des § 817 Satz 2

---

788 Anders noch die Vorinstanz: OLG Frankfurt, Urt. v. 13.11.1990, Az.: 11 I 26/90.

789 Ähnlich LG Bonn NJW 1989, 2544: Hier wurde ein bereicherungsrechtlicher Vergütungsanspruch aufgrund eines Insertationsvertrags über das Angebot von Telefonsex verneint. Ähnlich auch OLG Stuttgart NJW 2008, 3071: Hier ging es um den bereicherungsrechtlichen Wertersatzanspruch eines Betreibers eines Call-Centers, der sich zu unerlaubter Telefonwerbung (sog. *Cold Callings*) verpflichtet hatte. Auch dieser Anspruch scheiterte an § 817 Satz 2.

790 BGH NJW 1992, 2557, 2560.

791 Ebenso *Armgardt,* NJW 2006, 2070, 2071.

ohne Weiteres - zum Beispiel durch Vereinbarung von Vorauskasse - umgehen können[792]. Richtig ist allerdings auch, dass dieser Umstand nichts daran ändern darf, dass die gesetzliche Wertentscheidung der §§ 134, 120 Abs. 1 Nr. 2 OWiG zu beachten ist[793]. Letztlich sollte meines Erachtens daher wieder entscheidend sein, dass ein bereicherungsrechtlicher Wertersatzanspruch demjenigen, der die gesetzeswidrige Anzeige veröffentlicht, faktisch einen Vergütungsanspruch gewähren würde, der nach der Wertung des § 138 i.V.m. § 120 Abs. 1 Nr. 2 OWiG gerade ausgeschlossen sein soll. Der Rückforderungsausschluss führt also auch in diesem Fall die Nichtigkeitssanktion des § 138 konsequent fort und intensiviert sie, indem ein Vergütungsanspruch auf bereicherungsrechtlichem Weg ausgeschlossen wird.

3. Fallgruppe: überhöhte Gewinnausschüttungen

a) Lösung durch die Rechtsprechung

Bei dem vom BGH am 14.07.1993 entschiedenen Fall[794], in dem sittenwidrig überhöhte Gewinnausschüttungen an einen Anleger im Mittelpunkt standen, handelt es sich um einen Spezialfall, in dem eine ungewöhnliche Verquickung von Interessen die Aufdeckung der entscheidenden Wertungen erschwert. Die Kläger waren geschädigte Anleger, die an die Bankangestellte Frau R. Zahlungen in der Hoffnung auf günstige Anlagebedingungen geleistet hatten. In Wahrheit wurden die Gelder von Frau R. veruntreut. Die Kläger machen nun einen gepfändeten und überwiesenen Anspruch der Frau R. gegen den Beklagten geltend. Der Beklagte schloss mit Frau R. einen wegen Gewinnsucht sittenwidrigen Anlagevertrag. Aus dem vermeintlichen Anlagevertrag nahm der Beklagte in der Folgezeit überhöhte Gewinnausschüttungen von Frau R. entgegen. Diese Zahlungen wurden von Frau R. geleistet, um ihre Betrügereien gegenüber den anderen Anlegern zu verschleiern. In Wahrheit behielt Frau R. auch das vom Beklagten geleistete Anlagekapital für sich. Nach Aufdeckung der strafbaren Handlungen der Frau R. verlangte der Beklagte erfolgreich das von ihm an Frau R. gezahlte Anlagekapital zurück. Andere Geschädigte - darunter die Kläger - gingen dagegen ganz oder teilweise leer aus.

792 *Martinek*, EWiR 1992, 1055, 1056.

793 So auch LG Bonn NJW 1989, 2544.

794 Az.: XII ZR 262/91 = NJW-RR 1993, 1457.

Der BGH lehnte einen Anspruch der Frau R. gegen den Beklagten auf Rückzahlung der überhöhten Gewinnausschüttungen im Hinblick auf § 817 Satz 2 ab[795]. Einer von der Vorinstanz befürworteten Einschränkung der Kondiktionssperre über § 242 erteilte der BGH eine Absage[796]. In der Begründung wurde hauptsächlich darauf abgestellt, dass das Verhalten der Frau R., deren Anspruch die Kläger geltend machen, noch weniger Schutz verdiene als das des Beklagten. Die Überlegung, dass die Auszahlung der Gewinnausschüttungen nur der Verschleierung und Fortsetzung des strafbaren Verhaltens der Frau R. gedient habe, bringt den BGH im Rahmen einer Abwägung der Parteiinteressen zu dem Schluss, dass Frau R. nicht schutzwürdig und die Anwendung des § 817 Satz 2 daher gerechtfertigt sei.

b) Stellungnahme

Zuzugeben ist, dass dieses Ergebnis auf den ersten Blick mit dem allgemeinen Gerechtigkeitsempfinden nur schwer in Einklang zu bringen ist. Die geprellten Kläger gehen leer aus, während der Beklagte zusätzlich zu seinem Anlagekapital überhöhte Gewinnausschüttungen aus einem sittenwidrigen Anlagevertrag erhält. *Köndgen* bezeichnet diese Konsequenz als ein Ergebnis, „welches dem Gerechtigkeitsempfinden Hohn spricht“[797]. Letztlich stimmt er dem BGH aber dennoch zu; meines Erachtens zu Recht, mag auch das Ergebnis für die betroffenen Kläger verständlicherweise unbillig erscheinen.

Zunächst sollte man den - letztlich rein zufälligen - Umstand außer Acht lassen, dass es sich bei den Klägern, die den Anspruch geltend machen, um von Frau R. betrogene Anleger handelt und allein die Beziehungen zwischen dem Beklagten und Frau R., der ursprünglichen Anspruchsinhaberin, in das Zentrum der Aufmerksamkeit rücken. Dem Wortlaut nach liegt hier klar ein Fall des § 817 Satz 2 vor, da Frau R. mit Auszahlung der überhöhten Gewinnausschüttungen sittenwidrig gehandelt hat. Eine Einschränkung der Vorschrift käme allenfalls unter dem Aspekt in Betracht, dass andernfalls der Beklagte auf Kosten der geschädigten Bank einen ungerechtfertigten Gewinn erhielte. Jedoch ist der Umstand der einseitigen Empfängerbegünstigung gerade kein Gesichtspunkt, der für eine Einschränkung der Kondiktionssperre tauglich ist. Wem die überhöhten Gewinnausschüttungen unter Gerechtigkeitsgesichtspunkten letztlich zugute

795 BGH NJW-RR 1993, 1457, 1458.

796 BGH NJW-RR 1993, 1457, 1459.

797 *Köndgen*, WuB IV A., § 817 BGB 1.94, 308.

kommen sollen – dem Beklagten oder der ebenfalls sittenwidrig handelnden Frau R. – ist eine Wertungsfrage, die auch mit allgemeinen Gerechtigkeitserwägungen nicht leicht und schon gar nicht eindeutig zu beantworten ist. Es sollte daher die gesetzliche Wertung des § 817 Satz 2 respektiert werden, nach der ein Rückforderungsanspruch grundsätzlich ausgeschlossen ist. Dabei kann es meines Erachtens im Rahmen des § 817 Satz 2 keine Rolle spielen, dass Frau R. zusätzlich zu dem Sittenverstoß durch Auszahlung der Gewinnausschüttungen der Vorwurf des Betrugs und der Untreue gemacht werden kann. Wie der BGH zutreffend ausführt, stellt die Auszahlung der überhöhten Gewinne für sich genommen keine strafbare Handlung dar, sondern dient nur dazu, andere strafbare Handlungen zu verschleiern[798]. Im Rahmen des bereicherungsrechtlichen Ausgleichs kommt es aber nur auf die konkrete rechtsgrundlose Vermögensverschiebung an. Ob hiermit etwaige strafbare Handlungen verdeckt oder ermöglicht werden, ist unerheblich. Daher überzeugt auch die Begründung des BGH für die Anwendung des § 817 Satz 2 nicht. Es kann nicht darauf ankommen, dass Frau R. der schwerere Verstoß trifft, weil sie sich zusätzlich zum Sittenverstoß noch durch andere Handlungen strafbar gemacht hat. Zum einen ist eine Abwägung nach Art und Schwere des Verstoßes im Gesetz nicht angelegt. Zum anderen spielt das strafbare Verhalten der Frau R. keine Rolle für die hier zu beantwortende Frage nach dem Bestehen eines Bereicherungsanspruchs auf Rückzahlung der überhöhten Ausschüttungen aus dem sittenwidrigen Anlagevertrag.

Da ein Rest schlechten Gewissens angesichts dieses auf dem *ius strictum* beruhenden Ergebnisses bleibt[799], stellt sich die Frage, ob man nicht zu einem anderen Ergebnis kommen kann, weil die Härte der Rückforderungssperre hier die „Falschen", nämlich die geprellten Kläger, trifft. Allerdings weist der BGH zutreffend darauf hin, dass die Kläger, die den gepfändeten und überwiesenen Anspruch der Frau R. geltend machen, keine bessere Rechtsposition erwerben können als sie Frau R. selbst zukommt[800]. Ein Vergleich mit der Situation bei Geltendmachung eines Anspruchs durch den Insolvenzverwalter liegt hier nahe. In diesem Zusammenhang hat der BGH jedoch mittlerweile seine frühere Rechtsprechung aufgegeben und wendet § 817 Satz 2 nunmehr auch auf den Konkursverwalter an, obwohl sich

798 BGH NJW-RR 1993, 1457, 1459.

799 Vgl. *Köndgen*, WuB IV A., § 817 BGB 1.94, 308, 309.

800 BGH NJW-RR, 1457, 1458.

hier die Kondiktionssperre ebenfalls zu Lasten unbeteiligter Dritter auswirkt[801]. Dies überzeugt, weil der Konkursverwalter, ebenso wie im Fallbeispiel die Kläger, lediglich die Ansprüche der sittenwidrig Handelnden geltend machen kann und daher auch nach einem Gläubigerwechsel keine abweichende Beurteilung angezeigt ist.

4. Fallgruppe: Titelkauf

Die Fallgruppe des Titelkaufs zeichnet sich angesichts der im Jahre 2009 eingeleiteten staatsanwaltschaftlichen Ermittlungen gegen mehrere Professoren, die Doktortitel gegen Entgelt verliehen haben sollen, durch ungebrochene Aktualität aus. Indes ist die Problematik kein neues Phänomen, sondern beschäftigte die Justiz bereits zu Zeiten des Reichsgerichts[802]. In zivilrechtlicher Hinsicht stellt sich bei gescheiterten Titelkäufen die Frage, ob der Käufer eine bereits geleistete Anzahlung zurückverlangen kann, wenn er den Titel entgegen der Versprechungen seines Vertragspartners nicht erhält.

a) Lösung durch die Rechtsprechung

Ohne Zweifel ist ein Vertrag, in dem sich ein Vertragspartner zur entgeltlichen Beschaffung eines Titels verpflichtet, gem. § 138 sittenwidrig und damit nichtig[803]. Die Rückforderung einer geleisteten Anzahlung über das Bereicherungsrecht gem. § 812 Abs. 1 Satz 1, 1. Alt. scheitert grundsätzlich an § 817 Satz 2. Soweit entsprechende Fälle in der Judikatur über das Bereicherungsrecht gelöst wurden[804], wurde

801 BGHZ 106, 169 = NJW 1989, 580; ebenso: *Reuter/Martinek,* Ungerechtfertigte Bereicherung, S. 226, § 6 V; *Westermann/Buck-Heeb,* in: Erman, § 817, Rn. 18; *Wendehorst,* in: Bamberger/Roth, § 817, Rn. 17. Anders noch RGZ 99, 161, 166 ff.; BGHZ 19, 338; BGH NJW 1962, 438.

802 Vgl. RGZ 86, 98: Hier ging es nicht, wie in jüngeren Fällen üblich, um die Verschaffung eines Doktortitels, sondern um den Titel des „Hoflieferanten".

803 Vgl. schon RGZ 86, 98; *Ellenberger,* in: Palandt, § 138, Rn. 56 m.w.N.

804 Teilweise wurde in der Rechtsprechung ein Anspruch des Käufers auf Herausgabe der Anzahlung allerdings über das Institut der GoA gem. §§ 681, 667 bejaht, vgl. OLG Stuttgart NJW 1996, 665, 666. Dieser Lösungsweg überzeugt allerdings nicht. Richtigerweise ist bei der Leistung aufgrund eines nichtigen Vertrags schon gar kein Fremdgeschäftsführungswille gegeben, vgl. hierzu bereits oben *Erster Teil, § 2 III. 2. d.* sowie die Kritik bei *Weiler,* NJW 1997, 1053, 1054. In einem besonders gelagerten Fall, den das OLG Koblenz zu entscheiden hatte, wurde ein Anspruch aus §§ 823 Abs. 2, 263 StGB bejaht: Hier lag allerdings nur ein einseitiger Gesetzesverstoß vor; Derjenige, für den der Titel bestimmt war,

§ 817 Satz 2 wortlautgetreu zur Anwendung gebracht, ohne dass eine allgemeine Restriktion der Vorschrift erwogen wurde[805]. Durchaus problematisch ist die Anwendung des § 817 Satz 2 jedoch in Fällen, in denen der Titelkäufer die Zahlungen an einen sog. Promotionsberater leistete, der die Zahlungen - abzüglich einer stattlichen Provision - an denjenigen weiterleitete, der den Titel beschaffen sollte. Unter dem Gesichtspunkt des in Darlehensfällen etablierten Endgültigkeitskriteriums ließe sich hier an der Anwendbarkeit des § 817 Satz 2 zweifeln, da die Zahlungen, zumindest was die weitergeleitete Summe angeht, das Vermögen des Empfängers nicht dauerhaft mehren sollten[806]. Das OLG Köln brachte die Kondiktionssperre in einem solchen Fall gleichwohl zur Anwendung und bejahte die Endgültigkeit der Vermögensmehrung, weil das Geld nicht zurückfließen sollte[807].

b) Stellungnahme

Einer wortlautgetreuen Anwendung der Kondiktionssperre in den Fällen des Titelkaufs stehen keine Bedenken entgegen[808]. Eine Restriktion der Vorschrift allein aus Gründen der einseitigen Empfängerbegünstigung muss auch hier ausscheiden. Der Ausschluss der Rückforderung erhält seine Rechtfertigung, wenn man bedenkt, dass sich die Nichtigkeitssanktion des § 138 beim Titelkauf häufig erst durch die Anwendung des § 817 Satz 2 auswirken wird. Erst wenn die Ver-

---

hatte eine Dissertation bereits angefertigt und war lediglich auf der Suche nach einem neuen Doktorvater.

805 BGH NJW 1994, 187: In dieser Entscheidung war zwar nicht über einen Anspruch auf Rückzahlung einer geleisteten Anzahlung, sondern über einen Anspruch des Titelkäufers aus einem hingegebenen Wechsel zu entscheiden, der vereinbarungsgemäß geltend gemacht wurde, weil die Verschaffung des Titels (Honorargeneralkonsul) gescheitert war. Ein Anspruch des Titelkäufers aufgrund der Wechselvereinbarung wurde jedoch u.a. deshalb verneint, weil der Käufer ansonsten einen Rückforderungsanspruch hätte, der ihm wegen § 817 Satz 2 verwehrt sein soll. Der BGH geht also in der Urteilsbegründung davon aus, dass ein Anspruch des Titelkäufers auf Rückzahlung der Anzahlung an § 817 Satz 2 scheitern muss. Vgl. ferner: OLG Köln NJW-RR 1994, 1540, 1541; OLG Koblenz NJW 1999, 2904, 2905.

806 *Hospach* lehnt eine Anwendung des § 817 Satz 2 in derartigen Konstellationen ab, da es sich bei den Zahlungen um einen bloßen Durchlaufposten handeln soll, vgl. *Hospach,* NJW 1996, 643, 645.

807 OLG Köln NJW-RR 1994, 1540, 1541.

808 Zust. auch *Weiler,* NJW 1997, 1053, 1054; *Martinek,* EWiR 1993, 1181, 1182; *Tigges,* WiB 1994, 34.

schaffung des begehrten Titels scheitert, wird das Bestehen zivilrechtlicher Ansprüche in der Praxis relevant. Würde man dem Käufer nunmehr einen Rückzahlungsanspruch hinsichtlich seiner Anzahlung gewähren, hätte die Nichtigkeitssanktion des § 138 - abgesehen von der Undurchsetzbarkeit des Primäranspruchs - aus zivilrechtlicher Sicht für ihn keinerlei Auswirkung. Hinzu kommt, dass sich der Verkäufer zu weiteren Bemühungen um die Beschaffung des Titels gedrängt sehen könnte, wenn er um die bereits erhaltene Anzahlung fürchten müsste.

Dabei kann es richtigerweise auch keinen Unterschied machen, ob das Geld direkt an denjenigen fließt, der den Titel beschafft oder ob noch ein Mittelsmann, etwa ein sog. „Promotionsberater", zwischengeschaltet ist, der das Geld weiterleitet. Alles andere wäre eine unterschiedliche Handhabung zweier gleichgelagerter Fälle, die aus Wertungsgesichtspunkten nicht zu rechtfertigen ist. Hier zeigt sich zum wiederholten Male die Unschärfe des sog. Endgültigkeitskriteriums, das die von § 817 Satz 2 aufgeworfenen Fragen keiner sachgerechten Lösung zuführen kann[809].

5. Fallgruppe: Radarwarngerät

a) Lösung durch die Rechtsprechung

Mehrfach beschäftigt haben die Judikatur Fragestellungen rund um den Kauf von Radarwarngeräten. Häufig handelt es sich um Fälle, in denen das Gerät nicht funktioniert und der Käufer daher den Kaufpreis gegen Rückgabe des Geräts vom Verkäufer zurückverlangt. In einem Grundsatzurteil v. 23.02.2005[810] bejahte der BGH zunächst die Nichtigkeit entsprechender Kaufverträge gem. § 138 Abs. 1[811]. Sodann verneinte das Gericht auch einen Rückzahlungsanspruch des Käufers

---

809 Vgl. hierzu schon *Dritter Teil, § 1 II. 2. a. bb.*

810 Az. VIII ZR 129/04 = NJW 2005, 1490.

811 Dies entspricht der ganz überwiegenden Meinung in Rechtsprechung und Literatur, vgl. LG München I NJW-RR 1997, 307; LG Bonn NJW 1998, 2681; *Jauernig*, in: Jauernig, § 138, Rn. 18 a.E.; *Ellenberger*, in: Palandt, § 138, Rn. 42. Anders LG München I NJW 1999, 2600 mit wenig überzeugender Begründung; dieses Urteil wurde berechtigterweise als „bedauerliche Fehlentscheidung" kritisiert, vgl. *Schneider*, MDR 2000, 189, 192. Hinzuweisen ist noch darauf, dass hinsichtlich des Kaufvertrags kein Verstoß gegen das Verbotsgesetz des § 23 I b StVO vorliegt, da diese Vorschrift lediglich den Betrieb und das Mitführen eines Radarwarngeräts, nicht aber den Kauf, verbietet.

aus § 812 Abs. 1 Satz 1, 1. Alt. wegen der Kondiktionssperre des § 817 Satz 2. Obwohl die Anwendung der Kondiktionssperre dazu führt, dass der Verkäufer aus seinem sittenwidrigen Verhalten einen Vorteil zieht, weil er den gezahlten Kaufpreis behalten darf, sah der BGH keine Veranlassung für eine Einschränkung der Vorschrift über § 242. In diesem Zusammenhang wird darauf hingewiesen, dass der Käufer dem sittenwidrigen Verhalten noch näher stehe als der Verkäufer, da er das Gerät benutzen wolle[812]. Damit wendet sich der BGH gegen einige Instanzgerichte, welche die Klippe des § 817 Satz 2 über § 242 umschiffen wollen, da der Verkäufer des Geräts andernfalls ungerechtfertigt begünstigt wäre und durch den Verbleib des Radarwarngeräts beim Käufer weiterem sittenwidrigen Handeln Vorschub geleistet werde[813].

Zu einem gegenteiligen Ergebnis gelangte der BGH indes in einem Fall, in dem der Kauf eines Radarwarngeräts Gegenstand eines Fernabsatzvertrags war[814]. Hier soll dem Käufer ein Rückabwicklungsanspruch auf Grund der Regelungen über das Widerrufsrecht bei Fernabsatzverträgen gem. §§ 346 Abs. 1 i.V.m. §§ 433, 312 b, 312 d, 355 ff. zustehen. Der BGH bejaht zunächst die grundsätzliche Anwendbarkeit des Widerrufsrechts bei nichtigen Verträgen[815], um im Anschluss auch einen Rückzahlungsanspruch des Käufers auf den gezahlten Kaufpreis zu bejahen. Auf die Vorschrift des § 817 Satz 2, die von den Vorinstanzen für entscheidungserheblich gehalten wurde, geht der BGH dagegen nicht ein.

Im Ergebnis stellen sich die Rechtsfolgen bei einem sittenwidrigen Kauf eines Radarwarngeräts daher unterschiedlich dar: Handelt es sich um einen Kauf im Fernabsatz und ist die Widerrufsfrist noch nicht abgelaufen, steht einer Rückabwicklung gem. §§ 357 Abs. 1 Satz 1, 346 Abs. 1 nach Ansicht des BGH nichts im Wege. Anders ist dagegen die Rechtslage zu beurteilen, wenn die Widerrufsfrist bei einem Fernabsatzgeschäft abgelaufen ist oder es sich um einen gewöhnli-

---

812 BGH NJW 2005, 1490, 1491.

813 LG Stuttgart NJW-RR 2004, 57; LG München I NJW 1999, 2600, 2601.

814 Vgl. BGH NJW 2010, 610.

815 In Rechtsprechung und Literatur war diese Frage bislang umstritten. Für ein Widerrufsrecht gem. § 312 d Abs. 1 Satz 1 beim nichtigen Vertrag z.B. *Wendehorst*, in: MünchKomm, § 312 d, Rn. 13; *Masuch*, in MünchKomm, § 355, Rn. 28; dagegen etwa Thüsing, in Staudinger, § 312 d, Rn. 10, jeweils m.w.N.

chen Kauf im „Nahabsatz" handelt. In diesem Fall hindert § 817 Satz 2 eine bereicherungsrechtliche Rückabwicklung.

b) Stellungnahme

In letztgenannten Fällen, in denen nur eine bereicherungsrechtliche Rückabwicklung in Betracht kommt, hält sich der BGH streng an die gesetzliche Vorgabe des § 817 Satz 2[816].

Dies erscheint durchaus sachgerecht. Nach der Wertung des § 138 sollen die Parteien aus dem sittenwidrigen Vertrag, der dem Interesse der Allgemeinheit an Einhaltung der Geschwindigkeitsbegrenzungen zuwiderläuft, keinerlei Rechte herleiten können. Dem entspricht es, wenn der Käufer etwa im Fall eines Mangels - in aller Regel wird sich nur in einem solchen Fall die Frage nach einer Rückabwicklung stellen - keinen Anspruch auf Rückzahlung des Kaufpreises gegen Rückgabe des Geräts hat. Ein solcher Anspruch bereicherungsrechtlicher Natur würde letztlich einem vertraglichen Anspruch auf Rücktritt nahe kommen, der nach der gesetzlichen Wertung gerade ausgeschlossen sein soll. Bei einer Rückabwicklung würde es an der für die §§ 138, 817 Satz 2 charakteristischen Risikoverlagerung auf den sittenwidrig Handelnden gerade fehlen. Ergänzend kann ein generalpräventiver Effekt im Hinblick auf den Käufer als unterstützendes Argument für eine Anwendung des § 817 Satz 2 angeführt werden. Ein alleiniges Abstellen auf den Aspekt der Generalprävention schiene aber auch hier problematisch, da hinsichtlich des Verkäufers wiederum gerade ein gegenteiliger Effekt erzielt wird.

Das instanzgerichtlich vorgetragene Argument, durch die Rückforderungssperre und den Verbleib des Geräts beim Käufer werde ein sittenwidriger Zustand legalisiert[817], greift indes nur vordergründig. Vielmehr würde eine Rückabwicklung den sitten- bzw. gesetzeswidrigen Zustand letztlich nur verlagern, da auch der Verkäufer bereits durch die Mitführung des betriebsbereiten Geräts gegen § 23 I b StVO verstoßen und damit gesetzeswidrig handeln würde. Eine Lösung bietet hier nur eine behördliche Sicherstellung des Geräts[818]. Die einseitige Begünstigung des Verkäufers, der den erhaltenen Kaufpreis behalten darf, wird schließlich im Rahmen des Ordnungswidrig-

816 Zust. *Möller,* NZV 2000, 115, 117; *ders.,* EWiR 2005, 529, 530; *Schneider,* MDR 2000, 189, 191.

817 LG Stuttgart NJW-RR 2004, 57; ebenso *Klinck,* ZJS 2010, 246, 247.

818 Zu den Möglichkeiten einer Sicherstellung des Geräts durch Ordnungsbehörden vgl. *Möller,* NZV 2000, 115, 117 f.

keitenverfahrens relevant. Insbesondere eröffnet § 17 Abs. 4 OWiG die Möglichkeit, bei der Verhängung einer Geldbuße die beim Verkäufer durch das Geschäft erzielten Vorteile zu berücksichtigen[819].

Sonstige Anknüpfungspunkte für eine Einschränkung des § 817 Satz 2 sind nicht ersichtlich und werden vom BGH auch nicht in Erwägung gezogen. Allenfalls kann man auch hier wieder die einseitige Begünstigung des gleichfalls sittenwidrig handelnden Verkäufers als rechtspolitisch problematisch empfinden. Diese einseitige Empfängerbegünstigung ist allerdings wiederum zwangsläufige Folge der von § 817 Satz 2 gewollten Risikoverlagerung auf den Leistenden und daher kein tauglicher Ansatzpunkt für eine Restriktion des § 817 Satz 2.

Die jüngere Rechtsprechung zum Kauf von Radarwarngeräten im Fernabsatz schließt sich an diese Argumentationslinie allerdings nicht nahtlos an, da hiernach eine Rückabwicklung bei Widerruf des Vertrags ungehindert möglich sein soll. Der BGH setzt sich in seiner Entscheidung hauptsächlich mit der Frage auseinander, ob die Regelungen zum Widerrufsrecht im Fernabsatz bei nichtigen Verträgen überhaupt greifen. Bejaht man dies mit dem BGH[820], drängt sich allerdings die Frage auf, ob § 817 Satz 2 auf diesen Rückabwicklungsanspruch analog angewendet werden kann. Der BGH hat diese Frage nicht näher thematisiert und damit einer analogen Anwendung der Kondiktionssperre außerhalb des Bereicherungsrechts inzident eine Absage erteilt[821]. Die Folge dieser Rechtsprechung ist eine diametral entgegengesetzte Behandlung von Verträgen über Radarwarngeräte, je nachdem ob die Verträge im Fernabsatz oder im „Nahabsatz" getätigt wurden. Obgleich dieses Ergebnis zunächst wenig überzeugend erscheint, lässt es sich durchaus begrifflich und wertungsmäßig nachvollziehbar rechtfertigen, wenn man sich Sinn und Zweck der auf der sog. Fernabsatzrichtlinie[822] beruhenden Widerrufsvorschriften vergegenwärtigt. Diese dienen dem Verbraucherschutz, namentlich dem Schutz der Entschließungsfreiheit des Verbrauchers sowie dem Schutz

---

819 S. auch *Dritter Teil, § 1 I. 2. d.*

820 Nachweise zum Meinungsstand siehe bereits oben Fn. 815. Dem BGH zustimmend *Petersen,* JZ 2010, 315 f.; *Klinck,* ZJS 2010, 246, 247 ff.; ablehnend: *Szalai,* VuR 2010, 67, 68; krit.: *Möller,* NJW 2010, 612; *Kulke,* EwiR 2010, 413

821 *Möller,* NJW 2010, 612; *Hahn,* NJ 2010, 281, 284.

822 Richtlinie 97/7/EG des Europäischen Parlaments und des Rates vom 20.5.1997 über den Verbraucherschutz bei Vertragsabschlüssen im Fernabsatz, vgl. Amtsblatt Nr. L 144 vom 04/06/1997, S. 19-27.

vor aggressiven Verkaufsmethoden und Übereilung[823]. Dieser Schutzzweck kann auch dann eingreifen, wenn es sich um einen gesetzes- oder sittenwidrigen Vertrag handelt. Der Verbraucher soll die Möglichkeit erhalten, sich auf einfache Weise vom Vertrag zu lösen, ohne mit dem Unternehmer in eine rechtliche Auseinandersetzung über die Nichtigkeit des Vertrags eintreten zu müssen[824]. Dieser Ratio steht eine analoge Anwendung des § 817 Satz 2 in der Tat entgegen[825]. Die Vermutung, dass der EuGH eine analoge Anwendung des § 817 Satz 2 auf Rückabwicklungsansprüche gem. §§ 357 Abs. 1 Satz 1, 346 ff. als richtlinienwidrig missbilligen würde, scheint daher nicht fernliegend[826].

Ob ein solches eindimensional am Verbraucherschutz ausgerichtetes Ergebnis rechtsethisch sinnvoll ist, erscheint dennoch fraglich. Es leuchtet in der Tat schwer ein, wieso ein Käufer, der ein Radarwarngerät im Internet gekauft hat, den Kaufpreis gegen Rückgabe des Geräts während der Widerrufsfrist jedenfalls zurückerhält, während einem solchen Anspruch im „Nahabsatz" stets § 817 Satz 2 entgegengehalten wird. Zwar ist eine solche Ungleichbehandlung auch bei einem wirksamen Vertrag gegeben, wo ebenfalls nur demjenigen ein Widerrufsrecht zusteht, der seinen Kauf im Fernabsatz getätigt hat. Dennoch räumt eine solche Lösung im Falle der Gesetzes- bzw. Sittenwidrigkeit des Vertrags dem Gedanken des Verbraucherschutzes unbedingten Vorrang ein und lässt die Wertungen der §§ 138, 817 Satz 2 außer Acht. Im Hinblick auf den Grundsatz der Einheit der Rechtsordnung ist dies nicht unbedenklich[827]. Es stellt sich die Frage, ob der BGH zum selben Ergebnis gekommen wäre, wenn über das Internet ein Vertrag geschlossen worden wäre, der den Kernbereich der Sittenwidrigkeit betrifft, wie etwa die Bestellung eines Auftragskillers. Vermeiden ließen sich widersprüchliche Ergebnisse, wenn man offen die Frage nach einer analogen Anwendung des § 817 Satz 2 stellt. Ob die Voraussetzungen einer Analogie vorliegen, müsste freilich wieder

823 Vgl. ausführlich *Fuchs*, ZIP 2000, 1273, 1280 f.

824 Diesen Aspekt betont auch der BGH, vgl. BGH NJW 2010, 610, 611; zust. *Skamel*, ZGS 2010, 106, 107.

825 So auch *Klinck*, ZJS 2010, 246, 249.

826 So auch *Schinkels*, LMK 2010, 298105.

827 Auch *Schinkels* äußert an diesem Ergebnis im Sinne der Einheit der Rechtsordnung Bedenken, vgl. *Schinkels*, LMK 2010, 298105; krit. auch *Kulke*, EwiR 2010, 413, 414. Für eine entsprechende Anwendung des § 817 Satz 2 auch *Lorenz*, WuB IV D § 312d BGB 1.10., 289.

jeweils im Einzelfall geprüft werden[828]. Dabei wird grundsätzlich davon auszugehen sein, dass eine Analogie nicht in Betracht kommt, weil Sinn und Zweck des verbraucherschützenden Widerrufsrechts ansonsten zurückgedrängt würden. Kommt man jedoch im Einzelfall zu dem Ergebnis, dass den Wertungen der §§ 138, 134, 817 Satz 2 Vorrang vor dem Gedanken des Verbraucherschutzes gebührt, kann man den andernfalls entstehenden Widersprüchlichkeiten über eine analoge Anwendung des § 817 Satz 2 begegnen. Sinnvoll erschiene dies meines Erachtens etwa in der praktisch häufigen Konstellation, in der - um beim Fall des Radarwarngeräts zu bleiben - das gekaufte Gerät wegen eines Defekts zurückgegeben werden soll. Hier leuchtet nicht ein, wieso das Ergebnis unterschiedlich ausfallen soll, je nachdem, ob der Kauf im Fernabsatz oder im „Nahabsatz" getätigt wurde. Egal auf welches Rückabwicklungsregime - das bereicherungsrechtliche oder das rücktrittsrechtliche - sich der Rückforderungsanspruch stützen lässt, darf nach den Wertungen der §§ 138, 817 Satz 2 durch eine Rückabwicklung die gewollte Risikoverlagerung auf den sittenwidrig Handelnden nicht unterlaufen werden. Zuzugeben ist, dass eine mögliche analoge Anwendung des § 817 Satz 2 zu Rechtsunsicherheiten führen kann und dem Anliegen der Widerrufsvorschriften, dem Verbraucher ein einfaches und unbedingtes Widerrufsrecht zu geben, nicht völlig entspricht. Allerdings steht dem der Vorteil gegenüber, dass den gesetzlichen Wertungen der §§ 138, 134, 817 Satz 2 im Sinne der Einheit der Rechtsordnung durchgängig Rechnung getragen wird und widersprüchliche, rechtsethisch schwer zu rechtfertigende Ergebnisse vermieden werden.

II. Einseitiger Gesetzes- oder Sittenverstoß – Fallgruppe: berufsrechtliche Verstöße

Im Rahmen einseitiger Gesetzes- oder Sittenverstöße spielt die Konditionssperre des § 817 Satz 2 insbesondere bei der Rückabwicklung von Verträgen, die unter Verstoß gegen berufsrechtliche Verbote geschlossen wurden, eine entscheidende Rolle. Im Zentrum stehen dabei Fälle, in denen eine Person entgegen § 1 Abs. 1 RBerG bzw. § 5 Abs. 1 StBerG rechts- oder steuerberatend tätig geworden ist und nun Wertersatz für ihre geleisteten Dienste verlangt.

---

828 Ähnlich *Szalai*, VuR 2010, 67, 68.

1. Lösung durch die Rechtsprechung

Nach allgemeiner Meinung ist ein Vertrag, in dem sich eine Person zu unerlaubter Rechts- oder Steuerberatung verpflichtet, gem. §§ 134 i.V.m. dem RBerG bzw. dem StBerG nichtig[829]. Begründet wird dies mit Sinn und Zweck der berufsrechtlichen Vorschriften, die dem Schutz des Mandanten vor einer ungenügenden und nicht sachgerechten Beratung dienen. Einen bereicherungsrechtlichen Wertersatzanspruch[830] lässt die höchstrichterliche Rechtsprechung grundsätzlich an der Kondiktionssperre des § 817 Satz 2 scheitern[831]. Dass in der Praxis häufig dennoch ein Anspruch auf Wertersatz gewährt wird, liegt daran, dass die Rechtsprechung für eine Anwendung der Kondiktionssperre des Leistenden subjektive Kenntnis vom Gesetzesverstoß verlangt[832]. Zwar wird man im Regelfall davon ausgehen können, dass das Rechts- bzw. Steuerberatungsverbot bekannt ist bzw. die Unkenntnis auf Leichtfertigkeit beruht[833]. Es gibt allerdings durchaus praktisch relevante Fälle, in denen dies anders ist. So hat etwa erst eine BGH-Entscheidung aus dem Jahre 2006 die umstrittene Frage geklärt, ob ein Vertrag mit einer Steuerberatersozietät nichtig ist,

---

829 St. Rspr., vgl. zum RBerG: BGHZ 37, 258, 262; BGHZ 50, 90 ff.; BGHZ 70, 12, 16 = NJW 1978, 322; BGH NJW 2000, 1560; BGH NJW 2001, 3774, 3775; BGHZ 145, 265 = NJW 2001, 70; BGH NJW 2002, 2325, 2326; *Armbrüster*, in: MünchKomm, § 134, Rn. 92 ff.; *Sack*, in: Staudinger, § 134, Rn. 272 m.w.N. Zum StBerG vgl. etwa BGH NJW 1996, 1954, 1955; *Sack*, in: Staudinger, § 134, Rn. 286 m.w.N.

830 Ein Anspruch auf Aufwendungsersatz aus GoA gem. §§ 683 i.V.m. 670 scheitert spätestens daran, dass die Aufwendungen einem gesetzeswidrigen Zweck dienen und daher nicht für erforderlich gehalten werden dürfen, vgl. BGH NJW 2000, 1560, 1562. Richtigerweise ist bei einer Leistung aufgrund eines nichtigen Vertrags schon gar kein Fremdgeschäftsführungswille gegeben. Siehe hierzu oben *Erster Teil, § 2 III. 2. d.*

831 Vgl. BGHZ 50, 90; zust. *Canaris*, in: FS Steindorff, S. 521 f.; krit.: *Honsell*, Die Rückabwicklung sittenwidriger oder verbotener Geschäfte, S. 145 (*Honsells* Annahme, es werde gerade ein gegenteiliges Ergebnis erzielt, wenn das Honorar bereits bezahlt wurde, ist allerdings unzutreffend: Wurde das Honorar bereits bezahlt, hat der Mandant einen Rückforderungsanspruch aus § 812 Abs. 1 Satz 1, 1. Alt. bzw. § 817 Satz 1, dem § 817 Satz 2 nicht entgegensteht, weil der Mandant i.d.R. nicht gesetzeswidrig handeln wird).

832 Siehe hierzu schon oben *Dritter Teil, § 1 I. 3. b. bb.* Das Vorliegen der subjektiven Voraussetzungen war in einigen Entscheidungen zweifelhaft, vgl. BGHZ 70, 12; BGH NJW 2000, 1560; BGH NJW-RR 2006, 1071; OLG Koblenz NJW 1991, 430.

833 So auch *Goette*, DStR 2000, 785; *Gräfe*, EWiR 2000, 745, 746.

wenn nicht sämtliche Sozien zur geschäftsmäßigen Hilfe in Steuersachen befugt sind[834]. Dies wurde bejaht, so dass ein Anspruch der Sozietät auf Wertersatz für die geleisteten Dienste an sich wegen § 817 Satz 2 abgelehnt hätte werden müssen. Der BGH ließ die Frage nach einer Anwendung des § 817 Satz 2 aber letztlich offen, da nicht sicher war, ob die Sozien, deren Kenntnis der Sozietät zugerechnet wird, wussten, dass nicht nur der einzelne Sozius, sondern auch die ganze Sozietät nicht zur Rechtsberatung befugt war[835].

Ähnlich gelagert sind Fälle, in denen ein Architekt unter Verstoß gegen das Architektenkopplungsverbot des Art. 10 § 3 MietRVerbG tätig wird. Nach Art. 10 § 3 MietRVerb ist ein Vertrag unwirksam, in dem sich der Erwerber eines Grundstücks in Zusammenhang mit dem Erwerb verpflichtet, bei der Planung oder Ausführung eines Bauwerks auf dem Grundstück die Leistung eines bestimmten Architekten in Anspruch zu nehmen. Während der BGH in einem solchen Fall die Anwendung des § 817 Satz 2 am Fehlen der subjektiven Voraussetzungen scheitern ließ[836], brachte das LG Kiel die Kondiktionssperre zur Anwendung und versagte dem Architekten einen Anspruch auf Wertersatz für die geleisteten Dienste[837]. In der ausführlich begründeten Entscheidung wird eine Restriktion der Kondiktionssperre über § 242 in Anlehnung an die Rechtsprechung zur Schwarzarbeit abgelehnt[838]. Dies wird vornehmlich damit begründet, dass das Architektenkopplungsverbot – im Gegensatz zum Schwarzarbeiterverbot – dem Schutz vor einer Wettbewerbsverzerrung durch die monopolartige Stellung eines Architekten und damit zumindest auch dem Schutz des Auftraggebers diene. Mit dem Zweck des Art. 10 § 3 MietVerbG sei es daher nicht zu vereinbaren, dass der Architekt völlig seines Vergütungsrisikos enthoben wird. Ferner wird darauf hingewiesen, dass das Verbotsgesetz nicht den Leistungsaustausch als solchen verhindern wolle, sondern nur die Art und Weise seiner Herbeiführung.

Auf derselben Linie liegt eine Entscheidung des BAG, die einem Angestellten einer Klinik, der ohne ärztliche Approbation ärztliche Leistungen ausgeführt hat, einen bereicherungsrechtlichen Anspruch we-

834 Vgl. Urt. des BGH v. 26.01.2006, Az.: IX ZR 225/04 = NJW-RR 2006, 1071.

835 BGH NJW-RR 2006, 1071, 1073.

836 BGH NJW 1982, 879, 880.

837 LG Kiel NJW-RR 1995, 981.

838 LG Kiel NJW-RR 1995, 981, 982.

gen § 817 Satz 2 versagte[839]. Auch hier wird eine Einschränkung des § 817 Satz 2 über § 242 abgelehnt[840]. Zur Begründung wird wiederum der Normzweck des Verbotsgesetzes herangezogen und darauf abgestellt, dass die verbotene Tätigkeit am effektivsten dadurch unterbunden werden könne, dass dem vermeintlichen Arzt ein Vergütungsanspruch über das Bereicherungsrecht versagt wird.

2. Stellungnahme

In den Fällen einseitiger berufsrechtlicher Verstöße bringt die Rechtsprechung die Kondiktionssperre des § 817 Satz 2 grundsätzlich konsequent zur Anwendung. Dies führt trotz der auch hier eintretenden einseitigen Empfängerbegünstigung durchaus zu sachgerechten Ergebnissen. Das Risiko des gesetzeswidrigen Handelns sowie der generalpräventive Effekt der Nichtigkeitssanktion treffen beim einseitigen Verstoß gegen berufsrechtliche Verbote allein den gesetzeswidrig Handelnden. Zudem verhindert der Rückforderungsausschluss auch hier einen Vergütungsanspruch über das Bereicherungsrecht, der nach der Wertung des § 134 i.V.m. dem jeweiligen Verbotsgesetz gerade ausgeschlossen sein soll. Wie bereits erläutert, kann diesem Argument auch nicht entgegengehalten werden, dass ein bereicherungsrechtlicher Anspruch nicht zu einem Vergütungsanspruch auf Umwegen, sondern lediglich zur Abschöpfung eines ungerechtfertigten Vermögensvorteils führt[841]. Andernfalls könnte der Ausschluss eines Vergütungsanspruchs allein durch die Erbringung der verbotswidrigen Leistung umgangen werden, was im Widerspruch zur Nichtigkeitssanktion des § 134 stünde.

Zweifelhaft ist, ob die Einschränkungen, die in der Judikatur durch das Erfordernis subjektiver Kriterien vorgenommen werden, sachge-

---

839 BAG NZA 2005, 1409. Der Arbeitsvertrag zwischen dem Arzt und dem Klinkbetreiber war gem. § 134 i.V.m. §§ 2, 10 BÄO nichtig.

840 BAG NZA 2005, 1409, 1411. Allerdings forderte der Arbeitgeber in dem Fall lediglich die Differenz zwischen den Vergütungsgruppen I b BAT und II a BAT zurück und beließ damit dem vermeintlichen Arzt sogar eine tarifliche Vergütung für Ärzte. Ob das Gericht anders entschieden hätte, wenn der gesamte Vergütungsanspruch in Streit gestanden wäre, bleibt offen.

841 Siehe hierzu bereits *Dritter Teil, § 1 I. 2 d. aa.* Dieses Argument wird in den Entscheidungen BGHZ 70, 12 = NJW 1978, 322 bzw. BGH NJW 2000, 1560 angedeutet.

recht sind[842]. Freilich ist nicht zu leugnen, dass unter dem Aspekt der Rechtsschutzversagung oder der Generalprävention ein Rückforderungsausschluss ohne subjektive Kenntnis vom Gesetzesverstoß schwerlich gerechtfertigt werden kann. Knüpft man aber zur Begründung der ratio legis eine Stufe vorher, nämlich an Sinn und Zweck des Verbotsgesetzes an, kommt man zu einem abweichenden Ergebnis. Die in den vorgestellten Entscheidungen relevant gewordenen berufsrechtlichen Verbote dienen zumindest auch dem Schutz des Vertragspartners: § 1 Abs. 1 RBerG bzw. § 5 Abs. 1 StBerG wollen den Mandanten vor unsachgemäßer Beratung, die Vorschriften der BÄO den Patienten vor unsachgemäßer Behandlung schützen. Ebenso dient Art. 10 § 3 MietRVerbG zumindest auch dem Schutz des Bauherrn vor Wettbewerbsverzerrungen. Bei einem Verstoß ist der Vertrag unabhängig von der Kenntnis der Beteiligten gem. § 134 nichtig, ohne dass es darauf ankommt, ob tatsächlich eine nicht sachgerechte Beratung bzw. Behandlung oder eine Wettbewerbsverzerrung vorliegt. Dem entspricht es, nach vollzogener Leistung einen bereicherungsrechtlichen Ersatzanspruch unabhängig von der Kenntnis des Leistenden vom Gesetzesverstoß auszuschließen. Für die Leistungen, um die der Empfänger bereichert ist, bestand vor Vollzug der Leistungen kein Anspruch auf Vergütung. Nach Vollzug kann nichts anderes gelten, da ansonsten entgegen der Wertung des § 134 i.V.m. dem jeweiligen Verbotsgesetz faktisch ein Vergütungsanspruch gewährt würde, nur weil die verbotswidrige Leistung bereits vollzogen wurde. Es hinge also allein vom Zufall der Kenntnis ab, ob der Leistungsempfänger die erhaltene Leistung vergüten müsste oder nicht, obwohl die Leistung jeweils unter Verstoß von Vorschriften erbracht wurde, die zumindest auch seinem Schutz dienen. Man kann hiergegen auch nicht einwenden, dass jedenfalls eine Kürzung eines bereicherungsrechtlichen Wertersatzanspruchs über § 818 Abs. 3 in Betracht kommt, wenn die erbrachte Leistung objektiv wertlos ist, zum Beispiel weil sich das Risiko einer unsachgemäßen Behandlung/Beratung tatsächlich verwirklicht hat. Denn über den Einwand des § 818 Abs. 3 ist der im Schutzbereich des Verbotsgesetzes liegende Leistungsempfänger nur unzureichend geschützt. Zum einen würde eine solche Vorgehensweise schwierige Ermittlungen über den Wert der unbefugterweise erbrachten Dienste nach sich ziehen, zum anderen ist stets der Leistungsempfänger für die Frage nach der Entreicherung gem. § 818 Abs.

---

842 Vgl. zu den Argumenten gegen das Erfordernis subjektiver Voraussetzungen oben *Zweiter Teil, § 4 II.*

3 beweispflichtig[843], so dass ihn das Risiko der Beweisnot träfe, obwohl gegen eine Vorschrift verstoßen wurde, die gerade dem Schutz des Leistungsempfängers dient.

§ 3 Gesamtergebnis zum Dritten Teil

Die Rechtsprechung hat im Laufe der Zeit die verschiedensten Methoden entwickelt, um den Anwendungsbereich des § 817 Satz 2 einzuschränken. Neben dem sog. Endgültigkeitskriterium und dem Erfordernis subjektiver Voraussetzungen zieht die Judikatur in jüngster Zeit die Arglisteinrede des § 242 kombiniert mit normzweckorientierten Überlegungen zur Restriktion des § 817 Satz 2 heran. Letztlich scheint es der Rechtsprechung darauf anzukommen, ob der Normzweck der zur Nichtigkeit führenden Norm eine Rückforderungssperre fordert, wobei die Berufung auf § 242 lediglich der „garnierenden Absicherung“[844] der Rechtsentscheidung dient, ohne dass das Vorliegen der Voraussetzungen der Arglisteinrede eingehend begründet wird. Im Rahmen der normzweckorientierten Überlegungen stellt der BGH maßgeblich darauf ab, ob aus generalpräventiven Gesichtspunkten ein Rückforderungsausschluss nötig ist. Falls dies nicht der Fall ist, macht die Rechtsprechung die Einschränkung des § 817 Satz 2 zum Teil davon abhängig, ob bei Abwägung der Parteiinteressen im Einzelfall die mit dem Rückforderungsausschluss einhergehende einseitige Empfängerbegünstigung unbillig erscheint. Dies führte insbesondere in der Schwarzarbeiterentscheidung[845] zu einer Nichtanwendung des § 817 Satz 2. In der Gewinnausschüttungsentscheidung[846] wurde demgegenüber gerade die Anwendung der Kondiktionssperre über eine Abwägung der Parteiinteressen begründet. In neueren Entscheidungen zur Fallgruppe sittenwidriger Schneeballsysteme[847] zeichnet sich allerdings eine Tendenz hin zu einem Verzicht auf die Berücksichtigung von Parteiinteressen ab. Die Einschränkung der Kondiktionssperre wird hier allein mit normzweckorientierten, generalpräventiven Überlegungen begründet, ohne dass auf die konkrete Schutzbedürftigkeit des Leistenden im Einzelfall abgestellt wird. In dieser Hinsicht stellen die Schenkkreisentscheidungen nicht etwa eine

---

843 *Sprau*, in: Palandt, § 818, Rn. 55.

844 *Roth*, in: MünchKomm, § 242, Rn. 26 (allgemein zur Rechtsfortbildung über § 242).

845 S.o. *Dritter Teil, § 1 I. 2.*

846 S.o. *Dritter Teil, § 1 I. 3.*

847 S.o. *Dritter Teil, § 1 I. 3.*

Fortführung der Schwarzarbeiterentscheidung dar, sondern sind ihr diametral entgegengesetzt[848]. In vielen jüngeren Entscheidungen aus der höchstrichterlichen Rechtsprechung - etwa den Entscheidungen zur unerlaubten Abschlussprüfung, zu sittenwidrigen Kontaktanzeigen oder dem Kauf von Radarwarngeräten[849] - bringt der BGH die Kondiktionssperre konsequent und strikt zur Anwendung, ohne die einseitige Empfängerbegünstigung oder eine Abwägung nach Schutzbedürftigkeit der Parteien zum Anlass zu nehmen, die Kondiktionssperre über ihren Wortlaut hinaus einzuschränken. In den Restriktionsversuchen der Rechtsprechung - insbesondere in den Schwarzarbeiter- und Schenkkreisfällen - manifestiert sich daher keine generelle Abkehr vom grundsätzlichen Rückforderungsausschluss, sondern vielmehr der Versuch, in Einzelfällen die Folgen des § 817 Satz 2 zu vermeiden, wenn dies rechtspolitisch wünschenswert erscheint.

Mit dieser Vorgehensweise hat sich die Rechtsprechung viel Spielraum geschaffen, um den Wechselfällen des Lebens gerecht zu werden. Völlig zu überzeugen vermögen die hiermit gefundenen Ergebnisse allerdings nicht. Insbesondere die Einschränkung des Leistungsbegriffs durch das sog. Endgültigkeitskriterium, das sich in Fällen wucherischer Darlehensverträge etabliert hat, verdeckt die maßgeblichen Kriterien, die zu einer Anwendung oder Nichtanwendung des § 817 Satz 2 führen und beeinträchtigt damit die Transparenz und Sicherheit des Rechts[850]. Im Rahmen der normzweckorientierten Überlegungen bekennt sich der BGH nicht offen zu einer teleologischen Reduktion, sondern vermischt dieses Instrument der Rechtsfortbildung mit der Arglisteinrede, um über Billigkeitserwägungen zu einer Korrektur der gesetzlich vorgesehenen Rechtsfolge zu gelangen. Dabei ist der Ausgangspunkt der Rechtsprechung, Sinn und Zweck der verletzten Norm müssten die Rückforderungssperre *fordern*, bedenklich, da in Umkehrung des gesetzlich vorgesehenen Regel-Ausnahme-Verhältnisses davon ausgegangen wird, die Kondiktionssperre bei Gesetzes- oder Sittenverstoß des Leistenden sei die Ausnahme und die Rückabwicklung der Regelfall. Auch wenn man diese Lösung rechtspolitisch für vorzugswürdig halten mag, ist sie mit der geltenden Rechtslage nicht in Einklang zu bringen[851]. Auch der Betonung

---

848 *Armgardt*, NJW 2006, 2070, 2071; *ders.*, JR 2009, 177, 178.

849 S.o. *Dritter Teil, § 2 I. 1., 2. und 5.*

850 So auch *König*, Ungerechtfertigte Bereicherung, S. 134.

851 S. schon *Zweiter Teil, § 6 III.*

generalpräventiver Zielsetzungen des Rückforderungsausschlusses stehen Bedenken entgegen, da gerade dieser Gesichtspunkt im Regelfall des beidseitigen Gesetzesverstoßes ambivalent ist: Hier betrifft der Aspekt der Generalprävention stets nur den jeweils Vorleistenden. Aus diesem Grund sollte die Entscheidung für oder gegen die Anwendung der Rückforderungssperre zumindest nicht allein von einer generalpräventiven Argumentation abhängig gemacht werden. Zu begrüßen ist dagegen die sich in jüngeren Schenkkreisentscheidungen abzeichnende Tendenz, auf eine Abwägung von Parteiinteressen nach individueller Schutzbedürftigkeit, die im § 817 Satz 2 nicht angelegt ist und die die Gefahr erheblicher Rechtsunsicherheit birgt, zu verzichten. In besonders gelagerten Ausnahmefällen erscheint es zwar denkbar, dass eine Abwägung der Parteiinteressen in Zusammenschau mit allen Umständen des Einzelfalls die Anwendung der Arglisteinrede des § 242 zu rechtfertigen vermag. Es muss sich dabei aber um eine einzelfallbezogene Korrektur des § 817 Satz 2 handeln, die ihre Grundlage gerade nicht ausschließlich in der durch den Kondiktionsausschluss typischerweise verursachten einseitigen Empfängerbegünstigung finden kann[852].

In dieser Kritik wird deutlich, dass Rechtsprechung „nicht so sehr ein logisches Glasperlenspiel [ist], als vielmehr ein finales Handeln, ausgerichtet auf ein vernünftiges Ergebnis"[853]. Obgleich ein solches Verständnis von Rechtsprechung den Bedürfnissen der Praxis durchaus gerecht werden mag, ist es gerade im Bereich einer Norm wie der des § 817 Satz 2, deren Problemgehalt sich durch eine ungeheure Vielfalt erfasster Konstellationen auszeichnet, aus Gründen der Rechtssicherheit unabdingbar, die dogmatischen Fundamente der Entscheidungen offen zu legen[854]. Sonst läuft die Rechtsprechung in der Tat Gefahr, sich zu einer schwer durchschaubaren „Billigkeitsjudikatur"[855] zu entwickeln, die auf die Vielfalt an Fallgestaltungen mit einer Auflösung der Probleme in Einzelfallentscheidungen reagiert. Die offene teleologische Reduktion anhand des Normzwecks und eine eingehende Begründung würden nicht nur der Kontroll- und Kommunikationsfunktion der Entscheidungsgründe gerecht, sondern würden auch

---

852 S. schon *Zweiter Teil, § 2* sowie *Dritter Teil, § 1 I. 2. d. dd.*

853 *Heusinger,* Rechtsfindung und Rechtsfortbildung im Spiegel richterlicher Erfahrung, S. 5.

854 Für eine stärkere Offenlegung der maßgeblichen Wertungskriterien auch: *König,* Ungerechtfertigte Bereicherung, S. 134; *Möller,* NJW 2006, 268, 270.

855 *Larenz/Canaris,* Lehrbuch des Schuldrechts II/2, S. 167, § 69.

der an § 817 Satz 2 geübten, mitunter scharfen Kritik, zumindest teilweise die Grundlage entziehen.

Das Ergebnis der Analyse der praktischen Anwendungsfälle schließt sich in zweifacher Hinsicht an die vorausgegangenen Ausführungen an:

Zum einen wurden die Ausführungen zur ratio legis im Ersten Teil untermauert. Die analysierten Beispiele haben deutlich gemacht, dass § 817 Satz 2 heute dazu gebraucht wird, den normzweckorientierten Ausschluss der Rückforderung zu verwirklichen. Die Rückforderungssperre dient der Risikoverlagerung auf den Leistenden im Anschluss an die §§ 134, 138: Dies wird etwa in den Fällen wucherischer Darlehensverträge, beim Titelkauf oder in Schenkkreisfällen relevant. Dem Wucherer wird mit dem Rückforderungsausschluss das Risiko aufgebürdet, überhaupt kein Entgelt für seine Leistung zu erhalten. Der Titelkäufer oder der Schenkkreisteilnehmer tragen das Risiko des Verlusts ihrer Zahlungen, wenn sich ihre gesetzeswidrigen Erwartungen nicht erfüllen. Für die Schenkkreisfälle gilt dies freilich nur, wenn man - anders als der BGH - die Kondiktionssperre gegenüber dem bösgläubigen Schenker zur Anwendung bringt.

Daneben verhindert die Rückforderungssperre in vielen Fällen nichtiger Austauschverträge, in denen die Nichtigkeitssanktion eine Kommerzialisierung der verbotenen Leistung unterbinden soll, eine Entwertung des Gesetzes- oder Sittenwidrigkeitsverdikts: Hier wird über den Rückforderungsausschluss eine Entlohnung auf „Umwegen" über eine bereicherungsrechtliche Wertersatzpflicht verhindert. So liegt es in Fällen unbefugter Abschlussprüfung, aber auch bei berufsrechtlichen Verstößen gegen das RBerG oder das StBerG. Damit bewirkt die Kondiktionssperre des § 817 Satz 2 eine Effektivierung der §§ 134, 138 und dient in Zusammenwirken mit den allgemeinen Nichtigkeitsnormen der Folgerichtigkeit und Einheit des Rechts.

Zum anderen hat die Analyse der praktischen Anwendungsfälle aber auch die Gefahren und Schwierigkeiten normzweckorientierter Restriktionsversuche deutlich gemacht, die bereits im *Zweiten Teil* angedeutet wurden. Die Frage nach Sinn und Zweck einer Gesetzes- oder Sittennorm lässt sich häufig nicht eindeutig beantworten. Insbesondere wird sich selten eine eindeutige Aussage dazu treffen lassen, ob ein Ausschluss der Rückforderung gewollt ist oder nicht. Mit der Untersuchung der Judikatur zu § 817 Satz 2 wurde im Anschluss an die Ergebnisse des *Zweiten Teils* bestätigt, dass eine Nichtanwendung der Kondiktionssperre unter anderem dann sinnvoll ist, wenn die verletzte Vorschrift gerade dem Schutz des Leistenden dient, wie dies beim gutgläubigen Schenkkreisteilnehmer der Fall ist. Schließlich lässt sich nunmehr eine weitere Fallkonstellation herausschälen, in der sich eine Restriktion der Vorschrift als sachgerecht erwiesen hat: Wenn nämlich durch das Kondiktionsverbot dem gesetzes- oder sittenwidrigen Handeln gerade Vorschub geleistet würde, wie dies etwa im Falle der Darlehensgewährung zu sittenwidrigen Zwecken der Fall sein kann, ist eine teleologische Reduktion unter dem Gesichtspunkt von Sinn und Zweck der verletzten Vorschrift ebenfalls ohne Not zu rechtfertigen.

Vierter Teil: Rechtsvergleichende Betrachtung

Nachdem sich die bisherigen Ausführungen auf die Vorschrift des § 817 Satz 2 im deutschen Recht konzentrierten, soll nun mit einem Blick in die Rechtsvergleichung eine weitere Annäherung an die Thematik unternommen werden. Fast alle europäischen Rechtsordnungen kennen ein dem § 817 Satz 2 vergleichbares Prinzip[856]. Die folgenden Ausführungen beschränken sich indes auf eine Analyse der Rechtslage in der Schweiz, Österreich und England, da diese Auswahl im Hinblick auf die rechtsvergleichenden Schlussfolgerungen für das deutsche Recht am meisten Gewinn verspricht. Der romanische Rechtskreis soll dagegen ausgeklammert bleiben. Zwar existiert in den Ländern dieses Rechtskreises jeweils ein ungeschriebener oder geschriebener Anspruchsausschluss, der mit § 817 Satz 2 vergleichbar ist. Ein einheitliches und kohärentes Regelungssystem lässt sich allerdings nicht herausarbeiten, vielmehr ist die Rechtsprechung einzelfallbezogen und schwer prognostizierbar, ohne dass bisher eine systematische Lösung gefunden wurde[857]. In besonderem Maße gilt dies für Frankreich, wo kein kodifizierter Rückforderungsausschluss existiert, sondern auf ungeschriebene Rechtsgrundsätze[858] zurückgegriffen wird. Hier herrscht eine „heillose Verwirrung“[859], die in dem Vorschlag gipfelt, die Regel bewusst willkürlich zu handhaben, ohne sie weiter zu konkretisieren. So sollen die Parteien in völliger Furcht vor der Anwendung oder Nichtanwendung des Prinzips von der Bege-

---

856 Eine Ausnahme bildet der nordische Rechtskreis. Auch ohne eine dem § 817 Satz 2 entsprechende Regelung ist aber auch hier ein Ausschluss der Rückforderung im Einzelfall auf Basis einer Ermessensentscheidung möglich. Näher zum Rückforderungsausschluss in den verschiedenen europäischen Staaten: *Schlechtriem,* Restitution und Bereicherungsausgleich in Europa, S. 216 ff., 637 ff.; *Zweigert/Kötz,* Einführung in die Rechtsvergleichung, S. 577 ff.; *Niederländer,* in: FS Gutzwiller, S. 626 ff.; *Honsell,* Die Rückabwicklung sittenwidriger oder verbotener Geschäfte, S. 109 ff.; *Schmidt-Recla,* JZ 2008, 60, 65 ff.; *Armgardt,* JR 2009, 177, 179 ff.

857 Vgl. *Schlechtriem,* Restitution und Bereicherungsausgleich in Europa, S. 220 ff., 646 ff.; *Schmidt-Recla,* JZ 2008, 60, 65; *Armgardt,* JR 2009, 177, 179 f. Zum italienischen Recht vgl. auch schon oben *Zweiter Teil, § 5 III.*

858 Insbesondere auf die bekannten römischen Parömien: nemo turpitudinem suam allegans auditur sowie in pari turpitudine melior est condicio possidentis.

859 *Honsell,* Die Rückabwicklung sittenwidriger oder verbotener Geschäfte, S. 130.

hung unerlaubter Geschäfte abgehalten werden[860]. Dass ein solcher Vorschlag schon aus rechtsstaatlichen Gesichtspunkten unhaltbar ist, dürfte sich von selbst verstehen[861]. Auch die Rechtssysteme der osteuropäischen Staaten, die auf völlig anderen Wertungen aufbauen als das deutsche Recht, sollen an dieser Stelle unberücksichtigt bleiben[862].

Die Untersuchung der Regelungssysteme in unseren Nachbarländern Österreich und der Schweiz sowie die Analyse des englischen Rechts sollen darüber Aufschluss geben, wie sich die Unerlaubtheit von Rechtsgeschäften in diesen Rechtsordnungen auf die Rückabwicklung ausgetauschter Leistungen auswirkt. Von Interesse ist insbesondere, in welchen Fallkonstellationen Rückforderungsansprüche ausgeschlossen werden und wie streng mit einem solchen Anspruchsausschluss jeweils umgegangen wird. Besonderes Augenmerk soll auf die Frage gerichtet werden, ob sich sachgerechte Kriterien herausschälen lassen, die eine systematische Restriktion der Rückforderungssperre ermöglichen und die für eine nähere Konkretisierung des § 817 Satz 2 im deutschen Recht nutzbar gemacht werden können. Die Frage nach Sinn und Zweck der Rückforderungssperre spielt selbstverständlich in diese Problemstellungen hinein, soll aber für die folgende Darstellung von untergeordneter Bedeutung bleiben, da sich gezeigt hat, dass diese Frage in den meisten Ländern ähnlich umstritten ist wie in Deutschland[863].

Der rechtsvergleichende Exkurs beginnt mit einer Darstellung der Rechtslage in den beiden zu behandelnden Rechtsordnungen des deutschen Rechtskreises. In einer rechtsvergleichenden Zusammenfassung werden die Regelungen der Schweiz und Österreichs sodann dem deutschen System gegenübergestellt. Hier soll versucht werden, aus der vergleichenden Betrachtung Schlussfolgerungen für die

---

860 *Aubert,* La répétition des prestations illicites ou immorales en droit français et en droit suisse, S. 196.

861 *Honsell* bezeichnet diesen Vorschlag zu Recht als grotesk, vgl. *Honsell,* Die Rückabwicklung sittenwidriger oder verbotener Geschäfte, S. 130.

862 Vgl. hierzu insbes. zum polnischen Recht: *Schlechtriem,* Restitution und Bereicherungsausgleich in Europa, S. 225 f., 657 f.; *Schmidt-Recla,* JZ 2008, 60, 65. Die meisten Rechtsordnungen des ehemals sozialistischen Rechtskreises zeichnen sich durch umfassende Konfiskationsregelungen aus.

863 *Schlechtriem,* Restitution und Bereicherungsausgleich in Europa, S. 216 ff., 637 ff.; *Schmidt-Recla,* JZ 2008, 60, 65 ff. Vgl. zur rechtspolitischen Begründung des Kondiktionsausschlusses in rechtsvergleichender Sicht teilweise auch schon oben *Erster Teil, § 2 II.*

Handhabung der Vorschrift des § 817 Satz 2 im deutschen Recht zu ziehen.

Wegen der grundlegenden Unterschiede des deutschen zum angloamerikanischen Rechtskreis - gerade im Hinblick auf die hier interessierenden Fragen - soll die Erläuterung des englischen Rechts erst im Anschluss an die rechtsvergleichende Darstellung des schweizerischen und des österreichischen Regelungskonzeptes erfolgen. Wiederum wird ein Überblick über die Rechtslage in England die Ausführungen einleiten, die in einer rechtsvergleichenden Gegenüberstellung mit den deutschen Regeln ihren Abschluss finden. Kernstück der rechtsvergleichenden Überlegungen bildet auch hier die Frage, welche Schlussfolgerungen aus dem englischen Regelungskonzept für die Handhabung des deutschen § 817 Satz 2 gezogen werden können.

§ 1 Der Rückforderungsausschluss in der Schweiz und in Österreich

I. Die Rechtslage in der Schweiz

1. Überblick

Im schweizerischen Recht schließt Art. 66 OR die Rückforderung desjenigen aus, „was in der Absicht, einen rechtswidrigen oder unsittlichen Erfolg herbeizuführen, gegeben worden ist". Die Vorschrift steht wie im deutschen Recht im Kontext des Rechts der ungerechtfertigten Bereicherung (Art. 62 ff. OR), das insgesamt den deutschen Bestimmungen ähnlich ist[864]. Die *condictio ob turpem vel iniustam causam* wurde im schweizerischen Recht nicht als eigene Kondiktionsart normiert, sondern wird als von der allgemeinen Leistungskondiktion des Art. 62 Abs. 2 OR (*condictio sine causa*)[865] erfasst angesehen. Art. 66 OR gilt bereits aufgrund seines Wortlauts und der systematischen Stellung

---

864 Zum Recht der ungerechtfertigten Bereicherung in der Schweiz vgl. z.B. *Schwenzer,* Schweizerisches Obligationenrecht AT, S. 385 ff.; *Bucher,* Schweizerisches Obligationenrecht AT, S. 608 ff.; *Gauch/Schluep,* Schweizerisches Obligationenrecht, S. 331 ff.

865 Die wichtigsten Arten der Leistungskondiktion sind in den Art. 62 Abs. 2 und 63 OR genannt. Während Art. 62 Abs. 2 OR die *condictio sine causa,* einschließlich der *condictio ob causam futuram* und der *condictio ob causam finitam* normiert, regelt Art. 63 OR den Sonderfall der *condictio indebiti.* Allgemein zum System der Leistungskondiktion im schweizerischen Recht: *Keller/Schaufelberger,* Ungerechtfertigte Bereicherung, S. 52 ff.

für sämtliche Leistungskondiktionen, einer analogen Anwendung wie in Deutschland bedarf es daher nicht.

Von entscheidender Bedeutung für den Rückforderungsausschluss ist der Umstand, dass im schweizerischen Recht - im Gegensatz zum deutschen Abstraktionsprinzip - die Eigentumsübertragung grundsätzlich von kausaler Natur ist (sogenannte Tradition)[866]. Damit ist bei einem nichtigen Verpflichtungsgeschäft in aller Regel auch das Verfügungsgeschäft nichtig und eine Vindikation möglich. Eine wichtige Ausnahme von der Kausalität der Verfügung bildet die Vermengung von Geld: Trotz fehlender schuldrechtlicher *causa* wird zum Schutz der Verkehrssicherheit ein Eigentumserwerb desjenigen bejaht, mit dessen Geld fremdes Geld vermengt wurde[867]. In der Schweiz kommt daher dem Art. 66 OR gerade bei Geldleistungen eine entscheidende Bedeutung zu. Gleichzeitig gewinnt die Frage, ob der Rückforderungsausschluss auch auf die Vindikation anwendbar ist, im schweizerischen Recht größere Relevanz als im deutschen und wird ganz überwiegend bejaht[868]. Unabhängig von der Frage nach einer analogen Anwendung des Art. 66 OR besteht darüber Einigkeit, dass im Rahmen von Austauschverträgen ein Gleichlauf zwischen Vindikation und Kondiktion hergestellt werden muss, um zu vermeiden, dass der eine Vertragspartner ungehindert vindizieren kann, während der andere mit seiner Kondiktion ausgeschlossen ist. Neben einer analogen Anwendung des Art. 66 OR wird zur Lösung des Problems vorgeschlagen, der Vindikation die Arglisteinrede aus Art. 2 ZGB entgegenzuhalten, wenn dem Anspruch des kondizierenden Vertragspartners Art. 66 OR entgegensteht[869].

---

866 *Gauch/Schluep*, Schweizerisches Obligationenrecht, S. 351; *Keller/Schaufelberger*, Ungerechtfertigte Bereicherung, S. 7.

867 *Keller/Schaufelberger*, Ungerechtfertigte Bereicherung, S. 8.

868 *Oberhammer*, in: OR-Kurzkommentar, Art. 66, Rn. 9; *Schulin*, in: Basler Kommentar, OR I, Art. 66, Rn. 6; *Hahn*, in: Amstutz HK, Art. 66, Rn. 5; *Petitpierre*, in: Commentaire Romand, Art. 66, Rn. 7; *von Thur/Peter*, Allgemeiner Teil des Schweizerischen Obligationenrechts, S. 521; *Schwenzer*, Schweizerisches Obligationenrecht AT, S. 394;. *Rusch*, SJZ 47 (1951), 369, 371. *A.a.*: *Lehner*, SJZ 52 (1956), 217, 221. Vom Bundesgericht wurde diese Frage bislang nicht entschieden (offen gelassen in BGE 37 II 68 f.).

869 *Bucher*, ZSR 102 (1983, II), 257, 290.

2. Die praktische Handhabung des Rückforderungsausschlusses

Der praktische Umgang mit dem Kondiktionsausschluss in der schweizerischen Rechtsprechung war über lange Zeit tendenziell strenger als in Deutschland. Der Tatbestand des Art. 66 OR wurde sehr weit ausgelegt und in allen Fällen zur Anwendung gebracht, in denen eine Leistung im Rahmen eines gem. Art. 20 OR gesetzes- oder sittenwidrigen Vertrags erbracht wurde. Beispielsweise wurde die Rückforderung von Vermögen abgelehnt, das ein vom Konkurs bedrohter Schuldner auf seinen Schwiegervater übertragen hatte, um es seinen Gläubigern zu entziehen[870]. Auch bei Schwarzmarktgeschäften, namentlich der Übergabe von Geld zur Tätigung unerlaubter Goldgeschäfte, wurde dem Leistenden - nachdem das verbotene Geschäft nicht getätigt worden war - ein Rückforderungsanspruch hinsichtlich des übergebenen Geldes vom schweizerischen Bundesgericht versagt[871]. Die strenge Linie der schweizerischen Judikatur gipfelte in einer heftig kritisierten Entscheidung des Bundesgerichts aus dem Jahre 1976[872], die ein verbotenes Kleinkreditgeschäft zum Gegenstand hatte: Das Bundesgericht versagte dem Darlehensgeber neben dem Zinsanspruch auch den Anspruch auf Rückforderung der Darlehenssumme[873]. Das schweizerische Bundesgericht ist sich freilich sehr wohl darüber im Klaren, dass die mit Art. 66 OR einhergehenden Ergebnisse zum Teil unbillig sein können: „Die vom Gesetz getroffene Ordnung erscheint [...] als eine gesetzgeberisch fragwürdige Lösung, da

870 BGE 37 II, 65, 68. Würde man in diesem Fall - wie im *Zweiten Teil, § 6* für das deutsche Recht vorgeschlagen - den Normzweck der zur Nichtigkeit führenden Norm berücksichtigen, käme man ohne Weiteres zu einer Nichtanwendung des Kondiktionsausschlusses, da der bezweckte Gläubigerschutz eine Rückabwicklung eindeutig fordert.

871 BGE 74 II, 23, 27. In vergleichbaren Fällen zieht die deutsche Rechtsprechung zum Teil - methodisch durchaus fragwürdig - das sogenannte Endgültigkeitskriterium zu Rate, um § 817 Satz 2 zu restringieren, vgl. BGH NJW 1959, 143, 144 (Geldübergabe zur Tätigung verbotener Devisengeschäfte - die Voraussetzungen des § 817 Satz 2 wurden hier verneint, da es an der Endgültigkeit der Vermögensmehrung gefehlt habe). Die deutsche Rechtsprechung ist hier aber uneinheitlich, vgl. BGH WM 1957, 1190, 1191 (Geldübergabe zur Tätigung von Schwarzmarktgeschäften - die Endgültigkeit der Vermögensübertragung wurde hier bejaht und § 817 Satz 2 zur Anwendung gebracht). Vgl. hierzu schon oben *Dritter Teil, § 1 II. 2. b. bb.*

872 BGE 102 II, 401.

873 Zur Behandlung nichtiger Darlehensverträge im deutschen Recht s. ausführlich *Dritter Teil, § 1 II.*

sie je nach den Umständen zu moralisch unbefriedigenden Ergebnisse führen kann“[874]. Diese „besondere Härte“[875] sei allerdings vom Gesetz gewollt und daher „solange in Kauf zu nehmen, als das Gesetz selbst keine bessere Lösung vorsieht“[876].

Trotz dieser im Grundsatz durchaus strengen und ausufernden Handhabung wurde auch in der schweizerischen Rechtsprechung versucht, die „harten“ Folgen des Rückforderungsausschlusses auf verschiedene Weise abzumildern. Anders als in Deutschland standen dabei allerdings nicht Korrekturen innerhalb des Kondiktionsausschlusstatbestandes selbst im Vordergrund, wie etwa Modifikationen des Leistungsbegriffs, die Betonung subjektiver Umstände oder die Berücksichtigung von Schutzzweckerwägungen. Vielmehr versuchte die schweizerische Rechtsprechung vorzugsweise, über eine Gewährung vertraglicher oder deliktischer Ansprüche die Anwendung des Art. 66 OR zu vermeiden. So wurde beispielsweise ein Anspruch auf Rückzahlung einer Geldsumme, die mit der Weisung übergeben wurde, sie zu Bestechungszwecken zu verwenden, bejaht, da das zwischen den Parteien bestehende Auftragsverhältnis für wirksam gehalten wurde[877]. Eine vertragliche Lösung wählte das schweizerische Bundesgericht auch in einem weiteren Fall des unerlaubten Goldhandels, in dem sich der Empfänger der Leistung nachträglich im Rahmen eines Schuldbekenntnisses zur Rückzahlung des erhaltenen Goldes verpflichtete[878]. Ein nachträglicher „Verzicht“ auf die Einrede des Art. 66 OR wurde durch den Abschluss eines wirksamen Schuldbe-

---

874 BGE 84 II, 179, 184; ähnlich BGE 117 IV, 139, 149.

875 BGE 74 II, 23, 29.

876 BGE 102 II, 401, 411 f.

877 BGE 99 I a, 417. Würde man auch hier – wie für das deutsche Recht vorgeschlagen – den Normzweck berücksichtigen, käme man m.E. wiederum zwanglos zu einer Nichtanwendung des Kondiktionsausschlusses und damit ohne die Konstruktion vertraglicher Ansprüche zum selben Ergebnis. Wird eine Leistung, meist Geld, hingegeben, damit mit ihr eine verbotene Tätigkeit ausgeführt wird, würde eine Rückforderungssperre den verbotswidrigen Zustand insofern perpetuieren, als dass dem Empfänger jederzeit die Möglichkeit bliebe, die verbotene Tätigkeit noch auszuführen. Der Normzweck fordert in solchen Fällen die Zulassung der Rückforderung, um zu verhindern, dass die hingegebene Leistung zu dem geplanten verbotswidrigen Zweck verwendet wird. Vgl. hierzu auch oben *Dritter Teil, § 1 II. 4.*

878 BGE 75 II, 293 ff.

kenntnisses für möglich gehalten und daher ein vertraglicher Rückforderungsanspruch bejaht[879].

Wie in Deutschland gilt auch in der Schweiz, dass der Kondiktionsausschluss keine konkurrierenden deliktischen Ansprüche sperrt. Deshalb wurde einem Käufer von Drogen, der lediglich gestrecktes und daher minderwertiges Heroin erhielt, wegen Art. 66 OR zwar kein Bereicherungsanspruch, wohl aber über Art. 41 OR ein Schadensersatzanspruch aus unerlaubter Handlung gewährt, weil eine arglistige Täuschung sowie ein Betrug des Verkäufers nachgewiesen werden konnten[880].

Teilweise wurde auch von der schweizerischen Rechtsprechung die Einrede des Rechtsmissbrauchs gemäß Art. 2 ZGB, der dem deutschen § 242 entspricht, zur Anwendung gebracht, um Art. 66 OR einzuschränken. Allerdings wird mit der Einrede des Rechtsmissbrauchs in der Schweiz, anders als in Deutschland, keine allgemeine Rechtsfortbildung „aus Billigkeitsgesichtspunkten" betrieben. Vielmehr wird Art. 2 ZGB nur in besonders gelagerten Ausnahmefällen zur Anwendung gebracht, etwa wenn der Leistende durch Drohung oder Betrug zur Zahlung veranlasst wurde[881].

Die skizzierte, eher strenge Linie der schweizerischen Judikatur schien über lange Jahre hinweg gefestigt[882]. Eine ebenso überraschen-

---

879 Nach ganz h.M. in Deutschland ist ein Verzicht auf § 817 Satz 2 nicht möglich. Daher kann anerkanntermaßen auch über eine vertragliche Vereinbarung der Kondiktionsausschluss nicht abbedungen werden. Vgl. hierzu BGH NJW 1994, 187 sowie oben Fn. 805. In der Schweiz geht dagegen auch im Schrifttum eine verbreitete Ansicht davon aus, dass es sich bei Art. 66 OR nur um eine Einrede handelt, die nicht von Amts wegen zur Anwendung gebracht werden muss und auf die daher auch verzichtet werden kann, vgl. *von Büren*, Schweizerisches Obligationenrecht AT, S. 303; *Krauskopf*, in: Gauch/Aepli/Stöckli, Art. 66, Rn. 1; *Oberhammer*, in: OR-Kurzkommentar, Art. 66, Rn. 5.

880 BGE 117 IV, 139, 149.

881 BGE 74 II, 23, 29; BGE 76 II, 346, 370 f. (Der Leistende wurde durch Drohung zur Zahlung von Schweigegeld veranlasst).

882 Vgl. ferner BGE 66 II, 256 (keine Rückforderung einer Leistung, die erbracht wurde, um einen Dritten zu einer bestimmten testamentarischen Verfügung zu veranlassen); BGE 82 II, 72 (keine Rückforderung einer Abfindung für den Verzicht auf ein Vorkaufsrecht, dem eine widerrechtliche Vereinbarung zugrunde lag); BGE 95 II, 37, 41 (keine Rückforderung von Schmiergeldern); BGE 123 III, 101, 107 (keine Rückforderung einer Zahlung, die zum entgeltlichen Rückzug eines Rechtmittels geleistet wurde). Abweichende – für eine weitergehende

de wie bedeutsame Rechtsprechungsänderung könnte allerdings durch ein Urteil des Bundesgerichts vom 12.06.2008[883] eingeleitet worden sein. Die Entscheidung betrifft die Rückabwicklung von Leistungen, die im Rahmen eines gegen kartellrechtliche Verbote verstoßenden Konsortialvertrags erbracht wurden. Im Hinblick auf Art. 66 OR wird mit verhältnismäßig knapper Begründung konstatiert, dass diese Vorschrift auf Leistungen zu beschränken sei, die zur Anstiftung oder Belohnung eines rechts- oder sittenwidrigen Handelns des Gegners hingegeben wurden (sogenannte Fälle des „Gaunerlohns")[884]. Bereits der Wortlaut des Art. 66 OR deute auf diese Einschränkung hin, außerdem sei nicht einzusehen, wieso bei einem synallagmatischen Vertrag die gleichermaßen an einem widerrechtlichen Geschäft Beteiligten ungleich behandelt werden sollten. Schließlich werde durch eine solche Auslegung die Notwendigkeit einer „verhältnismässig häufig[en]"[885] Einschränkung des Art. 66 OR über Art. 2 ZGB vermieden. Dieses letzte Argument überrascht insofern, als dass die Rechtsprechung des Bundesgerichts Art. 2 ZGB ohnehin nur sehr vorsichtig in besonderen Ausnahmefällen zur Anwendung bringt[886]. Von den im Urteil als Beleg für dieses Argument zitierten beiden Fundstellen[887] erweist sich dann auch eine gar nicht als Anwendungsfall des Art. 2 ZGB, sondern vielmehr als eine Entscheidung, in der die Anwendung des Art. 2 ZGB offen gelassen und stattdessen ein Anspruchs aus Delikt zur Problemlösung rekrutiert wurde[888].

Mit dieser Entscheidung des Bundesgerichts aus dem Jahre 2008 wird ausdrücklich eine Abkehr von der bisherigen Rechtsprechung vollzogen, die eine Beschränkung des Art. 66 OR auf Fälle des „Gaunerlohns" noch ausdrücklich abgelehnt hatte[889]. Wird sich diese neue Linie durchsetzen, wäre die bisher zu Art. 66 OR ergangene Rechtsprechung nicht mehr haltbar. Vielmehr wäre der Anwen-

---

Einschränkung des Art. 66 OR votierende – Entscheidungen sind vereinzelt geblieben, vgl. BGE 53 II, 41 (Beschränkung auf „Gaunerlohn" befürwortet).

883 BGE 134 III, 438 – Az.: 4A_16/2008.

884 BGE 134 III, 438, 445.

885 BGE 134 III, 438, 445.

886 S.o., insbes. BGE 74 II, 23, 29 f.

887 BGE 76 II, 346, 370; BGE 75 II, 293, 295.

888 BGE 75 II, 293, 295.

889 Vgl. BGE 74 II, 23, 27; BGE 102 II, 401, 409.

dungsbereich des Art. 66 OR ganz erheblich eingeschränkt. Allerdings ist die Trennlinie zwischen Leistungen, die der Belohnung eines rechts- oder sittenwidrigen Handelns des Gegners dienen und sonstigen Leistungen durchaus nicht immer scharf zu ziehen[890]. Daher wird erst die künftige Rechtsentwicklung zeigen, welche Reichweite der Rechtsprechungsänderung für die Einschränkung des Art. 66 OR zukommt. Von Bedeutung ist allerdings, dass das Bundesgericht trotz der Beschränkung des Art. 66 OR auf Fälle des Gaunerlohns andere, außerhalb dieser Vorschrift liegende Fälle für möglich hält, in denen eine Rückforderung ausgeschlossen werden muss. Namentlich soll es sich um Fälle handeln, in denen der Normzweck der zur Nichtigkeit führenden Vorschrift den Kondiktionsausschluss eindeutig fordert[891]. An die erforderliche Eindeutigkeit scheint das Gericht aber strenge Anforderungen zu stellen. Jedenfalls genügte es im konkreten Fall nicht, dass teilweise die Ansicht vertreten wird, die Wirksamkeit der einschlägigen kartellrechtlichen Verbote ließe sich durch den Ausschluss der Rückerstattung verstärken[892].

3. Auffassungen im Schrifttum

Das Schrifttum in der Schweiz geht mit der bis in das Jahr 2008 verfolgten strengen Linie des Bundesgerichts hart ins Gericht. In besonderem Maße gilt dies für die zitierte Entscheidung des Bundesgerichts aus dem Jahre 1976[893], in der einem Darlehensgeber unter Berufung auf Art. 66 OR die Rückforderung der geleisteten Darlehenssumme versagt wurde. „Dieser Entscheid gehört zu den schlechtesten und am schwersten zu ertragenden Ausrutschern […], der nur mit dem Bild des schlafenden Homer zu erklären ist. […] das Ergebnis [verletzt] jedes Gerechtigkeitsgefühl und stellt sich in Widerspruch zur Rechtstradition und den im Ausland anerkannten Grundsätzen des Kondiktionenrechts"[894]. Wie in Deutschland wird insbesondere die mit dem Rückforderungsausschluss einhergehende einseitige Empfänger-

890 Vgl. hierzu unten *Vierter Teil, § 1 I. 3.*

891 BGE 134 III, 438, 445.

892 BGE 134 III, 438, 445.

893 BGE 102 II, 401.

894 *Bucher,* Schweizerisches Obligationenrecht AT, S. 622; ähnlich: *Giger,* Rechtsfolgen norm- und sittenwidriger Verträge, S. 146 („mit dem Gerechtigkeitsempfinden unvereinbar"); *Gauch/Schluep,* Schweizerisches Obligationenrecht, S. 351 („unhaltbar").

begünstigung bei Vorleistungen kritisiert[895]. Die hieraus resultierende „Privatbestrafung" verursache „den spontanen Protest des Rechtsgefühls und sei „nicht mit einer vernünftigen und billigen Auffassung in Einklang zu bringen"[896]. Die Rechtsprechung sei schwankend, logisch und systematisch unbefriedigend und produziere je nach Fall völlig paradoxe und unbefriedigende Resultate[897].

Überraschenderweise ist sich die schweizerische Rechtslehre schon seit Jahren über die „richtige" Behandlung des Art 66 OR einig: Nahezu einhellig geht man davon aus, dass Art. 66 OR im Sinne der römisch-rechtlichen Tradition auf Fälle des Gaunerlohns zu beschränken sei[898]. Nach dieser These, die neuerdings auch vom schweizerischen Bundesgericht[899] vertreten wird, soll die Rückforderungssperre überhaupt nur dann zur Anwendung gelangen, wenn es sich bei der hingegebenen Leistung um eine solche handelt, die zur Anstiftung oder Belohnung eines rechts- oder sittenwidrigen Handelns des Empfängers erbracht worden ist. Als Beispiele werden standardmäßig Schmiergeldzahlungen sowie Zahlungen für die Beihilfe zur Erbschleicherei genannt[900]. Die Frage, wann man genau von einer Leistung zur Anstiftung zu einem rechts- oder sittenwidrigen Verhalten oder zur Belohnung eines solchen sprechen kann, wird in der schweizerischen Literatur allerdings in den Nuancen unterschiedlich beant-

---

895 *von Thur/Peter,* Allgemeiner Teil des Schweizerischen Obligationenrechts, S. 491; *Lehner,* SJZ 52 (1956), 217, 221.

896 *von Büren,* SJZ 58 (1962), 225, 226; ähnlich *Lehner,* SJZ 52 (1956), 217, 221 („stoßende Konsequenzen").

897 *Giger,* Rechtsfolgen norm- und sittenwidriger Verträge, S. 146.

898 *von Büren,* Schweizerisches Obligationenrecht AT, S. 302; *ders.*, SJZ 58 (1962), 225, 225 ff.; *Bucher,* Schweizerisches Obligationenrecht AT, S. 620; *Guhl,* Das Schweizerische Obligationenrecht, S. 222 f.; *Schwenzer,* Schweizerisches Obligationenrecht AT, S. 394; *Giger,* Rechtsfolgen norm- und sittenwidriger Verträge, S. 142; *Giger,* Schneeballsystem im Kleinkreditgeschäft, S. 133 f.; *Gauch/Schluep,* Schweizerisches Obligationenrecht, S. 349; *Merz,* ZBJV 114 (178), 121, 143; *Hahn,* in: Amstutz HK, Art. 66, Rn. 5; *Koller,* Schweizerisches Obligationenrecht AT, S. 504 ff.; *Schulin,* in: Basler Kommentar, OR I, Art. 66, Rn. 5; *Huguenin,* Obligationenrecht AT, S. 167; *Petitpierre,* in: Commentaire Romand, Art. 66, Rn. 4; *a.A. Rusch,* SJZ 47 (1951), 369, 370 f., der die „harte Auslegung" des Bundesgerichts befürwortet.

899 S.o. BGE 134 III, 438, 445, *Vierter Teil, § 1 I. 2.*

900 *Keller/Schaufelberger,* Ungerechtfertigte Bereicherung, S. 84; *Huguenin,* Obligationenrecht AT, S. 167; *Schwenzer,* Schweizerisches Obligationenrecht AT, S. 394.

wortet. *Von Büren* differenziert - ähnlich wie für das deutsche Recht *Honsell*[901] - danach, ob der Gesetzes- oder Sittenverstoß einen bloßen „Nebeneffekt" oder aber den Geschäftsinhalt selbst darstellt[902], räumt aber selbst ein, dass eine solche Differenzierung häufig nicht eindeutig möglich sein wird[903]. Bei Austauschgeschäften, wie dem unerlaubten Goldhandel, im Rahmen derer das Ziel der beiderseitigen Leistungen nicht die Herbeiführung der Rechtswidrigkeit, sondern die Erlangung der Gegenleistung ist, soll Art. 66 OR nicht greifen. Anders soll es sich dagegen verhalten, wenn die Leistung nicht im Rahmen einer sachlich orientierten Austauschoperation erfolgt, sondern allein zu dem Zweck, den anderen zum verbotenen Verhalten zu verleiten. In solchen Fällen wird der Gedanke der Privatstrafe als gerechtfertigt angesehen, da das Verhalten des Leistenden hier besonders verwerflich erscheine[904]. Zudem sei hier der Gedanke der Verhältnismäßigkeit der Strafe gewahrt: Der Leistende „wird behufs Veranlassung eines schwerwiegenden Verstoßes mehr geleistet haben müssen, als um zu einer nur geringen Schelmerei anzustiften"[905].

Von Thur, obgleich ebenfalls Anhänger der „Gaunerlohntheorie", geht dagegen nicht so weit, von Art. 66 OR alle Leistungen auszuschließen, die keinen Lohn für eine unerlaubte Handlung darstellen. Vielmehr will er Art. 66 OR grundsätzlich bei allen Leistungen zur Anwendung bringen, ein Rückforderungsverbot soll dann aber nur für den Teil der Leistung bestehen, der sich als Prämie für die Unerlaubtheit darstellt[906].

Obwohl die schweizerische Literatur den Anwendungsbereich des Art. 66 OR auf die genannte Weise stark beschränkt, ist immer wieder die Rede davon, die Frage der Rückabwicklung anhand des Norm-

---

901 S.o. *Zweiter Teil, § 3 I.*

902 *von Büren,* SJZ 58 (1962), 225, 226 f.

903 *von Büren,* SJZ 58 (1962), 225, 228.

904 *von Büren,* SJZ 58 (1962), 225, 228.

905 *von Büren,* SJZ 58 (1962), 225, 228.

906 *von Thur/Peter,* Allgemeiner Teil des Schweizerischen Obligationenrechts, S. 491 f., 491, Fn. 112a. Krit. insbes. *Niederländer,* in: FS Gutzwiller, S. 635, der die vorgeschlagenen Abgrenzungskriterien für unbrauchbar hält. Krit. auch *Bucher,* Schweizerisches Obligationenrecht AT, S. 621: Die Auffassung, Art. 66 OR käme grds. bei sämtlichen Leistungen innerhalb gem. Art. 20 OR nichtiger Verträge zur Anwendung sei „bereits im Ansatz verfehlt".

zwecks der zur Nichtigkeit führenden Vorschrift zu beurteilen[907]. Unabhängig vom Ausschluss nach Art. 66 OR soll über eine Auslegung der zur Nichtigkeit führenden Norm entschieden werden, ob Sinn und Zweck dieser Vorschrift einen Rückforderungsausschluss fordern. Wie weit ein solcher ungeschriebener Rückforderungsausschluss gehen soll, wird aber wiederum völlig unterschiedlich beurteilt. Teilweise wird angenommen, bei einseitigen Vorleistungen solle grundsätzlich eine Rückabwicklung erfolgen[908]. Andere halten den Rückforderungsausschluss vor allem bei einseitigem Verstoß des Leistenden für gerechtfertigt[909]. Gelegentlich wird auch ein ungeschriebener Kondiktionsausschluss bei allen bewusst sittenwidrigen Leistungen befürwortet, während bei bewusst verbotswidrigen Leistungen wiederum auf den Normzweck abzustellen sein soll[910].

II. Die Rechtslage in Österreich

1. Überblick

Im österreichischen Recht schließt die Vorschrift des § 1174 ABGB bereicherungsrechtliche Rückforderungsansprüche für einen Teilbereich unerlaubter Geschäfte aus. Nach Absatz 1 Satz 1 dieser Vorschrift sind solche Leistungen von der Rückforderung ausgeschlossen, die jemand wissentlich zur Bewirkung einer unerlaubten Handlung gegeben hat. Hinter der Regelung steht der Gedanke, dass durch den Anspruchsausschluss ein mittelbarer Erfüllungszwang für den Empfänger der Leistung vermieden wird, der sich durch eine drohende Rückforderung zur Begehung der unerlaubten Handlung gedrängt fühlen könnte[911]. Eine Sonderregelung enthält § 1174 Abs. 2 ABGB, der die Rückforderung eines Darlehens zu Spielzwecken ausschließt. Außerhalb der Vorschrift des § 1174 ABGB kommt es grundsätzlich zu einer Rückabwicklung erbrachter Leistungen in analoger Anwendung des § 877 ABGB, der einen Teilbereich der *condictio sine causa* normiert. Die Vorschrift des § 877 ABGB wird bei Geschäften, die gem. § 879 ABGB gesetzes- oder sittenwidrig und damit nichtig sind,

---

907 *Bucher*, Schweizerisches Obligationenrecht AT, S. 621; *ders.*, ZSR 102 (1983, II), 257, 297 ff.; *Gauch/Schluep*, Schweizerisches Obligationenrecht, S. 351.

908 *Bucher*, ZSR 102 (1983, II), 257, 297.

909 *Oberhammer*, in: OR-Kurzkommentar, Art. 66, Rn. 3.

910 *Koller*, Schweizerisches Obligationenrecht AT, S. 507.

911 *Wilburg*, in: Klang, ABGB, § 1174, B.III.3.b); *Rebhahn*, in: ABGB-Praxiskommentar, § 1174, Rn. 3.

als Anspruchsgrundlage für eine bereicherungsrechtliche Rückabwicklung herangezogen[912]. Ob im Einzelfall ein Ausschluss dieser sogenannten Unerlaubtheitskondiktion erfolgt, soll sich nach einhelliger Meinung in Rechtsprechung[913] und Schrifttum[914] nach Sinn und Zweck der verletzten Norm richten. Zu beachten ist, dass - wie im schweizerischen so auch im österreichischen Recht - der Eigentumsübergang kausal ist und damit die bereicherungsrechtliche Rückforderung hauptsächlich bei Geldansprüchen relevant wird, da hier in der Regel ein Eigentumsübergang durch Vermischung erfolgt[915].

2. Die praktische Handhabung des Rückforderungsausschlusses

Der gesetzlich normierte Rückforderungsausschluss des § 1174 Abs. 1 Satz 1 ABGB spielt in der österreichischen Judikatur nur eine sehr geringe Rolle. Die Vorschrift wird nur auf Leistungen angewendet, die der Belohnung einer unerlaubten Handlung dienen und die sich gleichsam als „Prämie" der Unerlaubtheit darstellen; keine Anwendung findet die Vorschrift dagegen auf Leistungen, die als Entgelt für eine Sache im Rahmen verbotener Austauschgeschäfte erbracht werden[916]. In der jüngeren Rechtsprechung wurde der Anspruchsaus-

---

912 Seit Sz 5/33 st. Rspr. Zahlreiche weitere Entscheidungen bei *Tades/Hopf/Kathrein/Stabentheiner,* Das Allgemeine bürgeriche Gesetzbuch, E 1 zu § 877. Aus der Lit. *Gschnitzer,* Österreichisches Schuldrecht, S. 405; *Rummel,* ÖJZ 1978, 253, 253. Die analoge Heranziehung des § 877 ABGB ist allerdings nicht unumstritten. Da das ABGB keine systematische Regelung des Bereicherungsrechts kennt, kommen grds. verschiedene Anspruchsgrundlagen für eine Rückforderung von Leistungen im Rahmen unerlaubter Geschäfte in Betracht. Neben der analogen Anwendung des § 877 ABGB werden bereicherungsrechtliche Ansprüche zum Teil auf eine Gesamtanalogie zu den §§ 877, 1435, 1447 ABGB gestützt bzw. es wird auf eine Heranziehung von Gesetzesvorschriften verzichtet und allein nach Sinn und Zweck der Verbotsnorm entschieden. Ausführlich zum Meinungsstand m.w.N.: *Bydlinski,* in: FS Zöllner, S. 1035 ff.; *Rummel,* ÖJZ 1978, 253, 254 f.

913 Statt vieler: OGH 4 Ob 158/03v; OGH 5 Ob 129/02k; SZ 74/77 = JBl 2001, 654; SZ 69/69 = JBl 1997, 37; OGH NZ 1991, 23; OGH JBl 1989, 784; OGH JBl 1986, 526.

914 Ausführlich: *Wilburg,* in: Klang, ABGB, § 1174, A.I.1./B.I.6.; daneben s. auch *Rummel,* in: Rummel, ABGB, § 879, Rn. 258; *Bydlinski/Koziol,* in: Koziol, ABGB, § 879, Rn. 31; *Rebhahn,* in: ABGB-Praxiskommentar, § 1174, Rn. 4; *Koziol/Welser,* Grundriss des bürgerlichen Rechts II, S. 280.

915 *Gschnitzer,* Österreichisches Schuldrecht, S. 405.

916 St. Rspr. seit SZ 5/288. Statt vieler: SZ 69/69 = JBl 1997, 37, 39; OGH JBl 2004, 106; SZ 23/159; SZ 26/53.

schluss des § 1174 Abs. 1 Satz 1 ABGB beispielsweise auf Leistungen angewendet, die der Betreiber eines Baugewerbes erbracht hatte, damit der Empfänger der Leistungen unter Vorlage seines Gewerbescheins als fiktiver Geschäftsführer auftrat, um die Behörden über die Einhaltung entsprechender gewerberechtlicher Vorschriften zu täuschen[917].

Außerhalb des kleinen Anwendungsbereichs des § 1174 Abs. 1 Satz 1 ABGB findet sich in den einschlägigen Entscheidungen standardmäßig die Formulierung, dass es zu einer Rückforderung von Leistungen, die im Rahmen unerlaubter Geschäfte erbracht wurden, gem. § 877 ABGB nur komme, wenn nach dem Normzweck der verletzten Vorschrift die Vermögensverschiebung als solche und nicht nur die Entstehung einer durchsetzbaren Verpflichtung verhindert werden soll[918]. In den meisten Entscheidungen wurde auf Grundlage dieser Regel allerdings eine Rückforderung zugelassen, weil man - mit meist knapper Begründung - dafür hielt, dass die verletzte Vorschrift den Leistungsaustausch als solchen unterbinden wolle. In der jüngeren Vergangenheit wurde mit dieser Begründung die Rückforderung von Leistungen zugelassen, die im Rahmen eines verbotenen „Pyramidenspiels" erbracht wurden[919]. Dies entspricht der Rechtsprechung des OGH zur Rückforderung von Leistungen, die im Rahmen sonstiger Glücksspiele erbracht werden[920]. Gleiches gilt nach der Rechtsprechung für die Rückforderung von Schmiergeldzahlungen[921] sowie für die Rückforderung von Leistungen, die nach der Tradition der Sinti und Roma als eine Art „Freigabegeld" von den Eltern der Braut an den Bräutigam geleistet werden[922]. Beispiele für den Ausschluss der Rückforderung auf Grundlage von Sinn und Zweck der verletzten Vorschrift sind seltener, aber auch in der jüngeren Rechtsprechung

917 OGH JBl 2004, 107 mit krit. Anmerkung *Thunhart,* JBl 126 (2004), 109, 109. Ein Beispiel aus der älteren Rspr. zur Anwendung des § 1174 I 1 ABGB betrifft Zahlungen zur Finanzierung eines ehebrecherischen Verhältnisses, vgl. SZ 26/53.

918 S. etwa OGH NZ 91, 23; OGH 5 Ob 129/02k; OGH 4 Ob 158/03v; OGH 3 Ob 13/99d.

919 SZ 69/69 = JBl 1997, 37. Zur Behandlung derartiger „Schneeballsysteme" im deutschen Recht vgl. oben *Dritter Teil, § 1 I. 3.*

920 OGH 7 Ob 579/95. Anders als im deutschen Recht gem. § 762 Abs. 1 Satz 2 entsteht im österreichischen Recht bei verbotenem Glücksspiel keine Naturalobligation.

921 OGH 3 Ob 13/99d.

922 OGH 5 Ob 129/02k.

durchaus zu finden. So wurde die Rückforderung von Entgelt an Prostituierte - der entsprechende Vertrag wurde für sittenwidrig gehalten - verneint, da Sinn und Zweck des Sittenwidrigkeitsverdikts nur den Zwang zur Erfüllung, nicht aber die Vermögensverschiebung als solche verhindern wollten[923]. Auf der Grundlage von Sinn und Zweck der verletzten Vorschrift wurde auch in einer Entscheidung argumentiert, in der es um die Rückforderung von Zahlungen ging, die als Bauzinsen auf ein Baurecht an einem Grundstück geleistet wurden, wobei der entsprechende Vertrag eine nach § 3 Abs. 2 BauRG a.F. unzulässige Wertsicherungsklausel enthielt[924]: Das Gericht versagte dem Kläger einen Rückforderungsanspruch. Es war der Ansicht, dass Sinn und Zweck des Wertsicherungsverbots im konkreten Fall gar nicht tangiert waren, unter anderem weil es sich bei dem in Streit stehenden Grundstück um ein gewerblich genutztes Grundstück handelte, während das BauRG und das - mittlerweile nicht mehr existierende - Wertsicherungsverbot primär der Förderung des privaten Wohnungsbaus dienen sollten. In einer Entscheidung zur unerlaubten Arbeitnehmerüberlassung wurde ein bereicherungsrechtlicher Vergütungsanspruch des Überlassers ebenfalls nicht zugelassen, da er ansonsten an Stelle des vertraglichen Honorars mit ähnlicher Wirkung einen bereicherungsrechtlichen Wertersatz erhalten hätte, so dass Sinn und Zweck des Überlassungsverbots ausgehöhlt worden wären[925].

3. Auffassungen im Schrifttum

Die österreichische Rechtsprechung und Literatur sind sich über die Rückabwicklung erbrachter Leistungen im Rahmen unerlaubter Geschäfte im Kern weitestgehend einig. Das Schrifttum begrüßt folglich die „beifallswerten Ergebnisse der Judikatur"[926]. § 1174 Abs. 1 Satz 1 ABGB wird auch von der ganz herrschenden Lehre auf Fälle des Gaunerlohns beschränkt[927]. Anders als die Rechtsprechung beschränkt

---

923 SZ 62/123 = JBl 1989, 784.

924 OGH NZ 1991, 23. Ausführlich zu diesem Problem *Bydlinski,* ÖJZ 1987, 9, 14.

925 SZ 74/77 = JBl 2001, 654. Zu entsprechenden Fällen im deutschen Recht vgl. oben *Dritter Teil, § 1 I.*

926 *Rummel,* ÖJZ 1978, 253, 258.

927 *Rummel,* in: Rummel, ABGB, § 879, Rn. 258, § 1174, Rn. 2; *Bydlinski/Koziol,* in: Koziol, ABGB, § 1174, Rn. 2; *Rebhahn,* in: ABGB-Praxiskommentar, § 1174, Rn. 3, 4; *Koziol/Welser,* Grundriss des bürgerlichen Rechts II, S. 279; *Gschnitzer,* Österreichisches Schuldrecht, S. 407; *Bydlinski,* in: FS Zöllner, S. 1035; *Rummel,* ÖJZ 1978, 253, 254.

die herrschende Meinung im Schrifttum die Vorschrift des § 1174 Abs. 2, die die Rückforderung eines Darlehens zu Spielzwecken ausschließt, auf Fälle, in denen die Darlehenssumme durch das verbotene Spiel endgültig verloren wurde. Begründet wird dies mit dem Argument, dass nur in diesem Fall eine Schutzwürdigkeit des Darlehensnehmers bestehe[928].

Außerhalb des Anwendungsbereichs des § 1174 ABGB besteht Einigkeit darüber, dass Sinn und Zweck der verletzten Vorschrift über die Rückabwicklung zu entscheiden haben[929]. Vielfach findet sich im Schrifttum die - von der Rechtsprechung übernommene - Aussage, dass eine Rückforderung immer dann möglich sein muss, wenn die verletzte Vorschrift den Leistungsaustausch als solchen missbilligt, nicht aber, wenn bloß die Durchsetzbarkeit der Primärforderung unterbunden werden soll[930]. Im Ergebnis soll damit auch nach der herrschenden Lehre die Rückabwicklung der Regelfall sein, während ein Rückforderungsausschluss nur im Ausnahmefall in Betracht kommen soll, wenn er vom Normzweck der verletzten Vorschrift eindeutig gefordert wird[931]. So hält man etwa die Rückforderung für ausgeschlossen, wenn eine Rückabwicklung zu einem Zustand führen würde, der von der verletzten Vorschrift gerade verhindert werden soll[932]. Andererseits soll eine Rückforderung jedenfalls möglich sein, wenn Verstöße gegen Vorschriften in Rede stehen, die gerade dem Schutz des Leistenden dienen, wie beispielsweise bei einem Verstoß gegen arbeitnehmer- oder mieterschützende Bestimmungen[933], oder wenn der öffentlich-rechtliche Zweck der Verbotsnorm eine Wieder-

---

928 *Bydlinski/Koziol*, in: Koziol, ABGB, § 1174, Rn. 6; *Binder*, ÖJZ 1998, 175, 181; *Wilburg*, in: Klang, ABGB, § 1174, B.III.7.a); *Honsell*, JBl 113 (1991), 525, 526. Nach der Rechtsprechung soll die Rückforderung des Darlehens dagegen unabhängig vom Ausgang des Spiels ausgeschlossen sein, vgl. SZ 63/139; SZ 59/117.

929 S.o. Fn. 914.

930 *Rummel*, in: Rummel, ABGB, § 879, Rn. 258; *ders.*, ÖJZ 1978, 253, 255; *Koziol/Welser*, Grundriss des bürgerlichen Rechts II, S. 280;

931 *Rummel*, ÖJZ 1978, 253, 255, 258; *Bydlinski*, in: FS Zöllner, S. 1045.

932 *Rummel*, ÖJZ 1978, 253, 258; ähnlich *Rummel*, in: Rummel, ABGB, § 879, Rn. 258.

933 *Rummel*, ÖJZ 1978, 253, 256; *Rebhahn*, in: ABGB-Praxiskommentar, § 1174, Rn. 4; *Wilburg*, in: Klang, ABGB, § 1174, A.I.2.a); *Bydlinski*, in: FS Zöllner, S. 1044.

herstellung des ursprünglichen Zustands fordert, wie dies etwa beim unerlaubten Erwerb von Devisen vorstellbar ist[934].

III. Rechtsvergleich

1. Rechtsvergleichende Zusammenfasssung

Die Handhabung von Rückforderungsansprüchen im Rahmen unerlaubter Verträge in der Schweiz sowie in Österreich lässt eine Reihe von Gemeinsamkeiten erkennen. Sowohl die Vorschrift des Art. 66 OR - so wie sie von der jüngeren Rechtsprechung und der Literatur ausgelegt wird - als auch die österreichische Vorschrift des § 1174 Abs. 1 Satz 1 ABGB schließen die Rückforderung von Leistungen in Zusammenhang mit unerlaubten Geschäften nur insoweit aus, als mit der Leistung absichtlich eine unerlaubte Handlung des Empfängers bewirkt werden soll. Damit lehnen sich die Vorschriften sehr eng an den römisch-rechtlichen Kondiktionsausschluss an und erfassen letztlich ebenso wie das römisch-rechtliche Vorbild lediglich Fälle der Deliktsanstiftung. Diese Konzeption erinnern stark an die These *Honsells*, der auch den § 817 Satz 2 auf seinen historischen Anwendungsbereich beschränken will und damit aber in Deutschland weder im Schrifttum noch in der Rechtsprechung Anklang gefunden hat[935].

Demgegenüber kommt der Vorschrift des § 817 Satz 2 im deutschen Recht nach der herrschenden Auffassung eine viel größere Bedeutung zu, weil nach dieser Vorschrift sämtliche Leistungen vom Rückforderungsausschluss erfasst sind, die im Rahmen gesetzes- oder sittenwidriger Geschäfte erbracht werden, sofern nur mit der Leistung unmittelbar ein gesetzes- oder sittenwidriger Zweck verfolgt wird. Insofern ähnelt der Regelungsgehalt des § 817 Satz 2 der Auslegung des Art. 66 OR wie sie von der älteren schweizerischen Rechtsprechung vertreten wurde.

Sowohl in der schweizerischen als auch in der österreichischen Rechtsprechung und Literatur wird deutlich, dass neben dem auf Fälle der Deliktsanstiftung begrenzten, geschriebenen Rückforderungsausschluss ein Bedürfnis nach einer Abstimmung der Rückabwicklung auf Sinn und Zweck der verletzten Vorschrift besteht[936]. Dieser Ansatz findet sich auch im deutschen Recht wieder, wo sowohl in der Rechtsprechung als auch in der Literatur die Tendenz, § 817 Satz 2 an Sinn

---

934 *Wilburg*, in: Klang, ABGB, § 1174, A.I.2.b); *Bydlinski*, in: FS Zöllner, S. 1044.

935 S.o. *Zweiter Teil, § 3 II.*

936 S.o. *Vierter Teil, § 1 II. 2., § 2 II. 1.*

und Zweck der verletzten Vorschrift auszurichten, unverkennbar ist[937].

2. Kritische Würdigung und Schlussfolgerungen für das deutsche Recht

Die neueren Entwicklungen in der Schweiz sowie das österreichische Regelungskonzept weisen an sich eindeutig in Richtung einer Einschränkung des Rückforderungsausschlusses im Sinne der römischrechtlichen Tradition auf Fälle des Gaunerlohns. Sie könnten daher auf den ersten Blick zum Anlass genommen werden, auch in Deutschland eine Rückbesinnung auf den historischen Anwendungsbereich des § 817 Satz 2, mithin die These *Honsells*, neu zu überdenken. Dieser Schluss wäre allerdings meines Erachtens voreilig. Die gesetzlichen Bestimmungen des Art. 66 OR bzw. des § 1174 Abs. 1 Satz 1 ABGB unterscheiden sich nämlich bereits in ihrem Wortlaut ganz deutlich von § 817 Satz 2. Der Wortlaut des § 1174 ABGB, der Leistungen von der Rückforderung ausschließt, die wissentlich zur Bewirkung einer unerlaubten Handlung gegeben wurden, bzw. der Wortlaut des Art. 66 OR, der den Rückforderungsausschlusses auf den Leistungsgegenstand beschränkt, der in der Absicht, einen rechtswidrigen oder unsittlichen Erfolg herbeizuführen, gegeben wurde, lassen eine Einschränkung im Sinne der Gaunerlohntheorie eher zu als der sehr viel weitere Wortlaut des § 817 Satz 2[938]. Schließlich werden die Bedenken, die bereits gegen die ähnliche These *Honsells* vorgebracht wurden[939], auch durch die Entwicklungen in der Schweiz und die Rechtslage in Österreich nicht ausgeräumt. Nach wie vor offen bleibt insbesondere die Frage nach der rechtsethischen Rechtfertigung eines auf Fälle der Deliktsanstiftung beschränkten Rückforderungsausschlusses[940]. Zudem wird vor allem in der Diskussion im schweizerischen Schrifttum deutlich, dass der Begriff des Gaunerlohns jedenfalls noch näherer Präzisierung bedarf. Die in diesem Zusammenhang vorgeschlagenen Abgrenzungskriterien scheinen in ihren Randbereichen unscharf. Wie vieldeutig der Begriff des Gaunerlohns tatsächlich ist, zeigt anschaulich das Beispiel des Betäubungsmittelkaufs: Einerseits ließe sich vertreten, die Rechtswidrigkeit sei hier bloßer „Nebeneffekt", das eigent-

---

937 S.o. *Zweiter Teil, § 6* sowie die Beispiele aus der Rechtsprechung im *Dritten Teil.*

938 Zutreffend *Niederländer,* in: FS Gutzwiller, S. 636: Beschränkung auf Gaunerlohn mit § 817 Satz 2 „schlechthin unvereinbar".

939 Hierzu s.o. *Zweiter Teil, § 3 II.*

940 S.o. *Zweiter Teil, § 3 II.*

liche Ziel der Zahlung durch den Käufer sei es, im Rahmen eines Austauschgeschäftes die Drogen zu bekommen. Andererseits veranlasst der Käufer den Dealer durch die Zahlung sehr wohl zur Begehung einer rechtswidrigen, ja sogar strafbaren Handlung. Plakativ ausgedrückt: „Der Dealer ist doch ein Gauner, das Entgelt für die Drogen sein Lohn"[941]. Obwohl die neueren Entwicklungen in der Schweiz dahin gehen, ebenso wie die Vorschrift des § 1174 ABGB, nur Leistungen von der Rückforderung auszuschließen, die zur Bewirkung einer unerlaubten Handlung gegeben wurden, entsprechen sich die Lösungsvorschläge in den beiden Ländern keineswegs für sämtliche Konstellationen. Die Fallgruppe der Schmiergeldzahlungen beispielsweise wird in der schweizerischen Rechtslehre geradezu als typisches Beispiel für die Anwendung der Gaunerlohntheorie genannt[942]. Dagegen kommt in der österreichischen Rechtsprechung die Vorschrift des § 1174 ABGB bei Schmiergeldzahlungen jedenfalls dann nicht zur Anwendung, wenn der Empfänger mit den Zahlungen eine dritte Person bestechen sollte[943]. Die unterschiedliche Behandlung dieser Fälle zeigt wiederum, dass keineswegs einfach und eindeutig zu bestimmen ist, wann es sich um eine Leistung handelt, die zur Bewirkung einer unerlaubten Handlung gegeben wurde. Eine abschließende Bewertung der Entwicklungen in der Schweiz zu Art. 66 OR sowie der Vorschrift des § 1174 ABGB im österreichischen Recht braucht an dieser Stelle nicht zu erfolgen. Für § 817 Satz 2 scheint der Weg, den Rechtsprechung und Literatur in der Schweiz sowie in Österreich eingeschlagen haben, jedenfalls nicht in überzeugender Weise gangbar.

Insofern entsteht der Eindruck, als hätte die rechtsvergleichende Analyse der Situation in der Schweiz und in Österreich für das deutsche Recht wenig Brauchbares geliefert. Auch dieser Schluss wäre allerdings etwas voreilig. Immerhin hat die Rechtsprechungsänderung, die in der Schweiz in Abkehr von der vormals allzu strengen Line vollzogen wurde, deutlich gemacht, dass der Rückforderungsausschluss dringend einer sachgerechten Restriktion bedarf, um rechtspolitisch überzeugende Ergebnisse zu liefern. Diese Feststellung ist frei-

[941] *Oberhammer*, in: OR-Kurzkommentar, Art. 66, Rn. 5, der daher für einen Rückforderungsausschluss in diesem Fall votiert; *a.A.: Koller*, Schweizerisches Obligationenrecht AT, S. 506, der einen Rückforderungsausschluss beim Drogenhandel ausschließt, obwohl auch er grds. von der „Gaunerlohntheorie" ausgeht.

[942] S.o. Fn. 900.

[943] EvBl 1951, 273.

lich ebenfalls wenig überraschend, ist doch das Bedürfnis nach einer Beschränkung des Kondiktionsausschlusses auch in Deutschland allgemein anerkannt.

Interessanter sind allerdings die sowohl in der Schweiz als auch in Österreich anzutreffenden Tendenzen, neben dem geschriebenen Rückforderungsausschluss einen ungeschriebenen, auf Sinn und Zweck der verletzten Vorschrift fußenden Rückforderungsausschluss anzuerkennen[944]. Ein Ausschluss von Rückforderungsansprüchen soll in bestimmten Fällen angenommen werden, wenn der Normzweck der zur Nichtigkeit führenden Vorschrift einen solchen fordert. Die Entwicklungen in der Schweiz und in Österreich deuten dabei darauf hin, dass der Rückforderungsausschluss verstärkt als Ausnahme gesehen wird, die nur eingreift, wenn sie vom Normzweck eindeutig gefordert wird. Verlässliche Kriterien für die Entscheidung, wann dies konkret der Fall ist, liefert die rechtsvergleichende Analyse zwar nicht. Immerhin stützt die Diskussion in Österreich aber den für das deutsche Recht entwickelten Vorschlag, auf die Verbotsrichtung der verletzten Vorschrift abzustellen und danach zu fragen, ob nach dem Normzweck der Leistungsaustausch als solcher missbilligt wird[945]. Außerdem machen die Entwicklungen in der Schweiz und in Österreich Zweierlei deutlich: Zunächst sind sie ein weiteres Indiz dafür, dass die Beschränkung des Rückforderungsausschlusses auf den historischen Anwendungsbereich die mit ihm verbundenen Probleme nicht löst, sondern nur auf eine andere Ebene verlagert. Zum anderen werden die jüngeren Tendenzen in der deutschen Rechtsprechung und Lehre bestätigt, die die Anwendung des § 817 Satz 2 in unterschiedlichem Maße von Sinn und Zweck der verletzten Vorschrift abhängig machen wollen.

Der rechtsvergleichende Blick in die Schweiz und nach Österreich sollte nach alledem nicht dazu veranlassen, § 817 Satz 2 auch in Deutschland auf seinen historischen Anwendungsbereich zu beschränken. Vielmehr sollte die offene, relativ weit vom historischen Vorbild entfernte, deutsche Regelung als Chance gesehen werden, den geschriebenen Rückforderungsausschluss dem modernen Verständnis von normzweckorientierter Rückabwicklung anzupassen und das überkommene römisch-rechtliche Vorbild, das zur umfassenden Lösung der aktuellen Problemlagen nicht geeignet ist, zu überwinden.

---

944 S.o. *Vierter Teil, § 1 I. 2., II.*

945 S.o. *Zweiter Teil, § 6 IV.*

§ 2 Der Rückforderungsausschluss im englischen Recht

I. Überblick

Das englische Recht kennt zwar keinen geschriebenen, gesetzlich normierten Rückforderungsausschluss, das Common Law greift aber zur Versagung von Ansprüchen bei verbotenen Geschäften seit dem 18. Jahrhundert auf zwei römisch-rechtliche Prinzipien zurück: Zum einen auf die, bereits mehrfach erwähnte[946], Regel *in pari turpitudine melior est condicio possidentis*, zum anderen auf den Grundsatz *ex turpi causa non oritur actio*[947]. Viel zitiert sind in diesem Zusammenhang die Worte *Lord Mansfields*[948] aus der Grundsatzentscheidung *Holman* v. *Johnson*:

> „The principle of public policy is this; ex dolo malo non oritur actio. No court will lend its aid to a man who founds his cause of action upon an immoral or an illegal act. If, from the plaintiff's own stating or otherwise the cause of action appears to arise ex turpi causa, or the transgression of a positive law of this country, there the Court says he has no right to be assisted. It is upon that ground the Court goes; not for the sake of the defendant, but because they will not lend their aid to such a plaintiff. So if the plaintiff and defendant were to change sides, and the defendant was to bring his action against the plaintiff, the latter would then have the advantage of it; for where both are equally in fault, potior est conditio defendentis."

Auch die Grundsätze der Equity kennen mit der sog. *clean hands*-Regel (*„He who comes to equity must come with clean hands"*[949]) ein entsprechendes Prinzip.

Als Begründung dieser Prinzipien schimmert in den einschlägigen Entscheidungen - wie bereits die Ausführungen *Lord Mansfields* zeigen - sehr häufig das Prinzip der Rechtsschutzversagung durch. Besonders anschaulich sind die blumigen Worte von *Wilmot C.J.*[950]:

---

946 S. insbes. oben *Erster Teil, § 2 II. 4. a.*

947 Dieser Grundsatz wird häufig mit der - ebenfalls bereits mehrfach erwähnten - Parömie *nemo auditur turpitudinem suam allegans* in Verbindung gebracht, vgl. *Dannemann,* in: Unjustified Enrichment, S. 315.

948 *Holman* v. *Johnson* (1775) 1 Cowper 341, 343.

949 Vgl. z.B. *Tinker* v. *Tinker* (1970) P. 136, 143.

950 *Collins* v. *Blantern* (1767) 2 Wilson 341, 350. Ähnlich *Parker* v. *Mason* (1940) 2 K.B. 590, 610: *„this court will not assist either party once the illegality has*

> „[...] no polluted hand shall touch the pure fountains of justice. Whoever is a party to an unlawful contract, if he hath once paid the money stipulated to be paid in pursuance thereof, he shall not have the help of a court to fetch it back again, you shall not have a right of action, when you come into a Court of Justice in this unclean manner to recover it back."

Systematisch beschränken sich die genannten Prinzipien - anders als in Deutschland und der Schweiz - nicht auf das Bereicherungsrecht. Vielmehr durchziehen die Regeln das gesamte englische Recht und betreffen grundsätzlich sämtliche Ansprüche, die in Zusammenhang mit verbotenen Geschäften geltend gemacht werden. Konstruktiv stellt die *Illegality*, also die Unerlaubtheit von Geschäften, im englischen Recht eine Einwendung (*defence*) gegenüber sämtlichen vertraglichen und gesetzlichen Ansprüchen dar[951]. Im Fokus der folgenden

---

brought to its notice". Allgemein zur Frage nach Sinn und Zweck des Anspruchsausschlusses im englischen Recht: *Grodecki*, LQR 71 (1955), 254, 265 ff. (neben dem Prinzip der Rechtsschutzversagung spielen auch in der englischen Rechtsprechung präventive Zielsetzungen für die Begründung des Anspruchsausschlusses eine Rolle); s. auch *Virgo*, in: The Limits of Restitutionary Claims, S. 156 ff.: *Virgo* geht allerdings davon aus, dass es keine überzeugende rechtspolitische Rechtfertigung für einen Rückforderungsausschluss gibt; aus der deutschen Lit.: *Hackbarth*, In pari turpitudine melior est conditio possidentis, S. 34 ff.

951 Dies ist allerdings im Bereicherungsrecht nicht unumstritten. Teilweise wird die *Illegality* nicht erst als Einwendung gegenüber einem bestehenden Bereicherungsanspruch, sondern bereits als *unjust*-Grund aufgefasst, der zum Entstehen eines Bereicherungsanspruchs führt. Dies wird von einer Literaturansicht insbesondere für den Fall des sog. „bereuenden Rücktritts vom illegalen Vertrag" (*withdrawal during the locus poenitentiae*) so gesehen, näher hierzu unten *Vierter Teil, § 2 II. 2. a*. Hierfür insbes. *Birks*, An introduction to the law of restitution, S. 301 ff.; *Burrows*, The Law of Restitution, S. 425 f.; *Burrows/McKendrick/Edelman*, Cases and materials on the law of restitution, S. 597 ff. Die h.M. sowie die Rechtsprechung fassen die *Illegality* dagegen als Einwendung gegenüber einem bestehenden Bereicherungsanspruch auf, vgl. hierzu *Swadling*, in: Unjustified Enrichment, S. 289 ff. Der Gesichtspunkt des „bereuenden Rücktritts von einem illegalen Vertrag" wird nach dieser Ansicht als Ausnahme vom Rückforderungsausschluss relevant. Im Folgenden wird die Auffassung der Rspr. und h.M. zu Grunde gelegt. Relevant für die vorliegende Problematik ist ohnehin allein, unter welchen Voraussetzungen der „bereuende Rücktritt vom illegalen Vertrag" zu einer Rückforderung berechtigt. Auf die konstruktive Einordnung als *unjust*-Grund oder als Ausnahme vom Rückforderungsausschluss kommt es nicht an. Des Weiteren wird der Einwand der *Illegality* z.T. bei bestimmten *unjust*-Gründen gar nicht zugelassen, namentlich bei *mistake, duress* und

Ausführungen soll gleichwohl die Anwendung des Prinzips im Rahmen von Ansprüchen stehen, die ihrer Art nach bereicherungsrechtlicher Natur sind, da dieser Problemkomplex für den deutschen § 817 Satz 2 von besonderem Interesse ist.

Für die bereicherungsrechtliche Problematik von Bedeutung ist dabei zunächst die grundlegende Feststellung, dass die Nichtigkeit eines Geschäfts im englischen Bereicherungsrecht nicht automatisch zu einem Rückforderungsanspruch führt[952]. Es muss vielmehr stets ein besonderer *unjust*-Grund vorliegen, damit ein Bereicherungsanspruch in Betracht kommt. In den für die vorliegende Untersuchung relevanten Fällen ist dies sehr häufig der *unjust*-Grund der *failure of consideration* - oft auch als *failure of basis* bezeichnet - der immer dann zum Zug kommt, wenn bei einseitigen Vorleistungen die erhoffte Gegenleistung ausbleibt[953]. Daneben spielen für die hier relevanten Fallgestaltungen die *unjust*-Gründe des Irrtums oder der Nötigung eine Rolle. Liegen die genannten *unjust*-Gründe vor, besteht grds. ein Bereicherungsanspruch, der allerdings bei illegalen Verträgen häufig durch die Einwendung der *Illegality* ausgeschlossen sein wird, wenn sich der Kläger zur Geltendmachung des Anspruchs in irgendeiner Form auf die Unerlaubtheit des Vertrags berufen muss.

Bei einer rechtsvergleichenden Analyse sieht man sich mit der Schwierigkeit konfrontiert, dass sich das englische Bereicherungsrecht noch in seiner Entwicklungsphase befindet und in seinem Anwendungsbereich, seinen Voraussetzungen und Grenzen noch immer diffus ist[954]. Eine weitere Schwierigkeit bei der Behandlung der Proble-

---

exploitation of weakness, so z.B. *Birks*, An introduction to the law of restitution, S. 425 ff.; *Burrows*, The Law of Restitution, S. 574 f.; krit. *Meier*, Irrtum und Zweckverfehlung, S. 343 ff. Unstrittig ist, dass in diesen Fällen eine Ausnahme vom Grundsatz der Unerlaubtheit als Einwendung zu machen ist und eine Rückabwicklung erfolgt. Für die Frage nach der Reichweite des Rückforderungsausschlusses macht es wiederum keinen Unterschied, ob man in den fraglichen Fällen die Einwendung der *Illegality* gar nicht zulässt oder eine Ausnahme vom Rückforderungsausschluss annimmt. Bei den folgenden Ausführungen soll auch hier die Ansicht der Rspr. zu Grunde gelegt werden.

952 *Atiyah/Smith*, Atiyah's Introduction to the law of contract, S. 235. Ausführlich zu den *unjust*-Gründen: *Meier*, Irrtum und Zweckverfehlung.

953 Näher *Birks*, TIL 1 (2000), 1, 6 f.

954 *von Bar/Swann*, in: FS Lorenz, S. 51. Das *law of restitution* ist ein vergleichsweise neues Rechtsgebiet und hat sich in England erst in jüngerer Zeit im Wege der Zusammenfassung und Systematisierung bis dahin separater Rechtsbehelfe etabliert. Lange Zeit kannte das englische

matik tritt deshalb zu Tage, weil es sich bei dem Themenkomplex der verbotenen Geschäfte um einen Bereich des englischen Rechts handelt, der sich als äußerst komplex, rechtsunsicher und reformbedürftig erweist[955]: Verbotene Geschäfte gehören zu den

> „most complex and technical areas of English law. Practitioners faced with a question on illegal transactions can be forgiven for being terrified, not least because the writers of textbooks differ so much in their exposition of the relevant law"[956].

Ungeachtet dieser Schwierigkeiten soll das Hauptaugenmerk der folgenden Ausführungen weder auf speziellen bereicherungsrechtlichen Problemen noch auf der grundsätzlichen Frage nach der Nichtigkeit verbotener Verträge liegen. Vielmehr soll versucht werden, die Reichweite der eingangs genannten Prinzipien im Hinblick auf Rückforderungsansprüche im Rahmen verbotener Geschäfte zu umreißen. Herausgearbeitet werden soll vor allem, wie streng die Regel des Anspruchsausschlusses in der Praxis angewendet wird und unter wel-

---

Zivilrecht kein Bereicherungsrecht als selbständigen Haftungsgrund. Erst in der Leitentscheidung *Lipkin Gorman* v. *Karpnale Ltd.* (1991) 3 W.L.R. 10 aus dem Jahre 1991 wurde das Recht der ungerechtfertigten Bereicherung als allgemeines Prinzip durch das House of Lords anerkannt. Allgemein zum englischen Bereicherungsrecht: *Goff/Jones,* The law of restitution; *Burrows,* The Law of Restitution; *Ibbetson,* in: Unjust enrichment and the law of contract, S. 33 ff.; *Beatson,* in: The Use and Abuse of Unjust Enrichment, S. 21 ff. Aus der deutschen Lit.: *Meier,* Irrtum und Zweckverfehlung; *Zimmermann,* The law of Obligations, S. 892 ff.; *Zweigert/Kötz,* Einführung in die Rechtsvergleichung, S. 553 ff.; *Plaßmeier,* Ungerechtfertigte Bereicherung im internationalen Privatrecht und aus rechtsvergleichender Sicht, S. 96 ff.; *Melters,* Die Bereicherung im englischen Recht, S. 19 ff.

955 Die Frage, wann ein Geschäft nach englischem Recht verboten ist, ist nicht einfach zu beantworten. Eine allgemein anerkannte Definition der *Illegality* kennt das englische Recht nicht. Im weiteren Sinne sind *illegal contracts* solche Geschäfte, die nach ihrem Inhalt, ihrem Zweck oder nach Art der Durchführung eine Straftat oder eine unerlaubte Handlung darstellen oder aus anderen Gründen der *public policy* widersprechen, vgl. *Burrows,* Understanding the law of obligations, S. 192. Allgemein zu den Voraussetzungen der *Illegality*: *Virgo,* The principles of the law of restitution, S. 721 ff.; *Peel/Treitel,* The law of contract, S. 470 ff.; *Furmston,* Law of contract, S. 461 ff.; *Sutton/Shannon,* On Contracts, S. 259 ff.; *Atiyah/Smith,* Atiyah's Introduction to the law of contract, S. 210 ff. Der gesamte Bereich der *illegal transactions* war jüngst Gegenstand eines Reformprojekts der *Law Commission*, vgl. unten *Vierter Teil, § 2 IV.*

956 *Burrows,* Understanding the law of obligations, S. 192.

chen Voraussetzungen eine Nichtanwendung des Prinzips in Betracht kommt.

II. Die praktische Handhabung des Rückforderungsausschlusses

1. Grundsatz: Keine Rückforderung bei unerlaubten Geschäften

Die englische Rechtsprechung ist geprägt von den allgemeinen, eingangs erwähnten Prinzipien, wonach im Regelfall eine Rückforderung von Leistungen, die im Rahmen illegaler Geschäfte erbracht werden, nicht in Betracht kommt[957]. Diese Regel wird in der englischen Rechtsprechung tendenziell sehr streng zur Anwendung gebracht und führt immer dann zur Versagung eines Rückforderungsanspruchs, wenn sich der Kläger zur Begründung seines Anspruchs in irgendeiner Weise auf das verbotene Geschäft berufen muss:

> „As a general rule, where the plaintiff cannot get at money which he seeks to recover without showing the illegal contract, he cannot succeed"[958].

Aus der umfangreichen, kaum übersehbaren Rechtsprechung zur Anwendung der Regel *in pari turpitudine melior est condicio possidentis* seien nur einige wenige, prägnante Fallgestaltungen exemplarisch herausgegriffen: In der älteren Entscheidung *Taylor* v. *Chester*[959] wurde dem Kläger beispielsweise die Rückforderung einer Banknote versagt, die er als Pfand für eine Schuld aus Warenlieferungen an ein Bordell übergeben hatte, da sich der Kläger für die Rückforderung der Banknote auf den illegalen Zweck der zu Grunde liegenden Verpflichtung berufen hätte müssen. Aus demselben Grund scheiterte ein Kläger mit seinem Begehren auf Rückforderung von Kapital, das er im Rahmen

---

957 Für einen Überblick über die Rechtsprechung vgl. u.a. auch *Goff/Jones,* The law of restitution, S. 608 ff.; *Peel/Treitel,* The law of contract, S. 541 ff.; *Furmston,* Law of contract, S. 489 ff.; *Anson/Beatson,* Anson's law of contract, S. 402 ff.; *Burrows/McKendrick/Edelman,* Cases and materials on the law of restitution, S. 597 ff.; *Mc Meel,* The modern Law of Restitution, S. 199 ff.; *Burrows,* The Law of Restitution, S. 597 ff.; *Grodecki,* LQR 71 (1955), 254, 256 ff.; *Virgo,* in: The Limits of Restitutionary Claims, S. 150 ff. sowie aus der deutschen Literatur *Meier,* Irrtum und Zweckverfehlung, S. 338 ff.; *Schmidt-Recla,* JZ 2008, 60, 66; *Hackbarth,* In pari turpitudine melior est conditio possidentis, S. 24 ff.

958 *Berg* v. *Sadler and Moore* (1937) 2 K.B. 158, 164.

959 *Taylor* v. *Chester* (1868-69) L.R. 4 Q.B. 309.

eines Darlehensvertrags, der als unzulässiges Währungsgeschäft nach dem damals geltenden Recht illegal war, übertragen hatte[960].

Bei illegalen Verträgen über Dienst- oder Werkleistungen spielt in der englischen Rechtsprechung für die Versagung eines Wertersatzanspruchs oftmals der Gedanke eine Rolle, dass eine Rückabwicklung dem illegalen Vertrag mittelbar zur Geltung verhelfen würde. So kann ein Anwalt, der auf der Grundlage einer illegalen bedingten Gebührenvereinbarung tätig geworden ist, kein *quantum meruit* - keinen Wertersatz - für seine erbrachten Leistungen verlangen[961]. Auch einem Bauunternehmer, der aufgrund eines illegalen, weil zur Ermöglichung eines Versicherungsbetruges abgeschlossenen, Werkvertrags tätig geworden war, wurde ein Anspruch auf Wertersatz für seine geleisteten Dienste versagt, weil ein solcher Anspruch der Anerkennung vertraglicher Ansprüche nahezu gleich gekommen wäre:

> „The plaintiff cannot enforce it [the illegal contract] indirectly by claiming a quantum meruit lies in restitution or, as it was formerly called, in quasi-contract"[962].

Diese Fälle nichtiger Werk- oder Dienstverträge sind, was die Sachverhaltskonstellationen angeht, mit den aus dem deutschen Recht

---

960 *Boissevain* v. *Weil* (1950) A.C. 327. Vgl. nunmehr aber auch *Westdeutsche Landesbank Girozentrale* v. *Islington London BC* (1996) C.L.C. 990, die *Boissevain* v. *Weil* z.T. außer Kraft setzt. Die Reichweite dieser Entscheidung ist allerdings nicht klar, da es in *Westdeutsche* nicht um einen illegalen, sondern um einen aus anderen Gründen nichtigen Vertrag ging. Vgl. zu der Problematik nichtiger Darlehensverträge auch *Lodge* v. *National Union Investment Company Ltd.* (1907) 1 Ch. 300: Nach dieser Entscheidung soll im Rahmen eines nichtigen Darlehensvertrags der Hypothekenschuldner seine Hypothek nur dann zurückfordern können, wenn er gleichzeitig das erhaltene Kapital zurückzahlt. Nur ein solches Ergebnis sei recht und billig, vgl. *Parker J.*, S. 312. Diese Entscheidung wurde allerdings heftig kritisiert und in der Folgezeit nur selten übernommen, vgl. *Goff/Jones,* The law of restitution, S. 613 ff. In diesen und ähnlichen Fällen würde die deutsche Rechtsprechung die Anwendung des § 817 Satz 2 wohl - dogmatisch durchaus fragwürdig - am sog. Endgültigkeitskriterium scheitern lassen. Vgl. hierzu *Dritter Teil, § 1 II. 2. b. bb.*

961 *Awwad* v. *Geragthy & Co* (2001) Q.B. 570, 596. Ähnlich *Wild* v. *Simpson* (1919) 2 K.B. 544 (hier war der Anwaltsvertrag aufgrund einer unzulässigen Erfolgsbeteiligung nichtig). Bestätigt wurde diese Rechtsprechung in *Dal Sterling Group Plc.* v. *WSP South & West Ltd.* (2002) TCLR 20 (hier kam es allerdings darauf im Ergebnis nicht an, weil das Gericht zu dem Ergebnis kam, dass der Anwaltsvertrag nicht illegal war).

962 *Taylor* v. *Bhail* (1996) C.L.C. 377.

bekannten Schwarzarbeiterfällen sowie den Verstößen gegen das Rechtsberatungsgesetz vergleichbar; die deutsche Rechtsprechung nimmt jedoch zumindest in den Schwarzarbeiterfällen eine Ausnahme vom Rückforderungsausschluss an[963].

In *Parkinson* v. *College of Ambulance*[964] scheiterte der Kläger mit seinem Begehren auf Rückforderung einer Zahlung, die er an eine Wohltätigkeitsorganisation geleistet hatte, weil ihm von einer Angestellten wahrheitswidrig vorgespiegelt worden war, er würde aufgrund der Zahlung die Ritterwürde erhalten[965]. Der Betrug durch den Empfänger, der nach deutschem Recht an einen - von § 817 Satz 2 unberührten - deliktischen Anspruch denken ließe, änderte im englischen Recht am Grundsatz des Rückforderungsausschlusses nichts.

Obwohl die Konsequenzen der Anwendung des Grundsatzes *in pari turpitudine melior est condicio possidentis* auch in England aus Sicht der entscheidenden Richter nicht immer zufrieden stellend sind, wird an der strengen Umsetzung der Maxime größtenteils bis heute festgehalten. Bezeichnend hierfür sind die Worte *Lord Goffs* aus der Entscheidung *Tinsley* v. *Milligan*[966]:

> „The principle is not a principle of justice: it is a principle of policy, whose application is indiscriminate and so can lead to unfair consequences as between the parties to litigation. Moreover the principle allows no room for the exercise of any discretion by court in favour of one party or the other".

2. Ausnahmen vom Rückforderungsausschluss

Trotz der im Grundsatz strengen Anwendung des Rückforderungsausschlusses haben sich in der englischen Rechtsprechung drei Fallgruppen herausgebildet, in denen eine Rückforderung ungeachtet der *Illegality* zugelassen wird. Das sind zum einen Fälle des bereuenden Rücktritts vom Vertrag. Zum anderen handelt es sich um Fallgestaltungen, in denen die Parteien nicht als gleichermaßen schuldig, das heißt nicht als *in pari delictio*, bezeichnet werden können. Schließlich wird bei Sachverhalten, in denen sich der Kläger zur Begründung sei-

---

963 S. hierzu oben *Dritter Teil, § 1 I. 2.*

964 *Parkinson* v. *College of Ambulance* (1925) 2 K.B.1.

965 Ein Parallelfall aus der deutschen Rechtsprechung mit vergleichbarem Ergebnis ist eine Entscheidung des BGH, in der der Kläger den Titel des Honorarkonsuls gegen Zahlung erwerben wollte, vgl. hierzu oben Fn. 129.

966 *Tinsley* v. *Milligan* (1994) 1 A.C. 340, 354.

nes Anspruchs gar nicht auf die Unerlaubtheit des Vertrags berufen muss, eine Ausnahme vom Rückforderungsausschluss zugelassen.

a) Bereuender Rücktritt

Unter gewissen Voraussetzungen wird den Parteien eines illegalen Vertrags im englischen Recht die Möglichkeit eines bereuenden Rücktritts (*withdrawal in the locus poenitentiae*) zugebilligt, der eine Rückforderungsmöglichkeit hinsichtlich geleisteter Gegenstände eröffnen soll[967]. Hintergrund ist der Gedanke, dass durch die Möglichkeit des Rücktritts ein Anreiz zur Aufgabe des illegalen Zwecks geschaffen werden kann[968]. Der genaue Umfang dieser Ausnahme ist allerdings strittig und auch in der Rechtsprechung nicht klar umrissen. Insbesondere das noch zulässige Stadium der Vertragsdurchführung, bis zu dem ein Rücktritt möglich ist, und die genaue Motivation des Zurücktretenden, werden unterschiedlich beurteilt. Gleichwohl können zumindest zwei gesicherte Voraussetzungen für einen bereuenden Rücktritt festgehalten werden: Zum einen darf der illegale Vertrag noch nicht vollständig durchgeführt, der illegale Zweck mithin noch nicht erreicht worden sein. Zum anderen muss der Rücktritt freiwillig erfolgen und nicht lediglich aufgrund von Umständen, die die Erreichung des illegalen Zwecks unmöglich machen und außerhalb des Einflussbereichs des Leistenden liegen.

Die Grundzüge der Rechtsprechung zu dieser Fallgruppe lassen sich an drei wichtigen Entscheidungen aufzeigen. Die erste Entscheidung aus dieser Linie ist *Taylor* v. *Bowers*[969]. Sie betrifft einen Fall, in dem der Kläger ein Warenlager an eine dritte Person übertragen hatte, um das Vermögen seinen Gläubigern zu entziehen. Nachdem der Kläger eine Einigung mit seinen Gläubigern erzielt hatte, ohne dass sich die gläubigerschädigende Absicht der Vermögensübertragung verwirklicht hatte, forderte er das übertragene Warenlager zurück. Mit Erfolg,

---

967 Ausführlich zu dieser Fallgruppe insbes.: *Beatson,* LQR 91 (1975), 313 ff.; *Merkin,* LQR 97 (1981), 420, 420 ff.; *Virgo,* CLJ, 23 ff.; *Buckley,* Illegality and public policy, S. 277 ff.; *Burrows,* The Law of Restitution, S. 426 ff.; *Hackbarth,* In pari turpitudine melior est conditio possidentis, S. 101 ff. Zur Auffassung, die Fallgruppe *withdrawal during the locus poenitentiae* sei ein eigener *unjust*-Grund s. oben Fn. 951.

968 *Tribe* v. *Tribe* (1995) C.L.C. 1474, 1493; s. auch *Burrows,* The Law of Restitution, S. 426; *Birks,* An introduction to the law of restitution, S. 301; *Atiyah/Smith,* Atiyah's Introduction to the law of contract, S. 236. Krit.: *Merkin,* LQR 97 (1981), 420, 424.

969 *Taylor* v. *Bowers* (1876) 1 Q.B.D. 291.

denn nach der Entscheidung des Gerichts sollte ein Rücktritt vom illegalen Vertrag möglich sein, da sich der illegale Zweck, die Gläubigerschädigung, noch nicht verwirklicht hatte.

Diese sehr weite Auffassung von der Fallgruppe des bereuenden Rücktritts vom Vertrag wurde in *Kearley* v. *Thomson*[970] konkretisiert: Im Rahmen eines Insolvenzverfahrens leistete der Kläger, ein Freund des Insolvenzschuldners, Zahlungen an den Anwalt der Insolvenzgläubiger, um zu erreichen, dass die Gläubiger zum öffentlichen Verhör des Schuldners nicht erschienen und sich der Entlassung des Schuldners aus dem Insolvenzverfahren nicht widersetzten. Nachdem die Gläubiger tatsächlich zum Verhörtermin nicht erschienen waren, aber noch bevor der Schuldner aus dem Insolvenzverfahren entlassen worden war, forderte der Kläger sein Geld zurück. Hier wurde die *locus poenitentiae*-Doktrin nicht angewandt, da der illegale Zweck mit dem Fernbleiben der Gläubiger vom Verhörtermin zumindest zu einem wesentlichen Teil schon erreicht worden sei.

Der dritte wichtige Fall aus der jüngeren Rechtsprechung zum bereuenden Rücktritt vom illegalen Vertrag ist *Tribe* v. *Tribe*[971]: Hier ging es erneut um eine Vermögensübertragung in gläubigerschädigender Absicht. Es stellte sich allerdings nach der Vermögensübertragung in einem gerichtlichen Verfahren heraus, dass der Schuldner den Gläubigern gegenüber überhaupt nicht haftbar war. Auch hier wurde eine Rückforderung zugelassen, da man davon ausging, dass sich der gesetzes- oder sittenwidrige Zweck mangels Gläubigerschädigung noch nicht verwirklicht hatte. Echte Reue wurde nicht für nötig gehalten, vielmehr sollte Freiwilligkeit des Rücktritts für die Zulassung eines Rückforderungsanspruchs genügen. In dieser Entscheidung zeigt sich mithin eine Tendenz zu einer sehr großzügigen Auslegung der *locus poenitentiae*-Doktrin.

Gerade was die Notwendigkeit echter Reue als Voraussetzung für einen Rücktritt angeht, ist die Rechtsprechung aber uneinheitlich. So ist häufig auch eine Unterscheidung zwischen sogenannten *repetance cases* und *frustration cases* anzutreffen. Nur bei der ersten Fallgruppe, also dem Vorliegen echter Reue, soll ein Rücktritt möglich sein, nicht aber, wenn der Leistende nur deshalb einen Rückforderungsanspruch geltend macht, weil sein Ziel aufgrund außerhalb seines Einflussbe-

---

970 *Kearley* v. *Thomson* (1890) L.R. 24 Q.B.D. 742; ähnlich *Alexander* v. *Rayson* (1936) 1 K.B. 169.

971 *Tribe* v. *Tribe* (1995) C.L.C. 1474.

reichs liegender Umstände unmöglich wurde[972]. Eine wichtige Entscheidung zu dieser Rechtsprechung ist *Bigos* v. *Bousted*[973]: Der Kläger wollte Ehefrau und Tochter zur Genesung nach Italien schicken und schloss aus diesem Grund ein - zur damaligen Zeit - illegales Währungsgeschäft mit dem Beklagten. Der Beklagte sollte Ehefrau und Tochter in Italien italienische Währung zur Verfügung stellen, die der Beklagte in England in englischer Währung zurückzahlen sollte. Nachdem Ehefrau und Tochter allerdings in Italien vergeblich auf die Übergabe der italienischen Währung warteten, wollte der Kläger ein Aktienzertifikat, das er dem Beklagten zur Sicherheit übergeben hatte, zurückfordern. Mit diesem Rückforderungsbegehren scheiterte der Kläger, weil man dafür hielt, dass er keine echte Reue gezeigt hat und nur deshalb die Rückforderung begehrte, weil sein ursprüngliches Ziel unmöglich geworden war[974].

972 Gerade das in vielen Entscheidungen für nötig gehaltene Erfordernis echter Reue stieß in der Literatur auf scharfe Kritik: *„It has done more harm than good"*, vgl. *Merkin*, LQR 97 (1981), 420, 431; gegen dieses Erfordernis auch *Beatson*, LQR 91 (1975), 313, 316; *Burrows*, The Law of Restitution, S. 433; *Goff/Jones*, The law of restitution, S. 617 f.; *Mc Meel*, The modern Law of Restitution, S. 303; *Grodecki*, LQR 71 (1955), 254, 263; *Dickson*, in: Essays on the Law of Restitution, S. 188.

973 *Bigos* v. *Bousted* (1951) 1 ALL ER 92.

974 Weitere Bsp. für sog. *frustration cases: Harry Parker* v. *Mason* (1940) 2 K.B. 590: Hier zahlte der Kläger an die Beklagten Geld, das zum Wetteinsatz in einem illegalen Pferderennen verwendet werden sollte. Nachdem das Rennen vorbei war, stellte sich heraus, dass die Beklagten den Wetteinsatz auf betrügerische Weise für sich verwendet hatten. Ein Rückforderungsanspruch wurde versagt, d.h. ein Rücktritt verneint, weil die Verwirklichung des illegalen Zwecks nach Durchführung des Rennens unmöglich geworden war. Ähnlich *Chettiar* v. *Chettiar* (1962) A.C. 294: Keine Rückforderung, weil sich der illegale Zweck - hier Betrug öffentlicher Behörden - schon verwirklicht hatte. *Parkinson* v. *College of Ambulance* (1925) 2 K.B. 1: Kein Rücktritt mehr möglich, wenn Titelkauf gescheitert. *Berg* v. *Sadler and Moore* (1937) 2 K.B. 158: Kein Rücktritt, wenn Verwirklichung des illegalen Zwecks nur deshalb vereitelt, weil die betrügerische Absicht des Klägers aufgedeckt wurde. Während das Erfordernis echter Reue höchst umstritten ist, ist allgemein anerkannt, dass eine Rückforderung zumindest dann ausscheiden muss, wenn die Verwirklichung des illegalen Zwecks aufgrund außerhalb des Einflussbereichs des Leistenden liegender Umstände unmöglich geworden ist.

b) Parteien nicht „in pari delictio"

Eine weitere Ausnahme vom Grundsatz des Rückforderungsausschlusses ist in der englischen Rechtsprechung für den Fall anerkannt, dass die Parteien nicht als gleichermaßen schuldig anzusehen sind. Dabei handelt es sich aber keineswegs um Fallgestaltungen, in denen das Gericht im Rahmen einer Abwägung des beiderseitigen Verschuldens zu dem Schluss kommt, dass das Verschulden einer Partei überwiegt, vielmehr geht es in aller Regel um Fälle, in denen den Leistenden gar kein Verschulden trifft[975]. Innerhalb der Fallgruppe sind wiederum drei verschiedene Konstellationen zu unterscheiden: Zum einen handelt es sich um Gestaltungen, in denen die verletzte Vorschrift gerade dem Schutz des Leistenden dient. Zum anderen werden Irrtumsfälle und schließlich Fälle des Betrugs oder der Nötigung von der Fallgruppe erfasst.

aa) Verletzte Vorschrift dient Schutz des Leistenden

In der englischen Rechtsprechung ist seit Langem anerkannt, dass eine Ausnahme vom Grundsatz des Rückforderungsausschlusses für den Fall zu machen ist, dass die verletzte Vorschrift dem Schutz des Leistenden dient. In *Browning* v. *Morris* stellte *Lord Mansfield* fest:

> „[...] where contracts or transactions are prohibited by positive statutes for the sake of protecting one set of men from another set of men; the one, from their situation and condition, being liable to be oppressed or imposed upon by the other; there, the parties are not in pari delictio"[976].

Eine jüngere, bekannte Entscheidung zu dieser Fallgruppe ist *Kiriri Cotton* v. *Dewani*[977]: Hier klagte ein Mieter auf Rückzahlung einer an den Vermieter gezahlten Provision. Solche Zahlungen waren aufgrund von Wohnungsknappheit zum Schutz der Mieter gesetzlich verboten. Das Rückforderungsbegehren hatte Erfolg, da die verletzte Verbotsnorm gerade dem Schutz von Mietern vor Ausbeutung durch die Vermieter dient[978].

---

975 So auch *Grodecki,* LQR 71 (1955), 254, 265.

976 *Browning* v. *Morris* (1778) 98 E.R. 1364, 1365.

977 *Kiriri Cotton* v. *Dewani* (1960) A.C. 192; ähnlich *Amar Singh* v. *Kulubya* (1964) A.C. 142. Ausführlich zu dieser Fallgruppe und vielen weiteren Beispielen - vor allem aus der älteren Rspr. - siehe *Hackbarth,* In pari turpitudine melior est conditio possidentis, S. 74 ff.

978 Zu beachten ist allerdings, dass gerade die Person des Leistenden in den Schutzbereich der verletzten Vorschrift fallen muss: *Green* v. *Portsmouth*

bb) Irrtumsfälle

Die Anwendung der Regel *in pari turpitudine melior est condicio possidentis* hängt im englischen Recht grundsätzlich nicht vom Vorhandensein subjektiver Voraussetzungen ab. Vielmehr genügt in der Regel die objektive Illegalität eines Geschäftes für einen Rückforderungsausschluss. Allerdings kann beim Fehlen eines subjektiven Gesetzes- oder Sittenverstoßes unter Umständen insofern eine Ausnahme angenommen werden, als dass die Parteien möglicherweise nicht mehr als gleichermaßen schuldig angesehen werden können. Dies ist insbesondere der Fall, wenn eine Partei den Gesetzesverstoß nicht kannte (Fälle des *mistake*) und deren Interessen bei einer Würdigung aller Umstände als überwiegend bewertet werden. Eine jüngere Entscheidung zu dieser Fallgruppe ist *Re Cavalier Insurance*[979]: Ein Versicherungsunternehmen schloss Versicherungsverträge ohne die erforderliche Genehmigung des Wirtschaftsministeriums[980]. Hier wurde die Rückforderung der gezahlten Versicherungsbeiträge durch die Versicherten zugelassen, solange die Versicherungssumme noch nicht ausgezahlt worden war. In der Urteilsbegründung wurde darauf abgestellt, dass die Verpflichtung, die erforderliche Genehmigung einzuholen, ausschließlich im Pflichtenkreis des Versicherers lag und der gutgläubige Versicherungsnehmer keinen Grund hatte, vom Fehlen der Genehmigung auszugehen[981]. Eine wertungsmäßig ähnliche Konstellation lag der Entscheidung *Mohamed* v. *Alaga*[982] zu Grunde. Hier

---

Stadium Ltd. (1953) 2 Q.B. 190, hier bezahlte eine Wettfirma an den Betreiber einer Hunderennbahn entgegen des *Betting and Lotteries Act 1934* eine überhöhte Gebühr. Ein Rückforderungsanspruch wurde versagt, da die verletzte Vorschrift des *Betting and Lotteries Acts* nicht zum Schutz von Wettfirmen bestimmt war.

979 *Re Cavalier Insurance* (1989) 2 Loyd's L.R. 430.

980 In vergleichbaren Fällen wurde aber häufig bereits die Illegalität des Versicherungsvertrags verneint, vgl. *Phoenix General Insurance Co of Greece S.A.* v. *Administratia Asigurarlior de Stat* (1986) 2 Lloyd's Rep. 552. Hierzu auch *Goff/Jones,* The law of restitution, S. 609.

981 Ähnlich *Shelley* v. *Paddock* (1980) Q.B. 348: Hier hatte der Leistende keine Kenntnis von der Illegalität des Geschäfts und auf Seiten der Beklagten kam gleichzeitig betrügerisches Verhalten hinzu. Zu weiteren Betrugsfällen auch unten *Vierter Teil, § 2 II. 2. b. cc.*

982 *Mohamed* v. *Alaga & Co* (2000) 1 W.L.R. 1815. Die Interpretation dieser Entscheidung ist allerdings nicht völlig klar, u.a. weil der maßgebliche *unjust*-Grund für den Bereicherungsanspruch nicht einheitlich beurteilt wird, vgl. *The Law Commission,* LCCP Nr. 189, S. 72 ff. Teilweise ist man der Ansicht, die Entscheidung eröffne die Möglichkeit einer flexiblen

traf der Kläger mit der Beklagten, einer Anwaltskanzlei, eine Vereinbarung, wonach er der Kanzlei Asylsuchende aus Somalia als Klienten vermitteln und bei der Vorbereitung von Klagen, insbesondere durch Übersetzungsdienste, behilflich sein sollte. Im Gegenzug sollte der Kläger von der Beklagten die Hälfte der über Prozesskostenhilfe erhaltenen Gebühren bekommen. Diese Vereinbarung war aus berufsrechtlichen Gründen nichtig. Der Kläger verlangte nun über eine bereicherungsrechtliche Klage Wertersatz für die geleisteten Dienste. Der Klage wurde stattgegeben, weil der Kläger nichts von der Verbotswidrigkeit der Vereinbarung wusste, während es vornehmlich der Anwaltskanzlei oblegen hätte, sich um die Einhaltung berufsrechtlicher Bestimmungen zu kümmern.

In der älteren Rechtsprechung wurde in Irrtumsfällen häufig nach dem Grund der Unkenntnis, namentlich zwischen Tatsachen- und Rechtsirrtum, unterschieden[983]. Während bei einem Tatsachenirrtum die Rückforderung stets und ohne das Erfordernis zusätzlicher Voraussetzungen möglich sein sollte[984], wurde in Fällen des Rechtsirrtums eine Rückforderung grundsätzlich versagt. Diese Unterscheidung ist aber mittlerweile überholt[985]. Maßgeblich ist also allein, dass eine Partei gutgläubig ist und ihre Interessen bei einer Gesamtwürdigung aller Umstände als überwiegend bewertet werden können. Dass

---

Abwägung nach dem jeweiligen Verschuldensgrad, vgl. *Buckley*, Illegality and public policy, S. 272 f. Hiergegen sprechen aber die Entscheidungen *Awwad* v. *Geraghty* und *Dal Sterling Group Plc.* v. *WSP South & West Ltd.*, s.o. *Vierter Teil, § 2 II. 1.* Hier ging man ohne Abwägung des Verschuldens der Parteien davon aus, dass ein Anspruch auf Wertersatz bei einem illegalen Anwaltsvertrag ausscheidet, damit dem Vertrag nicht mittelbar zur Geltung verholfen wird.

983 S. etwa *Harse* v. *Pearl Life Assurance Company* (1904) 1 K.B. 558, 563.

984 Ein viel zitiertes Beispiel aus der älteren Rechtsprechung zum Tatsachenirrtum ist *Oom* v. *Bruce* (1810) 104 E.R. 87: Hier wurde eine Schiffsreise versichert, wobei den Parteien nicht bekannt war, dass kurz vor Abschluss des Versicherungsvertrags Krieg zwischen England und Russland ausgebrochen und der Vertrag daher illegal war. Kurz nach Abreise wurde das Schiff beschlagnahmt. Ein Rückforderungsanspruch bzgl. der Versicherungsbeiträge wurde hier bejaht.

985 In der Entscheidung *Kleinwort Benson Ltd.* v. *Lincoln City Council* (1999) C.L.C. 332 wurde die Unterscheidung zwischen Rechts- und Tatsachenirrtum ausdrücklich aufgegeben. Zwar betraf die Entscheidung keinen illegalen, sondern einen aus anderen Gründen nichtigen Vertrag. Es wird gleichwohl überwiegend davon ausgegangen, dass dasselbe für illegale Verträge gilt, vgl. *Anson/Beatson*, Anson's law of contract, S. 407; *Goff/Jones*, The law of restitution, S. 626.

allein die Gutgläubigkeit einer Partei nicht für eine Ausnahme vom Rückforderungsausschluss ausreicht, zeigt die Entscheidung *Harse* v. *Pearl Life Assurance Company*[986]: Hier schloss der Kläger mit einem Versicherungsunternehmen einen Versicherungsvertrag über das Leben seiner Mutter ab. Dieser Vertrag war illegal, da kein nach dem *Life Assurance Act 1774* anerkanntes versicherbares Interesse gegeben war. Allerdings war das Versicherungsunternehmen ebenso gutgläubig wie der Versicherte so dass eine Klage auf Rückforderung der jahrelang gezahlten Beiträge abgewiesen wurde[987].

cc) Betrug, Nötigung und Zwang

Die dritte und letzte Fallgruppe, in der die Parteien von der englischen Rechtsprechung als nicht gleichermaßen schuldig angesehen werden, sind Fälle des Betrugs, der Nötigung oder des Zwangs (*fraud, duress, oppression*). Auch in diesen Fällen wird eine Ausnahme vom grundsätzlichen Rückforderungsausschluss zugelassen und ein Rückforderungsanspruch gewährt. Ein Beispiel für einen Fall des Betruges ist *Hughes* v. *Liverpool Victoria Society*[988]: Hier wurde - ähnlich wie in *Harse* v. *Pearl Life Assurance Company* - ein Vertrag über ein nicht versicherbares Interesse geschlossen. Allerdings war dem Versicherer die Nichtigkeit des Vertrags bekannt. Hinzu kam, dass ein Versicherungsagent des Versicherers den Versicherungsnehmer arglistig über die Wirksamkeit des Vertrags getäuscht hatte[989]. Eine Rückforderung der gezahlten Versicherungsprämien wurde zugelassen, weil man das Verschulden des Versicherers als weit überwiegend bewertete.

986 *Harse* v. *Pearl Life Assurance Company* (1904) 1 K.B. 558.

987 Anders *Stoljar,* The law of quasi-contract, S. 228, Fn. 31: *Stoljar* geht im Falle beidseitiger Gutgläubigkeit von einer Rückforderungsmöglichkeit aus. Ob die Entscheidung *Harse* v. *Pearl Life Assurance Company* nach Aufgabe der Differenzierung zwischen Rechts- und Tatsachenirrtum allerdings im Ergebnis heute genauso entschieden würde, ist nicht klar, vgl. *The Law Commission,* LCCP Nr. 189, S. 70. Man könnte ebenso wie in *Re Cavalier Insurance* dahin argumentieren, dass es primär dem Versicherer obliegt, sich um Einhaltung der versicherungsrechtlichen Vorschriften zu kümmern und der gutgläubige Versicherungsnehmer daher zur Rückforderung berechtigt sein muss.

988 *Hughes* v. *Liverpool Victoria Society* (1916) 2. K.B. 482.

989 Der Unterschied zu *Parkinson* v. *College of Ambulance* (s. hierzu oben *Vierter Teil, § 2 II. 1.*), wo der Anspruch trotz betrügerischen Verhaltens des Vertragspartners versagt wurde, besteht darin, dass in *Hughes* v. *Liverpool Victoria Society* gerade über die Gesetzeswidrigkeit des Vertrags getäuscht wurde.

Die einschlägigen Entscheidungen, die Fälle der Nötigung oder des Zwangs betreffen, behandeln häufig Fälle, in denen ein Gläubiger im Rahmen eines Insolvenzverfahrens vom Schuldner eine Extrazahlung als Bedingung dafür verlangt, später einem Gläubigervergleich zuzustimmen[990]. Weil der Gläubiger hier die Notlage des Schuldners zu seinen Gunsten und zu Lasten der übrigen Gläubiger ausnutzt, wird eine Rückforderung zugelassen:

> „This is not a case of par delictum, it is oppression on one side and submission on the other: it never can be predicated as par delictum, when one holds the rod and the other bows to it"[991].

c) Berufung auf die Unerlaubtheit nicht nötig

Die Gewährung oder Versagung eines Rückforderungsanspruchs steht und fällt im englischen Recht mit der Entscheidung über die Frage, ob sich der Kläger zur Begründung seines Anspruchs in irgendeiner Weise auf die Illegalität berufen muss. Dementsprechend wird der Grundsatz des Rückforderungsausschlusses nach dem sog. *reliance principle*[992] nicht angewandt, wenn sich der Kläger zur Begründung des Anspruchs nicht auf die Illegalität, sondern etwa auf sein Eigentumsrecht[993] oder auf ein nach den Grundsätzen der Equity

---

990 Vgl. *Smith* v. *Bromley* (1760) 2 Dougl. 696; *Smith* v. *Cuff* (1817) 6 M. & S. 160; *Atkinson* v. *Denby* (1862) 7 H. & N. 934. Eine weitere Entscheidung zu dieser Fallgruppe ist *Davies* v. *London and Provincial Marine Insurance Co* (1878) 8 Ch. D. 469 (hier ging es nicht um eine Extrazahlung an einen Gläubiger, sondern um eine Zahlung, die den Klägern abgenötigt wurde, um einen Freund vor einer vermeintlichen Strafverfolgung zu bewahren).

991 *Lord Ellenborough*, in: *Smith* v. *Cuff* (1817) 6 M. & S. 160, 165.

992 Dieses Prinzip wurde in *Bowmarkers Ltd.* v. *Barnet Instruments Ltd.* (1945) K.B. 65 entwickelt. Die Entscheidung betraf zwar einen Anspruch aus *conversion*, später wurde das Prinzip aber auch außerhalb dieses Bereichs zur Anwendung gebracht. Vgl. auch *Cotronic (UK) Ltd.* v. *Dezonie* (1991) B.C.C. 200, 205; *Anzal* v. *Ellahi* (1999) W.L. 819140. Die Anwendung dieses Prinzips begegnete scharfer Kritik, weil es die maßgeblichen Wertungen, namentlich Sinn und Zweck der verletzten Verbotsvorschrift sowie die rechtspolitische Motivation eines Rückforderungsausschlusses, außer Acht lässt. Die *Law Commission* forderte daher ursprünglich die Abschaffung des *reliance principle* zumindest für den Bereich der Trusts, vgl. *The Law Commission,* LCCP Nr. 154, S. 133 ff. Siehe hierzu auch unten *Vierter Teil, § 2 IV*.

993 Zu beachten ist dabei, dass das anglo-amerikanische Recht kein Abstraktionsprinzip deutscher Prägung kennt. Dennoch kann man i.d.R. auch bei einem illegalen Vertrag von einem Eigentumsübergang ausgehen, der allerdings nicht schon mit Vertragsschluss, sondern erst dann

anerkanntes Recht stützt. Eine wichtige Entscheidung zu dieser Fallgruppe ist *Tinsley* v. *Milligan*[994]: Der Entscheidung lag ein Sachverhalt zugrunde, in der die Parteien, ein homosexuelles Paar, gemeinsam ein Haus erworben hatten, wobei der Kaufpreis zu gleichen Teilen erbracht wurde. Allerdings wurde das Eigentumsrecht nur für die Beklagte eingetragen, damit die Klägerin die Sozialbehörden über ihre Vermögensverhältnisse täuschen konnte. Nachdem sich die Parteien getrennt hatten und die Klägerin aus dem gemeinsamen Haus ausgezogen war, forderte sie von der Beklagten ihren Eigentumsanteil zurück. Der Klägerin kam in diesem Fall die sogenannte *presumption of trust* zugute. Danach wird vermutet, dass ein *Trust*, mithin ein Treuhandverhältnis, entsteht, wenn der Kaufpreis von zwei Personen zu gleichen Teilen aufgebracht wurde und gleichwohl nur eine der beiden Personen Rechtsinhaber wird. Letztlich bedeutete das für den zu entscheidenden Fall, dass sich die Klägerin nicht auf die Illegalität der Vermögensübertragung berufen musste, da eine Berufung auf das bestehende Treuhandverhältnis zur Begründung eines Rückforderungsanspruchs ausreichend war[995]. Diese Entscheidung ist unter anderem deswegen von erheblicher Bedeutung, weil mit ihr das *reliance principle* erstmals auf Rechtsinstitute der Equity angewandt wurde. Schließlich ist die Entscheidung auch deshalb wegweisend, weil das House of Lords mit ihr den sog. *public conscience test,* der sich in der Rechtsprechung einzelner Instanzgerichte in der Vergangenheit etabliert hatte, ausdrücklich abgelehnt hat[996]. Auf der Grundlage des sog. *public conscience test* versagten die Instanzgerichte in einigen Entschei-

---

vollzogen wird, wenn der Vertrag durchgeführt, d.h. wenn etwa eine verkaufte Sache übergeben worden ist, vgl. z.B. *Peel/Treitel,* The law of contract, S. 548.

994 *Tinsley* v. *Milligan* (1994) 1 A.C. 340. Siehe auch *Silverwood* v. *Silverwood* (1997) 74 P & CR 453; *Lowson* v. *Coombes* (1999) Ch. 373.

995 Zu einem anderen Ergebnis gelangt man, wenn die Vermögensverschiebung unter engen Familienangehörigen erfolgt ist. Dann nämlich greift die sog. *presumption of advancement* ein, nach der vermutet wird, dass es sich bei der Vermögensübertragung um eine Schenkung handelt, vgl. hierzu etwa *Tribe* v. *Tribe* (1995) C.L.C. 1474 oder *Chettiar* v. *Chettiar* (1962) A.C. 294. Diese Unterschiede in der Behandlung an sich gleich gelagerter Fallkonstellationen führen häufig zu Kritik an der Rspr., s. hierzu etwa *Goff/Jones,* The law of restitution, S. 631 f.; *Peel/Treitel,* The law of contract, S. 549; *Anson/Beatson,* Anson's law of contract, S. 411; *Buckley,* SLS 20 (2000), 155, 175; *Dickson,* in: Essays on the Law of Restitution, S. 190.

996 Vgl. insbes. *Lord Goff* sowie *Lord Keith* in *Tinsley* v. *Milligan* (1994) 1 A.C. 340, 359 ff. Gegen den *public conscience test* auch *Virgo,* The principles of the law of restitution, S. 730; *Birks,* TIL 1 (2000), 1, 12 f.

dungen aus den 80'er und 90'er Jahren einen Rückforderungsanspruch nur dann, wenn eine Gewährung des Anspruchs eine Verletzung der allgemeinen Moralvorstellungen bedeutet hätte, so dass das Gericht gleichsam zum Unterstützer eines kriminellen Akts geworden wäre[997]. Die Anwendung dieses Tests eröffnete den Gerichten im Ergebnis die Möglichkeit, über die Gewährung oder Versagung eines Rückforderungsanspruchs nach freiem Ermessen zu entscheiden. Seit der Entscheidung *Tinsley* v. *Milligan,* in der insbesondere die Unschärfe und Rechtsunsicherheit dieses Ansatzes kritisiert wurden, ist der *public conscience test* als überholt anzusehen.

Das *reliance principle* wird schließlich außerhalb von Trustverhältnissen insbesondere bei Leih- oder Mietverträgen relevant. Hier führt das Prinzip dazu, dass die Rückforderung von Vermögensgegenständen, die im Rahmen von Leih- oder Mietverträgen übertragen wurden, erst nach geplanter Vertragslaufzeit möglich ist. Davor müsste sich der Kläger auf die Illegalität des Vertrags berufen, nach Ablauf der vertraglich - freilich unwirksam - vereinbarten Laufzeit reicht die Berufung auf das Eigentumsrecht zur Begründung des Anspruchs aus[998].

III. Auffassungen im Schrifttum

Die Reaktionen des Schrifttums auf die Rechtsprechung zur Einwendung der Unerlaubtheit sind mit denen aus der deutschen Literatur weitgehend deckungsgleich. Kritisiert werden auch in England vor allem die unvorhersehbaren und oftmals als ungerecht empfundenen Ergebnisse, die ein umfassender Rückforderungsausschluss - insbesondere vor dem Hintergrund der stetig wachsenden Zahl an Ver-

---

997 So noch die Vorinstanz *Tinsley* v. *Milligan* (1992) Ch. 310, 319; s. auch *Thackwell* v *Barclays Bank* (1986) 1 ALL E.R. 676; *Saunders* v. *Edwards* (1987) 1 W.L.R. 1116; *Euro Diam Ltd.* v. *Bathurst* (1990) 1 Q.B. 1; *Howard* v. *Shirlstar Container Transport Ltd.* (1990) 1 W.L.R. 1292.

998 *Alexander* v. *Rayson* (1936) 1 K.B., 169, 196; *Jajbhay* v. *Cassim* (1939) App. D. 537, 557. Zu den Sonderfällen, in denen eine Klage auf ein bestehendes Besitzrecht gestützt wird, vgl. *Webb* v. *Chief Constable of Merseyside Police* (2000) Q.B. 427 bzw. *Costello* v. *Chief Constable of Derbyshire Constabulary* (2001) 3 All E.R. Hier wird von der Rspr. vertreten, dass bei sehr schweren Verstößen eine Rückforderung gar nicht möglich sein soll, auch wenn sich der Kläger auf ein Besitzrecht stützen kann, vgl. hierzu *Goff/Jones,* The law of restitution, S. 625.

botsnormen des Wirtschaftsrechts - hervorruft[999]. Eine einheitliche Linie im Hinblick auf eine sachgerechte Restriktion des Rückforderungsausschlusses ist auch in der englischen Literatur nicht erkennbar. Einige Autoren fordern im Sinne des vom House of Lords abgelehnten *public conscience test* die Einführung eines umfassenden gerichtlichen Ermessensspielraums[1000]. Verwandt mit diesem Vorschlag sind Bestrebungen, den Rückforderungsausschluss von einer Abwägung des Verschuldens und der Schwere des jeweiligen Verstoßes abhängig zu machen[1001].

Konstatiert werden kann allerdings, dass sich auch in der englischen Literatur vor allem in der jüngeren Vergangenheit eine starke Tendenz dazu abzeichnet, die Frage nach einem Rückforderungsausschluss an Sinn und Zweck der verletzten Vorschrift zu messen[1002].

---

999 *Goff/Jones,* The law of restitution, S. 610, 631 f.; *Peel/Treitel,* The law of contract, S. 541; *Burrows,* Understanding the law of obligations, S. 193, 195; *ders.,* The principles of the law of restitution, S. 730: *„The defence produces results which are often harsh, capricious and uncertain."*; *Virgo,* in: The Limits of Restitutionary Claims, S. 185. *„The effect of illegality upon restitutionary claims is not a body of law of which English lawyers should be proud."*; *Furmston,* Law of contract, S. 511: *„It is clear that the rules relating to the effects of an illegal contract are complex, difficult to state accurately and lead to decisions which are not obviously fair as between the parties or effectively promote the underlying public policy"*; *Atiyah/Smith,* Atiyah's Introduction to the law of contract, S. 236: *„Law in this area is still far from ideal"*.

1000 *Goff/Jones,* The law of restitution, S. 633 f.; *Merkin,* LQR 97 (1981), 420, 444; *Buckley,* Illegality and public policy, S. 286; *ders.,* SLS 20 (2000), 155, 180; *Cohen,* in: The Limits of Restitutionary Claims, S. 210 f.; in diese Richtung auch *Burrows,* Understanding the law of obligations, S. 195 (*Burrows* betont aber, dass die maßgeblichen Abwägungskriterien strukturiert und vorgegeben werden müssen, um nicht zu einer gänzlich freien, unvorhersehbaren Ermessensentscheidung zu gelangen).

1001 *Virgo,* The principles of the law of restitution, S. 735: *Virgo* will die Einwendung der Illegalität aber überhaupt nur in Fällen extremer Gesetzes- oder Sittenwidrigkeit zulassen und plädiert ansonsten für eine Abschaffung des Prinzips; *ders.,* in: The Limits of Restitutionary Claims, S. 181; ähnlich *Grodecki,* LQR 71 (1955), 254, 274.

1002 *Mc Meel,* The modern Law of Restitution, S. 460; *Tettenborn,* The law of restitution, S. 262; *Peel/Treitel,* The law of contract, S. 541; *Anson/Beatson,* Anson's law of contract, S. 408; *Beatson,* LQR 91 (1975), 313, 314 f.; *Rose,* in: Consensus ad idem, S. 212, 225; *ders.,* LQR 112 (1996), 386, 388; *Buckley,* SLS 20 (2000), 155, 175; *Virgo,* in: The Limits of Restitutionary Claims, S. 180 (obwohl *Virgo* grundsätzlich für eine Abschaffung des *in pari delictio*-Prinzips votiert, spricht er sich für einen Rückforderungsausschluss aus, wenn eine Rückabwicklung eindeutig in Widerspruch zu der verletzten

Die starren Regeln der Rechtsprechung, die sich formal darauf stützt, ob eine Berufung auf die Illegalität zur Begründung eines Anspruchs nötig ist, werden gerade auch deshalb kritisiert, weil sie die maßgeblichen Wertungen und insbesondere die Frage nach Sinn und Zweck der verletzten Vorschrift völlig außer Acht lassen[1003].

IV. Reformbestrebungen

Angestoßen von der Entscheidung *Tinsley* v. *Milligan*, in der *Lord Goff* das Tätigwerden des Gesetzgebers auf dem Gebiet illegaler Verträge forderte[1004], wurde der gesamte Bereich illegaler Verträge zum Gegenstand der Arbeiten der englischen *Law Commission*[1005]. In einem ersten Bericht aus dem Jahre 1999[1006] beschäftigte sich die Kommission mit den Auswirkungen der Illegalität auf Verträge sowie auf das Gebiet der *Trusts*. Es folgte 2001 ein weiterer Bericht über die Auswirkungen der Illegalität auf deliktische Ansprüche[1007]. Die Kommission konstatierte, dass der Bereich der illegalen Verträge ein unsicheres, wenig schlüssiges und oftmals schwer verständliches Fallrecht hervorgebracht hat und empfahl in den Berichten aus den Jahren 1999 und 2001 eine grundlegende gesetzgeberische Reform. Kern dieser Gesetzesreform sollte die Einführung eines weiten gerichtlichen Ermessens auf dem gesamten Gebiet der illegalen Verträge sein[1008]. Die Gerichte sollten nach ihrem freien Ermessen in jedem Einzelfall entscheiden können, ob die Illegalität der Zulassung eines Anspruchs entgegen-

---

Vorschrift stünde). Krit. gegenüber der Berücksichtigung von Sinn und Zweck der verletzten Vorschrift wegen der Schwierigkeit, diesen zu ermitteln, allerdings: *ders.,* The principles of the law of restitution, S. 730; *Dickson,* in: Essays on the Law of Restitution, S. 190.

1003 Vgl. *Peel/Treitel,* The law of contract, S. 549; *Anson/Beatson,* Anson's law of contract, S. 411; *Birks,* TIL 1 (2000), 1, 12 f.

1004 *Lord Goff* in *Tinsley* v. *Milligan* (1994) 1 A.C. 340, 364.

1005 Bei der *Law Commission* handelt es sich um ein vom Parlament eingesetztes, aber unabhängiges Gremium, das sich mit der Überprüfung des gegenwärtigen Rechts und deren Weiterentwicklung befasst. Näher zum Tätigkeitsbereich der Kommission s. www.lawcom.gov.uk (Abruf v. 21.07.2010)

1006 *The Law Commission,* LCCP Nr. 154.

1007 *The Law Commission,* LCCP Nr. 160.

1008 Vgl. *The Law Commission,* LCCP Nr. 154, S. 91 ff. sowie *The Law Commission,* LCCP Nr. 160, S. 104 ff. Eine vergleichbare Regelung findet sich z.B. in Neuseeland, vgl. *New Zealand Illegal Contracts Act 1970* (hierzu *Buckley,* SLS 20 (2000), 155, 169 ff.) sowie in Israel: vgl. *Israeli Contracts Law (General Part) 1973.*

steht oder nicht. Um diese Ermessensentscheidung zumindest in gewissem Maße zu strukturieren und vorhersehbar zu machen, schlug die Kommission vor, den Gerichten einen Katalog gesetzlich normierter Abwägungskriterien an die Hand zu geben. Die Empfehlung der Kommission enthielt dabei fünf Kriterien, namentlich die Schwere des Verstoßes, die Kenntnis der Parteien von der Unerlaubtheit des Geschäfts, die möglichen generalpräventiven Auswirkungen eines Rückforderungsausschlusses, Sinn und Zweck der verletzten Norm sowie die Proportionalität zwischen dem Verhalten der Parteien und den Auswirkungen eines Anspruchsausschlusses[1009]. In dieser Strukturierung der Ermessensentscheidung sah die Kommission den entscheidenden Unterschied und zugleich den entscheidenden Vorteil gegenüber dem vom *House of Lords* abgelehnten *public conscience test*[1010].

Im weiteren Verlauf der Arbeiten kam die Kommission allerdings von dieser geplanten weitreichenden Gesetzesreform wieder ab. Im Jahre 2009 wurde schließlich ein dritter Bericht zur Illegalität als Einwendung veröffentlicht. In diesem Bericht wird nunmehr - in Abkehr von den ursprünglichen Vorschlägen - ein gesetzgeberisches Tätigwerden ausdrücklich abgelehnt[1011]. Nach der Prüfung sämtlicher, zu den ersten beiden Berichten eingegangenen Stellungnahmen war man zu dem Schluss gekommen, dass die Einführung eines gesetzlich vorgesehenen Ermessens für die Gerichte mit der damit zwangsläufig einhergehenden Rechtsunsicherheit mehr zur Schaffung neuer Probleme als zur Lösung vorhandener Probleme beitragen würde. Vielmehr ist die Kommission nunmehr der Ansicht, dass die gewünschten Ergebnisse ebenso gut durch die Weiterentwicklung des vorhandenen Fallrechts erreicht werden können[1012]. Gleichwohl erschöpft sich der Bericht aus dem Jahre 2009 nicht in einem Verweis auf das bereits

---

1009 *The Law Commission,* LCCP Nr. 154, S. 9, 102 ff.; *The Law Commission,* LCCP Nr. 160, S. 110 ff. (hierzu *Cohen,* in: The Limits of Restitutionary Claims, S. 186 ff.).

1010 *The Law Commission,* LCCP Nr. 154, S. 92.

1011 *The Law Commission,* LCCP Nr. 189, S. 2, 49 ff., 77 f., 143 f. Eine Ausnahme gilt allerdings für das Gebiet der *Trusts*, vgl. *The Law Commission,* LCCP Nr. 189, S. 5, 126. Im Rahmen eines abschließenden Berichts der Kommission aus dem Jahre 2010 wird für das Gebiet der *Trusts* ein Gesetzesvorschlag vorgelegt. Für einen eng begrenzten Teilbereich dieser Rechtsverhältnisse schlägt die Kommission eine gesetzliche Regelung vor, die den Gerichten erlaubt, im Rahmen einer Ermessensentscheidung Rückforderungsansprüche auszuschließen, vgl. ausführlich hierzu: *The Law Commission,* The Illegality Defence, S. 8 ff.

1012 *The Law Commission,* LCCP Nr. 189, S. 2.

vorhandene Richterrecht. Die Kommission ist wiederum darum bemüht, den Gerichten Kriterien an die Hand zu geben, auf deren Grundlage die Entscheidung für oder gegen einen Anspruchsausschluss gefällt werden kann. Von zentraler Bedeutung für die Entscheidung des Gerichts sollen die für einen Anspruchsausschluss maßgeblichen rechtspolitischen Motive - die *policies rationales* - sein, die die Kommission in ihrem Bericht näher zu umreißen versucht[1013]. Dabei wird - wie bereits in dem Bericht aus dem Jahre 2001 - ausdrücklich klargestellt, dass der Einwendung der Unerlaubtheit jedenfalls kein Strafcharakter zu Grunde liegt[1014]. Vielmehr sieht die Kommission als maßgebliche *policies rationales* vor allem die Verstärkung und Intensivierung der Ziele, die mit der verletzten Verbotsnorm verfolgt werden, sowie - damit eng zusammenhängend - die Folgerichtigkeit (*consistency*) des Rechts[1015]. Daneben werden der Umstand, dass der Kläger keinen Gewinn aus seinem unerlaubten Verhalten ziehen soll, sowie generalpräventive Wirkungen und die Integrität des Rechts als maßgebliche, wenn auch untergeordnete, Gesichtspunkte für einen Anspruchsausschluss genannt[1016]. Die Gerichte sollen auf der Basis der herausgearbeiteten *policies rationales* eine Abwägungsentscheidung treffen, die auch die besonderen Umstände des Einzelfalls berücksichtigt[1017]. Neben der Überlegung, ob ein Rückforderungsausschluss auf Grundlage der herausgearbeiteten rechtspolitischen Motive zu rechtfertigen ist, soll für die gerichtliche Entscheidung außerdem maßgeblich sein, ob der Rückforderungsausschluss bei einer Berücksichtigung aller Umstände im Einzelfall als angemessene Rechtsfolge erscheint[1018]. Im Hinblick auf die Ergebnisse der einschlägigen gerichtlichen Entscheidungen sollen durch dieses Vorgehen nach Auffassung der Kommission allerdings künftig keine wesentlichen Änderungen zu erwarten sein. Vielmehr soll lediglich versucht werden, die Begründung der Entscheide durch die Anbindung an die genannten rechtspolitischen Motive transparenter und nachvollziehbarer zu gestalten, um schließlich zu mehr Rechtssicherheit auf dem Gebiet der illegalen Verträge zu gelangen[1019].

1013 *The Law Commission,* LCCP Nr. 189, S. 8 ff.

1014 *The Law Commission,* LCCP Nr. 189, S. 15 f.

1015 *The Law Commission,* LCCP Nr. 189, S. 8 ff., 11.

1016 *The Law Commission,* LCCP Nr. 189, S. 12 ff.

1017 *The Law Commission,* LCCP Nr. 189, S. 4 f., 76 f.

1018 *The Law Commission,* LCCP Nr. 189, S. 76 f.

1019 *The Law Commission,* LCCP Nr. 189, S. XI, 4.

V. Rechtsvergleich

1. Rechtsvergleichende Zusammenfassung

Die vorstehenden Ausführungen haben gezeigt, dass das englische Recht einen sehr viel weiteren und umfassenderen Rückforderungsausschluss bei verbotenen Verträgen kennt als dies im deutschen Recht mit § 817 Satz 2 der Fall ist. Während § 817 Satz 2 grundsätzlich auf Bereicherungsansprüche beschränkt ist und nur zur Anwendung kommt, wenn der Leistende unmittelbar durch seine Leistung einen Gesetzes- oder Sittenverstoß begeht, handelt es sich im englischen Recht bei dem Prinzip *in pari turpitudine melior est condicio possidentis* um einen Grundsatz, der sämtliche, auch nicht-bereicherungsrechtliche Ansprüche betrifft, und bereits immer dann zum Zuge kommt, wenn sich der Anspruchsteller zur Begründung des Anspruchs in irgendeiner Weise auf die Illegalität berufen muss, gleich ob ihm selbst ein Gesetzes- oder Sittenverstoß zur Last fällt oder nicht. Gleichwohl konnten in der englischen Rechtsprechung einschränkende Kriterien entwickelt werden, anhand derer eine Entscheidung für oder gegen einen Anspruchsausschluss getroffen werden kann. Die in der englischen Rechtsprechung anerkannten Ausnahmen vom Anspruchsausschluss finden im deutschen Recht keine unmittelbare Entsprechung. Weder kennt das deutsche Recht eine Ausnahme von § 817 Satz 2 für den Fall, dass die Parteien nicht als gleichermaßen schuldig anzusehen sind, noch ist ein irgendwie gearteter „Rücktritt“ vom illegalen Vertrag vorgesehen. Allenfalls die Ausnahme für Fälle, in denen sich der Kläger nicht auf die Illegalität berufen muss, weil er etwa ein Eigentumsrecht geltend machen kann, kann mit der deutschen Rechtsprechung zur Nichtanwendung des § 817 Satz 2 auf die Vindikation verglichen werden.

2. Kritische Würdigung und Schlussfolgerungen für das deutsche Recht

Trotz oder gerade wegen der großen Systemunterschiede zwischen dem englischen und dem deutschen Recht scheint ein rechtsvergleichender Blick auf die in der englischen Rechtsprechung entwickelten Ausnahmen vom Anspruchsausschluss auch im Hinblick auf eine sachgerechte Begrenzung des § 817 Satz 2 lohnend.

Lenkt man den Fokus zunächst auf die im englischen Recht anerkannte Ausnahme für Fälle, in denen die Parteien nicht als gleichermaßen schuldig anzusehen sind[1020], trifft man auf überzeugende Wertungen, die auch aus dem deutschen Recht bekannt sind, oder die auf Vorschrift des § 817 Satz 2 übertragen werden können. Die, in diese Fallgruppe einzuordnende Konstellation, in der die verletzte Vorschrift gerade dem Schutz des Leistenden dient, entspricht der Ausrichtung des Rückforderungsausschlusses an Sinn und Zweck der verletzten Vorschrift, die auch in Deutschland in der jüngeren Vergangenheit mehr und mehr Anhänger findet[1021]. Zwar wird diese Ausnahme im deutschen Recht seltener relevant werden als in England, da es oft schon am Gesetzes- oder Sittenverstoß des Leistenden fehlen wird, wenn die verletzte Vorschrift gerade dem Schutz des Leistenden dient. Allerdings sind durchaus Fallkonstellationen vorstellbar, in denen die Voraussetzungen des § 817 Satz 2 gegeben sind, obwohl gegen eine Vorschrift verstoßen wurde, die gerade dem Schutz des Leistenden dient. Dies ist etwa bei der ausführlich erörterten Fallgruppe der Schenkkreise der Fall: Obwohl hier die verletzte Sittennorm gerade gutgläubige Schenkkreisteilnehmer schützen will, begeht auch der gutgläubige Spielteilnehmer mit Zahlung seines Beitrags einen Sittenverstoß, da er objektiv ein sittenwidriges System unterstützt[1022]. Ein Rückforderungsausschluss wäre hier gleichwohl wenig sachgerecht, da der bezweckte Schutz des Teilnehmers damit in sein Gegenteil verkehrt würde. Die englische Rechtsprechung bestätigt die Sinnhaftigkeit einer Ausnahme vom Rückforderungsausschluss, wenn die verletzte Vorschrift dem Schutz des Leistenden dient.

Die beiden weiteren Fallkonstellationen, die im englischen Recht in die Kategorie „Parteien nicht *in pari delictio*" fallen, namentlich Fälle des Irrtums oder des Betrugs bzw. der Nötigung können Anhaltspunkte dafür geben, wann eine Rückforderung sachgerecht ist und damit ein Bedürfnis für eine Beschränkung der Rückforderungssperre besteht. Obwohl der Rückforderungsausschluss im englischen Recht grundsätzlich unabhängig vom Vorliegen subjektiver Voraussetzungen eingreift, wurden von der Rechtsprechung in gewissem Maße Ausnahmen vom Rückforderungsausschluss zugelassen, wenn der Anspruchsberechtigte gutgläubig war und seine Interessen bei einer Gesamtwürdigung aller Umstände als überwiegend bewertet werden konnten[1023]. Auch für § 817 Satz 2 wurde vorliegend eine rein objekti-

---

[1020] S.o. *Vierter Teil, § 2 II. 2. 6.*

[1021] S.o. *Zweiter Teil, § 6.*

[1022] Ausführlich oben *Dritter Teil, § 1 I. 3. b. aa.*

[1023] S.o. *Vierter Teil, § 2 II. 2 b. bb.*

ve Konzeption ohne das Erfordernis besonderer subjektiver Voraussetzungen favorisiert und gleichzeitig betont, dass subjektive Momente im Rahmen einer Restriktion der Rückforderungssperre berücksichtigt werden müssen[1024]. Denselben Weg geht das englische Recht. Viele der relevanten Entscheidungen betreffen Fälle, in denen der Leistende gutgläubig war und gleichzeitig die Einhaltung der Vorschriften primär dem anderen Vertragspartner oblag, wie etwa die Einhaltung versicherungsrechtlicher Vorschriften dem Versicherungsgeber oder die Einhaltung berufsrechtlicher Vorschriften der Anwaltskanzlei. Hier erscheint es in der Tat unangebracht, die gutgläubige Vertragspartei von der Rückforderung auszuschließen. Methodisch sollte diese Ausnahme freilich im Rahmen des § 817 Satz 2 nicht - wie in England - darauf gestützt werden, dass die Parteien nicht als *„in pari delictio"* anzusehen sind, da dieses Kriterium im Gesetzeswortlaut des § 817 Satz 2 nicht angelegt ist: Das Gesetz verlangt in Deutschland lediglich einen beiderseitigen Gesetzes- oder Sittenverstoß, nicht aber einen identischen Verschuldensgrad der Parteien. Allerdings könnten die einschlägigen Konstellationen im deutschen Recht entweder wiederum Ausgangspunkt einer teleologischen Reduktion des § 817 Satz 2 sein oder gegebenenfalls mit einer Anwendung des § 242 begründet werden. Eine teleologische Reduktion erscheint insofern denkbar, als dass bei Unkenntnis des Anspruchsberechtigten vom Gesetzes- oder Sittenverstoß ein Rückforderungsausschluss nicht selten Sinn und Zweck der verletzten Vorschrift widersprechen wird. So verhält es sich beispielsweise wiederum in Schenkkreisfällen, in denen eine Rückforderungssperre gerade gegenüber gutgläubigen Schenkkreisteilnehmern Sinn und Zweck der verletzten Sittennorm widersprechen würde[1025]. Umso mehr gilt dies dann, wenn die Pflicht zur Einhaltung der Vorschrift primär dem anderen Vertragspartner obliegt. Bleibt man bei dem in der englischen Rechtsprechung relevant gewordenen Beispiel genehmigungspflichtiger Versicherungsverträge, so wird mit der staatlichen Genehmigungspflicht in der Regel zumindest auch eine Kontroll- und Überwachungsfunktion gegenüber Versicherungsunternehmen hinsichtlich der von ihnen abgeschlossenen Verträge verfolgt. Vorausgesetzt man bejaht einen Gesetzes- oder Sittenverstoß des gutgläubigen Versicherungsnehmers durch Zahlung der Versicherungsbeiträge erscheint es jedenfalls nicht mit Sinn und Zweck der Verbotsvorschrift vereinbar, einen Rückforderungsausschluss zu Lasten des gutgläubigen Versi-

---

1024 S.o. *Zweiter Teil, § 4.*

1025 S.o. sowie *Dritter Teil, § 1 I. 3.*

cherungsnehmers anzunehmen, obwohl sich das gesetzliche Verbot primär an das Versicherungsunternehmen richtet, das sich um die Einhaltung der Vorschrift hätte kümmern müssen. Schließlich wäre nach deutschem Recht in Fällen, in denen ein Vertragspartner gutgläubig ist und seine Interessen zusätzlich als weit überwiegend bewertet werden können, auch ein Eingreifen des § 242 unter dem Gesichtspunkt des Rechtsmissbrauchs denkbar. Dies ist insbesondere dann vorstellbar, wenn der andere Vertragspartner von der Gesetzes- oder Sittenwidrigkeit Kenntnis oder fahrlässige Unkenntnis hatte und die Nichtigkeit nun zu seinem Vorteil ausnutzen will. Derartige Gestaltungen liegen freilich in der Nähe von Betrugsfällen, in denen dem gutgläubigen Vertragspartner die Wirksamkeit des Geschäfts vorgetäuscht wird. Hier wird zwar im deutschen Recht § 817 Satz 2 praktisch schon deshalb nur selten Auswirkungen zeigen, weil zumeist auch deliktische, vom Rückforderungsausschluss unberührte Ansprüche im Raum stehen werden. Dennoch können die Wertungen, die aus den entsprechenden englischen Entscheidungen ersichtlich werden, auch für § 817 Satz 2 fruchtbar gemacht werden. Gerade wenn dem Leistenden die Rechtmäßigkeit des Geschäfts vom Vertragspartner vorgespiegelt wird oder eine Notlage oder Unterlegenheit des Leistenden ausgenutzt wird, ist eine Anwendung des § 242 unter dem Gesichtspunkt des Rechtsmissbrauchs in der Tat sachgerecht und möglich[1026].

Von der – im englischen Recht durch die Anbindung an das *in pari delictio*-Prinzip vorgegebenen – Voraussetzung, dass die Parteien gleichermaßen schuldhaft gehandelt haben müssen, wäre es an sich nur ein kleiner Schritt dahin, die Anwendung des Rückforderungsausschlusses generell von der Abwägung des Verschuldens der Parteien und der jeweiligen Schwere des Verstoßes abhängig zu machen. Wenngleich die englische Rechtsprechung einer solchen Vorgehensweise bis heute ablehnend gegenübersteht, wird dieser Ansatz in der englischen Literatur nicht selten favorisiert[1027]. Auch die *Law Commission* scheint in ihrem Bericht aus dem Jahre 2009 einer flexiblen, am Verschulden der Parteien ausgerichteten Handhabung des Rückforderungsausschlusses nicht abneigend gegenüber zu stehen[1028]. Dennoch sollte man aus dieser Feststellung kein Argument für eine entsprechende Abwägung auch im deutschen Recht herleiten. Es darf näm-

1026 S. hierzu schon oben *Zweiter Teil, § 2.*

1027 S.o. *Vierter Teil, § 2 III.*

1028 *The Law Commission,* LCCP Nr. 189, S. 78.

lich nicht vergessen werden, dass sich die Ausgangssituation im englischen Recht insofern von der Rechtslage in Deutschland unterscheidet, als dass das *in pari delictio*-Prinzip im englischen Recht grundsätzlich zu einem umfassenderen Anspruchsausschluss führt als dies im deutschen Recht der Fall ist. § 817 Satz 2 enthält als einschränkendes Kriterium immerhin die Voraussetzung, dass der Leistende selbst gerade durch Hingabe der Leistung gegen das Gesetz oder die guten Sitten verstoßen muss. An dieser Voraussetzung werden viele Fälle scheitern, in denen im englischen Recht ein Rückforderungsausschluss zu bejahen wäre. Außerdem besteht im deutschen Recht die Möglichkeit, unsachgemäße Rechtsfolgen in Ausnahmefällen über die Vorschrift des § 242 zu korrigieren. Im Rahmen dieser Vorschrift ist nach deutschem Recht ohnehin eine umfassende Abwägung möglich und nötig. Es besteht daher kein Bedürfnis dafür, eine derartige Abwägung bereits zum Tatbestandsmerkmal des § 817 Satz 2 zu machen, wo sie im Gesetzeswortlaut nicht angelegt ist. Hierdurch würde sich die Anwendung der Vorschrift im Ergebnis lediglich noch unsicherer gestalten als dies ohnehin bereits der Fall ist.

Die zweite Ausnahme vom *in pari delicto*-Prinzip, nämlich die Zulassung eines Rückforderungsanspruchs in Fällen, in denen sich der Kläger zur Begründung eines Anspruchs nicht auf die Illegalität berufen muss[1029], entspricht der deutschen Rechtsprechung zur Nichtanwendung des § 817 Satz 2 auf dingliche Ansprüche[1030]. Dennoch erscheint zweifelhaft, ob sich die deutsche Rechtsprechung aus diesem Grund durch ein rechtsvergleichendes Argument bestätigt fühlen darf. Denn gerade das *reliance principle* wird in der englischen Literatur scharf kritisiert. Auch die *Law Commission* erwog ursprünglich eine Abschaffung dieses Kriteriums[1031]. Zwar kam man hiervon im Zuge der Aufgabe einer Gesetzesreform wieder ab, dennoch steht die *Law Commission* dem Prinzip nach wie vor ablehnend gegenüber[1032]. Insgesamt zeichnet sich auch im englischen Schrifttum eine starke Tendenz dahin ab, die Frage nach einem Rückforderungsausschluss nicht an dem starren Kriterium der Natur des Anspruchs festzumachen, sondern vielmehr anhand von Sinn und Zweck der verletzten Vorschrift sowie den maßgeblichen rechtspolitischen Motiven für einen Rückforderungsausschluss zu entscheiden. In diese Richtung weisen auch einige

---

1029 S.o. *Vierter Teil, § 2 II. 2. c.*

1030 S.o. *Erster Teil, § 2 III. 2. b.*

1031 Vgl. *The Law Commission,* LCCP Nr. 154, S. 133 ff. sowie oben Fn. 992.

1032 *The Law Commission,* LCCP Nr. 189, S. 64.

jüngere Entscheidungen aus der englischen Rechtsprechung, die nach dem Bericht der *Law Commission* aus dem Jahre 2009 ergangen sind: Es wird nicht mehr primär darauf abgestellt, ob sich der Anspruchsteller zur Begründung seines Anspruchs auf die Unerlaubtheit berufen muss, sondern vielmehr darauf, ob nach Sinn und Zweck des Rückforderungausschlusses sowie der verletzten Norm eine Anspruchsausschluss gerechtfertigt ist[1033]. Die Entwicklungen in England bestätigen daher weniger die deutsche Rechtsprechung als vielmehr die starke Strömung in der deutschen Literatur, die ebenfalls für eine analoge Anwendung des § 817 Satz 2 auf dingliche Ansprüche votiert, falls dies in Einklang mit Sinn und Zweck der Vorschrift, gegen die verstoßen wurde, steht.

Was die dritte Ausnahme vom Anspruchsausschluss im englischen Recht angeht, nämlich die Fallgruppe des bereuenden Rücktritts vom illegalen Vertrag[1034], scheint eine gewinnbringende Übertragung der maßgeblichen Grundsätze auf das deutsche Recht auf den ersten Blick schwierig, weil zum einen bereits im englischen Recht die genauen Voraussetzungen dieser Ausnahme unklar sind und zum anderen eine solche Konstruktion („Rücktritt vom nichtigen Vertrag") dem deutschen Recht fremd ist. Vergegenwärtigt man sich allerdings die maßgeblichen Wertungen, die hinter der *locus poentitentiae*-Doktrin stehen, so wird deutlich, dass diese Wertungen durchaus auch für den deutschen § 817 Satz 2 ergiebig sind. Hinter dem Institut des Rücktritts vom illegalen Vertrage verbirgt sich nämlich wiederum nichts anderes als der Gedanke, dass in gewissen Fällen ein Rückforderungsausschluss die Verwirklichung des illegalen Zwecks fördern und damit Sinn und Zweck der verletzten Vorschrift konterkarieren würde[1035]. Mit diesem Verständnis lassen sich die einschlägigen Entscheidungen zwanglos erklären. Bei einem der Hauptanwendungsfälle der *locus poenitentiae*-Doktrin, nämlich der Vermögensverschiebung zur Gläubigerbenachteiligung, würde ein Rückforderungsausschluss beispielsweise bedeuten, dass den Gläubigern des Schuldners die übertragene Haftungsmasse dauerhaft nicht zur Verfügung stünde. Damit wäre der illegale Zweck nicht nur erreicht, sondern sogar perpetuiert. Eine solche Lösung würde Sinn und Zweck der *Illegality*, die im Sinne des Gläubigerschutzes die Vermögensverschiebung als sol-

---

1033 Vgl. *Gray* v. *Thames Trains* (2009) 1 A.C. 1339; *Stone & Rolls* v. *Moore Stephens* (2009) 1 A.C. 1391. S. hierzu auch: *The Law Commission*, The Illegality Defence, S. 47 ff.

1034 *Vierter Teil, § 2 II. 2. a.*

1035 So auch *Beatson*, LQR 91 (1975), 313, 314 ff.

che unterbinden will, konterkarieren. Anders verhält es sich etwa in der Entscheidung *Kearly* v. *Thomson*[1036], in der die Vereinbarung über die Verpflichtung der Gläubiger nicht zum öffentlichen Verhörtermin zu erscheinen und einer Entlassung des Gläubigers aus dem Insolvenzverfahren zuzustimmen, deshalb nichtig war, weil durch eine solche Vereinbarung die Funktionsfähigkeit der Justiz beeinträchtigt würde. Sobald diese Vereinbarung aufgedeckt ist, ist eine Verwirklichung des illegalen Zwecks ohnehin nicht mehr möglich; ein Rückforderungsausschluss widerspricht mitnichten dem Sinn und Zweck der *Illegality*. Somit bestätigt die Ausnahme des bereuenden Rücktritts letztlich wiederum die Bestrebungen in der deutschen Rechtsprechung und Literatur, den Rückforderungsausschluss an Sinn und Zweck der verletzten Vorschrift auszurichten.

Von rechtsvergleichendem Interesse sind ferner die erwähnten Reformbestrebungen in England. Nach Aufgabe des Reformplans zur Einführung eines weiten Ermessensspielraums kristallisiert sich in den Ausführungen der *Law Commission* im Bericht aus dem Jahre 2009 mehr und mehr eine Ausrichtung des Anspruchsausschlusses an Sinn und Zweck der verletzten Vorschrift heraus[1037]. Zudem wird von der Kommission der Gedanke der Folgerichtigkeit (*consistency*) des Rechts als rechtspolitisches Motiv für einen Anspruchsausschluss betont, der es mitunter erforderlich machen kann, bei illegalen Verträgen auch Rückforderungsansprüche zu versagen. Dieser Gedanke ähnelt einem Ansatz des englischen Rechtswissenschaftlers *Birks*, der den Grund für einen Rückforderungsausschluss primär darin sieht, über eine Rückabwicklung eine mittelbare Vertragsdurchführung und damit eine *stultification* („Veralberung") des Rechts zu verhindern[1038]. Für das Gebiet bereicherungsrechtlicher Rückforderungsansprüche betont die Kommission schließlich ausdrücklich, dass eine Rückforderung jedenfalls nicht in Betracht kommen darf, wenn dies einer Vertragsdurchführung faktisch gleich käme[1039]. All diese Entwicklungen stützen sowohl den hier vorgeschlagenen Ansatz zur ratio legis des Rückforderungsausschlusses in Deutschland[1040] als auch die Bestrebungen, für eine Restriktion des § 817 Satz 2 Sinn und Zweck der verletzten

1036 S.o. *Vierter Teil, § 2 II. 2. a.*

1037 S.o. *Vierter Teil, § 2 IV.*

1038 Näher zu diesem Ansatz: *Birks,* TIL 1 (2000), 1, 7 ff.; *ders.,* An introduction to the law of restitution, S. 299; *ders.,* Unjust enrichment, S. 215.

1039 *The Law Commission,* LCCP Nr. 189, S. 66.

1040 S.o. *Erster Teil, § 2 II. 5.*

Vorschrift zum Ausgangspunkt zu nehmen[1041]. Untermauert wird auch der Gedanke, dass die Frage nach der Zulassung vertraglicher Ansprüche eng mit der Frage nach dem Ausschluss von Rückforderungsansprüchen verwoben ist und auf der Grundlage derselben Wertungen entschieden werden sollte[1042]. In die gleiche Richtung wie die Ausführungen der *Law Commission* weist im Übrigen nicht nur die englische Literatur, sondern zum Teil auch die englische Rechtsprechung selbst, die mitunter bereits - wenn auch nur am Rande - am Normzweck orientierte Überlegungen in ihre Entscheidungsbegründungen miteinbezieht[1043]. Aufwind erfahren diese Bestrebungen überdies durch die Entwicklung der Rechtsprechung in Australien. In der vielfach auch in der englischen Literatur zur Argumentation herangezogenen Entscheidung *Nelson* v. *Nelson* lehnt das Gericht sowohl die Anwendung des *reliance principle* als auch den *public conscience test* ab und kommt zu dem Ergebnis, dass über die Ausnahmen vom Rückforderungsausschluss auf der Grundlage von Sinn und Zweck der verletzten Vorschrift entschieden werden muss[1044]. In der Entscheidung, die stellenweise Züge eines abstrakten Gesetzesvorschlags trägt, konstatiert das Gericht, dass ein Rückforderungsausschluss - abgesehen von Fällen, in denen ein solcher von der verletzten Vorschrift ausdrücklich gefordert wird - nur dann gerechtfertigt ist, wenn ein solcher Sinn und Zweck der verletzte Vorschrift nicht konterkariert und eine Proportionalität zwischen der Schwere des Verstoßes und den Auswirkungen eines Rückforderungsausschlusses gegeben ist.

Das letztgenannte Kriterium der Proportionalität findet sich in ähnlicher Form auch in dem Vorschlag der *Law Commission*, die anregt, stets im Einzelfall zu prüfen, ob der Rückforderungsausschluss im Rahmen einer Abwägungsentscheidung als eine angemessene Rechtsfolge erscheint[1045]. Obwohl sich auch hier wiederum eine Tendenz hin zu einer flexiblen Abwägungsentscheidung andeutet, sollte aus den bereits genannten Gründen im Rahmen des § 817 Satz 2 von einer

---

1041 S.o. *Zweiter Teil, § 6.*

1042 S.o. *Zweiter Teil, § 6.*

1043 S. etwa *Shaw* v. *Groom* (1970) 2 Q.B. 504, 518; *Cotronic* v. *Dezonie* (1991) B.C.C. 200, 206;

1044 *Nelson* v. *Nelson* 184 C.L.R. 538, 612 ff. (die Entscheidung betraf eine ähnliche Konstellation wie der Fall *Tinsley* v. *Milligan.* Ein Rückforderungsanspruch wurde hier - gestützt auf Sinn und Zweck der verletzten Vorschrift - ebenfalls bejaht).

1045 S.o. *Vierter Teil, § 2 IV.*

derartigen Vorgehensweise Abstand genommen werden[1046]. Der Platz für eine derartige Abwägung ist im deutschen Recht die Vorschrift des § 242, der eine Ausnahme vom Rückforderungsausschluss in Ausnahmefällen ermöglicht, wenn er sich im Einzelfall als rechtsmissbräuchlich erweisen würde. Eine Abwägung im Rahmen des § 817 Satz 2 selbst würde dagegen eine Aufweichung des eindeutigen Gesetzeswortlauts, der gerade nicht auf den Verschuldensgrad der Parteien abstellt, zu Lasten des hohen Guts der Rechtssicherheit bedeuten.

§ 3 Gesamtergebnis zum Vierten Teil

Die Analyse der Rechtslage in der Schweiz, in Österreich sowie in England hat gezeigt, dass in sämtlichen Ländern ein dem § 817 Satz 2 vergleichbarer Rückforderungsausschluss bei unerlaubten Geschäften existiert. Auffällig ist, dass sich das österreichische Regelungskonzept sowie die von der jüngeren schweizerischen Rechtsprechung favorisierte Deutung des Art. 66 OR stark an den römisch-rechtlichen Kondiktionsausschluss anlehnen, so dass der Rückforderungsausschluss im Ergebnis auf Fälle der sogenannten Deliktsanstiftung begrenzt wird[1047]. Daneben wird ein ungeschriebener Rückforderungsausschluss für möglich gehalten, wenn er von Sinn und Zweck der verletzten Vorschrift eindeutig gefordert wird.

Demgegenüber kennt das englische Recht einen sehr viel weiteren Rückforderungsausschluss[1048]. Der Grundsatz, dass sich niemand zur Begründung eines Anspruchs auf ein unerlaubtes Geschäft berufen darf, durchzieht das gesamte englische Recht und kann jedem beliebigen Anspruch als Einwendung entgegenstehen, ohne dass zusätzliche Voraussetzungen als Korrektiv nötig sind. Bis auf die Heranziehung römisch-rechtlicher Prinzipien zur Begründung des Rückforderungsausschlusses hat der englische Anspruchsausschluss folglich nichts mit dem römisch-rechtlichen Konzept gemein.

Die deutsche Regelung steht damit gleichsam zwischen den Regelungen der Schweiz und Österreichs auf der einen sowie der Regelung Englands auf der anderen Seite. Die Vorschrift des § 817 Satz 2 ist einerseits insofern enger als der Anspruchsausschluss im englischen Recht, als dass er sich unmittelbar nur auf bereicherungsrechtliche

1046 S.o. *Zweiter Teil, § 1, § 2* sowie *Dritter Teil, § 1 I. 2. d. bb.*

1047 S.o. *Vierter Teil, § 1 III. 1.*

1048 S.o. *Vierter Teil, § 2 I., II. 1.*

Ansprüche bezieht und einen Gesetzes- oder Sittenverstoß durch die Leistung selbst voraussetzt. Er ist aber andererseits weiter als die Regelungen in der Schweiz und in Österreich, als dass er grundsätzlich sämtliche Leistungen im Rahmen unerlaubter Geschäfte von der Rückforderung ausschließt und nicht nur solche, die zur Bewirkung einer unerlaubten Handlung gegeben wurden.

Die rechtsvergleichende Analyse bestätigt in mehrerlei Hinsicht die im Rahmen der Ausführungen zum deutschen Recht gefundenen Ergebnisse und dient damit als Richtigkeitskontrolle. Hierin liegt der entscheidende Nutzen des Rechtsvergleichs für die Problematik des § 817 Satz 2. Die jüngsten Arbeiten der *Law Commission* in England, in denen als maßgebliche rechtspolitische Motive eines Rückforderungsausschluss die Verstärkung der von der verletzten Vorschrift verfolgten Ziele sowie die Folgerichtigkeit des Rechts hervorgehoben werden, untermauern die vorliegend angestellten Überlegungen zur Ratio des § 817 Satz 2[1049]. Überdies zeigen die Entwicklungen in allen untersuchten Ländern eindrucksvoll, dass im Hinblick auf die Frage nach Rückforderungsansprüchen bei unerlaubten Geschäften kein Weg an einer Berücksichtigung von Sinn und Zweck der verletzten Vorschrift vorbeiführt. Dabei fällt auf, dass in den untersuchten Ländern die Tendenzen dahin gehen, die Rückforderung immer häufiger zuzulassen und einen Ausschluss nur noch dann vorzunehmen, wenn ein solcher von der verletzten Vorschrift gefordert wird. In der Schweiz sowie in Österreich besteht hierüber in Rechtsprechung und Schrifttum bereits ein breiter Konsens[1050]. In England ist eine solche Sichtweise zwar noch nicht gerichtliche Praxis, allerdings weisen wiederum die jüngsten Arbeiten der *Law Commission* in diese Richtung. Nach dem Vorschlag der Kommission soll nämlich stets geprüft werden, ob auf der Grundlage der rechtspolitischen Motive - und damit auch unter dem Gesichtspunkt von Sinn und Zweck der verletzten Vorschrift - ein Anspruchsausschluss notwendig ist[1051].

Der Rechtsvergleich hat schließlich erneut demonstriert, wie schwierig es ist - abgesehen von dem Hinweis auf Sinn und Zweck der verletzten Vorschrift - feste Kriterien zu formulieren, anhand derer eine Entscheidung für oder wider einen Rückforderungsausschluss getroffen werden kann. Dennoch können aus rechtsvergleichender Sicht einige, für die Handhabung des deutschen § 817 Satz 2 interessante

---

1049 S.o. *Vierter Teil, § 2 V. 2.*

1050 S.o. *Vierter Teil, § 1 III. 1.*

1051 S.o. *Vierter Teil, § 2 IV.*

Gesichtspunkte festgehalten werden. In Österreich, wo die Ausrichtung der Rückabwicklung an Sinn und Zweck der verletzten Vorschrift bereits lange anerkannt ist, wird maßgeblich darauf abgestellt, ob mit der verletzten Vorschrift der Leistungsaustausch als solcher unterbunden werden soll[1052]. In diesem Fall muss jedenfalls eine Rückforderung möglich sein, da ansonsten ein verbotener Zustand gleichsam legalisiert würde. Weiter ist man sich in sämtlichen untersuchten Rechtsordnungen einig, dass eine Rückabwicklung jedenfalls dann erfolgen muss, wenn die verletzte Vorschrift gerade dem Schutz des Leistenden dient[1053]. Schließlich liefert die englische Rechtsprechung einige Anhaltspunkte dafür, wann im deutschen Recht an eine berechtigte Anwendung des § 242 zur Überwindung des § 817 Satz 2 gedacht werden kann, wie etwa in Fällen des Betruges oder der rechtsmissbräuchlichen Ausnutzung der Gutgläubigkeit des Leistenden[1054]. Überdies macht die rechtsvergleichende Betrachtung deutlich, dass ein Rückforderungsausschluss vor allem auch dann sachgerecht ist, wenn eine Rückabwicklung zu einer ähnlichen Situation führen würde wie bei Wirksamkeit des Vertrags. Besonders deutlich wird dieser Gesichtspunkt in der englischen Rechtsprechung sowie in den jüngsten Arbeiten der *Law Commission*[1055]. Aber auch der OGH lässt diesen Gedanken in seiner Entscheidung zur unerlaubten Arbeitnehmerüberlassung anklingen[1056]. Auch insofern schließen sich die Ergebnisse der rechtsvergleichenden Untersuchung also nahtlos an die Ausführungen zum deutschen Recht an und bestätigen sie im Sinne einer Richtigkeitskontrolle.

1052 S.o. *Vierter Teil, § 1 II. 2.*

1053 S.o. *Vierter Tei., § 1 III. V. 2.*

1054 S.o. *Vierter Teil, § 2 V. 2.*

1055 S.o. *Vierter Teil , § 2 IV.*

1056 S.o. *Vierter Teil, § 1 II. 2.*

SCHLUSSBETRACHTUNG

Die vorstehenden Ausführungen haben einen Eindruck davon vermittelt, wie komplex sich der scheinbar begrenzte Regelungsgehalt des § 817 Satz 2 in der Praxis darstellt. Es dürfte deutlich geworden sein, dass sich bei der Anwendung der Vorschrift eine schematische Lösung verbietet und jeder Versuch, die Norm mit Hilfe eines fest umrissenen Katalogs klar vorgegebener Kriterien einzugrenzen, mit Schwierigkeiten behaftet ist. Das Bedürfnis nach Rechtssicherheit und dogmatisch begründeter Gesetzesanwendung einerseits sowie das Streben nach Einzelfallgerechtigkeit andererseits scheinen sich nicht völlig in Einklang bringen zu lassen. Gleichwohl bietet dieser Befund keinen Anlass zur Resignation. Trotz der zahlreichen Kontroversen, für die § 817 Satz 2 sorgt, lässt sich ein „sinnvoller *modus vivendi*"[1057] für die Vorschrift durchaus finden.

An dieser Stelle soll nochmals zusammenfassend Bezug genommen werden auf die einleitend herausgearbeiteten beiden wesentlichen Zielsetzungen der Untersuchung: Danach sollte ein Hauptaugenmerk auf die Frage nach Sinn und Zweck der Kondiktionssperre gerichtet sein. Darüber hinaus sollte die Suche nach Kriterien für eine sachgerechte Restriktion einen weiteren Schwerpunkt der Darstellung bilden[1058].

Obwohl an Vorschlägen für die Erklärung der ratio legis kein Mangel besteht und die meisten der Erklärungsversuche durchaus einen „wahren Kern" enthalten, hat sich gezeigt, dass bislang keiner der Vorschläge für sämtliche Fälle überzeugende Lösungen liefern konnte. Deshalb wurde hier versucht - von der Rechtsschutzverweigerungstheorie und der Theorie der Generalprävention ausgehend - einen Erklärungsansatz zu finden, der die Vorzüge beider Theorien vereint. In dem hier vorgeschlagenen Sinne ist die Kondiktionssperre unter dem Gesichtspunkt der Einheit und Widerspruchsfreiheit des Rechts als Fortsetzung der §§ 134, 138 in das Bereicherungsrecht zu verstehen[1059]. Der Rückforderungsausschluss zielt bei einem solchen Verständnis darauf ab, durch die Versagung bereicherungsrechtlicher Ansprüche die Wirkung der allgemeinen Nichtigkeitsnormen zu verstärken, indem eine Risikoverlagerung auf den Leistenden bewirkt

---

1057 *Reuter/Martinek,* Ungerechtfertigte Bereicherung, S. 207, § 6 V.

1058 Vgl. *Problemaufriss, § 2.*

1059 Vgl. *ausführlich Erster Teil, § 2 II. 5.*

oder eine mittelbare Aufrechterhaltung des nichtigen Geschäfts über bereicherungsrechtliche Wertersatzansprüche verhindert wird. Bestätigt wurde dieser Vorschlag durch die Analyse der Rechtsprechung, die gezeigt hat, dass die Vorschrift in der Praxis gerade in Fällen dieser Art Bedeutung erlangt[1060]. Bestätigung brachte schließlich auch die rechtsvergleichende Betrachtung: In England, wo der Bereich illegaler Verträge jüngst Gegenstand umfangreicher Arbeiten der *Law Commission* war, wird gerade der Gedanke der Folgerichtigkeit und Widerspruchsfreiheit des Rechts - der *consistency* - als maßgebliches rechtspolitisches Motiv für einen Rückforderungsausschluss betont[1061].

Mit diesem Erklärungsansatz zur ratio legis wird zugleich der Bogen gespannt zum nächsten zentralen Problemkomplex, nämlich dem einer - unbestritten notwendigen - Einschränkung des § 817 Satz 2. Sowohl die Analyse des Meinungsstands im Schrifttum als auch die Auswertung der aktuellen Rechtsprechung sowie die rechtsvergleichende Betrachtung haben gezeigt, dass der Schlüssel zu einer sinnvollen Handhabung der Kondiktionssperre in einer Berücksichtigung des Normzwecks der zur Nichtigkeit führenden Vorschrift liegt[1062]. An den hier vorgeschlagenen Erklärungsansatz zur ratio legis schließt sich die Notwendigkeit einer solchen Restriktion nahtlos an. Dogmatisch begründbar ist die Einschränkung zwanglos über das Instrumentarium der teleologischen Reduktion. Egal welcher Auffassung man sich in Bezug auf die Ratio des § 817 Satz 2 anschließen mag, kann ein Rückforderungsausschluss nach seinem Sinn und Zweck jedenfalls dann nicht in Betracht kommen, wenn er seinerseits den Zweck der verletzten Verbots- oder Sittennorm konterkarieren würde[1063]. Als Beispiele für eine normzweckgestütze teleologische Reduktion haben sich insbesondere Fallkonstellationen herauskristallisiert, in denen die verletzte Vorschrift gerade dem Schutz des Leistenden dient oder in denen der Leistungsaustausch als solcher von der verletzten Verbots- oder Sittennorm untersagt wird[1064].

Gestützt auf die Methode der teleologischen Reduktion lassen sich die Fälle einer Einschränkung des § 817 Satz 2 im Einzelfall nachvollziehbar begründen. Einer unterstützenden Heranziehung des § 242 - wie sie zuweilen von der Rechtsprechung vorgenommen wird - bedarf es

1060 *Dritter Teil, § 1, § 2.*

1061 *Vierter Teil, § 2 IV., V.*

1062 *Zweiter Teil, § 6; Dritter Teil, § 3 sowie Vierter Teil.*

1063 *Zweiter Teil, § 6 IV.*

1064 *Zweiter Teil, § 6 IV.; Dritter Teil, § 3 sowie Vierter Teil.*

dann nicht. Gleichwohl scheint die Anwendung des § 242 im Rahmen des § 817 Satz 2 nicht ausgeschlossen. Die Anwendung des § 242 sollte jedoch auf enge Ausnahmefälle beschränkt sein, in denen im Einzelfall unter dem Gesichtspunkt des Rechtsmissbrauchs eine Nichtanwendung des gesetzlich vorgesehen Anspruchsausschlusses erforderlich erscheint[1065]. Eine allgemeine Gesetzeskorrektur über § 242 würde dagegen der Sicherheit und Transparenz des Rechts, die im Rahmen einer Norm wie der des § 817 Satz 2 besondere Bedeutung gewinnt, schaden und den Regelungsgehalt des § 242 überspannen[1066].

Im Ergebnis lässt sich ein ausufernder bereicherungsrechtlicher Kondiktionsausschluss de lege lata somit über ein zweistufiges Vorgehen erreichen: Zunächst ist zu fragen, ob eine Ausnahme vom grundsätzlichen Rückforderungsausschluss möglich ist, weil Sinn und Zweck der konkret verletzen Verbots- oder Sittennorm einem Anspruchsausschluss entgegenstehen. Nur wenn dies nicht der Fall ist, ist in Erwägung zu ziehen, ob bei einer Berücksichtigung aller Umstände des Einzelfalls eine Anwendung des § 817 Satz 2 ausnahmsweise rechtsmissbräuchlich und treuwidrig erscheint, so dass der Anwendungsbereich des § 242 eröffnet ist.

Eine solche Vorgehensweise wird in vielen Fällen die dem Gerechtigkeitsempfinden widersprechenden Härten der Kondiktionssperre abmildern. Auf diese Weise kann schließlich sicher gestellt werden, dass die Vorschrift des § 817 Satz 2 nicht zu einem „unkontrollierten Axiom"[1067] verkommt, das ohne Rücksicht auf die Besonderheiten des konkreten Falls eine Rechtsfolge von archaischer Härte statuiert.

In Anbetracht der nicht abreißenden Kritik an der Vorschrift und den Schwierigkeiten, die sie in ihrer praktischen Anwendung aufwirft, ist freilich de lege ferenda eine Reform der Vorschrift durchaus als sinnvoll zu erachten. Nahe liegt der Vorschlag, die Kondiktionssperre mit einem einschränkenden Zusatz zu versehen, wonach die Rückforderung nur dann ausgeschlossen wäre, wenn dies von Sinn und Zweck der verletzten Verbots- oder Sittennorm *gefordert* wird. Dieser Vorschlag ist keineswegs neu, sondern wurde bereits von *König* im Rahmen seines Gesetzesentwurfs zur Reform des Bereicherungsrechts favorisiert[1068]. Auch im *Draft of Common Frame of Reference* ist eine ver-

---

1065 Beispiele hierfür lieferte insbesondere die Analyse des englischen Rechts, vgl. oben *Vierter Teil, § 2 V.*

1066 Vgl. auch *Zweiter Teil, § 2.*

1067 *Wilburg*, in: Klang, ABGB, § 1174, B.I.6.

1068 *Erster Teil, § 1 III. 3.*

gleichbare Regelung vorgesehen[1069]. Die Rechtsprechung geht teilweise bereits heute von diesem Ansatz aus[1070]. Überdies hat sich auch in unseren Nachbarländern, in Österreich und der Schweiz, ein derartiges Verständnis der Kondiktionssperre durchgesetzt[1071]. Mit einem solchen Regelungskonzept wäre einer ausufernden Anwendung der Kondiktionssperre der Boden entzogen. Im Gegensatz zur heutigen Rechtslage wäre die Rückabwicklung gem. § 812 Abs. 1 Satz 1, 1. Alt. auch bei beiderseits gesetzes- oder sittenwidrigen Geschäften der Regelfall, der Rückforderungsausschluss die Ausnahme. Aus gesetzessystematischer Sicht wäre dieses Regel-Ausnahme-Verhältnis sicherlich überzeugender als die herkömmliche Konzeption, die die Kondiktionssperre bei beiderseits gesetzes- oder sittenwidrigen Geschäften faktisch zum Regelfall erhebt. Die vorgeschlagene Lösung würde schließlich auch der Normsituation im Rahmen der §§ 134, 138 gerecht: Die zivilrechtliche Nichtigkeitssanktion ist heute nicht mehr auf wenige Ausnahmefälle beschränkt, sondern betrifft mehr und mehr eine Vielzahl von Verbotsnormen aus dem wirtschaftsrechtlichen Bereich, in denen ein bereicherungsrechtlicher Rückforderungsausschluss dem Gerechtigkeitsempfinden und dem wachsenden Bedürfnis nach Vertragsgerechtigkeit[1072] widerspricht.

Wenn eine solche Regelung auf den ersten Blick auch äußerst verheißungsvoll erscheinen mag, darf doch nicht verkannt werden, dass mit ihr nicht automatisch sämtliche Probleme und Unsicherheiten aus der Welt geschaffen werden. Die vorliegende Untersuchung hat gezeigt, wie schwierig es ist, zu entscheiden, ob ein Rückforderungsausschluss vom Normzweck der verletzten Verbots- oder Sittennorm gefordert wird oder nicht. Vielfach wird sich nach dem Regelungsgehalt der verletzten Vorschrift nämlich weder eine Aussage in die eine noch in die andere Richtung treffen lassen[1073]. Dennoch sollte allein diese Schwierigkeit kein Grund dafür sein, den Vorschlag zu verwerfen. Die Überlegungen zeigen lediglich, dass ein isoliertes Abstellen auf die verletzte Verbots- oder Sittennorm oftmals in eine Sackgasse führen wird. Deshalb sollte auch eine künftige, im Verhältnis zu § 817 Satz 2 eingeschränkte Vorschrift nicht vergessen lassen, dass der

---

1069 *Erster Teil, § 1 III. 3.*

1070 So z.B. in den „Schwarzarbeiterfällen, vgl. *Dritter Teil, § 1 I. 2.*

1071 *Vierter Teil, § 1.*

1072 Hierzu *Damm*, JZ 1986, 913, 916 ff.

1073 Vgl. oben *Zweiter Teil, § 6* sowie die Entwicklungen in Österreich und der Schweiz,hierzu *Vierter Teil, § 1.*

historisch gewachsene Rückforderungsausschluss eine eigenständige Zielsetzung verfolgt. Dabei sollten die im Rahmen des § 817 Satz 2 gewonnenen Erkenntnisse sowie die bisherigen Entwicklungen in der Rechtsprechung weiter Berücksichtigung finden. Nimmt man das hier vorgeschlagene Verständnis der Kondiktionssperre zum Ausgangspunkt, kommt dem Rückforderungsausschluss insbesondere dann eine eigenständige Berechtigung zu, wenn er einer Verstärkung der §§ 134, 138 dient. Nach diesem Verständnis wird die Anwendung des Rückforderungsausschlusses nicht nur dann vom Normzweck gefordert, wenn sich dies aus der verletzten Norm selbst eindeutig ergibt. Vielmehr ist die verletzte Verbots- oder Sittennorm im Zusammenspiel mit den §§ 134, 138 zu sehen. Das bedeutet, dass der Normzweck im weiteren Sinne auch dann einen Rückforderungsausschluss fordert, wenn dies nötig ist, um dem Gesetzes- oder Sittenwidrigkeitsverdikt der §§ 134, 138 zur Geltung zu verhelfen.

Eine verbleibende Rechtsunsicherheit wird dabei freilich unvermeidlich sein. Man wird in Kauf nehmen müssen, dass im Rahmen einer Vorschrift wie der des § 817 Satz 2, die eine ungeheure Vielfalt an Lebenssachverhalten erfasst, eine Präformation durch den Gesetzgeber nicht für jeden Einzelfall möglich sein wird. Eine vollständige Typisierung wäre eine bloße Utopie[1074], die der Verschiedenartigkeit der erfassten Fallkonstellationen nicht gerecht würde. In diesem Sinne können die Ausführungen mit einem Zitat Wilburgs zur Funktion der Rechtswissenschaften geschlossen werden: Demnach ist „die Rechtswissenschaft [...] eine Kunst, der die Aufgabe zufällt, die Erscheinungen im Zusammenleben der Menschen zu erkennen und zu gestalten. Sie soll klar sein, sie soll aber auch reich sein an Gedanken, ebenso wie das Spiel des Sonnenlichtes an Farben. Sie muß danach streben, alle Farben und Farbtönung zu sehen. Sonst bleibt sie der Wirklichkeit fremd[1075]."

1074 Vgl. zu § 242 auch *Gernhuber*, JuS 1983, 764, 765.

1075 *Wilburg*, Entwicklung eines beweglichen Systems im bürgerlichen Recht, S. 23 f.

ANNEX I

Allgemeines Landrecht für die Preußischen Staaten von 1974 (ALR) - Auszug Erster Theil, Sechszehnter Titel[1076]

§ 172 ALR: Zahlungen aus einem unerlaubten Geschäfte, welches gegen ein ausdrückliches Verbotsgesetz läuft, kann zwar der Zahlende nicht zurückfordern;

§ 173 ALR: Der Fiskus hat aber das Recht, dem Empfänger den verbotenen Gewinn zu entreißen.

§ 205 ALR: Was zu einem unerlaubten Zwecke gegeben worden, kann nur der Fiskus zurückfordern.

§ 206 ALR: Ein Gleiches gilt von dem, was zu einem wider die Ehrbarkeit laufenden Zwecke gegeben worden, sobald dieser Zweck, und das Verwerfliche desselben, auch dem Empfänger bekannt bekannt war.

§ 207 ALR: Was dem Geber widerrechtlicher Weise abgenöthigt worden, muß demselben zurückgegeben werden.

§ 210 ALR: Wer einer in öffentlichen Bedienungen stehenden Person dafür, daß sie ihr Amt ausübe oder nicht ausübe, eine in den Gesetzen nicht gebilligte Belohnung freywillig gegeben hat, kann dieselbe niemals zurückfordern.

§ 211 ALR: Vielmehr fallen dergleichen freywillig gegebene, oder auch nur bestimmt angebotene Belohnungen dem Fiskus anheim.

§ 212 ALR: Wer aber durch das Verhalten des Empfängers zu einer solchen Gabe verleitet worden, der kann dieselbe nach den Bestimmungen § 207, 208 zurück fordern.

1076 aus: *Hattenhauer*, Allgemeines Landrecht für die Preußischen Staaten von 1794, S. 229 f.

Annex II

Dresdner Entwurf aus dem Jahre 1866 – Auszug[1077]

Art. 993: Hat jemand um eines künftigen Erfolges willen aus einer unsittlichen oder unehrenhaften Ursache Etwas empfangen, so kann dieses der Geber von ihm zurückfordern, ohne Unterschied, ob der erwartete Erfolg eingetreten ist oder nicht.

Fällt sowohl dem Geber als dem Empfänger eine Unsittlichkeit oder Unehrenhaftigkeit zur last, so kann der Erstere nicht Rückerstattung des von ihm Zugewendeten, und Letzterer nicht Erfüllung des ihm Versprochenen verlangen

Art. 994: Eine unsittliche oder unehrenhafte Ursache auf Seiten des Empfängers ist insbesondere vorhanden, wenn er Etwas angenommen hat, damit er eine den Gesetzen oder den guten Sitten widerstreitende Handlung unterlasse, oder eine Handlung vornehme, zu welcher er ohnedies rechtlich verpflichtet ist.

Art. 995: Eine unsittliche oder unehrenhafte Ursache auf Seite des Gebers ist insbesondere vorhanden, wenn er Etwas geleistet hat, um den Empfänger zur Vornahme einer den Gesetzen oder guten Sitten widerstreitenden Handlung oder zur Unterlassung einer Handlung, zu welcher er rechtlich verpflichtet ist, zu bestimmen oder um gesetzeswidrige oder unsittliche Handlungen zu befördern.

1077 aus: *Francke*, Neudrucke privatrechtlicher Kodifikationen und Entwürfe des 19. Jahrhunderts, Band 2, S. 202.

ANNEX III

Codex Maximilianeus Bavaricus Civilis (CMBC) - Auszug Vierter Theil, Kapitel XIII[1078]

§ 8: Ist die Ursache, wegen welcher man etwas giebt schändlich und unehrbar (a), und zwar auf beiden Seiten so ist zu unterscheiden, ob sie 1. auf beiden, oder 2. nur auf des Gebers, oder 3. des Empfängers Seite allein also beschaffen sei. Ad 1. kann zwar der Geber das Gegebene, z.B. bezahlten Huren-Lohn nicht wiederum zurückbegehren, hingegen aber auch der Empfänger solches nicht behaupten, sondern es fällt vielmehr dem Fiskus heim. Ad 2. da man z.B. einem etwas gibt, damit er seine Schuldigkeit thue, oder das Böse unterlasse, so hat sowohl gegen den Empfänger als seinen Erben Condictio ob turpem causam statt. Ad 3. wird um so weniger eine Klage gestattet, als der Kläger seine eigene Schande hierunter allegiren muß.

1078 aus: *Kreittmayr*, Codex Maximilianeus Bavaricus Civilis, S. 582 f.

LITERATURVERZEICHNIS

ACKMANN, HANS-PETER: Kurzkommentar zu BGH, Urt. vom 9. 10 1991, VIII ZR 19/91 = WM 1992 151 = NJW 1992 310 (OLG Hamm), in: EWiR 1992, S. 159-160.

AHRENS, MARTIN: Anmerkung zu BGH, Urteil vom 24.04.2008, VII ZR 42/07 (OLG Brandenburg), in: LMK 2008, 266104.

AMEND-TRAUT, ANJA: Geschenkt ist geschenkt? Kondiktionsrechtliche und andere Sanktionen gegen sogenannte Schenkkreise, in: KJ 2008, S. 408-424.

AMSTUTZ, MARC U. A. (HRSG): Handkommentar zum Schweizer Privatrecht, Zürich u.a. 2007 (zit.: *Bearbeiter*, in: Amstutz HK).

ANSON, WILLIAM REYNELL; BEATSON, JACK: Anson's law of contract, 28. Auflage, Oxford 2002.

ARMBRÜSTER, CHRISTIAN: Anmerkung zu BGH, Urteil vom 24.4.2008, VII ZR 42/07 (OLG Brandenburg), in: JZ 2008, S. 1006-1008.

ARMGARDT, MATTHIAS: Der Kondiktionsausschluss des § 817 S. 2 BGB im Licht der neuesten Rechtsprechung des BGH, in: NJW 2006, S. 2070-2073.

- Die zweite Schenkkreisentscheidung des BGH als Ausgangspunkt für einen Paradigmenwechsel im Hinblick auf die Auslegung von § 817 S. 2 BGB, in: JR 2009, S. 177-181.

ATIYAH, PATRICK SELIM; SMITH, STEPHEN A.: Atiyah's Introduction to the law of contract, 6. Auflage, Oxford 2005.

AUBERT, MAURICE: La répétition des prestations illicites ou immorales en droit français et en droit suisse, Lausanne 1954.

BAMBERGER, HEINZ GEORG; ROTH, HERBERT (HRSG): Kommentar zum Bürgerlichen Gesetzbuch, Band 1: §§ 1-610, CISG, 2. Auflage, München 2008 (zit.: *Bearbeiter*, in: Bamberger/Roth).

- Kommentar zum Bürgerlichen Gesetzbuch, Band 2: §§ 611-1296, AGG, ErbbauVO, WEG, 2. Auflage, München 2008.

BAR, CHRISTIAN VON; SWANN, STEPHEN: Das Bereicherungsrechtskonzept der Study Group on a European Civil Code, in: Kontinuität und Wandel des Versicherungsrechts, Festschrift für Egon Lorenz zum 70. Geburstag, Karlsruhe 2004, S. 43-68.

Bar, Christian von; Clive, Eric; Schulte-Nölke, Hans (Hrsg): Principles, Definitions and Model Rules of European Private Law, Draft Common Frame of Reference (DCFR), Interim Outline Edition. Prepared by the Study Group on a European Civil Code and the Research Group on EC Private Law (Acquis Group), based in part on a revised version of the Principles of European contract Law, München 2008.

Bastian, Arno: Die Rückforderung von verbotswidrigen Leistungen (Zur Anwendbarkeit des § 817 Satz 2 BGB), in: JR 1950, S. 17-19.

Basty, Gregor: Der Bauträgervertrag, Schwerpunkte der Vertragsgestaltung, 6. Auflage, München 2008.

Beatson, Jack: Benefit, Reliance and the Structure of Unjust Enrichment, in: The Use and Abuse of Unjust Enrichment: Essays on the Law of Restitution, herausgegeben von Jack Beatson, Oxford 1991, S. 21-44.

- Repudiation of illegal purpose as a ground for restitution, in: LQR 91 (1975), S. 313-316.

Becker, Ludwig: Die ausdehnende Anwendung des § 817 Satz 2 BGB, in: NJW 1952, S. 53-54.

BGB RGRK, herausgegeben von Mitgliedern des Bundesgerichtshofs: Das Bürgerliche Gesetzbuch mit besonderer Berücksichtigung der Rechtsprechung des Reichsgerichts und des Bundesgerichtshofes, Kommentar, Band II, 5. Teil, §§ 812-831 (Anhang nach § 823: I. Verletzung des Persönlichkeitsrechts, II. Arzthaftungrecht), 12. Auflage, Berlin u.a. 1989 (zit.: *Bearbeiter*, in: RGRK)

Binder, Martin: Privatrechtliche Aspekte der Spielsucht, in: ÖJZ 1998, S. 175-182.

Birks, Peter: An introduction to the law of restitution, Oxford 1996.

- Recovering value transferred under an illegal contract, in: TIL 1 (2000), S. 1-50.

- Unjust enrichment, 2. Auflage, Oxford 2005.

Bockholdt, Frank: Die Übertragbarkeit rücktrittsrechtlicher Wertungen auf die bereicherungsrechtliche Rückabwicklung gegenseitiger Verträge, in: AcP 206 (2006), S. 769-804.

Bodenbrenner, Hans-Joachim: Rechtsfolgen sittenwidriger Ratenkreditverträge, in: JuS 2001, S. 1172-1176.

BORGGREVE, CARLO; SCHLOTHAUER, ANGELIKA: Rechtsprobleme der Rückabwicklung sittenwidriger Teilzahlungskredite, in: DB 1983, S. 1344-1347.

BOSCH, ANDREAS: Verstöße gegen § 1 II Nr. 2 SchwarzArbG n.F. und der Grundsatz von Treu und Glauben, in: NJOZ 2008, S. 3044-3056.

BROX, HANS; WALKER, WOLF-DIETRICH: Allgemeiner Teil des BGB, 31. Auflage, Köln 2007.

BUCHER, EUGEN: Hundert Jahre schweizerisches Obligationenrecht: Wo stehen wir heute im Vertragsrecht?, in: ZSR 102 (1983, II), S. 257-383.

- Schweizerisches Obligationenrecht. Allgemeiner Teil ohne Deliktsrecht, 2. Auflage, Zürich 1988.

BUCHNER, HERBERT: Schwarzarbeit und Rechtsordnung - Antworten und offene Fragen, eine Skizze der neuesten Rechtsentwicklung - Fortsetzung von GewArch 1990, S. 1 ff., in: GewArch 1990, S. 41-46.

BUCKLEY, R. A.: Illegal transactions: chaos or discretion?, in: SLS 20 (2000), S. 155-180.

- Illegality and public policy, London 2002.

BUFE, PETER: § 817 Satz 2 BGB, in: AcP 157 (1958/59), S. 215-264.

BUNTE, HERMANN-JOSEF: Rückabwicklung sittenwidriger Ratenkreditverträge, in: NJW 1983, S. 2674-2678.

- Probleme der Ratenkreditverträge, in: WM 1984, Sonderbeilage Nr. 1, S. 1-26.

- Der Gedanke der normativen Prävention im deutschen Zivilrecht, in: Freiheit und Zwang. Rechtliche, wirtschaftliche und gesellschaftliche Aspekte, Festschrift zum 60. Geburstag von Hans Giger, Bern 1989, S. 55-74.

BÜREN, BRUNO VON: Bemerkungen zu Art. 66 OR, in: SJZ 58 (1962), S. 225-229.

- Schweizerisches Obligationenrecht, Allgemeiner Teil, Zürich 1964.

BÜRGE, ALFONS: Rechtsdogmatik und Wirtschaft, Das richterliche Moderationsrecht beim sittenwidrigen Rechtsgeschäft im Rechtsvergleich - Bundesrepublik Deutschland - Schweiz - Österreich - Frankreich, Berlin 1987.

BURROWS, ANDREW (HRSG): Understanding the law of obligations, Essays on Contract, Tort and Restitution, Oxford 1998.

- The Law of Restitution, 2. Auflage, London u.a. 2002.

BURROWS, ANDREW; MCKENDRICK, EWAN; EDELMAN, JAMES: Cases and materials on the law of restitution, 2. Auflage, Oxford 2007.

BYDLINSKI, MICHAEL: Wertsicherungsklausel im Baurechtsvertrag und Rückforderung, in: ÖJZ 1987, S. 9-14.

BYDLINSKI, FRANZ: Grundfragen der Unerlaubtheitskondiktion, entwickelt an einem exemplarischen Fall, in: Festschrift für Wolfgang Zöllner zum 70.Geburtstag, herausgegeben von Manfred Lieb, Ulrich Noack, Harm Peter Westermann, Band II, Köln u.a. 1998, S. 1029-1054.

BYDLINSKI, PETER: Bürgerliches Recht I, Allgemeiner Teil 1, 4. Auflage, Wien 2007.

CAEMMERER, ERNST VON: Preisverstöße und § 817 Satz 2 BGB, Bemerkungen zum Urteil des OGH f. d. Brit. Zone vom 10.2.1950, in: Süddt. JZ 1950, S. 646-651.

- Anmerkung zum Urteil des LG Göttingen vom 6.11.1950, 1 S. 537/50, in: MDR 1951, S. 161-164.

- Bereicherung und unerlaubte Handlung, in: Festschrift für Ernst Rabel, Band I: Rechtsvergleichung und Internationales Privatrecht, Tübingen 1954, S. 333-401.

CAHN, ANDREAS: Zum Begriff der Nichtigkeit im Bürgerlichen Recht, in: JZ 1997, S. 8-19.

CANARIS, CLAUS-WILHELM: Die Vertrauenshaftung im deutschen Privatrecht, München 1971.

- Der Bereicherungsausgleich bei sittenwidrigen Teilzahlungskrediten, in: WM 1981, S. 978-990.

- Die Feststellung von Lücken im Gesetz. Eine methodologische Studie über Voraussetzungen und Grenzen der richterlichen Rechtsfortbildung praeter legem, Schriften zur Rechtstheorie, 3. Band, 2. Auflage, Berlin 1983.

- Gesetzliches Verbot und Rechtsgeschäft, Heidelberg 1983.

- Gültiger Werkvertrag bei einseitigem Verstoß gegen Schwarzarbeitsverbot – Anmerkung zum Urteil des BGH vom 20.12.1984, VII ZR 388/83, in: NJW 1985, S. 2403-2405.

- Gesamtunwirksamkeit und Teilgültigkeit rechtsgeschäftlicher Regelungen, in: Festschrift für Ernst Steindorff zum 70. Geburtstag am 13. März 1990, Berlin u.a. 1990, S. 519-571.

- Der Vorrang außerbereicherungsrechtlicher, insbesondere dinglicher Wertungen, gegenüber der Saldotheorie und dem Subsidiaritätsdogma, zugleich eine Besprechung der Entscheidung des BGH vom 6.12.1991, V ZR 311/89 und vom 14.4.1992, VI ZR 285/91, in: JZ 1992, S. 1114-1120.

Cian, Giorgio; Trabucchi, Alberto (Hrsg): Commentario breve al Codice Civile, 80. Auflage, Padua 2007 (zit: *Bearbeiter,* in: Cian/Trabucchi).

Claussen, Carsten P.: Zu § 319 II Nr. 5 HGB als Verbotsgesetz im Sinne von § 134 BGB, Anmerkung zum Urteil des BGH v. 30.04.1992, Az.: III ZR 151/91, in: AG 1992, S. 440.

Coester-Waltjen, Dagmar: Zur Rückforderung der im Rahmen eines "Leihmutter-Arrangements" erbrachten Zahlungen - OLG Hamm NJW 1986, 781, in: JuS 1986, S. 193-196.

Cohen, Nili: Illegality: The Case for Discretion, in: The Limits of Restitutionary Claims: A comparative analysis, herausgegeben von William Swadling, London 1997, S. 186-211.

Damm, Reinhard: Kontrolle von Vertragsgerechtigkeit durch Rechtsfolgenbestimmung - Nichtigkeit und Nichtigkeitsbeschränkung bei Gesetzes- und Sittenverstoß, in: JZ 1986, S. 913-926.

Dannemann, Gerhard: Illegality as defence against unjust enrichment claims, in: Unjustified Enrichment: Key Issues in Comparative Perspective, hrsg. von David Johnston, Reinhard Zimmermann, Cambridge 2002, S. 310-324.

Dauner, Barbara: Der Kondiktionsausschluss gemäß § 817 Satz 2 BGB - Aktuelle Tendenzen im Bereich der Rückabwicklung sittenwidriger oder verbotener Geschäfte, in: JZ 1980, S. 495-506.

Dauner-Lieb, Barbara; Langen, Werner (Hrsg): Anwaltkommentar, Deutscher Anwaltverein, BGB, Band 2: Schuldrecht, Teilband 2, §§ 611-853, Bonn 2005 (zit.: *Bearbeiter,* in: Anwaltkommentar).

Dette, Hans Walter Sebastian: Venire contra factum proprium nulli conceditur. Zur Konkretisierung eines Rechtssprichworts, Berlin 1985.

Dickson, Brice: Restitution and Illegal Transactions, in: Essays on the Law of Restitution, herausgegeben von Andrew Burrows, Oxford 1991, S. 171-195.

EBERT, INA: Pönale Elemente im deutschen Privatrecht. Von der Renaissance der Privatstrafe im deutschen Recht, Tübingen 2004.

EIDENMÜLLER, HORST: Wertersatz für rechtsgrundlos erbrachte Bauleistungen, in: JZ 1996, S. 889-893.

ENGEL, PIERRE: Traité des obligations en droit suisse, Neuchatel 1973.

ENGISCH, KARL: Einführung in das juristische Denken. Herausgegeben und bearbeitet von Prof. Dr. Thomas Würtenberger und Dr. Dirk Otto, 10. Auflage, Stuttgart u.a. 2005.

ENNECCERUS, LUDWIG; NIPPERDEY, KARL: Allgemeiner Teil des Bürgerlichen Rechts, Band I, Halbband II (Entstehung, Untergang und Veränderung der Rechte, Ansprüche und Einreden, Ausübung und Sicherung der Rechte). Ein Lehrbuch, 15. Auflage, Tübingen 1960.

ERMAN, WALTER; ADERHOLD, LUTZ; WESTERMANN, HARM PETER (HRSG): Bürgerliches Gesetzbuch, Handkommentar, Band II, 12. Auflage, Münster 2008.

ERNST, WOLFGANG: Sachmängelhaftung und Gefahrtragung. Abgrenzung und Wechselwirkungen in der Dynamik des Vertragsvollzugs, in: Festschrift für Ulrich Huber zum siebzigsten Geburtstag, herausgegeben von Theodor Baums, Marcus Lutter, Karsten Schmidt und Johannes Wertenbruch, Tübingen 2006, S. 165-237.

- Der "Common Frame of Reference" aus juristischer Sicht, in: AcP 208 (2008), S. 248-282.

ESSER, JOSEF; WEYERS, HANS-LEO; SCHMIDT, EIKE: Schuldrecht, Band II, Besonderer Teil, Teilband 2, Gesetzliche Schuldverhältnisse, 8. Auflage, Heidelberg 2000.

FABRICIUS, FRITZ: Einschränkung der Anwendung des § 817 S. 2 BGB durch den Zweck des Verbotsgesetzes?, in: JZ 1963, S. 85-91.

FEIGE, WILLYBALD: Die condictio ob turpem causam nach § 817 BGB, Inaugural-Dissertation zur Erlangung der Dokorwürde bei der Juristischen Fakultät der Universität Leipzig, Borna-Leipzig 1911.

FENN, HERBERT: Anmerkung zum Urteil des BGH vom 23.09.1982, VII ZR 183/80, in: ZIP 1983, S. 466-467.

FIKENTSCHER, WOLFGANG; HEINEMANN, ANDREAS: Schuldrecht, 10. Auflage, Berlin 2006.

FISCHER, ROBERT: Der Betrug auf dem Schwarzen Markt unter gleichzeitiger Berücksichtigung von Nötigung und Erpressung gegenüber Schwarzhändlern, Glückstadt 1948.

FISCHER, THOMAS (HRSG): Beck'sche Kurzkommentare, Band 10, Strafgesetzbuch und Nebengesetze, begründet von Otto Schwarz, 57. Auflage, München 2010 (zit.: *Bearbeiter*, in: Fischer, StGB).

FLUME, WERNER: Der Wegfall der Bereicherung in der Entwicklung vom römischen zum geltenden Recht, in: Festschrift für Hans Niedermeyer zum 70. Geburtstag, Göttingen 1953, S. 103–176.

- Allgemeiner Teil des Bürgerlichen Rechts, Zweiter Band, Das Rechtsgeschäft, 3. Auflage, Berlin u.a. 1979.

- Die Rückabwicklung nichtiger Kaufverträge nach Bereicherungsrecht - Zur Saldotheorie und ihren "Ausnahmen", in: JZ 2002, S. 321-325.

- Studien zur Lehre von der ungerechtfertigten Bereicherung, herausgegeben von Wolfgang Ernst, Tübingen 2003.

FRANCKE, BERNHARD (HRSG): Neudrucke privatrechtlicher Kodifikationien und Entwürfe des 19. Jahrhunderts, Band 2: Dresdener Entwurf eines allgemeinen deutschen Gesetzes über Schuldverhältnisse von 1866, Aalen 1973.

FRICKE, FRANK: Zivilrechtliche Folgen von Verstößen gegen das SchwarzArbG, Inaugural-Dissertation zur Erlangung der juristischen Doktorwürde, Marburg 2004.

FUCHS, ANDREAS: Das Fernabsatzgeschäft im neuen System des Verbraucherschutzrechts, in: ZIP 2000, S. 1273-1287.

FURMSTON, MICHAEL PHILIP (HRSG): Cheshire, Fifoot and Furmston's law of contract, 15. Auflage, Oxford 2007.

GALLO, PAOLO: Arricchimento senza causa e quasi contratti (i rimedi restitutori), Turin 1996.

GAUCH, PETER; AEPLI, VIKTOR; STÖCKLI, HUBERT (HRSG): Präjudizienbuch zum OR. Rechtsprechung des Bundesgerichts, 6. Auflage, Zürich u.a. 2006 (zit.: *Bearbeiter*, in: Gauch/Aepli/Stöckli).

GAUCH, PETER; SCHLUEP, WALTER: Schweizerisches Obligationenrecht. Allgemeiner Teil ohne ausservertragliches Haftpflichtrecht, Band I, 9. Auflage, Luzern/Bern 2008.

Gernhuber, Joachim: § 242 BGB - Funktionen und Tatbestände, in: JuS 1983, S. 764-769.

Gierke, Otto von (Hrsg): Der Entwurf eines bürgerlichen Gesetzbuchs und das deutsche Recht, Leipzig 1889.

Giesen, Dieter: Grundsätze der Konfliktlösung im Besonderen Schuldrecht: Die ungerechtfertigte Bereicherung (Teil 1: Leistungskondiktionen), in: Jura 1995, S. 169-182.

Giger, Hans: Schneeballsystem im Kleinkreditgeschäft als Rechtsproblem, Zürich 1987.

- Rechtsfolgen norm- und sittenwidriger Verträge, Ein Beitrag zur Lehre über das Sanktionensystem im schweizerischen Obligationenrecht, Zürich 1989.

Goerth, Andreas: Anmerkung zum Urteil des OLG Köln vom 6.5.2005, Az.: 20 U 129/04, in: VuR 2006, S. 75-77.

Goette, Wulf: Anmerkung zu BGH, Urteil vom 17.02.2000, IX ZR 50-98, in: DStR 2000, S. 785.

Goff of Chieveley, Robert Goff; Jones, Gareth: The law of restitution, 7. Auflage, London 2007.

Gräfe, Jürgen: Kurzkommentar zu BGH, Urt. vom 17.02.2000, IX ZR 50/98, in: EwiR 2000, S. 745-746.

Grodecki, J. K.: In pari delictio potior est conditio defendentis, in: LQR 71 (1955), S. 254-274.

Gschnitzer, Franz: Österreichisches Schuldrecht, Besonderer Teil und Schadenersatz, 2. Auflage, Wien u.a. 1988.

Guhl, Theo: Das Schweizerische Obligationenrecht mit Einschluss des Handels- und Wertpapierrechts, 9. Auflage, Zürich 2000.

Hackbarth, Muthard: In pari turpitudine melior est conditio possidentis. Ein Vergleich zwischen dem anglo-amerikanischen und dem deutschen Recht (§ 817 Satz 2 BGB), Dissertation zur Erlangung des Grades eines Doktors der Rechte der Rechtswissenschaftlichen Fakultät der Universität Hamburg, Hamburg 1967.

Hackl, Karl: Die guten Sitten als Kontrollinstrument für Kreditgeschäfte, in: DB 1985, S. 1327-1330.

Hager, Johannes: Gesetzes- und sittenkonforme Auslegung und Aufrechterhaltung von Rechtsgeschäften, München 1983.

- Die gesetzeskonforme Auslegung übermäßiger Vertragspflichten – BGHZ 89, 316 und 90, 69, in: JuS 1985, S. 264-270.

HAHN, ERIK: Das Verbraucherwiderrufsrecht und die Kippsche Doppelwirkung im Recht, in: NJ 2010, S. 281-284.

HAMMES, KLAUS: Das Problem des § 817 Satz 2 BGB, insbesondere die Anwendbarkeit des § 817 S. 2 BGB bei Rückabwicklung einer durch Verletzung der Preis- oder Bewirtschaftungsvorschriften bewirkten Leistung, in: JR 1950, S. 11-19.

HATTENHAUER, HANS: Allgemeines Landrecht für die Preußischen Staaten von 1794, Textausgabe, Frankfurt u.a. 1970.

HECK, PHILIPP: Die Ausdehnung des 817 S. 2 auf alle Bereicherungsansprüche, in: AcP 124 (1925), S. 1-68.

HEINE, SONJA: Condictio sine datione. Zur Haftung aus ungerechtfertigter Bereicherung im klassischen römischen Recht und zur Entstehung des Bereicherungsrechts im BGB, Berlin 2006.

HELF, MARTIN: Zivilrechtliche Folgen eines Verstoßes gegen das Schwarzarbeitergesetz, Bochum 1986.

HENSEN, HORST-DIETHER: Anmerkung zu BGH, Urt. vom 15.3.1990, III ZR 248/88, in: EWiR 1990, S. 643-644.

HERRLER, SEBASTIAN: Fälligkeit des Zahlungsanspruchs und Rückforderbarkeit geleisteter Zahlungen im Falle eines gegen § 3 MaBV verstoßenden Ratenplans – zugleich Anmerkungen zum Urt. des BGH v. 22. 3. 3007, VII ZR 268/05, in: DNotZ 2007, S. 895-913.

HEUSINGER, BRUNO: Rechtsfindung und Rechtsfortbildung im Spiegel richterlicher Erfahrung, Köln u.a. 1975.

HOFF, JOSEPH: Wann ist das Kapital eines nichtigen Wucherdarlehens rückforderbar?, in: AcP 156 (1957), S. 483-507.

HOHMANN, HARALD: § 242 und unzulässige Rechtsausübung in der Rechtsprechung des BGH, in: JA 1982, S. 112-117.

HONSELL, HEINRICH: Die Rückabwicklung sittenwidriger oder verbotener Geschäfte. Eine rechtsgeschichtliche und rechtsvergleichende Untersuchung zu § 817 BGB, München 1974.

- Die zivilrechtliche Sanktion der Sittenwidrigkeit, in: JA 1986, S. 573-576.

- Die Abwicklung sittenwidriger Darlehensverträge in rechtsvergleichender Sicht, in: Freiheit und Zwang. Rechtliche, wirtschaftliche und gesellschaftliche Aspekte. Festschrift zum 60. Geburstag von Hans Giger, Bern 1989, S. 287-296.

- Anmerkung zum Urteil des OGH vom 26.7.1990, 8 Ob 680/89, in: JBl 113 (1991), S. 525-526.

- § 817 Satz 2 BGB - eine "Drehkrankheit des Rechtsempfindens", in: Rechtsgeschichte und Privatrechtsdogmatik, herausgegeben von Reinhard Zimmermann in Verbindung mit Rolf Knütel und Jens Peter Meincke, Hans Hermann Seiler zum 24. Dezember 1999, Heidelberg 1999, S. 473-483.

HONSELL, HEINRICH; VOGT, NEDIM PETER; WIEGAND, WOLFGANG (HRSG): Basler Kommentar zum Schweizerischen Privatrecht, Obligationenrecht I, Art. 1-529 OR, 4. Auflage, Basel u.a. 2007 (zit.: *Bearbeiter*, in: Basler Kommentar, OR I).

HONSELL, HEINRICH (HRSG): OR - Obligationenrecht, Art. 1-529, Kurzkommentar, Basel 2008 (zit.: *Bearbeiter*, in: OR-Kurzkommentar).

HORTER, CARSTEN: Der Strafgedanke im Bürgerlichen Recht. Zugleich ein Versuch der Neubewertung der Rechtsfolgen missbilligter Rechtsgeschäfte sowie Verletzungen des Körpers und des Persönlichkeitsrechts, Inaugural-Dissertation zur Erlangung der juristischen Doktorwürde, Hamburg 2003.

HOSPACH, FRANK J.: Rückabwicklung gescheiterter Titelkäufe, in: NJW 1996, S. 643-645.

HÜBNER, HEINZ: Zum Abbau von Nichtigkeitsvorschriften, in: Festschrift für Franz Wieacker zum 70. Geburtstag, Göttingen 1978, S. 399-410.

HÜBNER, ULRICH; CONSTANTINESCO, VLAD: Einführung in das französische Recht, 4. Auflage, München 2001.

HUGUENIN, CLAIRE: Obligationenrecht Allgemeiner Teil, 3. Auflage, Zürich u.a. 2008.

HÜRLIMANN, ROLAND: Teilnichtigkeit von Schuldverträgen nach Art. 20 II OR, Freiburg 1984.

IBBETSON, D. J.: Unjust enrichment in English law, in: Unjust enrichment and the law of contract, herausgegeben von Schrage, Eltjo J.H., Den Haag 2001, S. 33-51.

IRO, GERT M.: Zivilrechtliche Probleme bei Verträgen mit Schwarzarbeitern 1987, S. 1-12.

JAUERNIG, OTHMAR; BERGER, CHRISTIAN (HRSG): Bürgerliches Gesetzbuch, Kommentar, 13. Auflage, München 2009 (zit.: *Bearbeiter*, in: Jauernig).

JOECKS, WOLFGANG; MIEBACH, KLAUS (HRSG): Münchener Kommentar zum Strafgesetzbuch, Band 4: §§ 263-358 StGB, §§ 1-8, 105, 106 JGG, München 2006 (zit.: *Bearbeiter*, in: MünchKomm StGB).

JÖRS, PAUL; KUNKEL, WOLFGANG; WENGER, LEOPOLD; HONSELL, HEINRICH U. A.: Römisches Recht, Enzyklopädie der Rechts- und Staatswissenschaft, 4. Auflage, Berlin 1987.

JOOß, ALEXANDER: Mängelgewährleistungsansprüche bei einem Vertrag mit sog. Ohne-Rechnung-Abrede, in: JR 2009, 397-401.

KELLER, MAX; SCHAUFELBERGER, PETER C.: Ungerechtfertigte Bereicherung, 3. Auflage, Basel u.a. 1990.

KERN, BERND-RÜDIGER: Die zivilrechtliche Beurteilung von Schwarzarbeitsverträgen, in: Festschrift für Joachim Gernhuber zum 70. Geburtstag, herausgegeben von Hermann Lange, Knut Wolfgang Nörr, Harm Peter Westermann, Tübingen 1993, S. 191-206.

- Der geprellte Schwarzarbeiter - BGHZ 111, 308, in: JuS 1993, S. 193-195.

KEßLER, JÜRGEN: Nochmals: Rückabwicklung sittenwidriger Teilzahlungskredite, in: DB 1984, S. 655.

KLANG, HEINRICH; GSCHNITZER, FRANZ (HRSG): Kommentar zum Allgemeinen Bürgerlichen Gesetzbuch, 5. Band: §§ 1090-1292, 2. Auflage, Wien 1954 (zit.: *Bearbeiter*, in: Klang AGBGB).

KLINCK, FABIAN: Anmerkung zu BGH, Urteil vom 25.11.2009, VIII ZR 318/08, ZJS 2010, S. 246-250.

KLUMPP, STEFFEN: Die Privatstrafe - eine Untersuchung privater Strafzwecke. Zivilrechtlicher Schutz vor Zwangskommerzialisierung, Berlin 2002.

KNIEPER, ROLF: Recht der Kondiktionen: Vergebliche Versuche, Bereicherung zu rechtfertigen, in: KJ 1980, S. 117-133.

KNIFFKA, ROLF: Verbotswidriger Einzug von Raten durch Bauträger, in: NZBau 2000, S. 552-553.

KOHLER, JOSEF: Die Ideale im Recht, in: ArchBürgR 5 (1891), S. 161-265.

KOHLER, JÜRGEN: Anmerkung zu BGH, Urt. vom 17.1.1995, XI ZR 225/93, in: EWiR 1995, S. 443-444.

KÖHLER, HELMUT: Anmerkung zum Urteil des BGH vom 23.9.1982, VII ZR 183/80, in: JR 1983, S. 106-107.

- Schwarzarbeitsverträge: Wirksamkeit, Vergütung, Schadensersatz, in: JZ 1990, S. 466-472.

- Kurzkommentar zu OLG Köln, Urt. vom 11.10.1989, 2 U 4/89, in: EwiR 1990, S. 47-48.

- Anmerkung zum Urteil des BGH vom 31.5.1990 – VII ZR 336/89, in: JR 1991, S. 151-154.

KOHTE, WOLFHARD: Die Kondiktionssperre nach § 814 1. Alt. BGB, in: BB 1988, S. 633-639.

KÖBL, URSULA: Das Eigentümer-Besitzer-Verhältnis im Anspruchssystem des BGB. Zugleich ein Beitrag zur Konkurrenzlehre, Berlin 1971.

KOLLER, ALFRED: Schweizerisches Obligationenrecht, Allgemeiner Teil. Grundriss des allgemeinen Schuldrechts ohne Deliktsrecht, 3. Auflage, Bern 2009.

KOLLHOSSER, HELMUT: Anmerkung zum Beschluss des OLG Hamm vom 2.12.1985, 11 W 18/85, in: JZ 1986, S. 446-448.

KÖNDGEN, JOHANNES: Anmerkung zum Urteil des BGH vom 14.07.1993, Az.: XII ZR 262/91, in: WuB IV A., § 817 BGB 1.94, S. 308-309.

KÖNIG, DETLEF: Ungerechtfertigte Bereicherung. Empfiehlt es sich, das Bereicherungsrecht im Hinblick auf seine Weiterentwicklung in Rechtsprechung und Lehre durch den Gesetzgeber neu zu ordnen? Welche bereicherungsrechtlichen Vorschriften außerhalb des BGB können in die Kodifikation zurückgeführt werden, in: Gutachten und Vorschläge zur Überarbeitung des Schuldrechts, Band II, herausgegeben vom Bundesminister der Justiz, Köln 1981, S. 1515-1590.

- Ungerechtfertigte Bereicherung, Tatbestände und Ordnungsprobleme in rechtsverlgeichender Sicht, Heidelberg 1985.

KOPPENSTEINER, HANS-GEORG; KRAMER, ERNST: Ungerechtfertigte Bereicherung, 2. Auflage, Berlin u.a. 1988.

KÖRNER, MARITA: Zur Aufgabe des Haftungsrechts – Bedeutungsgewinn präventiver und punitiver Elemente, in: NJW 2000, S. 241-246.

KÖTZ, HEIN: Die Ungültigkeit von Verträgen wegen Gesetzes- und Sittenwidrigkeit. Eine rechtsvergleichende Skizze, in: RabelsZ 58 (1994), S. 209-231.

KÖTZ, HEIN; FLESSNER, AXEL: Europäisches Vertragsrecht, Band I: Abschluß, Gültigkeit und Inhalt des Vertrages, die Beteiligung Dritter am Vertrag, Tübingen 1996.

KOZIOL, HELMUT: Sonderprivatrecht für Konsumentenkredite, in: AcP, 188 (1988), S. 183-229.

KOZIOL, HELMUT; WELSER, RUDOLF: Grundriss des bürgerlichen Rechts, Band I, Allgemeiner Teil, Sachenrecht, Familienrecht, 13. Auflage, Wien 2006.

- Grundriss des bürgerlichen Rechts, Band II, Schuldrecht Allgemeiner Teil, Schuldrecht Besonderer Teil, Erbrecht, 13. Auflage, Wien 2006.

KOZIOL, HELMUT; BYDLINSKI, PETER; BOLLENBERGER, RAIMUND (HRSG): Kurzkommentar zum ABGB. Allgemeines Bürgerliches Gesetzbuch, Ehegesetz, Konsumentenschutzgesetz, IPR-Gesetz, Europäisches Vertragsstatutübereinkommen, 2. Auflage, Wien u.a. 2007 (zit.: *Bearbeiter*, in: Koziol ABGB).

KRAMER, ERNST: Grundkurs Obligationenrecht, Allgemeiner Teil, Basel 2009.

KRAMPE, CHRISTOPH: Aufrechterhaltung von Verträgen und Vertragsklauseln – Eine Bestandsaufnahme zur neueren Rechtsprechung und Literatur, in: AcP 194 (1994), S. 1-41.

KREITTMAYR, WIGULÄUS XAVER ALOYS VON: Codex Maximilianeus Bavaricus civilis oder: Baierisches Landrecht, München 1821.

KREßE, BERNHARD: Das Verbot des venire contra factum proprium bei vertraglichen Beihilfen, in: EuZW 2008, S. 394-399.

KRÜCKMANN, PAUL: Unwürdigkeit, in: ArchBürgR 40 (1914), S. 41-69.

KULKE, ULRICH: Kurzkommentar zu BGH, Urteil vom 25.11.2009, VIII ZR 318/08 (LG Aurich), ZIP 2010, 136 = NJW 2010, 610 = WM 2010, 190, in: EWIR 2010, S. 413-414.

KUPISCH, BERTHOLD: Ungerechtfertigte Bereicherung und Europäisches Zivilgesetzbuch, in: Norm und Wirkung, Beiträge zum Privat- und Wirtschaftsrecht aus heutiger und historischer Perspektive, Festschrift für Wolfgang Wiegand zum 65. Geburtstag, Bern/München 2005, S. 469-533.

LARENZ, KARL: Lehrbuch des Schuldrechts. Erster Band, Allgemeiner Teil, 14. Auflage, München 1987.

- Methodenlehre der Rechtswissenschaft, 6. Auflage, Berlin 1991.

LARENZ, KARL; CANARIS, CLAUS-WILHELM: Lehrbuch des Schuldrechts, Zweiter Band, Besonderer Teil, 2. Halbband, 13. Auflage, München 1994.

LARENZ, KARL; WOLF, MANFRED: Allgemeiner Teil des Bürgerlichen Rechts, 9. Auflage, München 2004.

LASS, CHRISTIANE: Die bereicherungsrechtliche Rückabwicklung des nichtigen Darlehensvertrags, in: WM 1997, S. 145-156.

LEHNER, OTHMAR: Die Nichtigkeit rechtswidriger Verträge in der neueren Rechtspraxis, in: SJZ 52 (1956), S. 217-222.

LEIPOLD, DIETER: BGB I: Einführung und Allgemeiner Teil. Ein Lehrbuch mit Fällen und Kontrollfragen, 5. Auflage, Tübingen 2008.

LEONHARD, FRANZ: Das Schuldrecht des BGB/2, München u.a. 1931.

LIEBS, DETLEF: Bereicherungsanspruch wegen Mißerfolgs und Wegfall der Geschäftsgrundlage, in: JZ 1978, S. 697-703.

LINDACHER, WALTER F.: Grundsätzliches zu § 138 BGB. Zur Relevanz subjektiver Momente, in: AcP 173 (1973), S. 124-136.

- Anmerkung zu OLG Stuttgart, Urteil vom 07.08.1984, 6 U 51/84, in: NJW 1985, S. 498-499.

LOEWENHEIM, ULRICH: Bereicherungsrecht, 2. Auflage, München 1997.

LOOSCHELDERS, DIRK: Schuldrecht, Besonderer Teil, Köln u.a. 2007.

- Schuldrecht, Allgemeiner Teil, 6. Auflage, Köln u.a. 2008.

LORENZ, STEPHAN: Gescheiterte Vertragsbeziehungen zwischen Geschäftsführung ohne Auftrag und Bereicherungsrecht: späte Einsicht des BGH?, in: NJW 1996, S. 883-887.

- Zur Kondiktionssperre bei sogenannten Schenkkreisen: Anmerkung zu den Urteilen des BGH vom 10.11.2005, Az.: III ZR 72/05 und III ZR 73/05, in: LMK 2006, 164413.

- Zur Frage des Widerrufsrechts bei einem nichtigen Fernabsatzvertrag. Anmerkung zum Urteil des BGH vom 25.11.2009, VIII ZR 318/08, in: WuB IV D § 312d BGB 1.10, S. 289-292.

LORENZ, WERNER: Die bereicherungsrechtliche Rückabwicklung gegenseitiger Verträge, in: Festschrift für Claus-Wilhelm Canaris zum 70. Geburtstag, herausgegeben von Andreas Heldrich, Jürgen Prölss, Ingo Koller u.a., Band I, München 2007, S. 793-808.

Lübtow, Ulrich von: Studien zum römischen und bürgerlichen Recht, Band I, Beiträge zur Lehre von der Condictio nach römischem und geltendem Recht, Berlin 1952.

Marcks, Peter (Hrsg): Makler- und Bauträgerverordnung mit § 34 c Gewerbeordnung, sonstigen einschlägigen Vorschriften und MaBVwV, 7. Auflage, München 2003 (zit.: *Bearbeiter*, in: MaBV).

Marschall, Dieter: Bekämpfung illegaler Beschäftigung, Schwarzarbeit, illegale Ausländerbeschäftigung und illegale Arbeitnehmerüberlassung, 2. Auflage, München 1994.

Martinek, Michael: Kurzkommentar zu BGH, Urteil v. 5.5.1992, X ZR 134/90, in: EWiR 1992, S. 1055-1056.

- Kurzkommentar zu BGH, Urteil vom 5.10.1993, XI ZR 200/92, in: EWiR 1993, S. 1181-1182.

- Kurzkommentar zu BGH, Urteil vom 22.4.1997, XI ZR 191/96, ZIP 1997, 1110 (OLG Bamberg), in: EWiR 1997, S. 687-688.

- Anmerkung zum Urteil des BGH v. 13.03.2008, AZ.: III ZR 282/07, in: JZ 2009, S. 364-366.

Mayer-Maly, Theo: Das Bewußtsein der Sittenwidrigkeit, Juristische Studiengesellschaft Karlsruhe - Schriftenreihe, Heft 103, Vortrag vom 16. März 1971, Karlsruhe 1971.

Mc Meel, Gerard: The modern Law of Restitution, London 2000.

Medicus, Dieter: Vergütungspflicht des Bewucherten, in: Gedächtnisschrift für Rolf Dietz, München 1973, S. 61-77.

- Allgemeiner Teil des BGB, 9. Auflage, Heidelberg 2006.

- Kurzkommentar zu BGH, Urteil vom 12.9.2006, XI ZR 296/05 (OLG Frankfurt/M.), ZIP 2006, 2119, in: EWiR 2007, S. 97–98.

- Gesetzliche Schuldverhältnisse, Delikts- und Schadensrecht, Bereicherung, Geschäftsführung ohne Auftrag, 5. Auflage, München 2007.

Medicus, Dieter; Lorenz, Stephan: Juristische Kurzlehrbücher, Schuldrecht II, Besonderer Teil, 15. Auflage, München 2010.

Medicus, Dieter; Petersen, Jens: Bürgerliches Recht, Eine nach Anspruchsgrundlagen geordnete Darstellung zur Examensvorbereitung, 22. Auflage, Köln 2009.

MEIER, SONJA: Irrtum und Zweckverfehlung, Die Rolle der Unjust-Gründe bei rechtsgrundlosen Leistungen im englischen Recht, Diss. Universität Regensburg, Tübingen 1999.

MEIER-HAYOZ, ARTHUR: Berner Kommentar zum Schweizerischen Privatrecht. Band I/1: Einleitung, Art. 1-10 ZGB, Bern 1966 (zit.: *Bearbeiter*, in: Berner Kommentar).

MELTERS, LESLIE: Die Bereicherung im englischen Recht der ungerechtfertigten Bereicherung, Frankfurt am Main u.a. 2007.

MERKIN, ROBERT: Restitution by withdrawal from executory illegal contracts, in: LQR 97 (1981), S. 420-444.

MERZ, HANS: Die privatrechtliche Rechtsprechung des Bundesgerichts im Jahre 1976, Obligationenrecht, in: ZBJV 114 (178), S. 121-152.

MICHALSKI, LUTZ: Die analoge Anwendbarkeit des § 817 Satz 2 außerhalb des § 817 Satz 1 BGB, in: Jura 1994, S. 113-118 und 232-238.

MÖLLER, MIRKO: Radarwarngeräte - straf-, zivil- und polizeirechtliche Aspekte - Zugleich Besprechung von LG München I NJW 1999, 2600 und LG Bonn NJW 1998, 2681, in: NZV 2000, S. 115-118.

- Zur Sittenwidrigkeit des Kaufs über ein Radarwarngerät: Kurzkommentar zum Urteil des BGH vom 23.2.2005, VIII ZR 129/04, in: EWiR 2005, S. 529-530.

- Zur Nichtanwendbarkeit des § 817 S. 2 BGB bei Schenkkreis- Vereinbarungen: Kurzkommentar zum Urteil des BGH vom 10.11.2005, III ZR 72/05, in: EWiR 2006, S. 103-104.

- Leistungskondiktion trotz beiderseitiger Sittenwidrigkeit? - Die Einschränkung des § 817 S. 2 BGB durch den BGH, in: NJW 2006, S. 268-270.

- Anmerkung zu BGH, Urteil vom 25.11.2009, VII ZR 318/08, in: NJW 2010, S. 612.

- Zur Rechtsprechung: Schenkkreise - Donare est perdere. Zugleich Besprechung der Entscheidung des OLG München, Urt. V. 29.10.2008 - 7 U 3747/08 (Vorinstanz: LG München I), NJW-RR 2009, 1648, in: ZGS 2010, S. 348-350.

MOTIVE zu dem Entwurfe eines Bürgerlichen Gesetzbuches für das Deutsche Reich, Band II, Recht der Schuldverhältnisse, Amtliche Ausgabe, 2. Auflage 1896.

MÜLLER, WELF: Kurzkommentar zu BGH, Urteil vom 30.4.1992, III ZR 151/92, in: EwiR 1992, S. 799-800.

Neubecker, Friedrich Karl: Die civilistische Stellung des Wucherers nach neuem Recht, in: DJZ 1902, S. 568-570.

- Der abstrakte Vertrag, in: ArchBürgR 22 (1903), S. 34-92.

Neumann, Johannes: Geltungserhaltende Reduktion und ergänzende Vertragsauslegung von Allgemeinen Geschäftsbedingungen, Baden-Baden 1988.

Niederländer, Hubert: Nemo turpitudinem suam allegans auditur. Ein rechtsvergleichender Versuch, in: Ius et lex, Festgabe zum 70. Geburtstag von Max Gutzwiller, Basel 1959, S. 621-638.

Notthoff, Martin: Anmerkung zu OLG Celle, Urteil vom 20.4.1996, 13 U 146/95, in: WiB 1996, S. 1125.

Obernolte, Wolfgang: Die Rückforderung einer "verpönten" Leistung nach schweizerischem und österreichischem Recht (ein Fingerzeig für eine befriedigende Anwendung des § 817 Satz 2 BGB?), in: NJW 1957, S. 1427-1428.

Orlowski, Matthias: Ohne Rechnung = Ohne Rechte?, in: BauR 2008, S. 1963-1971.

Palandt, Otto u. a. (Hrsg): Beck'sche Kurzkommentare, Band 7: Palandt, Bürgerliches Gesetzbuch, 68. Auflage 2009 (zit.: *Bearbeiter*, in: Palandt).

Pauly, Holger: Die neue BGH-Rechtsprechung zur Schwarzarbeit, in: MDR 2008, S. 1196-1198.

Peel, Edwin; Treitel, G. H.: The law of contract, 12. Auflage, London 2007.

Peters, Frank: Die Leistung ohne Rechnung, in: NJW 2008, S. 2478-2480.

Petersen, Jens: Anmerkung zu BGH, Urteil vom 25.11.2009, VIII ZR 318/08, in: JZ 2010, S. 315-316.

Plassmann, Norbert: Anmerkung zu BGH, Urteil vom 31.1.1963, VII ZR 284/61 (OLG Frankfurt a.M.), in: JZ 1964, S. 24-27.

Plaßmeier, Heiko: Ungerechtfertigte Bereicherung im internationalen Privatrecht und aus rechtsvergleichender Sicht, Berlin 1996.

Popescu, Paul; Majer, Christian Friedrich: Gewährleistungsansprüche bei einem wegen Ohne-Rechnung-Abrede nichtigen Vertrag, in: NZBau 2008, S. 424-426.

PRÖLSS, JÜRGEN: Der Einwand der "unclean hands" im Bürgerlichen Recht sowie im Wettbewerbs- und Warenzeichenrecht. Ein Beitrag zur Frage des Rechtsschutzes für anstößig erworbene oder ausgeübte Rechtspositionen, in: ZHR 132 (1969), S. 35-85.

PROTOKOLLE der Kommission für die zweite Lesung des Entwurfs des Bürgerlichen Gesetzbuchs, Protokolle II. Im Auftrag des Reichsjustizamtes bearbeitet von Achilles, Gebhard und Spahn, Berlin 1897-1899.

PRÜTTING, HANNS; WEGEN, GERHARD; WEINREICH, GERD (HRSG): BGB Kommentar, 4. Auflage, Köln u.a. 2009 (zit.: *Bearbeiter*, in: Prütting/Wegen/Weinreich).

RAISER, LUDWIG: Anmerkung zum Urteil des BGH vom 14.6.1951, IV ZR 37/50 (OLG Düsseldorf), in: JZ 1951, S. 718-719.

REBMANN, KURT; SÄCKER, FRANZ JÜRGEN; RIXECKER, ROLAND (HRSG): Münchener Kommentar zum Bürgerlichen Gesetzbuch, Band 1, Allgemeiner Teil, 1. Halbband, §§ 1-240, ProstG, 5. Auflage, München 2006 (zit.: *Bearbeiter*, in: MünchKomm).

- Münchener Kommentar zum Bürgerlichen Gesetzbuch, Band 2, Schuldrecht Allgemeiner Teil, §§ 241-432, 5. Auflage, München 2007.

- Münchener Kommentar zum BGB, Band 3, Schuldrecht, Besonderer Teil, §§ 433-610, Finanzierungsleasing, HeizkostenV, BetriebskostenV, CISG, 5. Auflage, München 2008.

- Münchener Kommentar zum Bürgerlichen Gesetzbuch, Band 4, Schuldrecht Besonderer Teil II, §§ 611-704, EFZG, TzBfG, KSchG, 5. Auflage, München 2009.

- Münchener Kommentar zum Bürgerlichen Gesetzbuch, Band 5, Schuldrecht, Besonderer Teil III, §§ 705-853 BGB, Partnerschaftsgesellschaftsgesetz, Produkthaftungsgesetz, 5. Auflage, München 2009.

REEB, HARTMUT: Grundprobleme des Bereicherungsrechts, Schriftenreihe der Juristischen Schulung, Band 38, München 1975.

REICH, NORBERT: Reform des Rechts des Konsumentenkredites, in: JZ 1980, S. 329-336.

REIFNER, UDO: Die Rückabwicklung sittenwidriger Ratenkreditverträge, in: JZ 1984, S. 637-645.

REIFNER, UDO: Handbuch des Kreditrechts, Verbraucherkredit und Realkredit, München 1991.

REUTER, DIETER: Zivilrechtliche Probleme der Schwarzarbeit, in: Schattenwirtschaft und Schwarzarbeit, herausgegeben von Albin Eser und J. Heinz Müller, Paderborn u.a. 1986, S. 31-49.

REUTER, DIETER; MARTINEK, MICHAEL: Handbuch des Schuldrechts, Band 4: Ungerechtfertigte Bereicherung, Tübingen 1983.

RIEZLER, ERWIN: Berufung auf eigenes Unrecht, in: JherJb 89 (1941), S. 177-276.

ROSE, FRANCIS: Restiutionary and proprietary consequences of illegality, in: Consensus ad idem. Essays in the Law of Contract in Honour of Guenter Treitel, herausgegeben von Rose, Francis D., London 1996, S. 203-234.

- Gratuitous transfers and illegal purposes, in: LQR 112 (1996), S. 386-391.

ROST, FRIEDHELM: Probleme der Kondiktion wegen mißbilligter Leistungsannahme und ihres Ausschlusses bei gleichfalls mißbilligter Leistungshingabe – § 817 BGB, Inaugural- Dissertatioin zur Erlangung der Doktorwürde des Fachbereichs Rechtswissenschaften der Philipss-Universität Marburg/Lahn, Marburg 1972.

ROTH, HERBERT: Treu und Glauben beim Schwarzkauf – BGH, NJW 1980, 451, in: JuS 1981, S. 250-255.

- Verzinsungspflicht bei wucherischen und wucherähnlichen Darlehensverträgen, in: ZHR 153 (1989), S. 423-445.

- Geltungserhaltende Reduktion im Privatrecht, in: JZ 1989, S. 411-419.

- Rücktrittsrecht und Leistungskondiktion, in: Festschrift für Claus-Wilhelm Canaris zum 70. Geburtstag, herausgegeben von Andreas Heldrich, Jürgen Prölss, Ingo Koller u.a., Band I, München 2007, S. 1132-1148.

RÜHLE, KLAUS: Das Wucherverbot – effektiver Schutz des Verbrauchers vor überhöhten Preisen?, Berlin 1978.

RUMMEL, PETER: Kondiktion bei verbotenen und sittenwidrigen Rechtsgeschäften, in: ÖJZ 1978, S. 253-258.

RUMMEL, PETER (HRSG): Kommentar zum Allgemeinen Bürgerlichen Gesetzbuch mit IPRG, EVÜ, EheG, MRG, WGG, WEG, BTVG, HeizKG, KSchG in zwei Bänden, 1. Band, §§ 1 bis 1174 ABGB, 3. Auflage, Wien 2000 (zit.: *Bearbeiter,* in: Rummel ABGB).

RUSCH, EMIL: Art. 66 OR im Lichte der bundesgerichtlichen Praxis, in: SJZ 47 (1951), S. 369-371.

RÜßMANN, HELMUT; HERBERGER, MAXIMILIAN (HRSG): Juris Praxiskommentar BGB (§§ 631 bis 853), Schuldrecht, Teil 3, 4. Auflage, Saarbrücken 2008 (zit.: *Bearbeiter*, in: jurisPK-BGB).

SACK, ROLF: Der rechtswidrige Arbeitsvertrag, in: RdA 1975, S. 171-182.

SCHÄFER, CARSTEN: Strafe und Prävention im Bürgerlichen Recht, in: AcP 202 (2002), S. 397-434.

SCHÄFER, FRANK L.: Das Bereicherungsrecht in Europa, Einheits- und Trennungslehren im gemeinen, deutschen und englischen Recht, Berlin 2001.

SCHINKELS, BORIS: Anmerkung zu BGH, Urteil vom 25.11.2009, VIII ZR 318/08, in: LMK 2010, 298105.

SCHLECHTRIEM, PETER (HRSG): Restitution und Bereicherungsausgleich in Europa. Eine rechtsvergleichende Darstellung, Band I, Tübingen 2000.

SCHLECHTRIEM, PETER: Schuldrecht, Besonderer Teil, 6. Auflage, Tübingen 2003.

SCHMIDT, WOLFGANG: Nichtigkeit von Schwarzarbeitsverträgen, in: MDR 1966, S. 463-464.

SCHMIDT-RECLA, ADRIAN: Von Schneebällen und Drehkrankheiten - Vergleichende Überlegungen zur Restitutionssperre des § 817 S. 2 BGB, in: JZ 2008, S. 60-67.

SCHNEIDER, EGON: Tendenzen und Kontroversen in der Rechtsprechung, in: MDR 2000, S. 189-194.

SCHÖNKE, ADOLF; SCHRÖDER, HORST (HRSG): Strafgesetzbuch, Kommentar, 28. Auflage, München 2010 (zit.: *Bearbeiter*, in: Schönke/Schröder).

SCHUBERT, WERNER (HRSG): Materialien zur Entstehungsgeschichte des BGB - Einführung, Biographien, Materialien, Berlin u.a. 1978.

SCHUBERT, WERNER: Anmerkung zum Urteil des BGH vom 19.1.1984, VII ZR 121/83, in: JR 1985, S. 148-149.

SCHULZE, GÖTZ: Das Geschäft mit der Stimme – Zur Sittenwidrigkeit von Verträgen über sog. Telefonsex – BGH, NJW 1998, 2895, in: JuS 1999, S. 636-640.

Schulze, Reiner (Hrsg): Bürgerliches Gesetzbuch. Handkommentar, 6. Auflage, Baden-Baden 2009 (zit.: *Bearbeiter*, in: Schulze-HK).

Schüren, Peter u. a. (Hrsg): Arbeitnehmerüberlassungsgesetz, Kommentar, 4. Auflage, München 2010 (zit.: *Bearbeiter*, in: Schüren AÜG).

Schwark, Eberhard: Rechtsfragen des Konsumentenkredits - insbesondere aus der Zeit der Niedrigzinsphase 1975 bis 1979, Frankfurt am Main 1986.

Schwarz, Fritz: Die Grundlage der condictio im klassischen Römischen Recht, Münster 1952.

Schwarz, Günter Christian; Wandt, Manfred: Gesetzliche Schuldverhältnisse, Deliktsrecht - Schadensrecht - Bereicherungsrecht - GoA. Ein Lehrbuch für Studium und Examen, 3. Auflage, München 2009.

Schwenzer, Ingeborg: Schweizerisches Obligationenrecht. Allgemeiner Teil, 4. Auflage, Bern 2006.

Schwimann, Michael (Hrsg): ABGB Praxiskommentar, Band 5, §§ 1090-1292 ABGB, KSchG, TNG, FernFinG, 3. Auflage, Wien 2006 (zit.: *Bearbeiter*, in: ABGB-Praxiskommentar).

Seiler, Hans Hermann: § 817 S. 2 und das römische Recht, in: Festschrift für Wilhelm Felgentraeger, Göttingen 1969, S. 379-392.

Singer, Reinhard: Das Verbot widersprüchlichen Verhaltens, München 1993.

Skamel, Frank: Widerrufsrecht bei nichtigem Fernabsatzvertrag, zugleich Besprechung von BGH, Urteil vom 25.11.2009, VIII ZR 318/08, in: ZGS 2010, S. 106-109.

Soergel, Hans Theodor; Siebert, Wolfgang (Hrsg): Bürgerliches Gesetzbuch mit Einführungsgesetz und Nebengesetzen, Band 2, Allgemeiner Teil 2, §§ 104-240, 13. Auflage, Stuttgart u.a. 1999 (zit. *Bearbeiter*, in: Soergel).

- Bürgerliches Gesetzbuch mit Einführungsgesetz und Nebengesetzen, Band 5/1, Schuldrecht IV/1, §§ 705-822, 12. Auflage, Stuttgart 2007.

Sonnenschein, Jürgen: Schwarzarbeit, in: JZ 1976, S. 497-504.

Spickhoff, Andreas: Zivilrechtliche Wertungen und strafrechtlicher Vermögensbegriff, in: JZ 2002, S. 970-977.

Spiro, Karl: Können übermässige Verpflichtungen oder Verfügungen in reduziertem Umfang aufrechterhalten werden?, in: ZBJV 88 (1952), S. 497-533.

STAMM, JÜRGEN: Zur Rechtsvereinheitlichung der Schwarzarbeiterproblematik - Ein Lösungsmodell unter besonderer Berücksichtigung der neuesten Rechtsprechung zur sogenannten Ohne-Rechnung-Abrede, in: NZBau 2009, S. 78-91.

STAUDINGER, JULIUS VON: J. von Staudingers Kommentar zum Bürgerlichen Gesetzbuch mit Einführungsgesetz und Nebengesetzen, Buch 1, Allgemeiner Teil, §§ 134-163 (Allgemeiner Teil 4), Neubearbeitung Berlin 2003 (zit.: *Bearbeiter,* in: Staudinger).

- Buch 2, Recht der Schuldverhältnisse, §§ 249-254 (Schadensersatzrecht), Neubearbeitung Berlin 2005.

- Buch 2, Recht der Schuldverhältnisse, §§ 311, 311 a, 312, 312 a-f (Vertragsabschluss), Neubearbeitung Berlin 2005.

- Buch 3, Sachenrecht, §§ 985-1011, Neuberarbeitung Berlin 2006.

- Buch 2, Recht der Schuldverhältnisse, §§ 812-822 (Ungerechtfertigte Bereicherung), Neubearbeitung Berlin 2007.

- Buch 2, Recht der Schuldverhältnisse, §§ 741-764 (Gemeinschaft, Leibrente, Spiel), Neubearbeitung Berlin 2008.

- Buch 2, Recht der Schuldverhältnisse, Einleitung zum Schuldrecht, §§ 241-243 (Treu und Glauben), Neubearbeitung Berlin 2009.

STOLJAR, SAMUEL JACOB: The law of quasi-contract, 2. Auflage, North Ryde 1989.

STROBL, JAKOB: Beitrag zur Problematik des § 817 Satz 2 BGB unter Berücksichtigung ausländischen Rechts, Inaugural-Dissertation zur Erlangung der Doktorwürde einer Hohen Juristischen Fakultät der Ludwig-Maximilians-Universität zu München, München 1956.

SUTTON, RICHARD JOHN; SHANNON, N. P.: On Contracts, 7. Auflage, London 1970.

SWADLING, W. J.: The role of illegelity in the English law of unjust enrichment. in: Unjustified Enrichment: Key Issues in Comparative Perspective, herausgegeben von David Johnston, Reinhard Zimmermann, Cambridge 2002, S. 289-309.

SZALAI, STEPHAN: Anmerkung zu BGH, Urteil vom 25.11.2009, Az.: VIII ZR 318/08, in: VuR 2010, S. 67-68.

TADES, HELMUTH; HOPF, GERHARD; KATHREIN, GEORG; STABENTHEINER, JOHANNES: Das Allgemeine bürgeriche Gesetzbuch samt den einschlägigen Gesetzen und Verordnungen, verweisenden und erläuternden Anmerkungen, Literaturangaben und einer Übersicht über die Rechtsprechung der Gerichte, insbesondere des Obersten Gerichtshofs, 1. Band, 37. Auflage, Wien 2009.

TETTENBORN, ANDREW: The law of restitution in England and Ireland, 3. Auflage, London u.a. 2002.

THE LAW COMMISSION (HRSG): Law Commission Consultation Paper. Illegal Transactions. The Effect of Illegality on Contracts and Trusts, Nr. 154, London 1999.

- Law Commission Consultation Paper. The Illegality Defence in Tort, Nr. 160, London 2001.

- Law Commission Consultation Paper. The Illegality as a defence. A consultative Report, Nr. 189, London 2009.

- The Illegality Defence. Presented to Parliament pursuant to section 3(2) of the Law Commissions Act 1965, London 2010.

THÉVENOZ, LUC; WERRO, FRANZ (HRSG): Commentaire Romand, Code des Obligations I, Art 1- 529 CO, Loi sur le crédit à la consommation, Loi sur le voyages à forfait, Basel 2003 (zit.: *Bearbeiter*, in: Commentaire Romand).

THILENIUS, GEORG: Die Nichtigkeit von Schwarzarbeitsverträgen, Dissertation zur Erlangung des Grades eines Doktors der Rechtswissenschaft des Fachbereichs Rechtswissenschaft I der Universität Hamburg, Hamburg 1980.

THUNHART, RAPHAEL: Anmerkung zum Urteil des OGH vom 30.6.2003, 7 Ob 135/03h, in: JBl 126 (2004), S. 109-111.

THUR, PETER VON; PETER, HANS: Allgemeiner Teil des Schweizerischen Obligationenrechts, 3. Auflage, Zürich 1979.

THÜSING, GREGOR (HRSG): Arbeitnehmerüberlassungsgesetz (AÜG), Kommentar, 2. Auflage, München 2008 (zit.: *Bearbeiter*, in Thüsing AÜG).

TIEDTKE, KLAUS: Baubetreuungsvertrag und Schwarzarbeit, in: NJW 1983, S. 713-716.

- Teilnichtigkeit eines sittenwidrigen Rechtsgeschäfts, zugleich eine Besprechung des Urteils des BGH vom 15.1.1987, III ZR 153/85, ZIP 1987, 519, in: ZIP 1987, S. 1089-1096.

- Anmerkung zu BGH, Urteil vom 31.5.1990, VII ZR 336/89, in: EWiR 1990, S. 889–890.

- Die gegenseitigen Ansprüche des Schwarzarbeiters und seines Auftraggebers, in: DB 1990, S. 2307-2311.

TIGGES, CHRISTIAN: Sittenwidrigkeit entgeltlicher Geschäfte über die Beschaffung öffentlicher Ämter und Titel und die Kondizierbarkeit einer in diesem Zusammenhang eingegangenen Wechselverbindlichkeit: Anmerkung zum Urteil des BGH vom 5.10.1993, XI ZR 200/92, in: WiB 1994, S. 34-35.

VIRGO, GRAHAM: Withdrawal from illegal transactions – a matter for consideration, in: CLJ, Jg. 55 (1996), S. 23-26.

- The Effect of Illegality on Claims for Restitution in English Law, in: The Limits of Restitutionary Claims: A comparative analysis, herausgegeben von William Swadling, London 1997, S. 141-185.

- The principles of the law of restitution, 2. Auflage, Oxford 2006.

VOGEL, HELMUT: Auslegung und Anwendung des § 817 Satz 2 BGB unter dem Prinzip des Leistungsgleichgewichts. Ein Reformversuch. Inaugural-Dissertation zur Erlangung der Doktorwürde einer Hohen Rechts- und Wirtschaftswissenschaftlichen Fakultät (Rechtswissenschaftliche Abteilung) der Eberhard-Karls-Universität zu Tübingen, Tübingen 1965.

VOß, ULRICH: Vertragliche und gesetzliche Ansprüche des Schwarzarbeiters, Berlin 1994.

WACKE, ANDREAS: Vorzüge und Nachteile des deutschen Bereicherungsrechts, in: Beiträge zum deutschen und israelischen Privatrecht, Deutsch-israelisches Juristensymposiums Köln 1975, herausgegeben von der Gesellschaft zur Förderung der wissenschaftlichen Zusammenarbeit mit der Universität Tel-Aviv e.V., Köln 1977, S. 131-154.

WAGNER, GERHARD: Schadensersatz – Zwecke, Inhalte, Grenzen (Vortrag), in: Karlsruher Forum 2006, VersR-Schriftenreihe 36, herausgegeben von Egon Lorenz, Karlsruhe 2006.

WAMBACH, JEANETTE: Die bereicherungsrechtliche Rückabwicklung gesetzes- oder sittenwidriger Verträge, Frankfurt am Main u.a. 2004.

WASSERMANN, RUDOLF (HRSG): Reihe Alternativkommentare, Kommentar zum Bürgerlichen Gesetzbuch, Band 3, Besonderes Schuldrecht (§§ 433-853), Neuwied u.a. 1979 (zit.: *Bearbeiter*, in: Alternativkommentar).

WAZLAWIK, THOMAS: § 817 Satz 2 BGB - Eine systemwidrige Vorschrift?, in: ZGS 2007, S. 336-344.

WEILER, FRANK: Gekaufte Doktortitel - Rückforderung nach Geschäftsführung ohne Auftrag oder Bereicherungsrecht?, in: NJW 1997, S. 1053-1054.

WEISE, STEFAN: Rechtsfolgen nach der Abnahme bei Verstoß gegen die MaBV, in: NJW-Spezial 2006, S. 309-310.

WESTERMANN, HARM PETER: Die Bewährung des § 817 Satz 2 BGB, in: Rechtsgeschichte und Privatrechtsdogmatik, herausgegeben von Reinhard Zimmermann, Rolf Knütel und Jens Peter Meincke, Hans Hermann Seiler zum 24. Dezember 1999, Heidelberg 1999, S. 485-498.

WESTPHAL, THOMAS: Gültigkeit eines Werkvertrages trotz Schwarzarbeit des Unternehmers. Anmerkung zu BGH, Urteil vom 19.1.1984, VII ZR 121/83, in: BB 1984, S. 1002-1003.

- Zivilrechtliche Vertragsnichtigkeit wegen Verstoßes gegen gewerberechtliche Verbotsgesetze, Berlin u.a. 1985.

WEYER, HARTMUT: Leistungskondiktion und Normzweck des Verbotsgesetzes, in: WM 2002, S. 627-635.

WIEACKER, FRANZ: Zur rechtstheoretischen Präzisierung des § 242, Tübingen 1956.

- Privatrechtsgeschichte der Neuzeit unter besonderer Berücksichtigung der deutschen Entwicklung, 2. Auflage, Göttingen 1967.

WIELING, HANS JOSEF: Bereicherungsrecht, 4. Auflage, Berlin u.a. 2007.

WILBURG, WALTER: Entwicklung eines beweglichen Systems im bürgerlichen Recht, Rede, gehalten bei der Inauguration als Rector magnificus der Karl-Franzens-Universität in Graz am 22. November 1950, Graz 1950.

WILLINGMANN, ARMIN: Sittenwidrigkeit von Schneeballsystem-Gewinnspielen und Kondiktionsausschluß, in: NJW 1997, S. 2932-2934.

- Systemspielverträge im Spannungsfeld zwischen Zivilrechtsdogmatik, Verbraucherschutz und Wettbewerbsrecht, in: VuR 1997, S. 299-309.

WITTMANN, CHRISTIAN: Entgeltliche Patientenzuweisung: Anwendung und Durchbrechung des § 817 S. 2 BGB bei der Kondiktion von Zuweisungsentgelten, in: MedR (2008) 26, S. 716-723.

WITTMANN, HARALD: Rechtsgültigkeit von Schwarzarbeitsverträgen, in: BB 1964, S. 904-906.

ZIERER, OTTO: Die Probleme des § 817 BGB in der Rechtsprechung, Inaugural- Dissertation zur Erlangung der Doktorwürde einer Hohen Juristischen Fakultät der Ludwig-Maximilians-Universität zu München, München 1961.

ZIMMERMANN, REINHARD: Richterliches Moderationsrecht oder Totalnichtigkeit. Die rechtliche Behandlung anstößig-übermäßiger Verträge, Berlin 1979.

ZIMMERMANN, REINHARD (HRSG): The law of Obligations, Roman Foundations of the Civilian Tradition, München 1993.

ZIPPELIUS, REINHOLD: Juristische Methodenlehre, 10. Auflage, München 2006.

ZWEIGERT, KONRAD; KÖTZ, HEIN: Einführung in die Rechtsvergleichung auf dem Gebiete des Privatrechts, 3. Auflage, Tübingen 1996.

FSC
www.fsc.org
MIX
Papier | Fördert
gute Waldnutzung
FSC® C083411

Kolibri 360 GmbH
Ferdinand-Jühlke-Straße 7
99095 Erfurt, Deutschland
produktsicherheit@kolibri360.de